*Non seulement l'occasion fait le larron, mais... un bonheur n'arrive jamais seul.*

# Du même auteur

*Un mois chez les damnés*, Préface de Jean-Charles Harvey, Le Petit Journal, 1955.

*Le journalisme mène à tout*, (En collaboration avec Arthur Prévost), Éditions du Saint-Laurent, 1960.

*Un prêtre et son péché*, Éditions de l'Homme, 1961.

*A priest and his sin*, Pyramid Publishing (USA), 1961.

*Toges, bistouris, matraques et soutanes*, (En collaboration), Éditions de l'Homme, 1962.

*La rage des goof balls*, Éditions de l'Homme, 1962.

*Pourquoi et comment cesser de fumer*, Éditions de l'Homme, 1964.

*Montréalités*, Éditions de l'Homme, 1965.

*Cent ans déjà*, Éditions de l'Homme/Éditions Radio-Canada, 1968.

*Les greffes du cœur*, (En collaboration), Éditions de l'Homme/Éditions Radio-Canada, 1968.

*Prague, l'été des tanks*, (En collaboration), Éditions de l'Homme, 1968.

*J'aime encore mieux le jus de betterave*, 1969, réédité sous le titre *Des barbelés dans ma mémoire*, Éditions Stanké, 1981; Éditions Stanké, collection Québec 10/10, 1988.

*So much to forget*, Gage Publishing, 1977.

*Ce combat qui n'en finit plus...*, Essai sur la vie et l'œuvre du Dr Armand Frappier, (En collaboration avec Jean-Louis Morgan), Éditions de l'Homme, 1970.

*Pax — Lutte à finir avec la pègre*, (En collaboration avec Jean-Louis Morgan), Éditions La Presse, 1972.

*Rampa, imposteur ou initié?*, Éditions Stanké, 1973.

*Guide des vacances insolites*, Éditions La Presse, 1974.

*Pierre Elliott Trudeau — Portrait intime*, Éditions Stanké, 1977.

*Le livre des livres*, Éditions Stanké, 1988.

*Lituanie — L'indépendance en pleurs ou en fleurs*, Éditions Stanké, 1990.

*Vive la liberté!*, Éditions Stanké, 1992.

*Guide pratique des Montréal de France*, (En collaboration avec Jean-Marie Bioteau), Éditions Stanké, 1992.

# Occasions de bonheur

Données de catalogage avant publication (Canada)

Stanké, Alain, 1934-
    Occasions de bonheur
    Comprend un index

    ISBN 2-7604-0449-8
    1. Célébrités - Anecdotes. 2. Biographies - 20e
    siècle - Anecdotes. I. Titre.

CT149.S73  1993          920'.009'04     C93-097288-0

*Les photos contenues dans ce livre proviennent des archives personnelles de l'auteur.*

Photo de la couverture: Jean-Marie Bioteau
Conception graphique et montage: Olivier Lasser

* **Cet ouvrage est disponible en braille à la bibliothèque
Jeanne-Cypihot.**

*Le Conseil des Arts du Canada a apporté son aide
à la publication de cet ouvrage.*

ISBN 2-7604-0449-8

Dépôt légal: quatrième trimestre 1993

IMPRIMÉ AU QUÉBEC (CANADA)

# alain stanké

# Occasions de bonheur de

 Stanké

# Introduction

*On ne devrait écrire des livres*
*que pour y dire des choses*
*qu'on n'oserait confier à personne\*.*
CIORAN

En 40 ans de journalisme, dans ma constante recherche du reportage étonné, j'ai tout fait pour tenter d'isoler de la cohue de l'actualité des statures plus fines ou plus hautes que les autres, de découvrir des gens hors du commun. Le nombre de personnes, connues ou méconnues, coupables ou victimes, célébrités d'un moment ou pour longtemps, parmi lesquelles j'ai cherché matière à interview atteint les 20 000. Aucune ne m'a laissé insensible. Beaucoup m'ont bouleversé. Certaines m'ont touché au point qu'à leur contact j'ai modifié ma propre vie. Si je ne les avais pas croisées je ne serais pas le même. Cette influence n'est pas venue nécessairement de personnages illustres car je ne vénère pas automatiquement les célébrités. Comme Diogène, je n'ai de culte que pour le soleil.

Durant une trentaine d'années, en exerçant le métier d'éditeur (une sentence purgée avec beaucoup de joie concurremment à celle de journaliste), j'ai continué à rencontrer avec un égal plaisir des auteurs qui, en me maintenant sous le

---

\*   Le récit n'est pas encore commencé et je vous sers déjà une citation. En voici une autre: «J'ai toujours considéré que le procédé littéraire qui consistait à citer les bons mots des autres pour tenter de faire oublier qu'on était incapable d'en faire soi-même était une hypocrisie.» Philippe Bouvard a-t-il écrit cela à mon intention?

Premiers bonheurs: premier machin (une Dodge 1939)...

charme de leur intelligence lumineuse, ont fait de moi un témoin privilégié.

Je n'ai pas l'imagination d'un romancier. J'écoute et observe avec plus de facilité que je n'invente. De ce fait, tout au long de ma vie, je n'ai fait que regarder et écouter par plaisir afin de pouvoir raconter mes découvertes aux autres.

Dans les pages qui suivent, on trouvera donc quelques-uns de ces personnages que j'ai puisés dans le souvenir de mes deux métiers.

Ces pages n'obéissent à aucune chronologie ni à une quelconque sélection du mérite. Si elles ont un certain rapport avec ma mémoire, elles ont peu à voir avec des mémoires. Je ne crois pas (ou ne souhaite pas, pour être franc) avoir atteint l'âge du bilan.

Ce livre n'est pas non plus une autobiographie, une tâche qui selon Freud me condamnerait à mentir, à dissimuler ou à me mettre en valeur.

Cet ouvrage ferait donc plutôt partie d'une

... et première machine (une Royal 1953).

sorte d'inventaire de mon itinéraire d'homme ayant parcouru (déjà?) les quatre cinquièmes de l'espérance de vie que les statistiques m'accordent.

8

Ces contacts humains furent pour moi autant d'*Occasions de bonheur* qui m'ont enrichi. Grâce à tous ces êtres, il m'est arrivé de rencontrer le bonheur. Il fut souverain, suprême, sublime, ineffable, durable et même intemporel.

J'ai aussi connu des bonheurs précaires, imparfaits, frileux et mêlés de peine.

Ce n'en étaient pas moins des bonheurs.

Dans ma quête de petits bonheurs, j'ai souvent joué de bonheur.

Et si parfois le bonheur m'a souri c'est peut-être parce que, dans une modeste mesure, j'ai pu contribuer à celui des autres.

On dit qu'en partageant son toit on voit sa maison grandir. Puisse-t-il en être de même avec mes récits, que j'offre en partage dans ces pages.

*ALAIN STANKÉ*

Hier c'était avec Daudet, Colette, Giono... Aujourd'hui, l'Académie Goncourt
se met à table avec Emmanuel Roblès, Michel Tournier, Roger Lemelin,
Hervé Bazin, moi-même, Robert Sabatier... et pour partager le bonheur de
cette journée (mais pas celui de la photo) Armand Salacrou, Jean Cayrol,
Armand Lanoux, Raymond Queneau, Bernard Clavel et Françoise Mallet-Joris.

# 1
# Bonheurs écrits

*Le monde est plein de gens qu'il est plus prudent*
*d'enfermer dans des livres que de fréquenter.*
ANONYME

# ROGER LEMELIN
*«Vous êtes pas écœurés de mourir, bande de caves?»*

*Être, c'est être différent.*
*ALBERT MEMMI*

J'ai l'impression que Roger Lemelin est passé de l'enfance à la vieillesse sans jamais s'en rendre compte. Ainsi, malgré son imposante carrure et sa grosse voix de mâle, il est toujours resté un éternel adolescent charmeur.

Je l'ai rencontré dans d'étranges conditions. C'était au début des années 70. À cette époque j'animais à la télévision, en compagnie de Lizette Gervais, Mario Verdon et Roger Baulu, *Studio 10*, une émission quotidienne d'information. Le grand sculpteur catalan Jordi Bonet venait de graver sur le mur du *Grand Théâtre* de Québec: «Vous êtes pas écœurés de mourir, bande de caves? C'est assez!» Scandalisé (oui, il l'était!) par cette interpellation de Claude Péloquin (inspirée, paraît-il, par un vers de Bob Dylan), Roger Lemelin prit la tête d'un mouvement de protestation formé d'une poignée de bien-pensants et entreprit de se battre «au nom du bon goût» pour que cette «saleté» soit retirée du béton.

Des trois journalistes de l'émission, ce fut moi qui eus la tâche d'interviewer le père des *Plouffe*.

Péremptoire, les yeux exorbités, les mains battant l'air, le Don Quichotte du *Pied de la pente douce* nageait dans l'acide sulfurique. Je le laissai faire. Personne n'aurait pu l'arrêter. C'est à moi qu'il adressait ses salves. À ses yeux je représentais

13

à la fois Jordi Bonet, Claude Péloquin et le Québec tout entier. Il était enflammé, passionné. Il se disait insulté et profondément blessé. En l'observant défendre son point, je fus surpris par sa stature, sa fougue, sa voix et par le charme qui s'évaporait de ses yeux. L'émission terminée, nous sommes restés longtemps à bavarder ensemble. Était-ce parce que je l'avais laissé exprimer librement son opinion ou parce qu'il avait cru déceler en moi un allié? Quoi qu'il en soit, nous avions sympathisé. Je ne crois pas me tromper en disant que notre amitié date de cette mémorable journée qui sonna le départ officiel de sa croisade. Après notre émission, Roger Lemelin réussit à recueillir des milliers de signatures (50 000 d'après lui) qu'il fourra dans un sac postal et alla remettre officiellement au ministre François Cloutier, en pleine séance de l'Assemblée nationale.

Entre-temps, je venais de fonder les Éditions La Presse. Au cours de l'automne 1971, une grève paralysa le quotidien et, par voie de conséquence, mes Éditions. C'est au cours de cette période trouble que je retrouvai Roger. C'était, je m'en souviens, à la sortie d'un restaurant, rue Crescent. Sa lutte (perdue) était loin derrière lui. La grève au journal s'achevait. Roger se lança sur moi. Il avait une nouvelle brûlante à m'annoncer. Il voulait que je sois le premier à l'apprendre:

– Ne le dis à personne! Ça ne sera pas officiel avant quelques jours. Je t'annonce que je viens d'être nommé président et éditeur de *La Presse*!

La nouvelle ne pouvait pas me laisser indifférent. À vrai dire je m'attendais, comme beaucoup d'autres d'ailleurs, que ce poste soit comblé par M$^e$ André Bureau, l'homme qui s'était dépensé corps et âme durant le conflit. Le grand patron de la Power en avait décidé autrement. Comme j'étais directeur général des Éditions La Presse, il était clair que Roger allait devenir mon nouveau patron.

Son installation au quatrième étage de la boîte (l'Olympe, comme nous avions coutume de l'appeler) n'est pas passée inaperçue. Surtout de moi. Roger, ne connaissant presque personne au journal, à l'exception de Paul Desmarais dont les bureaux se trouvaient ailleurs, se sentit rapidement très seul.

Pour meubler sa solitude, Roger se tourna vers moi. À tout moment, lorsque celle-ci lui paraissait insoutenable, il

me faisait monter dans son bureau et, intarissable, me parlait de lui, de ses projets, de ses craintes, de son passé et de ses succès financiers (en guise de preuve, il m'exhiba d'ailleurs un jour un chèque de 700 000 $ qu'il venait de recevoir pour la vente de ses actions dans les aliments Grissol). Mon rôle était celui d'une dame de compagnie et consistait à écouter, à acquiescer et à rire de ses bons mots. Dieu merci! ils n'étaient pas rares. J'ai fini par connaître par cœur ses turbulences, ses passions, sa démesure, sa vie. Ses rencontres avec René

D'Ukerman (directeur littéraire chez Flammarion), Hervé Bazin, Armand Lanoux, Joseph Kessel. Sa peine d'être critiqué par les lettrés à cause de son intérêt pour la charcuterie et ses célèbres cretons (en réalité une spécialité de sa femme qui fut même applaudie par le général de Gaulle), sa peur de l'écriture, son besoin de toujours être le meilleur, son angoisse de vieillir, ses préoccupations esthétiques: ses paupières trop généreuses qu'il avait décidé de se faire opérer, sa moustache qu'il trouvait trop pâle et qu'il s'obstinait à noircir au crayon, ses nombreuses tentatives d'abandonner cigares et cigarettes, ses lourdes responsabilités, sa faiblesse pour les vins millésimés, et surtout sa grande solitude.

— Tu ne peux pas t'imaginer comme c'est dur d'être arrivé aussi haut, me disait-il. On est très seul. On est puissant. On inspire la crainte. Constate par toi-même. Voilà au moins une heure que nous bavardons ensemble et le téléphone n'a pas encore sonné une seule fois. Pourquoi? Parce que les gens ont peur du président. Pourtant, s'ils savaient que je peux les aider. Je n'ai jamais fait de mal à personne. S'ils savaient que je ne suis pas un homme méchant...

Il avait sans doute raison, mon président, mais c'était ne pas tenir compte d'un fait. De l'autre côté de sa porte, trônait Michelle, la secrétaire la plus extraordinaire qu'il m'ait été donné de connaître. Michelle (l'ex-épouse d'Yves Thériault) n'avait pas son pareil pour barrer la route du tout-puissant éditeur de *La Presse* à tout importun. Elle le faisait avec un tact sans pareil.

Mes «occupations» secondaires finirent par perturber mon premier travail d'éditeur. Je ne parvenais plus à organiser une seule réunion avec mes collaborateurs ni même à recevoir un auteur sans être contraint à interrompre les *meetings* pour filer en toute hâte au chevet de mon président, et non moins ami, qui me réclamait toutes affaires cessantes.

J'eus beau lui faire comprendre que même si je ne les trouvais pas inintéressants, nos bavardages rognaient sérieusement sur mon emploi du temps. Rien n'y fit.

— Tu ne vas pas me dire que je suis moins important que tous tes auteurs réunis, tout de même!

Il ne plaisantait pas. D'ailleurs, il avait beau se dire mon ami il n'était pas moins mon *boss*. Je lui devais obéissance.

Voyant qu'il n'était pas près de me faire abandonner mon rôle, je trouvai une façon insolite de me venger de mes frustrations. Mine de rien, de temps en temps, lorsque la vapeur devenait trop forte, en quittant le bureau de Roger je subtilisais un pion de son superbe échiquier de marbre et je l'empochais. Étant un joueur d'échecs invétéré, Roger ne tarda pas à se rendre compte de cette disparition et se faisait sculpter sans retard une réplique de la pièce disparue. Lorsque j'étais assuré que le jeu était à nouveau complet, je replaçais discrètement le pion que j'avais subtilisé. À son prochain match, Roger se retrouvait infailliblement avec un pion en surplus. Mon petit jeu d'échecs à moi dura ainsi plusieurs mois. Tantôt je quittais le bureau présidentiel avec la reine, tantôt c'était le roi ou une petite tour. Parfois les pions qui s'envolaient étaient noirs, parfois ils étaient blancs. Roger, quant à lui, était sûrement écarlate, mais, bon joueur (non seulement d'échecs), il finit, m'a-t-on dit, par trouver la mystification très amusante. La chose m'a été racontée par ses compagnons de jeu car ne sachant pas jouer aux échecs je n'ai jamais pu lui servir de partenaire. Comme il entendait à rire, je n'aurais pas été autrement surpris de l'entendre s'écrier en prenant place devant l'échiquier:

— Bon, voyons voir d'abord s'il m'en manque un aujourd'hui ou si j'en ai un de trop?

Avec le temps, nos réunions s'espacèrent. Ses nombreuses préoccupations de président le contraignirent à changer de compagnon. Diverses tribulations provoquées par les gens du tirage, de la publicité et les syndiqués – ces derniers toujours beaucoup trop nombreux à son goût – ont fini par me faire oublier. Il eut au moins la consolation de constater que les pions de son jeu d'échecs ne lui donnaient plus de soucis; dorénavant ces derniers lui étaient fournis par des pions d'un autre genre. Ceux humains du journal.

Roger me laissait entièrement libre de faire mon travail d'éditeur. Il n'intervenait d'aucune manière dans mes choix éditoriaux ou sur ma manière d'administrer la maison d'édition du quotidien.

Dans les objectifs que je m'étais fixés, j'avais fait une petite place pour la littérature venue de France. On se plaignait, avec raison, que les livres importés étaient trop chers. J'avais donc décidé d'acquérir des droits de certains titres d'auteurs connus et de les publier au Québec. Dû au fait que nous les faisions fabriquer par des imprimeurs québécois, le prix de ces ouvrages devenait enfin abordable. De plus, ils sortaient le même jour à Montréal et à Paris.

Un des premiers auteurs auxquels j'avais fait appel pour inaugurer notre volet de littérature internationale fut Hervé Bazin pour son livre *Le cri de la chouette* – l'écho de *Vipère au poing*.

Roger fut ravi de cette initiative, d'autant que Bazin était son ami de longue date et qu'il ne l'avait pas vu depuis longtemps. Dans l'intimité il continuait toujours à l'appeler Jean, le vrai prénom de Bazin, ou même Nic. Le voyage du célèbre écrivain français eut donc pour effet de resserrer les liens entre les deux camarades qui (malgré un accident de parcours) n'ont fait que s'intensifier par la suite.

Bien qu'il ne soit pas d'importance capitale, l'incident mérite sans doute d'être narré. Il démontre à quel point Roger pouvait être imprévisible.

Cela survint au moment où je bavardais avec Hervé Bazin. Faisant soudainement irruption dans mon bureau, comme s'il s'était agi d'une urgence extrême, il interrompit notre conversation en s'attaquant à Bazin:

— Après ce bouquin-là, vas-tu te mettre sur un nouveau roman, mon Jean? demande Roger.

— Eh oui, que veux-tu que je fasse d'autre? Je ne sais faire que ça, répond celui-ci.

— Oui, bon ça va. On va continuer à jouer le jeu. Les gens ne sont pas obligés de le savoir mais moi je le sais!

— Tu sais quoi?

— Que ce n'est pas toi qui les écris tes livres. Tu les fais écrire par chose... tu sais qui je veux dire? Son nom m'échappe...

— Quoi? Mais qu'est-ce que tu racontes?

— Mais oui, mais oui ça va. Ne crains rien. On est entre nous. Alain sait être discret.

Bazin toise son ami devenu soudainement un ennemi. Son œil se veut encore rieur mais il a déjà de bizarres renversements. Je me sens mal à l'aise. Je me rends compte qu'il change littéralement de couleur. Blague de mauvais goût? Non! Roger Lemelin était passé maître en persiflage pour le simple plaisir d'humilier ou pour créer des situations surréalistes.

Calomniez, il en restera toujours quelque chose? Visiblement satisfait de son effet, Roger sort de mon bureau en me laissant avec Bazin, lui et moi complètement déboussolés. Bazin resta assis un long moment dans le silence puis finit par me quitter en murmurant, autant qu'il m'en souvienne:

– Faut savoir que la méchanceté n'est jamais cruelle. Elle est le refuge d'une difficulté d'être. Pauvre Roger!

Dieu merci! la tempête ne fit pas d'autres vagues et n'empêcha pas la visite de Bazin de produire des effets secondaires bénéfiques. De toute façon, le froid ne pouvait pas durer longtemps du fait que Roger et Hervé partageaient beaucoup, entre autres leur refus d'appartenir au monde dit littéraire, que tous deux vouaient aux gémonies.

Les affaires de *La Presse* étant florissantes et la structure de notre maison d'édition bien établie, Roger reprit contact avec le livre. Il se sentait des affinités avec Gallimard. Un beau matin, sa décision fut prise: nous allions transformer les Éditions La Presse en une maison littéraire de grand prestige. Il me fit part de son projet sur un ton qui n'aurait autorisé aucune réplique et en des termes qui, au lieu de me réjouir, me firent craindre le pire:

– Tu vas être content! Je viens de trouver une nouvelle vocation pour la maison que tu diriges. Puisque nous avons la chance d'avoir les moyens, nous allons devenir la N.R.F. du Nouveau Monde. Tu vas te faire assister et ta mission sera de publier des livres de grand prestige. Finis les livres pratiques et les essais. Tu vas laisser ça aux autres.

Il faut dire que dans mon activité d'éditeur des Éditions La Presse j'ai toujours pris en compte la rentabilité de la maison tout en m'efforçant de n'oublier aucun genre de publications. J'en donne pour preuve, sur le plan de la littérature locale, la publication, entre autres, de la trilogie de Claude Jasmin (*La petite patrie, Sainte-Adèle la vaisselle* et *Pointe-Calumet, boogie-woogie*) dont la télévision tira des séries au succès que l'on sait. Sur le plan de la littérature internationale, avec la complicité de mon confrère et ami Jean-Jacques Pauvert, nous avons publié *L'épervier de Maheux* de Jean Carrière le lendemain de l'attribution du prix Goncourt. Tout comme Bazin, Jean Carrière vint à Montréal pour assurer la promotion de son œuvre. Je procédai de même avec Louis Pauwels et Han Suyin, dont la popularité était immense. Mais pour Roger, cela paraissait insuffisant. Il espérait davantage. Visant haut et fort, il alla en France retrouver seul son ami Bazin, auprès de qui (après avoir passé l'éponge sur le fâcheux incident que l'on sait) il trouva une oreille très attentive. Il aurait aimé que les grands pontes parisiens se penchent sur les auteurs québécois et qu'ils daignent un jour accorder le prix Goncourt à un de ses protégés. Bien qu'il ait tout fait pour y parvenir, ses tentatives ne furent malheureusement pas couronnées de succès.

Entre-temps, la francophonie faisait parler d'elle de plus en plus et Bazin, très visionnaire, profita du voyage de Roger pour imaginer l'élargissement du cadre de l'Académie Goncourt. Faute de pouvoir nommer de nouveaux académiciens étrangers au sein de sa société, il contourna en créant des membres-correspondants. Quoique presque uniquement symboliques (puisque les membres invités à assister aux réunions n'avaient toutefois pas le droit de vote lors des choix du Prix) politiquement parlant, ces nominations[*] étaient sans contredit signifiantes autant pour l'image de marque de la France que pour celles du Québec, de l'Afrique ou de la Belgique. Le président de l'Académie Goncourt expliqua ces nominations de la manière suivante:

---

[*] Léopold Senghor, du Sénégal. Georges Sion, de Belgique. Jean Starobinski, de Suisse. Roger Lemelin.

«Les membres étrangers de l'Académie Goncourt sont essentiellement chargés de représenter la Compagnie dans leurs pays, comme de représenter leurs compatriotes auprès d'elle. Ils attireront notre attention sur des œuvres dignes d'intérêt. Ils nous aideront dans la constitution et l'attribution de bourses, récompenses et autres encouragements donnés aux jeunes. Ils n'auront pas le droit de vote au prix Goncourt lui-même pour une raison statutaire: la Fondation ne l'a pas prévu et nous sommes tenus par un règlement de société d'utilité publique placée sous l'autorité de tutelle du ministre de la Culture. C'est même pour ce motif que nous avons fondé des bourses et que nous avons élu des membres étrangers: pour faire éclater ce règlement, devenu trop étroit, d'une manière légale.»

Avec ce mode d'emploi en poche, Roger tenta de se convaincre (et de nous convaincre) qu'à titre de (presque) membre de l'Académie il aurait une plus grande influence et parviendrait un jour à faire pencher la balance en faveur d'un romancier québécois.

Roger revint au Québec auréolé de gloire. Pendant un moment, son nouveau titre de membre de l'Académie Goncourt (même s'il évitait de dire membre-correspondant) sembla l'impressionner davantage que celui de président de *La Presse*. Désormais, son centre d'intérêt se fixait sur la Ville Lumière et la littérature vraie et pure. Nous n'avions pas fini de l'entendre parler des projets grandioses qu'il nous réservait pour l'avenir.

Au premier chapitre, il m'annonça que j'aurais le grand honneur de l'accompagner à Paris pour l'annonce officielle de son entrée à l'Académie. Durée du séjour: une semaine. Nous ne serions pas seuls. L'équipée serait composée de MM. et Mmes Paul Desmarais, Brian Mulroney (qui avait réglé le conflit de *La Presse* et préparé l'arrivée de Roger), Jean Sisto (grand patron du quotidien) et Luc Beauregard (éditeur du *Montréal-Matin*, propriété de *La Presse*).

Avant notre départ, Paul Desmarais, en financier responsable qu'il est, prit le soin d'examiner le bilan des Éditions La Presse. Malgré sa brève existence, la maison dont je dirigeais les destinées avait déjà réussi à faire des profits appréciables. Il m'annonça donc que le voyage à Paris, en première classe, m'était offert en guise de témoignage d'appréciation pour bons et loyaux services rendus à l'entreprise. Mais pour Roger, mon voyage avait un autre but:

– Puisque tu connais bien Paris, me dit-il, je te demande de m'accompagner à titre d'assistant et d'agent de presse personnel. C'est un événement très important pour la France (!) et comme je vais être très sollicité il va falloir que tu coordonnes efficacement mon emploi du temps.

Messages reçus.

Une fois débarqués à Paris, nous avons pris la direction du *Ritz*, où Roger s'installa dans la suite royale en compagnie de son épouse Valéda (une perle, soit dit en passant) pendant que je tentais de prendre mes aises dans la suite attenante[*] pourvue d'une porte communicante. Il me pria de ne jamais la fermer à clé afin qu'il puisse me visiter en tout temps au gré des urgences qu'il prévoyait nombreuses. Finie l'intimité!

La première urgence ne se fit pas attendre. Le soir même de notre arrivée à Paris, Roger Lemelin me convoqua en catastrophe pour formuler une plainte:

---

[*]   Le hasard. Quelques années plus tard, je me suis retrouvé dans la même suite en ayant cette fois pour voisin nul autre que l'un de mes auteurs les plus illustres: Richard Nixon.

– Je remarque avec étonnement que le président Georges Pompidou n'est pas venu m'accueillir à ma descente d'avion. Est-ce que par hasard il trouverait que la nomination du président de *La Presse* à l'Académie Goncourt n'est pas un événement assez important pour lui ou est-ce que par hasard tu ne ferais pas bien ton boulot, mon vieux? J'aimerais que tu t'occupes de cette affaire au plus tôt!

Non, il ne plaisantait pas. Il était tout ce qu'il y a de plus sérieux. Un autre que moi aurait probablement pouffé de rire en envoyant valser pareille prétention. J'avais pour ma part beaucoup trop d'estime pour mon ami. De plus, je comprenais que le propre d'un romancier comme Roger Lemelin est de vivre dans un univers onirique où la réalité et la fiction s'entremêlent souvent au point de ne faire qu'une. Quand même, j'avoue que de temps en temps il me stupéfia.

L'homme vivait dans un merveilleux rêve. Au nom de quoi aurais-je eu le droit de le réveiller? Ainsi, plutôt que de le faire revenir à la dure réalité, je choisis de l'aider à poursuivre son songe.

Quelques années auparavant, la femme de Marcel Achard m'avait présenté à l'auteur des *Rois maudits*, Maurice Druon. C'était lors des mémorables événements de Mai 68. L'illustre écrivain, avec qui j'avais rapidement sympathisé, m'avait fait promettre de le visiter lors d'un prochain voyage à Paris mais l'occasion ne s'étant pas présentée je ne l'avais pas revu. Entre-temps, Druon avait accédé au prestigieux poste de ministre de la Culture.

Quelle merveilleuse opportunité. À défaut du président de la République, j'allais peut-être pouvoir consoler Roger avec quelqu'un de son rang?

– J'imagine que le Président a d'autres préoccupations nationales, lui dis-je. Et comme nous n'avons pas l'intention de créer un incident diplomatique, je te propose d'essayer d'organiser une rencontre avec son ministre de la Culture sous la tutelle de qui d'ailleurs est placée l'Académie. Après tout, la littérature et les académiciens c'est beaucoup plus de son ressort. De plus, comme il est écrivain, vous ne manquerez pas de sujets de conversation.

Roger trouva ma solution de rechange acceptable et m'encouragea vivement à faire les démarches nécessaires pour que la rencontre se fasse dans les meilleurs délais.

Dieu merci! Maurice Druon avait une excellente mémoire. À l'annonce de mon nom, il accepta de répondre à mon téléphone sur-le-champ. Quel baume pour mon ego lorsque j'entendis le Ministre me dire:

– Bonjour, cher ami. Vous êtes enfin à Paris? Il était temps! Je suis heureux de constater que vous n'avez pas oublié notre promesse. Alors, quand me ferez-vous l'honneur de votre visite?

Doublement ravi, je sautai sur l'occasion pour lui expliquer les circonstances qui m'amenaient à Paris (il ignorait tout de l'affaire) et lui dire – sans avoir l'air de trop insister mais en insistant malgré tout – que le plus tôt serait le mieux.

– Mais je l'entends bien ainsi, moi aussi, commenta Druon. Laissez-moi consulter mon agenda. (Moment de silence...) Voilà, j'y suis. Si nous disions demain à 15 heures, ça vous irait?

Avant de raccrocher – pour ne pas le prendre par surprise – je demandai à mon illustre interlocuteur s'il m'autorisait à être accompagné de ce bon ami qui, comme je le lui avais brièvement mentionné, venait d'être nommé membre-correspondant de l'Académie Goncourt.

– Tiens, je n'étais pas au courant de cette nomination... Bon. Soit, si cela vous fait plaisir, bien sûr je vous recevrai avec votre camarade.

En apprenant la bonne nouvelle, Roger s'est dit ravi d'être reçu par l'illustre écrivain qui, «lui au moins savait vivre. Ce n'était pas comme ce minable Président!»

Lendemain, 15 heures, bureau du ministre de la Culture. Un Suisse (pourtant bien français) orné de passementeries et portant une imposante chaîne à son cou nous prie de le suivre jusqu'au bureau de monsieur le Ministre qui nous attend.

L'impression est grandiose. Il nous ouvre les portes à deux battants. Nous pénétrons. C'est géant. On se croirait à l'époque des rois (maudits). Le Ministre, qui était assis derrière une magnifique table antique de style Louis XIV – à moins que ce ne soit Louis XV (on voudra bien pardonner mon ignorance) –, se lève d'un bond et vient à notre rencontre. Il n'a pas assez de mains pour serrer les nôtres. L'une d'elles est occupée par un long fume-cigarette interminable au bout duquel se consume une gauloise, à moins que ce ne soit une gitane. Je n'ai jamais su faire la différence. Je n'apprécie l'odeur ni de l'une ni de l'autre.

Maurice Druon est pareil à lui-même. Digne, noble, courtois, remarquable par ses effets de style et ses grandes envolées. Ministre de la Culture, il en a le charme, le maniérisme et la brillance. Il a un beau sourire franc et engageant. Après nous avoir présenté ses civilités, il nous fait asseoir et, se tournant vers moi, amorce coquettement la conversation:

– Alors, cher ami, depuis le temps, qu'êtes-vous devenu? Je suis tellement ravi de vous revoir. Je n'ai pas oublié notre merveilleuse rencontre et nos échanges sur le mouvement étudiant de Mai 68. Est-ce que vous... et vous... et vous...

Il n'y en avait que pour moi. À maintes reprises, je tentai de faire dériver son regard et sa conversation vers mon compagnon qui était assis raide et muet, commençant à se sentir de trop. Je le voyais bouillir d'impatience d'échanger au moins deux mots avec le Ministre.

Un quart d'heure plus tard et non sans avoir insisté, je réussis à dévier la conversation de notre hôte sur la vraie raison de notre visite. Druon pivota sur son fauteuil et daigna s'adresser à Roger:

– Alors, dites-moi, qu'est-ce que c'est que cette histoire de l'Académie Goncourt? On ne m'a pas tenu au courant...

Craignant sans doute de perdre l'attention du Ministre, Roger débita son histoire au rythme d'une salve de mitraillette, ne laissant le temps à Druon que de lancer quelques «Tiens donc», «Ah bon?», «Est-ce vrai?», «Très bien! Bravo!», «Mais c'est fort intéressant tout ça»...

Enhardi par son rêve, Roger décida finalement de changer de ton. Après tout, la glace était brisée. *Basta* pour les Goncourt, il allait finalement parler de son œuvre, d'homme à homme, d'égal à égal avec un confrère écrivain. Un *chum*. Intention fort louable, n'eût été l'approche qu'il adopta:

– Tu sais Maurice, dit-il avec une inimitable convivialité, dans le fond, toi et moi nous sommes pareils. Au Canada, je fais exactement comme toi, j'écris des sagas...

La suite de son explication se perdit dans le léger toussotement dont fut soudainement atteint Maurice Druon. Moi aussi je préfère au style ampoulé et grandiloquent de la noblesse le style direct propre aux Québécois comme aux Américains. Malheureusement, le tutoiement, surtout d'un illustre écrivain, de surcroît ministre de la Culture de France, mère et gardienne comme chacun sait des cultures d'ici-bas, n'étant pas encore entré dans les mœurs, n'est pas nécessairement apprécié à sa juste valeur...

J'ignore s'il est facile d'imaginer, pour quelqu'un qui n'a jamais assisté à pareille situation, la réaction qu'a eue Monsieur le ministre, qui dans la circonstance, en plus de s'entendre tutoyer a vu comparer son œuvre à celle d'un simple quidam venu du Nouveau Monde. Quelle galère! Une gifle n'aurait pas fait un dégât plus grand. Le visage de Maurice Druon s'empourpra. Il cessa de fumer, éteignit nerveusement sa cigarette et amorça un mouvement d'ascension ne laissant aucun doute sur son intention de vouloir mettre un terme à notre passionnante rencontre.

Moi qui ai toujours eu un faible pour tout ce que la vie peut apporter d'inattendu, de cocasse et d'incohérent, j'étais servi.

Entre le moment où le Ministre prononça:«Au revoir. J'étais ravi. Si, si, si, je vous assure! Accompagnez ces messieurs je vous prie... Merci» et la porte de sortie, Roger eut le temps d'exprimer un dernier vœu:

– J'espère que tu vas bientôt venir au Québec. En tous les cas, n'oublie pas de m'avertir. Je t'enverrai le *jet* privé de Power. On te montrera le pays. Tu vas aimer ça, Maurice!

Rideau. Adieu Maurice. Il a dû penser que nous avions craqué.

Mais la journée n'était pas terminée. Une réception organisée en l'honneur de Roger Lemelin nous attendait à l'ambassade du Canada. L'occasion me fut donnée une fois de plus d'apprécier l'imagination fertile de Roger qui, prenant la parole devant les invités de l'ambassadeur, fit un rapport circonstancié sur sa rencontre avec le ministre de la Culture. Celui-ci avait insisté pour le rencontrer... Il ne voulait plus le laisser partir... Il lui avait dit que... et lui avait promis de...

Quel talent! Quelle imagination! Quelle étonnante capacité de persuasion! Il était unique.

Après de telles déclarations (qui moururent entre les hors-d'œuvre et le champagne de l'ambassade), Roger s'attendait à être bombardé de demandes d'interviews.

– Tu vas voir. Je connais les journalistes. Ça va être l'enfer! prédit-il à son ami Bazin.

Celui-ci ne demandait pas mieux que d'y croire et prévint Roger qu'il était impératif pour lui de remettre aux journalistes un bref *curriculum vitae* car, de toute évidence, personne en France ne savait (encore) qui était Roger Lemelin.

Roger me chargea de concocter le document en question en me recommandant de puiser dans des notes qu'il rédigea à mon intention. Bazin intercepta la feuille manuscrite, la lut avec application et me la repassa en se contentant de dire:

– Si j'étais à ta place, je jouerais tout cela avec un peu plus de modestie...

À tout bien peser, il n'avait pas tort car, entre autres indications, Roger avait écrit à son propos:

Lemelin était ainsi. Déroutant, imprévisible. À la fois naïf et ne doutant de rien, sûr de lui et inaccessible, tendre et cruel, mêlant toujours le meilleur et le pire. Il fallait lire entre les lignes qu'il avait écrites et continuer à l'admirer en se souvenant que s'il était parvenu à se forger une place au soleil c'était en empruntant le chemin pierreux de la formation sur le tas. Je savais que je ne devais pas lui tenir rigueur de ses légèretés et exagérations criantes. Elles étaient inventées par son lyrisme et les lointains de l'aventure qu'il vivait.

Lorsque arriva l'heure fatidique de la réunion des Goncourt, à laquelle il fut convié à participer pour la première fois, je l'accompagnai au célèbre café *Drouant*, place Gaillon. Tous les membres attendaient Roger avec impatience dans le petit salon privé réservé aux académiciens. Je connaissais la plupart d'entre eux personnellement et en particulier Bazin, mon auteur, ainsi que Robert Sabatier, un ex-confrère que j'ai longtemps fréquenté à titre d'éditeur alors qu'il était à l'emploi d'Albin Michel. Après avoir salué tout le monde, je m'apprêtais à quitter les lieux quand soudain Hervé Bazin décida que l'Académie dont il présidait les destinées allait rompre la tradition en permettant à un visiteur (éditeur et journaliste) de siéger à la table des honorables académiciens du Goncourt. Je crois avoir décelé chez Roger des signes très perceptibles d'impatience et de contrariété. Il aurait aimé que la fête d'intronisation se fasse entre élus. J'aurais bien aimé lui être agréable mais il me fut impossible de refuser l'invitation de Bazin et de ses collègues. Je dus donc me résigner (bravant les timides protestations de Roger) à prendre place à la célèbre table ronde des Goncourt. C'était une première qu'ils ont dû tous oublier depuis. Pour moi, elle restera à jamais dans ma mémoire. Tout le long du repas, j'ai essayé d'être le plus discret possible. On ne m'en voudra pas, j'espère, de continuer à garder le mutisme sur les détails de cette réunion remplie d'effervescence intellectuelle dont Roger n'aurait pas aimé m'entendre parler.

Roger Lemelin disait souvent qu'il avait longtemps mangé maigre. Il avait donc bien mérité son caviar. Voilà pourquoi, sans doute, il me chargea d'organiser un dîner d'apparat dans le restaurant de mon choix – le meilleur de Paris, va sans dire. J'optai pour le *Lasserre*. J'étais sûr que Roger approuverait mon choix. André Malraux lui-même n'avait-il pas l'habitude d'y manger? Le pigeon que l'on y sert encore aujourd'hui porte d'ailleurs son nom. Nous étions quatre couples. Tous ravis de vivre ce repas qui promettait d'être une expérience gastronomique exceptionnelle.

Roger s'installa à table dans la flamboyance et l'autosatisfaction. Je ne sais plus laquelle d'entre nos compagnes fit remarquer que les deux petits cendriers en forme de minuscules poêlons en cuivre qui décoraient la table étaient «tout simplement ravissants». La remarque ne tomba pas dans l'oreille d'un sourd. Pétillant, pétulant, avec l'audace de ceux qui ne doutent de rien et qui s'étonnent de tout, Roger demanda aux dames:

– Vous aussi vous l'aimez le cendrier, les filles?

Toutes en chœur nos quatre compagnes répondirent: «OUI! C'est très beau!»

Roger fit aussitôt un signe au garçon et lui dit d'un ton autoritaire:

– Quatre douzaines!

Le garçon pensa qu'on lui commandait quatre douzaines d'huîtres mais Roger ne lui laissa pas le temps de filer à la cuisine sous une fausse impression:

– Non, non! J'AI DIT QUATRE DOUZAINES DE CENDRIERS, O.K.?

Voulant dissiper les doutes que le serveur aurait encore pu entretenir, il ajouta:

– On n'est pas des quêteux! O.K.?

J'ai craint que le pauvre garçon ne s'évanouisse. Erreur. Il était imperturbable. Il resta un moment immobile, réfléchit, tripota son crayon et risqua enfin:

– Plaît-il, Monsieur?

Roger s'impatienta:

– Koudon, c'est simple! On veut des cendriers. On en veut quatre douzaines. On n'est pas des quêteux.

À défaut de pouvoir me cacher sous la table (je précise que nous sommes toujours chez *Lasserre*, trois étoiles, fierté de la haute gastronomie française), je me barricadai derrière le menu, d'où je portais un regard oblique et furtif sur les événements.

– Bien, Monsieur! dit le serveur en tournant les talons et je le vis prendre la direction du maître d'hôtel. De l'endroit où je me trouvais, je pus observer le malheureux tentant d'expliquer à son patron que pour toute commande un hurluberlu venait de lui demander quatre douzaines de cendriers... L'autre fronça les sourcils et fit répéter. Il n'en revenait pas. La situation étant inusitée, désormais elle allait être prise en main par le chef hiérarchique. L'homme eut un air très digne et se dirigea droit sur Roger:

– Monsieur souhaiterait?

Roger s'impatienta.

– Non, mais c'est pourtant pas compliqué. Vous ne savez peut-être pas à qui vous avez affaire mais je n'aime pas répéter mille fois. J'ai demandé quatre douzaines de cendriers comme celui-ci. Ça va, oui? N'ayez pas peur, on n'est pas des quêteux...

Dix minutes plus tard, on nous apportait 48 petites boîtes blanches élégamment décorées d'un ruban rouge. Roger partagea généreusement les petits cadeaux entre les quatre dames et passa finalement au menu. Il me chargea de choisir les vins. Je pris les meilleurs. Après tout, on n'était pas des quêteux! Au moment de l'addition (astronomique), réalisant qu'il lui manquait quelques billets pour faire le compte, Roger me pria de venir à son secours. Dieu merci! j'avais sur moi quelque argent. Cela nous évita de passer pour des... quêteux auprès de l'établissement.

Le lendemain du mémorable dîner, Roger me pria de retourner au restaurant pour lui rapporter un reçu, qu'il avait oublié de réclamer en acquittant l'addition. J'ai refusé. Ce fut ma première désobéissance. Je ne voulais surtout pas revenir sur les lieux du crime où, soit dit en passant, je n'ai pas osé remettre les pieds avant cinq bonnes années.

Lors de la réunion, il a été convenu que les membres de l'assemblée des Goncourt, au complet, se rendraient au Québec. Sitôt de retour, Roger s'attela à l'organisation du voyage de ses confrères, imaginant d'avance la révolution qu'allait créer la mémorable visite.

Ses qualités d'écrivain ayant été reconnues outre-frontière, et bien qu'il ne se remette toujours pas à l'écriture, Roger tenait à faire sa marque d'une autre manière dans le monde de la littérature de chez nous. Il créa donc le prix de l'Éditeur de *La Presse*. Comme c'était *son* prix, le choix du récipiendaire allait relever de son unique prérogative. Puisqu'il en signerait le chèque, il déciderait, sans l'assistance d'un jury, qui mériterait le prix. Je venais justement de publier *Neige noire* d'Hubert Aquin. Roger, qui appréciait le talent de l'auteur (mais qui craignait l'homme), pensa lui accorder le premier prix. À condition bien sûr que ce dernier l'accepte.

– Je ne voudrais pas, me dit-il, qu'après l'avoir couronné Hubert Aquin me fasse faux bond comme il l'a fait avec le prix du Gouverneur général, qu'il a refusé. Tu sais qu'il est un peu spécial ce gars-là. C'est un fou! Il en serait capable. Je ne voudrais surtout pas de scandale. Comme tu le connais bien, j'aimerais que tu ailles le sonder. Le plus discrètement possible, bien entendu.

Bien entendu.

Je rencontrai donc Hubert, qui était mon ami, et lui fis part (très ouvertement) de la mission dont j'étais chargé.

– Si tu as l'intention de refuser le chèque, tu me le dis tout de suite et je conseillerai à Lemelin de se trouver quelqu'un d'autre. Sinon, on va fêter ça tout de suite.

On a pris un coup. Tout de suite. Une nouvelle de cette nature ça s'arrose et ça réamorce la pompe à confidences.

– C'est bien l'idée d'un fou, d'un mégalo, me dit Hubert qui avait selon toute évidence la même opinion sur Roger que celui-ci avait de lui. Tu penses bien que je n'ai pas les moyens de refuser un chèque de 5 000 $? J'en ai justement besoin en ce moment.

La venue des Goncourt à Montréal créa un remous parmi les écrivains québécois, épris soudain de passion pour le grand critérium littéraire parisien. À Paris, pendant que les Goncourt préparaient leurs valises, Yvan Audouard publiait sa *Lettre ouverte aux cons*, dans laquelle il écrivait ce qui suit:

«À de rares exceptions – et je ne cite personne – les membres de cette compagnie ne sont pas vraiment des cons. Plusieurs d'entre eux – et par compensation je ne cite non plus qui que ce soit – ont un talent certain. Je pourrais même en nommer trois, mais pas plus, qui ont un talent exceptionnel.

Il n'empêche que le Goncourt est une connerie persévérante et diabolique. Qu'il fausse totalement la vie littéraire de ce pays. Qu'il abîme ceux qui l'obtiennent, aigrit ceux qui le ratent, encombre la presse des humeurs de M. Salacrou et n'a d'autre intérêt que de faire croire à Armand Lanoux qu'il a de l'importance. Dans ce cas, on peut véritablement parler de connerie institutionnelle. Il n'améliore ni ne détériore ceux qui en font partie. Ils ne sont pas cons à titre privé. Mais ils sont devenus les agents actifs d'une dangereuse connerie collective. Et le pire, c'est qu'ils le savent.

Il ne suffit donc pas de dire que l'Académie Goncourt aussi bien que l'Académie française sont, en soi, des conneries. On se doit d'ajouter qu'en faire partie c'est faire acte de candidature à la connerie.»

Au Québec, nous nagions en plein délire de fleurs et d'encensements. Seul un homme osa écrire une lettre atrabilaire contre la comédie des académiciens: Victor-Lévy Beaulieu. Entre-temps, trois aspirants-poulains du prix Goncourt prirent la tête du peloton: Jacques Folch-Ribas, André Langevin (un bon ami de Roger Lemelin) et Roger Fournier (qui avait publié chez moi). Édité à Montréal, *La chaîne dans le parc* de Langevin restait introuvable à Paris. Polis, les académiciens en ont dit beaucoup de bien (même s'ils ne l'avaient pas encore lu). Le livre de Folch-Ribas par contre était publié à Paris mais restait introuvable à Montréal. Les académiciens lui rendirent la même politesse. La critique parisienne quant à elle resta muette. L'ouvrage de Fournier, sérieusement égratigné par la presse québécoise, et repris à

Paris par mon confrère Albin Michel, récoltait une critique très élogieuse dans tous les journaux et magazines de Paris. Du coup, quelques jours avant la proclamation du prix Goncourt, le nom de mon poulain, Roger Fournier, apparut enfin sur la liste des 10 finalistes.

Le 19 octobre, espérant toujours que le vent tournerait en faveur de Langevin, son éditeur publia un placard dans *La Presse* rédigé comme suit: «Un Québécois officiellement retenu pour le PRIX CONCOURS!» Pas vu, pas... prix (!)

Hélas, les efforts de tout le monde furent vains. Aucun de nos trois auteurs ne remporta le prix tant convoité. Après tout, ce n'était pas la fin du monde. Pour se consoler, il leur suffisait de penser à tous les autres écrivains, et pas des moindres, qui en furent privés eux aussi: Georges Bernanos, Alain Fournier, Henry de Montherlant, Jean Giraudoux, Paul Morand, François Mauriac, Julien Green, Céline, et j'en passe.

Quoi qu'on ait pu dire de l'aventure des Goncourt au Québec (qui retournèrent à Paris avec des égratignures), c'est Roger qui eut le mot le plus juste à ce propos: «On n'aura jamais autant parlé de littérature chez nous!»

Mais toutes ces tribulations ne l'empêchèrent pas de rêver. Il tenait à tout prix à faire des Éditions La Presse la plus importante maison littéraire de la francophonie. Il me pressa de trouver un conseiller littéraire de renom afin de m'assister dans cette tâche. D'instinct, je me tournai vers Hubert Aquin. Bien que mon choix irritât le président (pourtant il l'avait lui-même couronné de son prix littéraire quelques mois auparavant), il finit par l'approuver en lui adjoignant son ami René Garneau. Le conseiller... du conseiller était un ancien diplomate. Il avait croisé Hubert Aquin en Suisse, quelques années auparavant, lors de certaines actions d'éclat de ce dernier dans la patrie des banques, du gruyère et du chocolat. Le monde est si petit.

*Académie Goncourt*
   *Le Président*

14 . XII . 74

Ami,

merci des textes sur la visite Goncourt.

quelle curieuse chose que la mentalité de certains gens de lettres au canada ! on va les saluer. Ils répondent par des injures. Aucune importance, à vrai dire.

J'ai fini *Madame Ex* qui paraîtra le 1 mars en France. La Presse le publiera-t-elle ?

Amitiés

Hervé Bazin

Petit commentaire d'Hervé Bazin sur l'expédition des Goncourt au Canada...

La première réunion de mes futurs collaborateurs se déroula dans l'allégresse la plus totale au restaurant *Le Paris*. Après s'être longtemps attardés sur le choix du plat du jour et celui du vin, mes deux nouveaux collaborateurs passèrent le restant du déjeuner à décider dans quel pinacle gastronomique ils allaient se retrouver pour leur prochaine réunion. Au dessert, ils avaient fait l'unanimité.

Lorsque Roger s'enquit du déroulement de notre première réunion, j'ai été heureux de pouvoir le rassurer:

– Ils ont des goûts similaires. Ce sont des connaisseurs. Aucune discorde en vue. Aucun pugilat à craindre.

Je parlais des plaisirs de la table. Lui, de ceux de la littérature. Il devenait de plus en plus clair que notre voyage approchait du terminus.

Un bon matin, Roger me fit monter dans son bureau. Je le trouvai fébrile, impétueux, bouillonnant d'impatience.

– Je veux que les choses soient bien claires entre nous, me dit-il. Je t'annonce qu'à partir d'aujourd'hui ta mission sera de publier de beaux livres. Rien que de beaux livres. Beaux par leur contenu et beaux par leur présentation. Laisse les autres aux autres éditeurs.

Je risquai une observation:

– Mais les beaux livres, comme tu dis, ça coûte très cher!

– Justement. On en a les moyens. Laisse les autres... aux autres. Je t'autorise à perdre de l'argent. Tu comprends bien ce que je te dis: dorénavant, tu peux perdre de l'argent.

– Publier sans avoir à se préoccuper des dépenses, c'est le rêve pour un éditeur! Peux-tu me dire au moins quelle est ma limite?

– Il n'y a pas de limite! *Sky is the limit!*

– C'est merveilleux. Le rêve de tout éditeur. Compte sur moi. Il n'y a qu'un détail cependant que je te demanderais. Pourrais-tu consigner tes instructions par écrit?

– Par écrit? Pourquoi faire?

– Je souhaiterais une toute petite lettre de toi disant que tu m'autorises à entreprendre des dépenses illimitées. Je préférerais d'ailleurs que tu ratifies quand même une certaine limite: 100 000 $, 1 000 000 $, 2 000 000 $. Ce que tu veux.

– Je ne comprends pas pourquoi tu as besoin d'un écrit. Ma parole ne te suffit pas?

– Mais si. Sauf que si un bon matin – ce que je ne te souhaite pas – tu te fais renverser par un autobus, moi je risque de me retrouver tout seul devant Paul Desmarais avec une facture qu'il n'appréciera peut-être pas.

Roger s'empourpra de colère. L'atmosphère commençait sérieusement à sentir le roussi. Sentant que le glas avait sonné, je quittai son bureau décidé à remettre ma démission. *Il faut savoir changer de parti quand on ne veut pas changer d'opinion*, dit un proverbe.

Je rédigeai deux lettres. La première à Paul Desmarais et la seconde à mon patron hiérarchique, Roger Lemelin. Je voulais que cette séparation se fasse de la façon la plus courtoise, en prétextant le ras-le-bol du monde du livre. Dorénavant, je ne pensais qu'à mon année sabbatique. Je confiai la primeur de mon départ à mon camarade Michel Roy, du *Devoir*. C'est en lisant ce quotidien dans l'avion de Québec que Roger apprit la nouvelle. S'il n'avait pas retardé d'une journée son retour à Montréal, il aurait trouvé ma lettre sur son bureau. La Providence cligne parfois de l'œil à sa façon.

La réaction de Paul Desmarais, envers qui j'ai un profond respect, a été des plus cordiales. Grâce à un chèque substantiel de séparation qu'il me remit en guise d'appréciation pour services rendus à l'entreprise, j'ai pu sérieusement songer à m'offrir une année sabbatique. Puisse-t-il recevoir ici l'expression de ma totale révérence. La réaction de Roger fut d'une autre nature. Il était à la fois irrépressiblement gai et tumultueux, suspicieux et tatillon.

– Je regrette ta décision, me dit-il agacé, mais je la respecte. On tourne la page. Je n'arrête pas pour autant ce que tu as commencé ici. Pour te remplacer, je songe à une direction bicéphale qui sera formée de Claude Hurtubise et d'Hubert Aquin.

La suite de l'aventure est hélas bien connue. Elle aboutit au suicide d'Hubert, qui s'enleva la vie sur le terrain de la *Villa Maria*.

Ma sabbatique ne dura que trois mois. M. Franklin Delaney, qui avait obtenu le permis d'exploiter une chaîne de télévision, m'offrit de m'occuper de la programmation de sa nouvelle entreprise. J'en profitai pour faire un véritable tour du monde afin d'étudier ce qui se faisait ailleurs sur le petit écran. N'ayant pu recueillir les sommes d'argent nécessaires au financement de la nouvelle chaîne, M. Delaney fut forcé d'abandonner son projet. Pour ma part, je fis un retour dans le monde de l'édition en fondant ma propre société. Ce n'est que quelques années plus tard que Roger renoua avec moi. Entre-temps, il avait commis quelques livres, dont *Le crime d'Ovide Plouffe* qui fut porté à l'écran par Denys Arcand à la suite de *Les Plouffe*, film réalisé par Gilles Carles. Bien qu'il continuait à jouer à l'homme d'affaires obsédé de réussite et de contrats mirifiques, Roger me parut redescendu sur terre. Il me sembla que désormais il faisait corps avec la réalité. Certes, il était toujours prompt à exprimer ingénument le fond de sa pensée mais maintenant il lui arrivait de rire de lui-même. Il résulta de notre nouvelle rencontre une réelle sympathie humaine. Sa vie venait de prendre un nouveau tournant. Il avait cédé sa place de président de *La Presse* à Roger-D. Landry. Il était un homme libre.

– Il n'y a plus que deux choses qui comptent pour moi, me confia-t-il. L'écriture et la camaraderie. Tout le reste est mirage et illusion!

Voulant jouir au maximum de sa fortune «pendant que je suis encore en vie» (il était de plus en plus préoccupé par le vieillissement et par la mort), Roger m'offrit d'acquérir les droits sur l'ensemble de son œuvre. Ce que je fis. J'entrepris aussitôt la réédition complète de ses ouvrages en format de poche.

Peu de temps après, sans me douter du mal qui allait l'emporter, je publiai son dernier livre[*], où la meurtrière cigarette lui servit de prétexte pour écrire une autobiographie pleine d'humour et de tendresse.

Durant l'été 1991, Roger me téléphona pour m'inviter à le visiter. Il avait beaucoup de choses à me confier, m'assurat-il, et il tenait à acquitter certaines dettes qu'il avait contractées envers la maison d'édition.

En arrivant chez lui, je découvris un homme métamorphosé. Le regard noyé. Son pauvre corps n'était plus qu'un roseau fragile qui ne tenait à rien. Il portait un large béret pour cacher les séquelles d'une pénible chimiothérapie. Toute révolte semblait gommée en lui. Il était rempli de tristesse mais ne se plaignait pas. Il me parla avec une émouvante sincérité. J'avais une boule au fond de la gorge.

– J'ai une tumeur au poumon. Je ne sais pas ce qui m'attend, me dit-il d'une voix fluette. Demain, j'entre à l'hôpital. Quoi qu'il arrive, je préfère mettre mes affaires en ordre. Je ne sais pas au juste combien je te dois mais ton service de comptabilité fera les ajustements qui s'imposent. En attendant, je voudrais te remettre un chèque personnellement. Je voudrais aussi que tu saches, que tout le monde sache, que je ne suis pas quelqu'un de méchant. De mon vivant, je n'ai jamais voulu faire de mal à qui que ce soit. Tu m'entends bien? Jamais! Jamais!

---

[*]  *Autopsie d'un fumeur*, Éditions Stanké, Montréal, 1988.

Il me pria ensuite de l'aider à escalader les étroites marches d'escalier qui conduisaient à son bureau. Il se déplaçait dorénavant avec une canne. Celui que j'ai toujours connu comme une boule d'énergie en fusion semblait perclus de douleurs. Au premier étage de sa demeure, il me fit asseoir en face de son pupitre et continua à me parler:

– J'en aurai vécu des choses ici. Dans ces tiroirs, j'ai encore plein d'écrits que je n'ai jamais osé publier. Un jour peut-être te les donnerai-je? Qui sait ce que réserve l'avenir.

Parfois, il avait la force d'esquisser un sourire. Un de ces sourires qui prenaient soudain des allures de fumées de l'âme.

En partant, il me tendit les bras. Nous nous sommes longuement embrassés. Il pleura comme un enfant puis me laissa partir sur ces mots:

– Je n'ai jamais voulu faire de mal à personne, Alain. Tu le diras, veux-tu? Tu me le promets?

En quittant sa maison, je ne me suis pas retourné. Je ne voulais pas qu'il me voie pleurer.

Il est décédé peu de temps après.

# YVES THÉRIAULT
*Un bûcheron parmi les scribes*

*La grandeur de l'homme est
qu'il peut trouver à peiner là
où une fourmi se reposerait.*
JEAN GIRAUDOUX

Yves Thériault collaborait déjà au *Petit Journal* depuis un
certain temps lorsque j'y suis arrivé en 1953. Il a immédiatement captivé mon attention. C'était une sorte de bûcheron
égaré parmi les scribes. Il ne traînait jamais dans la salle de
rédaction. Il y faisait de brèves apparitions, jamais annoncées
mais toujours remarquables. Yves était le seul à parler aux
patrons et au chef des nouvelles sur un ton que personne ne se
serait autorisé. Il avait déjà réputation d'écrivain et ne se gênait
pas pour l'afficher fièrement. Frondeur sur les bords, sûr de
lui, il avait du panache! Il exerçait sur moi une véritable
fascination et nous n'avons pas tardé à la concrétiser. D'une
insatiable curiosité, il me questionnait sans cesse sur mon
passé, mon pays d'origine et mon expérience des camps de
concentration. Il se plaisait à me faire raconter mes reportages
avant qu'ils ne soient publiés dans les pages de l'hebdomadaire
qui nous employait. En revanche, il parlait peu de lui. Parfois,
pour moi il acceptait de se souvenir de son séjour au sana-
torium ou de me narrer quelques menus exploits quotidiens
de son père et de son grand-père, tous deux menuisiers. Il
prenait souvent un air austère. On aurait pu croire qu'il était
taciturne et prêt à exploser à la moindre contradiction. Mais
dans le fond, mon camarade Yves Thériault était un farceur-né.
Un pince-sans-rire. Il était, comme je le suis moi-même,

apolitique et un tantinet anarchiste. Il n'hésitait pas à critiquer ouvertement les politiciens et les gens d'Église. Je ne partageais pas toutes ses opinions, mais j'avais beaucoup d'admiration pour son étonnante franchise, sa fougue et ses connaissances.

Je l'ai trouvé très courageux le jour où il annonça qu'il quittait le Québec, avec sa petite famille, à bord d'un cargo pour aller vivre un certain temps en Italie. Il pouvait réaliser son rêve grâce à diverses publications disposées à lui acheter ses articles. Ce projet ne put se réaliser qu'à moitié. À cause principalement de l'échec du *Nouveau Journal*, avec lequel il avait signé un accord, Yves dut malheureusement abréger son séjour et revenir au Québec, où on le considérait comme un véritable phénomène. En effet, il était le seul écrivain à pouvoir vivre de sa plume dans un pays où d'autres talents littéraires, pourtant nombreux, n'avaient pas la même chance. Il faut dire que, pour arrondir ses fins de mois, Yves n'hésitait pas à rédiger des petits romans à cinq cennes qu'il écrivait sous divers pseudonymes avec la rapidité de l'éclair. Il signa même durant un temps une chronique du cœur pour l'hebdomadaire *La Patrie*, un concurrent du *Petit Journal*.

En 1961, ma carrière de journaliste prenait un nouveau tournant. Je fus engagé par Edgar Lespérance à la tête des Éditions de l'Homme en remplacement de Jacques Hébert, parti lancer sa propre entreprise. En débutant dans le monde de l'édition, je me suis rappelé ce qu'Yves Thériault m'avait dit un jour au *Petit Journal*:

– Tu verras, à un moment donné, toi et moi on fera quelque chose ensemble!

Était-ce l'expression d'un vœu ou une prédiction? Je l'ignore. Tout ce que je sais, c'est que l'occasion de retrouver Yves ne pouvait pas mieux tomber. Flair, intuition, superstition, amitié ou destin? Peu importe. Je tenais à ce que le premier livre de ma nouvelle carrière d'éditeur porte la signature d'Yves Thériault. N'osant pas lui demander de m'écrire un nouveau livre, j'eus l'idée de rééditer son *Agaguk*, devenu introuvable en librairie. Yves était ravi. Son fidèle éditeur et ami Paul Michaud, de l'Institut littéraire de Québec, nous céda tous les droits de l'œuvre. Paul, soit dit en passant, a constamment fait preuve d'une très grande générosité à l'endroit d'Yves. La nouvelle formule des livres à un dollar, vendus à la fois en librairie et dans les kiosques à

journaux, mit ainsi *Agaguk* à la portée de tout le monde. Un battage publicitaire soigneusement préparé, auquel l'auteur s'est prêté avec enthousiasme, finit par assurer au volume l'immense succès que l'on sait. Mieux encore: il scella notre amitié à tout jamais.

Yves et moi, nous nous sommes rarement quittés dès que je suis devenu éditeur. Il lui arrivait parfois d'aller butiner auprès de l'un ou de l'autre de mes concurrents (il a publié chez tous les éditeurs du Québec), mais nous ne nous sommes jamais séparés pour autant. Tout compte fait, j'ai eu l'honneur d'être l'éditeur de plus de la moitié de la trentaine d'ouvrages qu'il a écrits.

Être l'éditeur d'Yves Thériault n'était pas une mince responsabilité. En plus des divers devoirs professionnels inhérents au métier, on était forcé de jouer le rôle de comptable, de conseiller financier et de confident. On devait négocier avec des vendeurs de graines et de tracteurs, car Yves s'était mis dans l'idée de devenir *gentleman farmer*. Son rapport avec les lettres baignait dans l'huile. Celui qui avait trait à l'argent relevait par contre de la pure catastrophe. Yves était toujours en quête d'une avance, d'un paiement, d'un petit chèque grappillé par-ci par-là pour remplir ses poches percées. Un jour, il nous pria de le traiter comme un simple salarié afin d'être en mesure de compter sur la régularité d'un salaire. Bien qu'inusité, le procédé fonctionna durant une bonne année durant laquelle il réussit à... s'endetter encore plus. Pour se sortir du pétrin, Yves acceptait tout ce qui passait. Il se fit même éditorialiste à CJMS. Les opinions de l'écrivain le plus lu du Québec n'étant pas des plus conformistes, elles créèrent souvent de regrettables remous. Regrettables particulièrement pour le poste qui l'employait et qui eut à subir le courroux d'auditeurs mécontents, qui le manifestèrent notamment par des vitrines brisées et des débuts d'émeutes.

En plus d'être son critique le plus juste et le plus sévère, Michelle, la femme d'Yves, était sa plus précieuse collaboratrice. Grâce à sa parfaite connaissance du français, elle relisait et corrigeait tout ce que son mari écrivait. Le jour où Yves m'annonça que le couple se séparait, je fus très peiné. J'aimais les voir tous deux vivant harmonieusement et se complétant parfaitement dans le travail. Tous les proches des Thériault pourraient en témoigner. N'eût été de son épouse, Yves n'aurait probablement jamais atteint la renommée qu'il a connue. Reconnaissant que sa femme était la seule capable de peaufiner son écriture, en même temps qu'il m'annonça la triste nouvelle il me fit part de son inquiétude:

— Il va falloir que tu trouves quelqu'un d'aussi bon que Michelle. Ça ne va pas être facile!

Aux éditions, ce fut la panique. Nous ne connaissions personne d'aussi doué que Michelle. Mes recherches n'aboutissaient à rien. De plus, le temps nous pressait. Nous avions annoncé la parution d'un nouveau Thériault au programme. Il fallait faire vite. Ne parvenant pas à découvrir la perle rare, à bout de patience, je décidai de contacter Michelle pour lui proposer un marché. À cause de la rupture du couple (Yves avait tenu à couper tout contact), elle s'était retrouvée sans travail. Je lui demandai de continuer à relire et à corriger en secret les manuscrits de son ex-mari. Michelle, bonne complice, accepta ma proposition.

Je n'oublierai jamais le jour où je fis venir Yves au bureau afin qu'il puisse juger des qualités de ma nouvelle correctrice.

Yves s'installa devant moi, prit son manuscrit, corrigé à l'encre rouge et de la main gauche (!) de Michelle, et se mit à l'examiner à la loupe. Au bout d'un long moment, il parut rassuré. Il éclata de rire et eut ce commentaire:

— Criss qu'elle est bonne! Elle est bonne en maudit. Regarde-moi ça. C'est magnifique. Je suis rassuré. C'est elle que je veux pour tous mes livres. C'est à peine croyable, elle est peut-être même meilleure que Michelle! Va falloir que tu me la présentes!

Je lui fis comprendre qu'il n'y avait pas urgence mais qu'un de ces jours, peut-être, je... Et puis, nous passâmes rapidement à un autre sujet. Je suis forcé de confesser aujourd'hui que je n'ai jamais osé lui révéler la vérité.

Le rapport qu'Yves avait avec l'argent, ou plutôt avec son manque d'argent devrais-je dire, était dévastateur. Plus il en gagnait, plus il semblait en manquer. Comme j'ai un penchant naturel pour faire miennes les inquiétudes des autres, je finis par m'approprier son angoisse. Je calculais son budget comme s'il s'était agi du mien propre et m'ingéniais à lui trouver des moyens pour augmenter ses revenus.

Un jour, on m'annonça que mon auteur favori allait recevoir un prix littéraire qui serait assorti d'un chèque de 5 000 $. Je me précipitai au téléphone et convoquai Yves au bureau.

– Yves, j'ai une nouvelle formidable à t'annoncer. C'est la fin de tes soucis financiers. Tu vas recevoir un prix et, tiens-toi bien, un beau chèque de 5 000 $!

Contrairement à ce que j'aurais cru, il n'explosa pas de joie. Il se gratta nerveusement la paume de la main, réfléchit un instant, puis répondit:

– Bon, bon, bon... si mes calculs sont bons, ça veut dire qu'il ne me reste plus que 9 000 $ à trouver!

La nécessité aidant, je fus forcé d'imaginer d'autres moyens pour amener de l'eau à son moulin. C'est ainsi que j'eus l'idée un jour d'enregistrer *N'Tsuk*. Yves lut lui-même son œuvre complète et le disque ne tarda pas à devenir un document d'archives très recherché.

Denis Héroux venait de terminer le tournage du film *Valérie*. Sitôt le montage du film achevé, j'invitai Yves à assister à sa projection et à nous pondre avec sa rapidité coutumière un roman d'Yves Thériault d'après le film *Valérie*. On produisait bien des films tirés des romans, pourquoi ne pas tirer un roman d'un film? Cette opération à sens inverse des habitudes fut un succès, au point qu'on a fini par croire que le roman avait précédé le film.

Lorsque je mis sur pied ma propre maison d'édition en 1975, tout comme 14 ans auparavant, alors que je débutais dans le métier, je décidai de démarrer avec un ouvrage original d'Yves Thériault. Yves n'avait pas écrit de livre depuis plusieurs années. Il s'était retiré avec sa nouvelle compagne dans un petit chalet de Saint-Calixte. Quand je suis allé le voir pour lui exposer mes nouveaux projets, je l'ai trouvé las et amer.

– Pourquoi viens-tu me voir moi?

– Parce que depuis le jour où je t'ai rencontré je souffre de la ... THÉRIAULTSCLÉROSE!

Yves éclata d'un rire sonore et me tendit la main:

– D'accord! J'embarque! Tu le veux pour quand ton livre?

Dans le même élan, je lui signai un chèque qui lui permit de soupirer. La somme représentait l'avance la plus élevée jamais accordée au Québec à un auteur littéraire. Quatre semaines plus tard, Yves m'apportait fièrement son *Agoak, l'héritage d'Agaguk*. Il était regonflé à bloc. Une véritable boule d'énergie, comme avant. Il avait des milliers de projets en tête. Nous retrouvions enfin notre Yves Thériault d'antan.

Au moment de lancer *Agoak*, nous avons décidé de publier un premier catalogue de la maison. Vu que nous n'avions encore rien édité, toutes les pages étaient blanches à l'exception de la table des matières qui annonçait nos intentions et d'une préface qu'Yves a tenu à rédiger lui-même. Cette préface restera inoubliable pour moi car elle témoigne de l'état de l'édition québécoise dans lequel Yves avait évolué. Quelle récompense et quel meilleur encouragement pourrait souhaiter un éditeur lorsque l'un des plus importants écrivains du pays écrit spontanément ce qui suit:

«Celui qui, au Québec, a pratiqué cette misère de métier qu'est l'écriture a connu les caprices de la faveur publique, la grandeur et l'absurdité des gloires et l'immense passivité de l'industrie du livre.

Puis vient soudain, la main haute et le verbe convaincant, un homme d'idées et d'audaces, la tête pleine de projets qui pourront ranimer la communication entre les écrivains et les lecteurs, à travers le monde s'il le faut, et il y a soleil là où ne régnait que brouillard.

J'ai littéralement – et littérairement – frémi de joie en apprenant que mon ami de longtemps, Alain Stanké, allait enfin cesser de ronger son mors dans de ternes boîtes et fonder Les éditions internationales Alain Stanké. Il insufflerait là où il n'y a plus que stagnation et marasme un coup d'oxygène devenu essentiel. Au lieu de simplement survivre, serait-il possible que nous puissions enfin nous épanouir?

J'ai l'âge de freiner mes élans; je ne monte pas le premier coursier venu. Si j'endosse avec autant de ferme espoir les entreprises présentes de Stanké, c'est que je l'aperçois comme une sorte de maître d'œuvre essentiel à l'édition.»

Nous vivions une véritable lune de miel qui n'a pris fin qu'avec le décès d'Yves, huit ans plus tard. Entre-temps, il réalisa que les livres qui se vendaient le plus étaient des recueils de recettes et des ouvrages érotiques. Sa logique conclut qu'en mêlant les deux genres sur un fond de nouvelles on finirait par gagner le gros lot. De cette idée naquit *Œuvre de chair*, un ouvrage que nous n'avons pas vendu comme Yves l'aurait souhaité mais que nous n'avons eu aucun mal à placer auprès d'un confrère de langue anglaise.

Yves n'était pas du genre à refuser de prêter son nom à un livre de recettes. La bonne cuisine le passionnait. Voilà pourquoi, lorsque j'ai demandé à sa compagne de m'écrire un livre qui consacrait la cuisine traditionnelle québécoise, il n'a pas hésité à nous écrire une préface. Ce fut son dernier écrit pour notre maison. Il ne semblait plus avoir de flamme pour entreprendre un nouveau livre.

Entre-temps, Paul Michaud m'apprit qu'il venait de retrouver dans un coin de son coffre-fort deux manuscrits inédits d'Yves Thériault. Il les avait obtenus de l'écrivain plusieurs années auparavant, au moment où celui-ci – à court d'argent – se faisait payer à la page. Ayant abandonné l'édition, Michaud me proposa de les acquérir pour une somme forfaitaire. Je sautai sur l'occasion et dès que j'ai eu les manuscrits en main je les confiai à un de mes précieux conseillers de l'époque, Jean-Noël Tremblay, en le priant instamment de les lire pour me donner son opinion. Sa réponse ne tarda pas à venir:

– Je viens de lire les deux manuscrits. Il n'y a aucun problème avec *La quête de l'ourse*. C'est un très bon roman. Tu pourrais le mettre sur le marché sans aucune hésitation. Quant au second, *Le collier*, je vais t'éviter une catastrophe. En effet, il a déjà été publié il y a quelques années chez un de tes confrères, sous un titre différent.

Paul Michaud en fut le premier surpris. Ignorant tout de l'affaire, se confondant en excuses, il n'hésita pas à le reprendre en remboursant la dépense occasionnée.

Lorsque je parlai de cet incident de parcours à Yves, il éclata de rire.

Après cette expérience, il n'avait plus qu'une idée en tête: trouver un producteur intéressé (et suffisamment à l'aise) pour tirer un film d'*Agaguk.* Il me nomma son agent exclusif et me somma instamment de partir à la recherche de la perle rare qui devait nous enrichir mutuellement. Le contrat prévoyait une alternative: une commission d'agent ordinaire si je parvenais à vendre les droits à un producteur québécois et un pourcentage plus consistant si ce producteur était américain. Il était convenu entre nous, par ailleurs, qu'Yves se réservait la liberté de vendre les droits du film personnellement. Advenant que la vente se concrétise par ses soins, il était entendu que je toucherais néanmoins ma part du gâteau. Dûment mandaté, je commençai ma mission à New York, où je m'en fus frapper aux portes des plus importants producteurs que je connaissais. De son côté, Yves investit tous ses efforts sur les sociétés locales qui, contrairement aux maisons de production étrangères, avaient cette longueur d'avance qu'elles connaissaient l'importance de l'œuvre. Ainsi, un bon matin, je reçus un appel pour le moins inusité d'Yves:

– J'ai une nouvelle qui va te surprendre: j'ai un chèque pour toi!

Voilà qui n'était pas très courant. D'habitude, c'était plutôt moi qui lui annonçais ce genre de nouvelle.

– Explique-moi, Yves.

– Je viens de vendre les droits d'*Agaguk* à Claude Léger. Tout est signé. C'est dans la poche. Je suis très content. Tu as toujours été réglo avec moi. Je tiens à respecter notre entente.

Tel que prévu, quelques jours plus tard, Yves se présenta à mon bureau avec son chèque. Je me suis réjoui à double titre. Premièrement, un chèque ça fait toujours plaisir à

Sacré Yves!

recevoir. Puis ce qui me combla plus encore, je m'en souviens parfaitement, ce fut de voir la mine d'Yves – lui qui a passé la majeure partie de sa vie dans la situation du receveur – se retrouvant soudainement dans la peau du donneur. Il s'acquitta de sa tâche avec noblesse. Chapeau!

Je regretterai toujours qu'il n'ait pas vécu assez longtemps pour voir le film – très librement inspiré, soit dit en passant – d'*Agaguk*. Il y a fort à parier qu'il ne se serait pas gêné pour le critiquer ou l'applaudir. Quoi qu'il en soit, le roman, qui a été écrit il y a 35 ans (avec l'aide de Michelle, son épouse), saura traverser l'épreuve du temps. Il est permis de penser que les générations futures continueront à le lire avec passion dans 35 années d'ici. Combien l'ont lu? Combien ont vu le film? C'est indéniable: la littérature conserve une pérennité sur le cinéma. Malgré les millions qu'il a coûté, le film est déjà retiré de l'affiche... Quant au livre, s'il ne se trouve pas dans votre bibliothèque personnelle, il sera toujours disponible!

Une petite note pour finir. Quelques semaines avant la sortie du film, j'ai eu la surprise de recevoir une lettre de Me Charles L. Smiley, conseiller juridique des Films Agaguk Inc. et d'Eiffel Productions, les ayants droit des Productions Claude Léger Inc. acquéreurs des droits d'adaptation cinématographique du roman *Agaguk*. On me reprochait d'avoir vendu les droits d'*Agaguk* alors que ceux-ci avaient déjà été vendus par Yves en 1964 à Toronto, pour la (modique) somme de 15 000 $, à un certain Willem Poolman. La seconde (!) vente ayant été conclue personnellement par Yves, seul de nous deux à connaître la première, ma bonne foi n'a pas été mise en doute. J'ignore les détails de l'accord auquel sont parvenus les deux détenteurs des droits. Je suis convaincu qu'ils ont dû trouver un terrain d'entente puisque le film est sorti.

Sacré Yves!

# GABRIELLE ROY
*La promesse et... le désenchantement*

## LA PROMESSE...

«D'immenses yeux verdâtres, charbonnés de mélancolie. Une bouche retenue par ces frondes qu'une âme bien née tend au fond du diaphragme. Un nez coupé noblement. Un front de lumière.»

Paul Guth décrit ainsi, au lendemain du prix Fémina couronnant *Bonheur d'occasion*, Gabrielle Roy.

Je ne changerai pas un mot. J'ajouterai quelques rides creusées par les ans. Elles donnaient à son visage d'avidité, de grâce et d'inquiétude une parenté avec les femmes autochtones les plus racées. Gabrielle Roy avait l'allure d'un chaton peureux. Ses gestes étaient furtifs, sa poignée de main en velours. Mais il suffisait qu'elle prononce trois mots pour qu'on sache immédiatement qu'on avait devant soi un être unique. Elle parlait en écoutant du regard. Lors de nos entretiens, j'avais toujours l'impression qu'elle lisait sur mon visage la suite de son récit qu'elle modulait suivant mes réactions. Petite fille égarée dans un monde trop vaste qu'elle maniait avec tant de maîtrise dans son écriture, elle avait le désenchantement ironique et la distance secrètement désabusée. Je l'ai beaucoup aimée.

J'ai connu Gabrielle Roy grâce à M. Paul-Marie Paquin, ex-directeur littéraire des Éditions Beauchemin. L'auteur lui avait demandé de sonder ma disposition à prendre soin de ses œuvres passées et à venir.

Dès notre première rencontre, à Québec, j'ai compris que pour elle, exercer son métier d'écrivain ne pouvait se faire que dans un contexte de sympathie et de fidélité. La nécessité donc de collaborer avec un seul éditeur – son éditeur – était une loi. Son œuvre étant la part la plus inaltérable et la plus vive d'elle-même, elle se devait de la confier au public par l'intermédiaire d'un répondant fiable, un ami. Je fus celui-là avec constance et plaisir durant les 10 dernières années de sa vie.

Notre amitié est née très tôt, très vite. Elle était d'évidence et faisait autorité dans nos rapports.

Gabrielle Roy, ce n'est plus un secret pour personne, vivait en presque recluse, à contre-courant, loin des mondanités, barricadée entre les camouflages de sa modestie et la jalousie de sa liberté, toute consacrée à son écriture.

Très tôt, il a été convenu entre nous que, au-delà de mes relations d'éditeur-ami, j'aurais le rôle de filtre protecteur entre elle-même et le monde. J'étais sa boîte postale, son répondeur téléphonique. Quand il lui arrivait de tarder à répondre à une lettre, elle me téléphonait pour me dire d'un air gamin:

– J'ai encore laissé traîner. Pourriez-vous y voir? J'espère qu'il ne m'en voudra pas trop. Dans le fond, je pense comme Napoléon. Il disait que si on n'avait pas répondu à une lettre après huit jours, c'est qu'elle ne méritait pas de réponse!

Comme elle ne savait pas prononcer le mot *non* (malgré qu'elle sût le vivre) et qu'elle ne voulait jamais dire oui, je devins rapidement son porte-parole. Celui qui refusait en son nom interviews, conférences, présidences d'honneur et autres propositions, des plus alléchantes aux plus farfelues.

– Une œuvre se suffit à elle-même, avait-elle coutume de dire. Elle a sa propre vie. Dès qu'un livre est né, il n'appartient plus à l'auteur!

Elle comprenait donc mal que l'on puisse attacher plus d'importance à l'écrivain qu'à ses écrits.

Tout son temps était consacré à l'écriture. Elle sautait des repas. D'ailleurs, elle mangeait peu et ne cuisinait jamais. L'été, lorsqu'elle était dans sa demeure de Petite-Rivière-Saint-François, une voisine lui apportait souvent ses petits plats confectionnés avec amour.

– Si vous ne mangez pas, vous ne pourrez pas tenir le coup! Vous n'aurez plus de forces pour écrire! lui disait la bonne dame.

Et Gabrielle Roy retrouvait l'appétit aussitôt.

Quand je la visitais dans son comté de Charlevoix, elle me demandait de l'appeler avant d'arriver. Elle voulait savoir à quelle heure précise je serais chez elle et profitait toujours de l'occasion pour me demander de passer à la quincaillerie du village de Saint-François afin de lui acheter quelques tranches de jambon que le quincaillier-dépanneur de fortune vendait dans des petits sacs sous vide accrochés parmi ses clous et ses boulons.

Dès que j'entrais dans la maison elle abandonnait tout, sortait la bière (elle l'aimait bien et la buvait souvent au goulot) et venait prendre place dans une chaise berceuse. Nous pouvions bavarder ainsi plusieurs heures en nous dandinant jusqu'à en attraper le roulis. Même durant les journées les plus chaudes, nous restions à l'intérieur.

Elle n'aimait pas les mouches et avait horreur des maringouins. Elle s'était fait installer un jour une horrible et coûteuse invention de style chaise électrique version moustiques. Dès qu'un insecte s'en approchait, il était instantanément électrocuté dans un bruit infernal. Bruyant, luisant la nuit et d'une inefficacité exemplaire, le gadget nous faisait beaucoup rire car on avait décrété qu'il n'attirait que les insectes candidats au suicide.

Sa demeure de la Grande-Allée, à Québec, était confortable et belle. De son salon, on pouvait admirer le fleuve Saint-Laurent ou s'évader dans une toile de son ami Jean Paul Lemieux.

À la fin de ses jours, Gabrielle Roy ne mangeait presque plus. Elle croquait tout au plus quelques petits biscuits avec une tasse de café qu'il m'est arrivé souvent de lui préparer parce qu'elle ne savait pas bien le faire, disait-elle. Peut-être parce qu'elle ne voulait même plus le faire...

Lorsque j'allais en Europe, mon amie me commandait toujours de lui rapporter les dernières parutions d'auteurs connus, qu'elle trouvait le temps de dévorer et qu'elle prenait plaisir à louanger ou à critiquer.

À cette époque, je mêlais allègrement mon métier d'éditeur à celui de journaliste à la radio, à la télévision et dans diverses publications étrangères. Mes rencontres professionnelles la captivaient. Au retour de mes voyages, elle adoptait le rôle d'intervieweuse. Elle redevenait journaliste. Curieuse des gens que j'avais rencontrés, elle me questionnait sans fin sur leurs opinions, leurs actions, leur personnalité, et ne manquait jamais d'en juger par elle-même, ce qui rendait notre échange très animé. Nos divagations étaient fréquentes et régulières. Nous parlions de tout, sans jamais définir de limites précises à nos bavardages. Au-delà de nos intérêts littéraires, nous avions quantité d'affinités. Originaire du Manitoba, elle se sentait un peu l'âme immigrante. En ma présence, elle replongeait souvent dans son passé pour me parler de ses amis hutérites («Les meilleurs agriculteurs du pays!»), des doukhobors («Ils se promenaient nus pour prouver l'égalité des hommes et prêchaient la non-violence»), des mennonites et des Ukrainiens. Je me rends compte aujourd'hui combien cette relation était privilégiée. Elle qui était si avare de son intimité, lorsque nous étions ensemble, elle avait une telle qualité d'échange qu'un simple témoignage écrit ne pourra jamais en rendre justice. Nos rapports me comblaient. Devant elle, je n'ai jamais été capable de retenir l'enthousiasme que j'éprouvais. De nombreux admirateurs de Gabrielle Roy – il me plaît à penser qu'ils étaient envieux de mes rapports affectueux – me harcelaient d'indiscrétions, indiscrétions que par essence notre amitié excluait. Tous voulaient savoir l'inconnu, saisir le mystère de cette femme. Comment aurais-je pu le transmettre?

Elle avait une fragilité de bibelot. Les publications littéraires et leurs clameurs lui ont souvent fait vivre des heures amères, des moments d'interrogations et de doute. Elle fut blessée par l'étroitesse d'esprit et la vanité des critiques, dont elle suivait les écrits avec beaucoup d'application. En ma compagnie, elle devenait souvent critique de la critique.

Même si je comprenais la curiosité et l'engouement des lecteurs pour un écrivain qui a su leur fabriquer de l'inoubliable, je respectais totalement sa volonté et continuais de mon mieux à lui servir de pare-brise. C'est ainsi qu'un jour, entre autres missions, je dus la représenter à l'inauguration de l'école Gabrielle-Roy.

– Vous allez avoir une école à votre nom, de votre vivant! lui avais-je annoncé, curieux de sa réaction.

Elle ne se fit pas attendre:

– Ils croient peut-être que je suis déjà morte! dit-elle en riant. Faites en sorte de ne pas parler le premier à l'inauguration. On ne sait jamais, il vous sera peut-être donné d'entendre mon éloge funèbre...

Gabrielle Roy connaissait la gloire et les honneurs. La gloire? Elle la préférait muette, silencieuse. Quant aux honneurs – médaille de l'Ordre du Canada, prix Fémina, prix David, prix Molson, prix Duvernay, médaille du Conseil des Arts, et trois prix du Gouverneur général –, elle les acceptait avec la joie qu'une mère ressent lorsque ses enfants sont honorés pour leurs réussites scolaires. D'elle-même, elle n'aurait jamais songé à solliciter une reconnaissance quelconque, même par mon intermédiaire.

J'avais projeté un jour de solliciter le grand prix de la Ville de Montréal pour *Ces enfants de ma vie*, un ouvrage dont je lui ai trouvé le titre et dont elle me lut patiemment toutes les versions avant de m'en confier le manuscrit final. Ce prix, elle l'aurait bien accepté, mais c'est sa sollicitation qui l'irritait. Elle m'a donc dit non. Et comme Gabrielle n'était pas certaine d'avoir été assez ferme, elle décida de me redire son opposition au projet par une lettre dont la clarté était évidente:

> «...J'espère que vous ne m'avez pas proposée pour ce prix car il ne faut pas mettre ma résolution en doute. Je n'en veux vraiment pas. J'en suis venue à trouver ridicule cette avalanche sans bon sens de prix littéraires qui n'accompagne guère, d'ailleurs, l'estime pour les livres. (...) À propos de prix littéraires mon sentiment est qu'un auteur ne devrait pas avoir à les solliciter. On les donne ou on ne les donne pas.»

Lorsqu'en 1977 je lui avais annoncé fièrement que Culture et bibliothèque pour tous à Paris allait honorer son livre *Ces enfants de ma vie* et que mon bureau parisien serait inondé de demandes d'interviews, elle eut ce bref commentaire:

– Je suis désolée de vous créer autant d'ennuis car vous allez encore devoir dire non. Vous finirez pas regretter de m'avoir comme auteur dans votre maison!

Il est évident qu'en porte-parole de ses refus je décevais beaucoup de gens, mais je n'ai jamais regretté d'avoir eu à défendre ses volontés publiquement. Le temps a démontré qu'elle avait raison. Elle était un des rares auteurs de la maison (et même de toutes les maisons d'édition québécoises) qui pouvaient se payer le luxe de refuser de paraître au petit écran, de parler à la radio ou d'accorder un entretien aux journaux! La qualité de son écriture suffisait à retenir l'attention des lecteurs, pour lesquels du reste elle avait un grand respect et dont seule l'opinion comptait. Les lettres des lecteurs et lectrices que je lui faisais suivre l'émouvaient infiniment plus que la plus élogieuse des critiques journalistiques.

Gabrielle Roy visait la perfection. Ses manuscrits passaient par de très nombreuses moutures avant de mériter son bon à tirer. Et quand elle avait jugé que la version était finale, elle n'était pas encore tout à fait... finale.

– Je suis de ces écrivains qui n'écrivent qu'en raturant, disait-elle.

Puis, cette autre remarque qu'elle me cloua dans l'oreille avec malice:

– Vous remarquerez que je dis écrivain et non écrivaine ou auteure. Je ne suis pas encore tombée sur la tête!

Notre amitié était telle que Gabrielle Roy pouvait me charger des tâches ingrates, qui dépassaient largement le cadre du métier d'éditeur. Parmi les missions les plus périlleuses, j'eus à récupérer un contrat égaré qu'elle avait signé avec Hollywood pour le tournage de *Bonheur d'occasion*. Bien que, il y a une quarantaine d'années, les Américains lui eussent payé 75 000 $ pour les droits cinématographiques (une fortune pour l'époque), le film n'avait jamais été réalisé. Entre-temps, Claude Fournier et Marie-José Raymond s'étaient pris de passion pour cette œuvre et insistaient pour la porter à l'écran au Québec. La suite de l'histoire est connue de tous puisque le film fut finalement tourné, avec le grand succès qu'on lui connaît.

Cheminant dans l'amitié, j'avais pris l'habitude de la sur-nommer Maki. Je trouvais que le surnom de ce petit animal à museau pointu qui lui ressemblait lui convenait parfaitement. Lorsque, par la suite, il m'arrivait de m'adresser à elle en l'appelant Gabrielle, elle faisait mine d'être vexée:

– Alors, vous ne m'appelez plus Maki? Vous êtes fâché ou quoi? ironisait-elle.

Le seul portrait officiel que le public possédait de Maki était une photo de Zarov. Année après année, les journaux resservaient cette image comme si le visage de l'écrivain n'avait jamais subi l'outrage des années. Cela nourrissait l'illusoire vision que l'auteur et son œuvre vivaient hors du temps. Un jour, nous avons parlé de cette situation et j'en ai profité pour lui offrir de faire d'elle une série de photos plus actuelles.

Je crois qu'une des plus grandes preuves de sa confiance me fut donnée ce jour-là. En effet, dans le but d'actualiser sa photo officielle, Maki consentit à poser pour moi.

Cet après-midi-là, à Petite-Rivière-Saint-François, elle accepta de se soumettre, avec l'enthousiasme d'une starlette, à tous les caprices de ma lentille de photographe. Une séance mémorable qui dura plusieurs heures.

«Si nous allions voir du côté des rosiers. Vous savez que mon père cultivait les roses?»

«Ne me prenez surtout pas quand je ris! Je n'aime pas ça. Vous ai-je déjà dit que ma mère aimait bien rire?»

«On peut bien en essayer une avec mon chat Courte-Queue mais il est comme moi, farouche. Je ne sais pas si on arrivera à le convaincre.»

«Vous savez que c'est épuisant de poser? Je ne sais pas comment elles font toutes ces vedettes! Je ne les envie pas!»

Lorsque la série de photos revint du labo, nous en avons trouvé une dont le réalisme et la présence dépassaient toutes les autres. Elle lui donna aussitôt le titre de *L'être en détresse*.

Elle contempla longuement l'étonnante image comme si elle découvrait quelqu'un pour la première fois:

– C'est bien moi. Tout à fait moi. Tout à fait l'image que j'aimerais que les gens aient de moi. Il n'y a pas de sourire. Une indescriptible détresse...

Elle semblait soulagée de savoir que nous allions doré-navant pouvoir répondre aux demandes de photos qui nous parvenaient de toutes parts. Après avoir distribué tous les exemplaires en sa possession, Gabrielle m'envoya un message pressant:

«Vite, envoyez-m'en d'autres. Je ne veux pas courir le risque d'être longtemps sans ces témoignages d'heureux instants que vous avez si bien fixés.»

Un peu plus tard, une autre note suivit. Elle en disait long sur son sens de l'humour (noir):

«Ainsi nous serons fin prêts pour distribuer mon image aux quatre coins du monde au jour de mon départ du séjour terrestre.»

Ce jour, hélas! bien que personne ne s'en rende compte, approchait inexorablement. Elle devait avoir reçu certains signes qui la rendaient de plus en plus inquiète, au point que, lors d'une visite que je lui fis à Québec, elle décida d'aborder le sujet:

– Il y a quelque temps déjà que je pense à ce qui va arriver à mes livres quand je ne serai plus là. Mon mari n'a pas besoin de ces problèmes de littérature, il n'est pas dans le domaine. Il est médecin. Nous n'avons pas d'enfant. Quand je serai morte, j'imagine que mes livres continueront à se vendre un peu. Ils rapporteront des sous... mais à qui devraient-ils profiter? J'y pense de plus en plus mais je ne trouve pas de solution. Pourriez-vous y penser et m'aider à en trouver une?

J'y ai beaucoup pensé et je suis arrivé à trouver une idée qui sembla lui convenir. Je lui suggérai de mettre sur pied une Fondation qui, à sa mort, serait chargée de recueillir l'argent et de l'administrer de la manière qu'elle le souhaiterait. Son premier objectif fut de consacrer ces sommes à l'encouragement de jeunes écrivains de talent. Mais elle trouva très vite qu'il ne serait sans doute pas très aisé de décider ce qu'est le talent, qui en possédait un prometteur et surtout qui serait le juge en la matière. Pour simplifier les choses, elle conclut finalement qu'à sa mort l'argent «si toutefois il y en a» irait tout simplement à des œuvres de charité auxquelles elle contribuait très régulièrement: Unicef (à qui elle me demandait d'envoyer directement certaines redevances), Oxfam et quelques autres.

Une fois que la décision de former une Fondation fut prise, elle passa à une autre étape: celle de trouver une personne capable de s'en occuper.

– Je veux que ce soit vous! m'annonça-t-elle. C'est votre idée et j'ai confiance en vous!

Je fus très touché mais il ne m'était pas possible d'accepter cette nouvelle tâche.

Il me paraissait illogique de porter deux casquettes à la fois. Celle de l'éditeur qui s'occupe de la bonne diffusion de son œuvre et celle du dirigeant de la Fondation chargé d'administrer l'argent que celle-ci rapporte.

Bien qu'attristée par ma décision, Gabrielle Roy comprit très vite que pareille situation n'était pas souhaitable:

– Vous avez raison. Je ne peux tout de même pas vous demander de démissionner comme éditeur de votre propre maison afin de prendre charge de la Fondation. Vous prenez déjà bien soin de mes livres, qui sont mes enfants. Je suis rassurée. Mais vous allez tout de même devoir m'aider à trouver quelqu'un de confiance pour la Fondation. Avez-vous un nom à me proposer?

J'en ai eu un: François Ricard. Elle l'accepta.

Notre amitié comportait deux facettes bien identifiées. Tandis que je faisais le maximum pour la diffusion de ses livres, comme s'ils étaient les miens, Gabrielle, de son côté, continuait à se soucier sincèrement de la meilleure image de ma maison d'édition, comme s'il s'était agi de la sienne propre. Elle se tenait au courant du programme de parutions, de la promotion et de notre publicité. Elle n'hésitait pas à participer, par ses appréciations et ses inspirations, à la création de nouvelles idées et suggérait même des slogans publicitaires. Ainsi avait-elle proposé un jour le slogan suivant, que nous avons fréquemment utilisé avec beaucoup de fierté. Il était écrit de sa main et signé de son nom: «Alain Stanké, un éditeur assurément pas comme les autres.»

Pour Gabrielle Roy, la symbiose d'intention et d'action entre auteur et éditeur était une loi morale, la seule qui mette la création à sa juste place. Elle savait cultiver cette relation comme peu d'auteurs.

Malheureusement, subitement sa santé s'est mise à décliner. Elle ne trouvait plus la force d'écrire. Son mari, le D<sup>r</sup> Carbotte, semblait lui-même très pessimiste sur l'issue. Ses conversations téléphoniques devenaient plus brèves et ses lettres porteuses d'un mauvais présage. Sa mémoire donnait des signes de défaillance et bien que je n'ose pas me l'admettre, j'avais l'intuition qu'elle n'avait plus la force de lutter. J'avais beau redoubler d'ingéniosité en lui envoyant des cartes et des lettres qui en d'autres temps l'auraient déridée, rien n'y changeait.

À cette époque, nous mettions la dernière main à la publication d'un coffret de luxe: *Miyuki Tanobe retrouve Bonheur d'occasion*. Outre les 10 superbes sérigraphies, l'édition comportait un texte d'introduction de Gabrielle Roy.

Ce projet d'édition l'emballait. Elle adorait le travail de Tanobe et tint promesse en livrant son petit texte, malgré sa fragile santé. Elle aurait souhaité écrire plus longuement mais l'essentiel s'y trouvait. Ce fut en réalité le dernier effort littéraire qu'elle put faire.

Elle me remit ce texte personnellement à Québec, où, sans le savoir, je la visitais pour la dernière fois.

– J'ai très honte de vous recevoir dans cet état, me dit-elle d'une voix brisée. Pardonnez-moi d'avoir fait un texte si court... mais je suis épuisée. Je suis sûre que vous ne reconnaissez plus votre Maki...

Un peu plus tard, nous eûmes notre dernière conversation téléphonique. Déjà nos échanges verbaux ne signifiaient plus l'essentiel de nos échanges profonds, et ce fut au-delà des paroles banales en regard aux circonstances que, tacitement, nous nous sommes dit adieu.

Peu de temps après, Gabrielle Roy faisait son dernier voyage à Petite-Rivière-Saint-François, d'où elle dut être ramenée d'urgence à Québec car la mort l'attendait, le 13 juillet 1983. Au même moment, à Moscou, on projetait *Bonheur d'occasion* pour la première fois.

Elle s'est éteinte à 74 ans.

Son départ m'a causé la plus vive affliction. Comme des milliers de ses fidèles lecteurs, je me suis rarement senti aussi dépossédé. Comme ami, je me suis senti désaffecté.

### LE DÉSENCHANTEMENT...

*La vérité est comme l'huile, elle monte à la surface.*
PROVERBE

Je ne sais plus très bien qui a dit que le monde de l'édition était un gâteau couvert de mouches et bourré de fèves sur lesquelles on se casse les dents, mais cette description me paraît particulièrement appropriée lorsque je repense à l'expérience que je viens de vivre avec les représentants du Fonds Gabrielle Roy.

Je suis ainsi fait: j'admire ou je me tais, mais le spleen dans l'âme que me laisse cette histoire m'autorise à faire ici une entorse à mes habitudes.

Une des plus tristes leçons de ma vie d'éditeur aura probablement été le désenchantement que me causèrent, 10 ans après la disparition de Gabrielle Roy, les membres du Fonds, avec son directeur en tête, François Ricard (ex-directeur de la collection Québec 10/10, celui-là même que j'ai conseillé Gabrielle Roy de nommer à ma place à la tête de sa Fondation).

Au risque d'outrepasser les limites que je me suis fixées pour rédiger ces pages, je raconte les faits.

Pour bien comprendre la situation, il faut tout d'abord savoir que Gabrielle Roy avait connu certains déboires avec ses éditeurs. Ainsi, lorsqu'elle me donna sa confiance pour s'occuper de la majeure partie de son œuvre, elle avait mis au point un nouveau contrat. Réduit à sa plus simple expression, il ne dépassait pas deux pages. Par cette entente, l'auteur accordait à l'éditeur la permission de mettre sur le marché un nombre déterminé d'exemplaires de l'ouvrage. Une fois le tirage épuisé, l'éditeur devait obtenir une nouvelle permission de réimprimer. Par cette précaution, Gabrielle Roy s'assurait une totale indépendance et un contrôle absolu sur la vie de ses œuvres. Si, chemin faisant, elle désirait apporter des corrections à son texte – même si celui-ci avait été publié depuis de nombreuses années – elle en avait la maîtrise, à défaut de quoi, elle refusait la réédition. Cette pratique pouvait également être dissuasive dans le cas où l'éditeur négligeant (volontairement ou non) aurait retardé indûment le paiement de ses redevances.

Avec le temps, notre maison, que je voulais rigoureuse et ouverte, avait recueilli la plupart de ses livres. N'ayant jamais failli à notre entente, nous n'avons essuyé aucun refus de la part de l'auteur. Dans le seul cas de *Bonheur d'occasion*, dont nous avons vendu quelque 140 000 exemplaires, Madame Roy nous a toujours accordé les permissions nécessaires.

Lorsque Gabrielle Roy mourut, le Fonds nous fit savoir que dorénavant ces autorisations seraient accordées par lui. Nos relations étaient réduites au plus simple. Aux dates convenues, nous effectuions les paiements couvrant les ventes et, lorsque nécessaire, nous demandions l'autorisation de réimprimer. Autorisations qui, tout comme du vivant de Madame Roy, ne nous furent jamais refusées. Un an avant la commémoration du dixième anniversaire de la mort de l'écrivain, le Fonds nous fit savoir de la façon la plus cavalière que j'aurais pu imaginer, par le truchement d'une missive, que dorénavant nous n'aurions plus le droit de continuer à publier les livres de Gabrielle Roy. L'incident donna naissance à une péripétie inattendue.

Je savais que de son vivant Madame Roy n'aurait jamais accepté d'interrompre la diffusion de ses livres par la collection Québec 10/10 qu'elle m'avait elle-même aidé à créer dans ce but. On demanda donc à vérifier le testament de Madame Roy. À sa lecture, nous fûmes rassurés. Le document ne contenait aucune provision soutenant les prétentions du Fonds, qui se disait détenteur de tous les droits. Seul un article donnait des instructions au Fonds sur la manière dont il devait dépenser les revenus générés par l'exploitation de son œuvre. Il se lisait comme suit:

«(4) FONDS GABRIELLE ROY
Je suis présentement en train de créer une corporation sans but lucratif, **à laquelle je céderai tous mes droits d'auteur, ceux qui proviennent de publications de livres ou autres, de la radio, de la télévision, du cinéma, d'anthologies** (...) Cette corporation aura pour but de venir en aide à des œuvres humanitaires et charitables dont l'Unicef, Fame Pareo [adresse], Oxfam et quelques autres qui seront choisies par les administrateurs de cette corporation parmi les œuvres charitables et humanitaires d'origine québécoise ou œuvrant au Québec. (...)»

Selon les experts en droit d'auteur consultés, M[es] Claude Brunet et Claude W. Décarie, de l'étude Martineau Walker (ainsi que M. Pierre Tisseyre, parfaitement expérimenté en la matière), la situation était claire: la testatrice indiquait par cette clause, de façon non équivoque, qu'elle se référait aux redevances provenant de l'exploitation de son œuvre et non au *copyright* sur son œuvre. Madame Roy avait nommément spécifié à qui le Fonds devait reverser les sommes qu'il était chargé de collecter mais passait sous silence le sort qu'elle réservait à la propriété légale des droits d'auteur eux-mêmes. Devant l'absence de cette précision, toutes les spéculations étaient permises. Aurait-elle, par un autre document dont nul ne connaissait (encore) l'existence, cédé ces droits à quelqu'un en particulier? Avait-elle décidé de laisser au destin le soin de régler cette question? N'a-t-elle pas elle-même écrit dans *La détresse et l'enchantement* : «En somme pour décider de mon sort je m'en remettais à la fatalité, faiblesse de ma nature qui a trop souvent reparu au cours de ma vie»? Ou est-elle décédée rassurée que l'éditeur de ses livres – dont elle s'est toujours déclarée parfaitement satisfaite – continuerait à défendre son œuvre comme par le passé? Dans mon esprit, il n'y a aucun doute à ce propos. Si Madame Roy avait voulu qu'il en soit autrement, elle l'aurait écrit. Écrire était son métier. Dans l'esprit du responsable du Fonds, dont je commençais à soupçonner les mobiles, il n'en était pas de même. Nous nous sommes donc retrouvés devant le tribunal ayant la pénible tâche d'interpréter les intentions d'une défunte.

Le juge fut enseveli par une montagne de documents d'autorité. La cause coûta des sommes vertigineuses aux deux parties avec cette différence que pour régler nos frais légaux j'ai payé de ma poche. Le Fonds, lui, avait la ressource de puiser dans les fonds... du Fonds, privant d'autant les trois organismes de charité auxquels ces sommes auraient dû bénéficier.

Le litige, qui s'annonçait très simple au départ, s'avéra d'une inimaginable complexité. Nos aviseurs légaux et ceux de la partie adverse (dont un anglophone) qui représentaient le Fonds s'évertuèrent de leur mieux à éclairer le tribunal. Celui-ci était présidé par un juge anglophone qui, au cours des audiences, dans son effort de bien saisir les subtilités des termes employés par l'écrivain, n'hésita pas à interrompre les débats

71

afin de consulter son dictionnaire. Le débat avait bien sûr trois niveaux: la justice, la jurisprudence et la sémantique. D'aucuns ont suggéré par la suite que si le tribunal avait finalement penché du côté du Fonds c'est parce que la plaidoirie du Fonds expliquant la pensée de Gabrielle Roy fut présentée... en langue anglaise. Ironie du sort. Le fait que les intentions d'un célèbre auteur, dont le monde entier admire la parfaite maîtrise de la langue française, aient été interprétées et débattues (par le Fonds) en anglais pourrait inciter certains à se demander si Gabrielle Roy et la Justice furent bien servies. Je préfère ne pas compliquer la cause. Cette question pourrait faire l'objet d'un autre débat. Pour l'heure, disons que, devant l'absence d'indications spécifiques à propos du détenteur des droits, le juge décréta que ceux-ci devaient appartenir au Fonds.

Devant deux prétentions, le tribunal devait en retenir une. Un autre juge aurait pu en décider autrement. J'ai perdu. Mais j'ai gagné sur d'autres plans. J'ai découvert en mes défenseurs deux amis que je ne perdrai jamais. Ça n'a pas de prix!

Par ailleurs, le nombre impressionnant de témoignages* qui me sont parvenus au lendemain du procès m'enlèvent tous les doutes. Aujourd'hui, je suis convaincu qu'il est des défaites qui valent bien mieux que certaines victoires.

N'eût été de cette issue, aurais-je jamais su à quel point le travail que nous avons fait pour l'œuvre de Gabrielle Roy avait été remarqué? Ces lecteurs-témoins me rassurent. Les

---

\*     Quand le sens de la justice ne va pas dans le sens des mots!

Après le prononcé du jugement, M^c Ysolde Gendreau, professeur à la faculté de droit de l'Université de Montréal, s'est penchée sur l'aspect du testament de Gabrielle Roy qui a créé le différend. Dans son étude, qu'elle vient de publier, le professeur suggère qu'un éclairage sur les intentions de Gabrielle Roy pourrait être trouvé si l'on remplaçait, dans le texte de la cession, *droit d'auteur* par une des composantes du droit, tel le *droit de reproduction*.
Dans ce cas, la clause se lirait comme suit:
«[...] à laquelle je céderai *le droit de reproduction*, que *celui-ci* provienne de publications de livres ou autres, de la radio, de la télévision, du cinéma, d'anthologies [...]».

énergies que nous avons dépensées pour la faire connaître du public sont autant de graines qui nourrissent la célébrité de son talent maintenant. La vraie victoire est là. Elle permet de garder la tête haute.

Personne ne peut réussir à faire de ce réel bonheur partagé avec mon amie Maki un bonheur... d'occasion.

Le plus grand désir de l'auteur était de mettre ses livres à la portée du plus grand nombre. Nous nous sommes fait un devoir de les maintenir à un prix modeste. Au moment du jugement nous retirant le droit de poursuivre leur publication, ils se détaillaient, indépendamment du nombre de pages, pour la somme uniformisée de 8,95 $. Dorénavant ils sont vendus par le concurrent entre 9,95 $ et 14,95 $.

François Ricard, l'administrateur du Fonds, vient en effet de confier la réédition des livres de Gabrielle Roy, préalablement publiés par nous, à Boréal, une maison d'édition où il est personnellement directeur de collection (rémunéré sur la quantité de volumes vendus), membre du conseil d'administration et, par l'entremise d'une société de portefeuille... actionnaire de cette même société!

Comme tout cela commence à avoir des relents de conflits d'intérêt, il ne me reste plus qu'à sourire et à tirer la chasse d'eau.

---

«La phrase, écrit Me Gendreau, n'a pas la même cohérence que si le mot *redevances* y est substitué. En effet, dans ce cas (c'est précisément ce que nous avons voulu démontrer), la phrase se lirait comme suit: ‹[...] à laquelle je céderai mes redevances, que celles-ci proviennent de publications de livres ou autres, de la radio, de la télévision, du cinéma, d'anthologies [...]›.

Le droit subjectif, poursuit Me Gendreau, ne *provient* pas de publications de livres ou du cinéma: son exercice *conduit* à l'exploitation de l'œuvre par la publication de livres ou par l'adaptation cinématographique. Les redevances, toutefois, *proviennent* des publications ou de l'exploitation cinématographique. La logique même de la phrase invite à conclure que Mme Roy entendait céder au Fonds les redevances et non le droit subjectif.» (*In La Revue du Notariat*, Me Ysolde Gendreau, (1993-1994) 96 R., du N. 127, Montréal.)

# HERVÉ BAZIN...
### *Opération Fleur de lis*

*– Ce que j'aimerais l'avoir votre prix!*
*– Mais pour cela, il faut écrire!*
*– Ah bon! Et à qui?*
HERVÉ BAZIN

Qui ne connaît pas Hervé Bazin (de son vrai nom Jean-Pierre Hervé-Bazin, dit Hervé), petit-neveu de René Bazin, président de l'Académie Goncourt depuis 1972 (un prix qu'il a lui-même raté par trois fois)?

Hervé Bazin est un campagnard qui aime travailler seul et qui a besoin de beaucoup de solitude. Tout jeune, il avait fait une première année de droit mais comme il n'a pas aimé (son père fut avocat puis magistrat) il a laissé tomber. Par la suite, il a étudié la botanique. Il a aimé mais n'y est pas resté. Il a préféré se tourner vers la littérature. Il a préparé sa licence de lettres mais n'a jamais soutenu sa thèse qui était pourtant prête. Il s'est lancé dans le journalisme. C'est là que je l'ai rencontré pour la première fois. C'était dans les années 50... au *Petit Journal*, à Montréal. Il avait déjà commis des livres, notamment des poèmes. Il m'offrit son dernier recueil, *Rumeurs*, en me confiant qu'il s'agissait bien de son dernier car il était désormais bien décidé de faire carrière dans le roman.

Bazin a toujours été un véritable maniaque des maisons. Ce qui l'intéresse c'est leur réfection. Une fois la maison refaite à son goût, il s'en lasse et en cherche une autre. Il en change comme de chemise. Il a aussi changé de femme. Quatre fois.

Quand il déménage, ses meubles le suivent. Il y tient beaucoup. En particulier à ceux qu'il a hérités de sa grand-mère qui l'a élevé. Il vénère beaucoup notamment une tapisserie représentant Psyché (dont il est question dans son livre le plus célèbre, *Vipère au poing*). Dans une pièce attenante à son bureau, il installe toujours de longs rayons de bibliothèque où sont conservés avec fierté tous ses livres traduits en langues étrangères. Impressionnant. Bazin est plein d'habitudes. Il en est fier et aime en parler. Ainsi, lorsqu'il œuvre à un manuscrit, il accroche, bien en évidence à la fenêtre de son bureau, une grande écharpe qui flotte à cet endroit jusqu'au jour où la rédaction du roman prend fin. Ainsi, quand les habitants du village voient l'écharpe à la fenêtre, ils savent que le maître écrit. Quand l'écharpe disparaît, ils savent que le maître a terminé.

Il a également mis au point une technique d'écriture coloriée. Je ne sais pas s'il le fait encore mais je sais que pendant des années, pour chaque temps du verbe il utilisait un crayon de couleur différente. Rouge pour les verbes au présent (parce que l'actualité est brûlante), vert pour le futur (c'est l'espoir), noir pour le passé (c'est sombre, ça se perd dans la nuit des temps)... Pour écrire ses livres, il n'est jamais à court de sujets. Yvan Audouard a d'ailleurs dit un jour à son propos: «Voyez mon ami Hervé, d'un infarctus il fait un livre. Moi, j'en ai eu deux et je n'emmerde personne!»

Hervé Bazin, célèbre président de la prestigieuse Académie Goncourt, n'a jamais aimé être pris pour un littérateur. Le caractère artificiel du milieu littéraire parisien le repoussait: «Une sacrée bande d'anormaux!» À l'époque où Bazin jouait encore au menuisier ou au jardinier (durant ses emménagements), il se plaisait à répéter que s'il lui arrivait de se consacrer à ces travaux c'était précisément pour pouvoir affirmer qu'il était tout sauf un littérateur.

Un jour que nous dissertions sur la littérature, à bord d'un avion qui nous transportait au Canada pour le lancement du *Cri de la chouette*, Hervé s'avisa de me parler des auteurs québécois, qui n'avaient jamais été nominés pour le prix Goncourt. Il en était sincèrement attristé. En même temps que cette constatation le désolait au plus haut point, elle lui inspira le goût de lancer un immense canular.

Ainsi, l'imagination et le champagne d'Air Canada aidant, nous avons élaboré un plan ultrasecret appelé Opération Fleur de lis. Selon ce plan, que nul ne devait découvrir, dès son retour en France Hervé devait mettre en chantier un roman que j'aurais édité par la suite sous un nom typiquement québécois.

— Tu sais, depuis le temps que j'en écris, j'ai fini par mettre au point une technique infaillible. Je crois posséder les formules gagnantes! m'avait-il dit en riant comme un adolescent.

Cette publication, nous devions l'entourer d'une gigantesque publicité. Ses bons offices aidant à la naissance de l'œuvre du jeune écrivain encore inconnu (mais dont nous avions déjà imaginé le nom), au style admirable, devait se rendre jusqu'en finale du Goncourt où – à condition qu'il ne se trouve pas parmi les finalistes de concurrent dont le génie aurait dépassé celui de notre jeune écrivain québécois – le président aurait tout fait pour qu'il remporte le morceau.

Après quoi, bien entendu, Hervé Bazin aurait révélé publiquement la supercherie et offert dans un geste magnanime ses redevances à la création d'un fonds consacré à l'encouragement de jeunes auteurs... québécois.

Notre projet survécut quelques mois. Chaque fois que je lui téléphonais ou que je lui écrivais, je prenais des nouvelles de l'évolution de notre Opération Fleur de lis. Malheureusement, Hervé manqua de temps (ou de toupet peut-être) pour faire le coup d'Emile Ajar... avant Romain Gary.

Chaque fois qu'il m'arrive d'ouvrir l'exemplaire-souvenir du *Cri de la chouette*, que je garde précieusement dans ma bibliothèque personnelle, je relis avec nostalgie sa dédicace:

*Pour Alain Stanké*
*en le remerciant de tout*
*ce qu'il a fait pour ce livre*
*— que suivront d'autres*
*livres, comme il sait —*
*très amicalement*
*Hervé Bazin*

et je me remets à rêver à ce merveilleux canular... qui n'a jamais eu lieu.

# Dr HANS SELYE
*Quel stress?*

*La science a fait de nous des dieux*
*avant même que nous méritions*
*d'être des hommes.*
JEAN ROSTAND

Au début des années 70, Télé-Métropole me chargeait de produire un film sur le Dr Hans Selye, directeur depuis 1945 de l'Institut de médecine et de chirurgie expérimentale de l'Université de Montréal, scientifique mondialement connu pour avoir été le premier à conceptualiser la notion de stress. Nous avions convenu avec le docteur, dont la popularité était à son comble, que l'interview se déroulerait dans son bureau à l'Université de Montréal.

Arrivés sur les lieux, les techniciens de mon équipe, qui étaient nerveux et intimidés, furent impressionnés par la grande gentillesse et la simplicité du chercheur. J'étais, moi aussi, très tendu, mais je faisais de grands efforts pour ne rien laisser paraître. Nous savions tous que son emploi du temps était très chargé. Il ne fallait donc pas perdre un instant.

Pendant ce temps, confortablement installé dans son fauteuil de cuir, le docteur, lui, répondait à mes questions avec patience, rigueur, précision et sérénité. Malheureusement, à cause de la défaillance d'un trépied ajoutée à la maladresse d'un assistant, la caméra tomba de son socle et s'écrasa sur le plancher du bureau au beau milieu du tournage. On imagine les dégâts et... la panique. Le Dr Selye cessa de parler. J'étais blême et terriblement contrarié par l'incident. Il était évident pour tout le monde que le tournage serait reporté à une date ultérieure.

Perplexe, la paupière paresseusement rabattue sur un œil hypnotique, le docteur me regarda et de demanda calmement:

– Est-ce de votre faute? Pouvez-vous changer la situation?

Je dus avouer que la difficulté technique était indépendante de ma volonté et que, vu les circonstances, je...

– Dans ce cas, trancha le docteur avec sagesse, cessez de vous tourmenter. Il ne faut jamais se fâcher contre les événements si on ne peut pas les changer! Devant toute situation à laquelle vous devez faire face, considérez-la et voyez si elle vaut la peine que vous luttiez. N'oubliez jamais que la nature nous a instruits sur l'importance qu'il y a à concilier soigneusement les attitudes syntoxiques et catatoxiques avec n'importe quel problème, qu'il soit celui d'une cellule, d'un homme ou d'une société.

C'était, en quelques mots, le résumé de la philosophie de cet homme.

Quelques mois après cette rencontre, le D$^r$ Selye décidait de livrer son credo dans un ouvrage – devenu, depuis, un grand classique – intitulé *Stress sans détresse* dont j'ai eu l'honneur d'être l'éditeur. Il y expliquait ce qu'est le stress et comment celui-ci peut être utilisé de façon positive.

Le D$^r$ Selye insistait beaucoup sur le fait que, pour demeurer en bonne santé morale et physique, tout le monde avait besoin de poursuivre un but dans la vie et devait être fier de travailler à sa réalisation.

– Chacun de nous, disait-il, doit trouver une façon de décharger son énergie refoulée en évitant de créer des conflits auprès de ses semblables et en essayant de gagner, si possible, leur bienveillance et leur respect. Dans un monde où, de plus en plus, tout se vend, il faut avoir l'élégance de donner le meilleur de soi...

Le D<sup>r</sup> Selye prônait aussi avec fierté l'égoïsme altruiste. Il était très fier d'avoir découvert cette nouvelle façon de vivre qui contredisait le précepte bien connu de l'Église catholique: *Tu aimeras ton prochain comme toi-même.*

– Malheureusement, me fit-il remarquer, pareille conduite conseillée par l'Église est incompatible avec les lois biologiques! Que cette idée nous plaise ou non, l'égoïsme est un trait essentiel chez toute créature humaine. Si on voulait être honnête avec soi-même, on devrait reconnaître qu'aucun d'entre nous n'aime vraiment son prochain comme lui-même!

Le D$^r$ Selye avait pensé à remplacer le précepte.

– À partir du moment où nous ne sommes plus tenus d'aimer les autres comme nous-mêmes, tout devient simple. Désormais, la réussite ne dépend plus que de nous! Il faut alors mériter l'amour de son prochain. Et le moyen le plus simple pour y parvenir, c'est de se rendre aussi utile que possible. N'oubliez pas que l'unique trésor qui soit bien à vous, et pour toujours, c'est votre capacité à gagner l'amour de votre prochain. À la suite d'une catastrophe imprévisible, on peut tout perdre: argent, propriétés, renommée, puissance politique, etc. Vous ne pouvez pas investir avec plus de sûreté ailleurs que dans le développement de cette capacité à aimer votre prochain.

Le D$^r$ Selye est né à Vienne, en 1907, à l'époque où cette ville était la capitale de l'Autriche-Hongrie. Il fut baptisé du nom de Hans (Jean) Chrysostome (qui est synonyme de «bouche d'or»). Autrichien par sa mère et hongrois par son père, dès son plus jeune âge il avait acquis, selon lui, une fierté démesurée, un penchant pour la vantardise et l'ambition d'être toujours le premier.

– Ces traits de ma personnalité, m'a-t-il confié, je les ai toujours gardés. Je ne suis pas modeste et je ne m'en cache pas!

*Quand la tête enfle, le prestige diminue*, dit un proverbe cantonais. Le docteur n'y portait pas foi. Il avait un orgueil démesuré qui en irritait plus d'un. Quand un jour j'ai abordé avec lui cet aspect de sa personnalité, loin de nier l'évidence, il s'est plu à le commenter en me citant ce que Charles Richet avait écrit dans son livre *Le savant*:

«La modestie est un défaut dont le savant est virtuellement dépourvu. Et c'est fort heureux. Qu'adviendrait-il s'il se mettait à douter de son intelligence? Sa timidité paralyserait tout progrès. Il doit avoir confiance non seulement en la science mais en sa propre science. Il ne faut pas qu'il se croie infaillible mais, quand il se livre à des expériences ou qu'il raisonne, il doit avoir en sa puissance intellectuelle une confiance absolue!»

Il y a des chercheurs lugubres, moroses et des chercheurs charmants et astucieux. Le D' Selye faisait partie de cette dernière catégorie. Il était caustique, narquois, mais d'un rapport très plaisant, style champagne et caviar plutôt que coca-cola et hot dog (bien qu'il me soit arrivé parfois d'en manger dans son bureau). Il était polyglotte. Il parlait le tchèque, le slovaque, l'allemand, le hongrois, le français, l'anglais, le russe, l'espagnol et l'italien. Comme tous les scientifiques du monde, il travaillait plus souvent en anglais qu'en français, mais les bons mots dans la langue de Molière le ravissaient.

Dans sa vie, il avait rencontré quantité de gens (dont Peron et Staline) et pouvait se vanter d'avoir eu de très nombreux amis dans le milieu scientifique international. Il admirait Einstein, Bertrand Russel, Claude Bernard, Louis Pasteur, Robert Koch et Walter Cannon (ses travaux sur le stress ont d'ailleurs été largement inspirés par la découverte des *emergency reactions* (réactions d'urgence) de ce dernier).

À l'Université de Montréal, les murs des couloirs de son département étaient tous pavoisés de photos de gens célèbres portant une dédicace à son intention. Lorsque nous passions devant ces murs, il se faisait toujours un devoir ou un plaisir de me proposer de me faire rencontrer la célébrité de mon choix.

— Vous aimeriez rencontrer Alvin Toffler, l'auteur du *Choc du futur*? C'est un être exquis. Je lui téléphone tout de suite... Ou peut-être aimeriez-vous faire la connaissance de Desmond Morris?

Dans la grande salle de réunion, on pouvait voir, conservées sous vitre, ses nombreuses médailles (il était compagnon de l'Ordre du Canada et membre honoraire de quelque 42 sociétés scientifiques à travers le monde) ainsi qu'une série de clés de plusieurs villes qui lui avaient été remises symboliquement. À tout visiteur qui se rendait jusqu'à ce local, le docteur remettait une petite carte souvenir sur laquelle était inscrite sa devise pour la recherche *in vivo*:

«Ni le prestige de ton sujet
Et la puissance de tes instruments
Ni l'étendue de tes connaissances
Et la précision de tes plans
Ne pourront jamais remplacer
L'originalité de ta pensée
Et l'acuité de ton observation.»

Il aimait faire du vélo, au lever du jour, sur le campus de l'Université McGill, non loin de sa maison. On pouvait le comparer à une sorte de nageur olympique convaincu que la noyade fatale attendait immanquablement celui qui cherchait à combattre les vagues de la mer. Il était certain que seul celui qui savait se plier aux lois naturelles pouvait parvenir à connaître la plénitude.

Cet homme surprenant adorait l'excellence pour elle-même:

– L'excellence comme telle est un but pour moi. Je l'admire dans n'importe quel domaine, autant dans le domaine sportif que dans le crime. Picasso m'impressionne, Goethe m'impressionne. Al Capone m'impressionne lui aussi – même si je désapprouve ses actions. Il est indéniable qu'il existe entre ces êtres des faisceaux de relations; leur grandeur est incontestable. La grandeur c'est comme une montagne, c'est énorme. Le Grand Canyon, l'Amazone, le Saint-Laurent m'impressionnent de la même manière. Tout cela me vient de ma mère qui a toujours admiré la grandeur de l'homme. Elle a dû m'influencer à un âge très précoce de la même façon que Konrad Lorenz avec ses petits canards. C'est devenu ma nature. Dès que quelqu'un fait quelque chose de très grand, quel que soit son champ d'action et même si je désapprouve cette action, je ne manque jamais de m'extasier devant le génie de l'acte, l'ingéniosité, sa grandeur intrinsèque. Personnellement, je ne crois pas que Napoléon Bonaparte ait fait beaucoup de bien à l'humanité, mais je l'admire, car peu d'hommes peuvent faire ce qu'il a fait. En fait, tout ceci c'est la rareté de la chose, cette sorte d'exclusivité exceptionnelle propre à certains êtres. On doit avoir plusieurs qualités pour y arriver. Entre autres choses: la persévérance et l'immunité contre les attaques. Ces qualités-là, peu de gens les possèdent. Un Napoléon doit savoir perdre des batailles pour gagner des guerres. Il en va de même pour Al Capone et Pasteur.

Ainsi parlait le D<sup>r</sup> Selye...

Il ne montrait jamais ses émotions en société et réservait ses éclats à ses proches collaborateurs et aux employés des laboratoires, qui essuyaient, de temps en temps, hélas, des colères affectueuses.

Je n'enviai pas les pauvres laborantines qui passaient leurs journées à injecter du 9-alpha-flucortisol ou à gaver de phosphate de sodium des montagnes de petites souris blanches pour de mystérieuses recherches. Ces traitements ont d'ailleurs été vertement critiqués par certains biochimistes, après la mort du D<sup>r</sup> Selye. On affirme que, en plus de faire mourir les petites bestioles dans les affres d'une horrible agonie, ces expériences sur la cardiopathie auraient été vaines et totalement inutiles.

Je ne connais rien en la matière. Je ne jugerai donc pas. Mais je sais que s'il avait entendu ces critiques de son vivant (et il en a entendu) le docteur se serait sans doute répété:

«N'oublions pas la persévérance et l'immunité contre les attaques...»

Il est de notoriété publique que le docteur est passé à un cheveu d'obtenir le prix Nobel. Malheureusement pour lui, ce ne fut pas le cas et tous ses proches seront sans doute d'accord pour dire qu'il en a gardé beaucoup d'amertume.

C'était un communicateur hors pair.

Le D$^r$ Selye voyageait beaucoup, donnait de nombreuses conférences, se faisait photographier sans cesse et accordait quantité d'interviews aux journaux. Il conservait d'ailleurs précieusement la copie de tous les articles, généralement louangeurs, dans des livres spécialement prévus à cet effet. Il aimait d'ailleurs beaucoup exhiber ces albums au premier visiteur venu. Il adorait faire parler de lui, au point d'avoir fait sienne cette remarque d'Oscar Wilde:

«Une seule chose au monde est pire que le fait qu'on parle de vous, c'est qu'on n'en parle pas!»

Le D$^r$ Selye avait aussi une idée précise du bonheur:

– Le bonheur, c'est la capacité de s'adapter aux circonstances toujours changeantes de la vie.

Il rencontrait une foule de gens: des confrères du domaine de la recherche, des étudiants, des célébrités, des admirateurs (et admiratrices), des touristes et des journalistes du monde entier. Certaines rencontres le séduisaient au point qu'il n'hésitait pas à chambouler son emploi du temps afin de les prolonger pour en profiter au maximum. D'autres, par contre, le faisaient mourir d'ennui.

Le problème résidait dans le fait qu'il ne montrait jamais aux importuns qu'ils lui cassaient les pieds. Il voulait que son image d'homme affable et disponible soit préservée à tout prix. C'était un relationniste de tout premier ordre.

– J'exerce, disait-il à ce propos, une attirance particulière sur les fâcheux et les cinglés de toutes sortes.

Afin de se débarrasser des indésirables et des importuns de tout acabit, il avait mis au point un système original qu'il avait réussi à roder à la perfection (avec l'aide de l'indéfectible M<sup>me</sup> Staub, chef du secrétariat) tout au long de ses années de vie publique.

Voici comment fonctionnait le système. Dès qu'un entretien douteux commençait à traîner en longueur, il appelait sa secrétaire à l'interphone et lui disait:

– Mademoiselle, n'oubliez pas de me prévenir dès que les résultats des tests seront arrivés...

Immanquablement, la secrétaire revenait à l'interphone trois minutes après:

– Docteur, docteur, venez, dépêchez-vous... les analyses viennent d'arriver!

L'entretien, on imagine sans peine, devait prendre fin sur-le-champ. Le docteur se levait d'un air désolé et serrait affectueusement la main du pauvre visiteur. Personne n'aurait osé insister et interrompre la bonne marche de la recherche scientifique...

Parfois, le docteur savait d'avance que son invité ne présenterait pas grand intérêt et il en informait sa secrétaire, qui connaissait la consigne: 10 minutes après l'arrivée de la personne, elle devait entrer dans le bureau, essoufflée, et dire:

– Excusez-moi de vous déranger, mais le D<sup>r</sup> Nightingale vient juste d'arriver...

Il n'y avait pas de D$^r$ Nightingale! Il n'y a jamais eu de D$^r$ Nightingale! Par contre, ce docteur imaginaire a réussi à sauver beaucoup de temps au D$^r$ Selye pendant de très nombreuses années.

Si vous avez déjà rencontré le docteur dans son bureau et si vous avez été contraint d'écourter votre entretien à cause du célèbre D$^r$ Nightingale, je suis désolé de vous apprendre que le savant D$^r$ Selye n'avait sans doute pas apprécié cette visite autant que vous...

En plus d'être son éditeur[*], il m'a été donné d'écrire de nombreux articles sur le D$^r$ Selye dans diverses publications. Je me suis également appliqué à le faire passer dans une multitude de programmes de radio et de télévision autant au Canada qu'à l'étranger. Nous nous sommes donc, progressivement et infailliblement, liés d'amitié.

Comme je le trouvais calme, serein, toujours au-dessus de ses affaires, je lui ai demandé un jour s'il lui arrivait à lui, grand spécialiste du stress, de souffrir d'insomnie.

– Comme tout le monde, m'avoua-t-il.

– Et que faites-vous dans ce cas?

– Je prends un tout petit verre de gin ou de whisky... et le sommeil vient.

Cette confession du champion du stress me surprit mais pas autant sans doute que le jour où j'ai appris (par sa femme) que le D$^r$ Selye, dont j'admirais le calme, était un (très) grand consommateur de valium. J'avais cru que sa rassurante

---

[*]  *Du rêve à la découverte*, Éditions La Presse, Montréal, 1973.
     *Stress sans détresse*, Éditions La Presse, Montréal, 1974.
     *Le stress de ma vie*, Éditions Stanké, Montréal, 1976.

sérénité était naturelle. Le seul commentaire que je puisse me permettre sur ce point avec le recul du temps c'est que, même si cette révélation m'a profondément déçu (il faut bien se rendre à l'évidence que nul n'est parfait), je peux témoigner que l'effet de cette médication lui allait quand même très bien. Et puis, comme le dit assez justement F. Bott:

> «Ne vous méprenez pas sur ces hommes qui paraissent avoir fait la paix avec leur vie: ils dissimulent des naufrages.»

En parlant de lui, le Dʳ Selye faisait souvent remarquer que, dans sa vie, il n'avait fait qu'une seule chose: s'occuper du stress. Il a d'ailleurs écrit une trentaine d'ouvrages traitant tous du même sujet.

– Aussi longtemps que je vivrai, avec mes méthodes de chimie, de microscopie, de pharmacologie, je m'occuperai du stress. Étant jeune, j'avais reçu un conseil précieux: celui de ne pas gaspiller mes efforts en les éparpillant. Ne pas faire 100 petites choses. Construire une seule grande cathédrale plutôt que 100 maisonnettes. Au point de vue réussite architecturale, 1 000 petites maisons ne vaudront jamais une immense cathédrale. Ce principe, je l'ai suivi à la lettre. Je trouve que des briques posées les unes sur les autres peuvent mener beaucoup plus haut que des briques posées les unes à côté des autres. Ainsi, le stress, c'est ma cathédrale à moi!

Le Dʳ Selye possédait une maison d'édition* consacrée aux ouvrages scientifiques dans laquelle il avait publié une trentaine de travaux très spécialisés. Il n'avait plus le temps de s'en occuper (Ne pas éparpiller son talent!) et tenta de me persuader d'en faire l'acquisition. N'ayant aucune formation scientifique et ne pouvant pas m'identifier aux produits de

---

\* Acta Inc.

cette maison, j'ai dû décliner son offre. Il ne m'en tint pas rigueur.

En reconnaissance de ce que je faisais pour lui et pour la cause qu'il défendait, il me nomma gouverneur de sa Fondation internationale du stress.

Vers la même époque, je réussis à le convaincre d'écrire un autre livre, consacré à sa vie, celui-là. J'en avais trouvé le titre: *Le stress de ma vie*. Le docteur était consentant. Malheureusement, le temps lui manquait. Il accepta de faire l'ouvrage à une seule condition: on devait lui fournir de l'aide. Entendez par là ce que l'on appelle dans le jargon de l'édition un nègre. Il insistait pour signer le livre et refusait la formule: Tel que raconté à... De plus, il exigea que ce nègre soit nul autre que... moi. J'en fus très honoré. Nous avons donc signé un contrat en bonne et due forme entre auteur-éditeur et auteur-nègre, et nous nous sommes mis au travail. Les séances intensives de nos rencontres furent coulées dans le béton de nos agendas respectifs. Elles ont toutes été respectées rigoureusement autant par le nègre que par l'auteur, jusqu'au jour où, d'un côté et de l'autre, nous avons eu des imprévus... pourtant bien prévisibles. Les engagements du D$^r$ Selye devenaient de plus en plus nombreux et de mon côté je n'avais plus la disponibilité que l'auteur aurait souhaitée pour m'adapter à son emploi du temps modifié. Nous avons donc dû trouver une solution de rechange. Cette solution portait le nom d'une collaboratrice: Marie-France Joly. Ce n'est qu'après avoir mis à l'épreuve personnellement sa compétence (et constaté *de visu* que de surcroît la collaboratrice était réellement charmante, ce qui ne gâtait rien) que le docteur donna son accord définitif pour parachever la rédaction avec elle.

L'autobiographie fut abondamment illustrée de photos tirées de l'album personnel du docteur, que son épouse Gabrielle Selye nous a aidés à sélectionner.

Une clause du contrat auteur-éditeur était prévue pour la vente des droits du livre à l'étranger. Le produit de ses traductions, comme c'est la coutume dans l'industrie du livre, devait être partagé entre les deux parties. Certains ouvrages du D<sup>r</sup> Selye ayant été traduits en quelque 15 langues, l'affaire devenait intéressante pour l'auteur autant que pour l'éditeur. Sans tarder, j'entrepris donc les démarches afin de conclure des ententes avec des confrères étrangers.

À Paris, les Éditions Stock furent les premières à acquérir les droits. À New York, je signai un contrat avec Herbert Nagourney, président de la puissante maison *New York Times*. Sur la foi de ma parole, le *NYT** accepta de verser la rondelette somme de 10 000 $ américains en avance sur les redevances à percevoir sur les ventes futures. J'étais très fier de mon coup et, avant d'entreprendre les démarches auprès des Allemands, chez qui le D<sup>r</sup> Selye jouissait également d'une très grande popularité, je suis allé lui montrer le contrat américain. Sa réaction fut loin de celle à laquelle je me serais attendu.

– Ces gens devraient savoir que je vaux beaucoup plus que ça! commenta-t-il, feignant d'ignorer que le montant d'un à-valoir consenti par l'éditeur n'avait généralement pas grand-chose à voir avec son appréciation de l'auteur.

Il se rendit à New York, deux jours plus tard, pour y donner une conférence et en profita, sans m'en parler, pour rendre visite au *New York Times* afin de renégocier de meilleures conditions. Il fut reçu par le président Nagourney avec tous les égards que justifiait sa réputation.

Le D<sup>r</sup> Selye lui demanda alors de changer une clause du contrat, celle des redevances dont l'avance, disait-il, devait être non pas de 10 000 $ mais plutôt de 20 000 $. Alors que tout avait été réglé, il en exigeait le double.

---

\*    New York Times Books était actionnaire des Éditions internationales Alain Stanké à leurs débuts.

L'éditeur américain, un vieux loup de cette industrie, n'apprécia pas la démarche solitaire de l'auteur, qui n'avait pas été avalisée par son éditeur, seul habilité à transiger en pareilles circonstances. Il savait que lors de nos discussions j'avais réclamé et obtenu le maximum. Une autobiographie de 180 pages, sans révélations retentissantes, fussent-elles de saint Pierre ou du Bon Dieu en personne, n'aurait pas coté plus haut auprès du puissant *New York Times*. Le docteur insista. C'était peine perdue. Flegmatique, Nagourney déchira tout simplement le contrat et lui annonça calmement:

– Maintenant que j'ai eu le plaisir de vous connaître personnellement et que j'ai pu constater la façon dont vous respectez une entente signée en bonne et due forme, je préfère ne pas vous publier. Restons-en là!

Le docteur revint à Montréal blessé. À partir de ce moment, j'ai senti chez lui, en même temps qu'un certain malaise, un intérêt grandissant pour l'argent. Presque toutes nos conversations finissaient par tourner autour du même sujet: l'argent. Ça devenait... stressant!

En toute honnêteté, je n'arrivais pas à faire la distinction entre les besoins de l'*Encyclopédie du stress* qu'il préparait, ceux de sa Fondation qui lui donnait des soucis, et ses propres besoins qui le tourmentaient. Je lui donnais tout de même le bénéfice du doute. L'homme n'était-il pas un grand savant après tout, une personne préoccupée du bien-être de l'humanité? Je passai l'éponge sur l'incident *New York Times* et entrepris de le seconder dans sa campagne de financement de la Fondation internationale du stress. Je réalise avec le recul du temps que j'avais dû faire mienne sa définition du bonheur... cette capacité de s'adapter aux circonstances toujours changeantes de la vie.

Dans les jours qui suivirent, il y a encore eu un peu d'eau dans l'huile. En effet, un correspondant (assurément très bien informé) qui devait œuvrer auprès du docteur m'envoya une lettre anonyme. Elle disait en résumé que charité bien ordonnée devait commencer par celui qui la sollicitait avec autant d'ardeur, soit le D<sup>r</sup> Selye lui-même. La missive faisait remarquer que le D<sup>r</sup> Selye devrait se faire un point d'honneur de donner l'exemple s'il voulait que les Québécois soient généreux envers sa Fondation et que, plutôt que d'envoyer l'argent qu'il gagnait dans son pays d'adoption, c'est-à-dire dans une banque suisse, il ferait mieux d'en verser une partie à sa Fondation, dont il prônait tellement l'utilité. Pour ajouter plus de poids à son argumentation, le mystérieux correspondant avait joint à sa lettre la photocopie d'un bordereau du (grassouillet) compte bancaire suisse du docteur.

Ça sentait le roussi. Je n'ai pas pu résister à la tentation d'en parler au premier visé par la dénonciation. Le docteur parut très contrarié. Il se contenta de dire, avec une apparente quiétude qui cachait mal son... stress:

– Lorsqu'on est tenté de se lancer dans une discussion désagréable, on devrait toujours se demander si cela en vaut la peine. Ma réponse sera ce distique qui a toujours résumé mes principes: «*Pour le but le plus haut il faut toujours lutter, mais à l'inéluctable ne jamais résister.*»

Et sur ces mots, bombant le torse, la tête haute, il est sorti de la pièce.

Quant à moi, j'ai préféré démissionner de mon poste de gouverneur de la Fondation.

Lorsque nous nous sommes revus, peu de temps après, nous n'avons jamais reparlé de la lettre qui l'avait tellement bouleversé. Pendant tout ce temps, le docteur, sans que je le sache ni que je l'en autorise, entreprit une croisade pour trouver un éditeur anglophone intéressé par l'acquisition des droits de traduction en langue anglaise du *Stress de ma vie*.

Il finit par le trouver en la personne de mon confrère Mike Baxendale, qui dirigeait la maison d'édition du quotidien (aujourd'hui défunt) *Montreal Star*. Heureux d'ajouter un auteur de ce calibre dans sa petite écurie, Mike signa un contrat avec le D^r Selye prévoyant, bien entendu, le paiement d'une avance qui ne rivalisait pas, loin s'en faut, avec celle consentie par le *New York Times*.

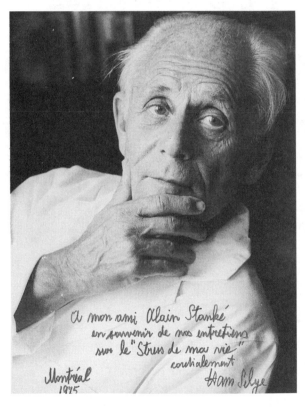

À mon ami Alain Stanké
en souvenir de nos entretiens
sur le "Stress de ma vie"
cordialement
Montréal
1975
Hans Selye

Je n'étais toujours au courant de rien, mais je présume que tout le monde devait être bien heureux. La publication de la version anglaise se préparait avec fébrilité. Mike comptait lui accorder un maximum de publicité. Avant l'événement, pour lequel il prévoyait une grande campagne médiatique, l'éditeur prit quelques jours de congé et partit pour une expédition de pêche sur un lac perdu des Laurentides. Un jour (c'est lui qui m'a raconté l'incident), alors qu'il s'évertuait à décrocher une truite venue se suicider sur son hameçon, Mike fut dérangé par l'arrivée d'un hydravion porteur d'un message:

– Vite! montez à bord, monsieur Baxendale. Il faut que vous alliez téléphoner d'urgence à Montréal.

94

Quelle catastrophe allait-on lui annoncer au bout du fil? Un grave accident? Un décès peut-être? Mike s'attendait au pire. Il fut bien servi. On lui annonça que le livre du D<sup>r</sup> Selye qu'il s'apprêtait à publier (sans savoir que l'auteur n'avait pas été autorisé à signer le contrat avec le *Montreal Star*) venait d'être publié par la maison torontoise McClelland and Stewart qui avait payé une avance au docteur, ignorant bien sûr que le *Montreal Star* avait acquis, lui aussi, les mêmes droits... et qu'en fin de compte, ni l'une ni l'autre maison n'avait le... droit de publier puisque c'est moi qui en étais le détenteur. En apprenant la nouvelle, Mike se sentit à la limite de l'implosion...

Pour ma part, devant le fait accompli, je n'avais que deux choix: me fâcher avec le docteur, entreprendre des procédures judiciaires et prouver l'invalidité des contrats signés par mes confrères ou, ce qui me paraissait beaucoup plus simple bien que anticommercial, appliquer le principe que le docteur m'avait enseigné: *Pour le but le plus haut, il faut toujours lutter...*

Le but n'étant pas à la hauteur, j'ai laissé tomber...

C'était un grand homme. Il m'a beaucoup appris. Entre autres, il m'a prouvé que même les plus grands ont en eux des côtés moins reluisants.

Henry Miller avait raison de dire:

«Chez tout être humain le mal et le bien doivent coexister. La dualité, l'ambivalence, la contradiction. Personne n'est totalement bon ni totalement mauvais.»

Oh! j'oubliais. Quelques années plus tard, la version anglaise de cette mémorable autobiographie, que Marie-France Joly et moi-même avions aidé le docteur à mettre au monde, a obtenu le prix littéraire de l'Association des écrivains canadiens.

Tous les honneurs, la popularité et l'argent n'ont pas empêché le célèbre D$^r$ Selye de mourir en 1982, plongeant dans le deuil, du même coup, les êtres qui l'aimaient et le fisc québécois qui lui réclamait, au moment de son décès, 290 000 $ en impôt impayé.

«Je ne pense pas que quelqu'un soit mort de vieillesse jusqu'à maintenant», avait coutume de dire le D$^r$ Selye.

# HENRY MILLER
## *Pas plus con qu'un autre!*

*Nous qui écrivons des livres sommes redevables non à des livres mais aux choses qui incitent les hommes à en écrire: à la terre, à l'air, au feu, à l'eau. S'il n'existait pas une source commune à laquelle remontent auteurs et lecteurs, il n'y aurait pas de livres.*

HENRY MILLER

Écrivain de génie, peintre amateur, don juan professionnel, romantique, misogyne, anarchiste, pacifiste capable d'aller à la guerre, voyeur, libertin, autocrate, moraliste, égotiste, curieux, iconoclaste, bavard, courtois, agile, charmeur, habile, saint homme autoproclamé, vendeur d'encyclopédies et champion des remises en question de notre société, tout le monde le sait: Miller répondait à tout cela et son contraire. Et plus encore... Qui était-il réellement? Personne n'a jamais su le cerner avec justesse. Je n'ai pas la prétention de faire mieux, je vais seulement raconter l'homme que j'ai rencontré et l'ami qu'il est devenu. L'être le plus surprenant, le plus ouvert et le plus simple qu'il m'ait été donné de rencontrer.

Dès la première seconde où je l'ai approché, j'ai eu le sentiment de le connaître depuis toujours. J'ai senti qu'avec lui les stratégies, les arrière-pensées, la tricherie, la méfiance n'étaient pas de mise. Quand Henry Miller avait quelque chose à dire, il le faisait directement, avec naturel et simplicité. Il s'attendait à ce que l'on agisse de même avec lui. C'était un être libre de contrainte et de préjugés, un homme qui répandait spontanément sa joie de vivre. Dieu! que les

97

rapports sont magiques en de pareilles circonstances! Il m'a procuré d'immenses plaisirs. Voilà pourquoi je n'ai raté aucune occasion de le voir. Je suis devenu l'éditeur du dernier livre[*] qu'il publia avant sa mort, l'unique ouvrage qu'il ait jamais écrit en français.

J'ai toujours cru que la confiance qui régnait lors de nos tête-à-tête, moments privilégiés, était comparable à celle que j'aurais pu ressentir en me parlant à moi-même devant un miroir... si jamais j'avais pu me parler avec autant d'ouverture d'esprit et d'honnêteté... Le miracle Henry Miller, pour moi, c'était d'abord cela.

Je l'ai rencontré pour la première fois, à Pacific Palisades, dans une maison blanche perchée sur une pelouse californienne qu'il habitait depuis une dizaine d'années. Ce fut sa dernière demeure. À sa porte d'entrée, il avait épinglé un petit carton blanc portant ce message de Meng-Tseu:

«Quand un homme a atteint la vieillesse et accompli sa mission, il a le droit d'envisager l'idée de la mort en paix. Il n'a pas besoin des autres hommes, il les connaît et en sait assez long sur eux. Ce dont il a besoin alors, c'est de la paix. Il n'est pas convenable de rechercher un tel homme, de le tourmenter avec les bavardages du monde et de l'ennuyer avec des banalités. On doit passer la porte de sa maison en faisant comme si personne ne l'habitait plus.»

À l'entrée du salon, deux objets frappaient l'attention du visiteur. Sur un meuble, une immense photo d'Anaïs Nin et, un peu plus haut, sur le mur, une grande aquarelle portant cette inscription plutôt surprenante: «*TO Henry Miller – FROM Henry Miller*». Quand j'ai vu cette autodédicace, j'ai cru à un gag et j'ai ri de bon cœur.

---

[*] *Je ne suis pas plus con qu'un autre* (édition limitée), Éditions Stanké, Montréal, 1980.

– Ne riez pas, me dit Henry Miller de sa voix rocailleuse. C'est très sérieux. Je suis obligé d'écrire cela sur toutes mes aquarelles que je garde à la maison. Je m'en faisais tellement voler... Mais depuis que j'ai pris la précaution d'inscrire «À Henry Miller DE Henry Miller»... j'ai la paix. On me les laisse... Les gens sont incroyables...

Mes rencontres avec lui ont toujours été extraordinaires. Je ne voulais rien manquer de ce qu'il me disait. Il m'arrivait donc de lui demander la permission de les enregistrer afin de pouvoir les «revivre» plus tard. Il n'y voyait jamais d'objection. Il était d'ailleurs toujours le même, avec ou sans micro. Il m'arrive maintenant de réécouter ces enregistrements (dans les moments surtout où je crois avoir oublié le mode d'emploi d'un Miller).

Les Américains ont un mot pour décrire les brillants causeurs. Ils les appellent *conversationalists*. C'est ce qu'était Henry Miller. Bavard, courtois, agile, charmeur, il savait drainer mon intérêt en tout temps. Dans ses récits, il n'y avait jamais de redites et toujours une grande tendresse pour l'être humain.

Miller ne s'est jamais pris pour un géant de la littérature ni pour un grand peintre, mais il aimait s'amuser à faire de l'aquarelle parce que, précisément... ça l'amusait.

– La peinture me rend joyeux alors que l'écriture a tendance à me rendre inquiet, disait-il. Mais c'est facile à comprendre car le fait d'écrire demande une concentration qui n'est absolument pas nécessaire dans la peinture. Je ne sais pas trop comment ça se passe avec les vrais peintres, mais c'est mon cas. Peut-être parce que je ne suis pas un vrai peintre. Je ne suis qu'un amateur.

– Que représente la peinture pour vous?

– Le plaisir... Quand on applique son esprit à un acte aussi simple et aussi innocent que celui de peindre, on oublie cette abominable angoisse que nous traînons tous et qui nous vient de notre monde devenu complètement fou. En peignant, j'apprends à voir non pas ce que je veux voir, mais ce qui est! Et puis, je cesse de vouloir améliorer le monde.

– Comment écrivez-vous?

– Je sais toujours à peu près ce que je vais écrire. C'est quelque part dans ma tête. Du moins les grandes lignes. J'attends le moment propice pour me lancer. J'attends d'être bien, en forme et en bonne santé. À ce moment-là, j'ai l'impression d'ouvrir un robinet et de laisser couler les mots comme l'eau... Ça doit couler, couler et quand ça ne coule plus avec abondance, si je vois que le débit en est rendu aux gouttes, j'arrête tout. Je ne force jamais. Il ne faut jamais forcer dans rien. De toute façon, je déteste le travail.

– Croyez-vous que créer c'est travailler?

– Jamais de la vie! Ça n'a rien à voir. Si vous pensez à la Bible... C'est intéressant la Bible, vous savez. Eh bien, si vous la lisiez, vous apprendriez que Dieu a créé le monde entier en six jours! Vous avouerez qu'un Univers de cette taille en six jours ce n'est pas beaucoup. Moi, j'ai l'impression qu'il a dû beaucoup s'amuser en le créant. Ce n'était pas du travail! À mon humble avis, c'est comme ça que tout le monde devrait vivre, en créant et non pas en travaillant! Je soutiens que le travail est destructif pour l'esprit alors que la création, elle, maintient l'esprit jeune et alerte. La preuve, c'est que lorsqu'on crée on ne ressent pas la fatigue alors que lorsqu'on travaille on s'épuise.

Quand Miller pense avoir épuisé un sujet, il en entame aussitôt un autre. Il n'est jamais à court d'idées. Son esprit est perpétuellement en mouvement. Cette fois, il me parle des femmes:

– Je n'ai jamais aimé les femmes d'intérieur qui font la popote. Je leur préférais les chanteuses, les actrices, les danseuses. J'en ai connu une, une fois, qui était absolument surprenante. C'était une guérisseuse. Elle s'appelait Gene. Elle a soigné et guéri beaucoup de gens mais elle n'a jamais pratiqué sur moi. Je ne sais pas pourquoi. Je l'aimais beaucoup et elle aussi elle m'aimait. Je n'ai jamais voulu qu'elle lise mes livres parce que j'avais l'impression que si elle les lisait, elle ne m'aimerait plus. Elle me disait: «Votre écriture c'est votre côté mineur, sans importance. Moi je sais qui vous êtes réellement. J'ai de la chance, je n'ai pas besoin de vous lire.» Il m'arrive toujours des choses incroyables. Figurez-vous que cette femme, qui prétendait mieux me connaître que moi-même, m'a vendu une maison alors que je n'avais pas le sou. Elle m'a dit tout simplement: «Vous me paierez quand vous en aurez les moyens... et je sais que vous les aurez!» Eh bien, vous me croirez si vous le voulez, mais peu de temps après j'ai reçu mon premier chèque de droits d'auteur de France et j'ai été capable de lui payer tout d'un coup. Mieux que ça, je lui ai même donné une prime... Une maison, pour moi, c'était tellement important. Tout homme qui est amoureux du monde – comme je le suis – est nécessairement amoureux des maisons. C'est prouvé: ce sont les hors-la-loi et les vagabonds qui apprécient le plus un foyer.

Henry Miller a toujours vécu modestement. Dans sa dernière maison, il n'y avait pas de superflu. Une immense salle adjacente à la salle à manger lui servait de studio. De cet atelier géant, rempli de lumière, on découvrait la piscine.

– Il n'y a pas longtemps encore, je nageais là-dedans... Et puis, je faisais de la bicyclette aussi, je jouais au ping-pong et pouvais même battre de jeunes Japonais... Savez-vous quand je jouais le mieux? C'est lorsque j'écoutais du Scriabine, mon musicien favori. Et quand je voulais battre tout le monde, il me suffisait de mettre sa *5ᵉ Sonate*. Victoire assurée!

– Les gens ont beaucoup de peine à vous mettre une étiquette. Certains prétendent que vous êtes un libertin tandis que d'autres affirment que vous êtes un moraliste. Puis-je vous demander comment vous vous classeriez, si vous aviez à le faire?

– Je n'aime pas les classements mais je peux voir pourquoi les gens ont de la difficulté à me comprendre. Chez tout être humain les choses doivent coexister. Le mal et le bien, le beau et le vilain. Personne n'est totalement bon ou totalement mauvais. C'est la réalité. Malheureusement, les gens ne l'acceptent pas. Je suis donc une chose et son contraire... Je suis sensé être un pacifiste et pourtant j'irais à la guerre. Je suis une contradiction! La dualité, l'ambivalence, la contradiction... c'est vrai pour tout le monde. Voilà qui explique souvent pourquoi les gens ont de la difficulté à s'accorder. On a déjà de la difficulté à s'accorder avec ses propres contradictions, alors imaginez ce qui arrive quand on mêle les contradictions des autres aux nôtres... Dieu est au-dessus de toutes nos dualités. Pour l'accepter, il faut faire un grand effort spirituel. Nous avons tous cette dualité en nous. Nous vivons avec elle. Le bon et le méchant. Les Orientaux l'ont très bien compris et accepté. Ils ne demandent pas pardon pour ce que nous appelons les péchés. Ils les acceptent, c'est naturel. En Orient, c'est la dualité acceptée. Je trouve très beau de voir que, dans les grands temples hindous, on trouve des prostituées qui servent le Créateur en faisant l'amour. C'est tout naturel. Dieu merci! le sexe et l'âme nous accompagnent jusqu'à la mort. Personne ne peut détruire ni l'un ni l'autre.

– On parle de sexe?

– C'est naturel... Je prétends qu'il peut y avoir sexe sans amour, mais qu'il est difficile de trouver de l'amour sans sexe. Chez les yogis, les hindous, dans le tantra, c'est la plus grande union spirituelle qui existe. On s'accouple comme des serpents pendant des heures. Chez nous, quand ça arrive, on ne pense ni à Dieu ni à notre âme... Je pense que chez les êtres quelconques on peut en rencontrer qui vivent un amour sans sexe. Pour eux, ce n'est pas indispensable. Cela peut arriver. Vous en connaissez peut-être des gens comme ça? À bien y penser, il m'est déjà arrivé de vivre une aventure comme celle-là. C'était très spécial. C'était merveilleux. Un luxe! Il ne faut refuser de vivre aucune expérience. C'est ça la vie!

– Puisqu'on parle de sexe, j'aimerais que vous me parliez de cette époque permissive dans laquelle nous vivons et dont on dit que vous êtes un peu responsable. Avez-vous souhaité ce que nous vivons en ce moment?

– Non, non et non! C'est une farce. C'est une caricature de ce que j'ai toujours rêvé. Les gens ont tout mélangé. On m'a mis des choses sur le dos par manque de renseignements, par mauvais jugement. J'ai toujours été un grand romantique, alors ça leur a fait croire que j'étais un libertin... Pourtant, je ne le suis pas. Oui, j'ai été – et je le suis encore –

un grand amoureux, pourtant je suis octogénaire. Oui, j'ai eu un certain nombre d'aventures mais moi, je plaide pour un autre genre de libération. Une libération qui n'est pas limitée au sexe. J'ai toujours plaidé pour la libération de tous les préjugés, la cause de toutes nos anxiétés...

Henry avait tout dans son regard. Un regard franc. Un regard d'enfant. Sans méfiance, sans défense. Ses conversations n'étaient jamais lourdes. Jamais il ne cherchait à imposer ses idées ni à donner de leçons. Il ne préparait jamais rien et sautait du coq à l'âne. On pouvait parler de religion durant un quart d'heure et, le moment d'après, passer à la littérature, aux femmes, à la politique. Tout ce qui lui passait par la tête. Il annonçait parfois la couleur et on entrait dans le sujet.

– Et si on parlait de mon âge? Je suis octogénaire. C'est un beau mot, n'est-ce pas? Peu de gens arrivent à 80 ans. D'ailleurs, la plupart des gens pensent que ceux qui ont atteint les 80 printemps sont soit des idiots soit des savants. C'est curieux, vous ne trouvez pas? Je n'ai jamais pensé comme ça. J'ai toujours admiré les grands maîtres de la peinture italienne qui peignaient à 80 et 90 ans. J'ai toujours pensé que plus on vieillit, quand on est créateur, plus on devient jeune. Du moins, c'est ce que j'ai observé sur moi-même. Je suis sûr qu'actuellement mes pensées ressemblent à celles des jeunes d'aujourd'hui. D'ailleurs, je me sens beaucoup plus anarchiste aujourd'hui que je ne l'étais à 21 ans. Plus rebelle aussi qu'à 21 ans et de plus en plus romantique. Et, si c'est possible, je suis plus fou qu'avant. Je sens qu'en ce moment je serais capable de n'importe quelle folie. Chose certaine, c'est que j'aime l'âge que j'ai. Jamais je ne voudrais avoir 18 ans. J'étais tellement misérable à cette époque. Pour moi, la joie de vivre n'a commencé qu'à Paris, lorsque j'ai eu 40 ans. C'est à cet âge-là que j'ai commencé à être détaché, à abandonner mes principes. Avant cela, j'étais rempli de toutes sortes de principes et d'idéaux.

– Vous ne regrettez pas votre jeunesse?

– Non alors. Quand j'étais jeune, j'allais à la bibliothèque chercher des livres qui semblaient très importants: économie, politique, religion, philosophie... Je voulais tout avaler. J'étais intéressé, sincère, passionné. J'étais curieux mais en même temps je faisais du *show-off* parce que j'étais vaniteux. Je voulais épater. Je prétendais toujours plus que ce que j'étais. Je n'avais pas encore écrit une seule ligne mais je me disais écrivain. Quand mes amis me demandaient ce que j'avais écrit, je leur disais: «Attendez et vous verrez!»

– On vous sent vulnérable.

– Je suis très vulnérable. Je ne suis pas méfiant. Je fais toujours confiance à tout le monde. Que voulez-vous, c'est ma nature!

– Vous êtes d'une nature gaie.

– Absolument. J'ai fait la connexion entre l'esprit et la gaieté. C'est essentiel. Je crois que le rire est la force de l'homme. J'ai remarqué cependant que les personnes intelligentes ou éduquées, les intellectuels, semblaient toujours tristes, mélancoliques, morbides. Il suffit d'observer un moine zen pour se rendre compte qu'il n'est jamais triste. Il est gai parce que c'est un homme libre. Il n'est nullement torturé par la culpabilité. Il ne connaît pas le mot *péché,* qui nous vient de la chrétienté et du judaïsme. Ce que j'ai toujours admiré chez un homme, c'est son sens de l'humour, sa gaieté. S'il n'est pas gai, je le fuis. Je ne peux pas supporter quelqu'un qui pense trop ou qui est morbide. Vouloir être sérieux, c'est une grande erreur! La vie est belle. Elle est extraordinaire. Il n'y a pas de raisons de penser autrement. C'est nous, et nous seuls, qui nous la rendons triste et invivable. Ce n'est ni Dieu, ni le destin, ni même les circonstances. C'est nous. Il ne faut pas chercher bien loin! Et puis, je suis convaincu que rire de soi (pas des autres) est la chose la plus importante qui soit. J'ai tellement cru à cette vérité tout au long de ma vie, qu'un jour j'ai même pensé devenir... clown!

– Et la mort?

– Je crois que la mort ce n'est pas du tout comme on pense. On ne connaît rien de la mort. On peut craindre l'agonie, on sait ce que c'est, mais la mort c'est un mystère, une aventure. Pourtant, je pense que si la vie est magnifique la mort l'est aussi. Ça doit être pareil. Ma première opération, il y a cinq ans, m'a fait voir la mort de près. Avant cela, je n'y avais jamais pensé. Souvent, je me dis que la vie doit être tout aussi chouette de l'autre côté... elle doit continuer, je le sens, j'en ai l'intuition. Autrement, toute l'existence serait une perte de temps!

Et là-dessus Henry Miller entreprend de me raconter l'histoire d'un de ses amis qui venait d'avoir 75 ans. À l'occasion de cet anniversaire, l'homme lui a téléphoné en insistant pour le rencontrer. Il tenait à lui faire part d'une décision capitale, disait-il, qu'il venait de prendre. L'affaire était tellement importante qu'il était impensable d'en discuter au téléphone. Henry Miller fit donc venir l'ami chez lui. Celui-ci, le plus sérieusement du monde, annonça qu'il avait décidé de ne jamais... mourir! En narrant cette histoire, Henry Miller avait du mal à retenir son sérieux. À la fin, il fit une pause et me dit:

– Avec le recul du temps, je crois que son idée n'était pas si bête que ça. Je crois qu'il est à peu près temps que je prenne la même décision: moi non plus, je ne vais jamais mourir!

Le succès ne lui est jamais monté à la tête. Parfois, il paraissait même en être ennuyé: «C'est souvent pire, se plaisait-il à répéter, que de connaître l'échec.»

Le célèbre écrivain était constamment dérangé par ses admirateurs, sollicité de partout pour des riens. De tous les coins du monde, il recevait des lettres avec les demandes les plus invraisemblables. Ainsi, un jour, finit-il par mettre au point une carte postale-réponse passe-partout rédigée de la façon suivante:

«J'ai le choix de répondre à votre demande, d'entreprendre une nouvelle aquarelle ou un nouveau livre. Si vous ne recevez pas de réponse, vous saurez ce que j'ai choisi.»

J'étais curieux de savoir de lui, qui a tant lu, quel livre l'avait le plus influencé, quels auteurs il admirait le plus.

– Je vous répondrai sans hésitation que celui qui a le plus influencé ma vie, c'est *Le déclin de l'Occident* de Spengler. Quand je l'ai lu, je n'avais que 25 ans. Dès ce moment, j'ai compris que notre civilisation était l'artériosclérose, la mort de la culture. Quant aux écrivains, il y en a beaucoup: O'Casey, Kerouac, Beckett, Ionesco, Bellow, Burroughs, Bradbury, et puis il y a ce Français auquel je pense à cause de votre prénom mais dont je n'arrive pas à me rappeler le nom ni le titre de son merveilleux livre que vous avez sûrement lu ou, si vous ne l'avez pas lu, que vous devriez lire, comme disent les Français, toutes affaires cessantes.

Ce jour-là, hélas, nous nous sommes quittés sans que le nom de l'écrivain lui revienne en tête. Une semaine plus tard, je recevais une lettre. Il avait retrouvé le nom qu'il cherchait. C'était Alain Fournier, auteur du *Grand Meaulnes*. L'information était complétée par le commentaire suivant:

«J'ai cherché le nom pendant 3 jours. J'ai lu ce livre il y a 20 ou 30 ans. Je l'ai beaucoup aimé. Il a été traduit en anglais sous le titre de *The Wanderer*. Vous l'avez sûrement lu...»

Miller était toujours ainsi. Il ne perdait jamais le fil d'une conversation. On avait l'impression que tout était très important et à la fois que rien ne l'était réellement.

Il était aussi de ceux qui croient que rien ne peut nous arriver de bien si on ne fait pas soi-même un certain effort pour le gagner. À preuve, son aventure avec le Nobel.

Un jour, désireux d'obtenir le Nobel, il entreprit une campagne auprès de ses amis en expédiant à chacun d'eux une lettre les priant d'écrire à Stockholm pour demander que, cette année-là, les pères du Nobel accordent le prix de littérature à Henry Miller. Cent personnes furent ainsi contactées à travers le monde. Ou plutôt... 99 car, par erreur, il m'en envoya 2! Dans le groupe des amis ainsi sollicités, il y avait Isaac Bashevis Singer. Isaac ne se gêna pas pour rappeler son ami Henry et lui dire que ces choses-là ne se faisaient pas ainsi, qu'il n'aurait jamais dû procéder de la sorte parce que la démarche risquait d'embarrasser autant les amis que les gens du Nobel. On n'accorda pas le prix à Miller. La réalité est cruelle: c'est... Isaac Bashevis Singer qui l'empocha.

J'ai revu Henry deux jours après. Il riait comme un enfant.

– Dire qu'il est le seul à avoir trouvé quelque chose à redire sur ma façon de procéder et que c'est finalement lui qui l'a obtenu...

Mais sa bonne humeur ne parvenait pas à chasser sa préoccupation. Sachant qu'il n'aimait pas les honneurs, je lui ai demandé de m'expliquer pourquoi, soudainement, le prix Nobel semblait être devenu aussi important.

– Vous savez que le prix en soi n'est rien, c'est la somme qui est importante: 164 775 $! C'est elle qui m'intéresse. Notez bien que le gouvernement américain est content, lui

henry miller 444 ocampo drive -- pacific palisades california 90272          8/20/78

Dear friend, *Alain Stanké*

In my attempt to obtain the Nobel Prize for Literature
.this coming year I hope to enlist your support. All I ask
is for you to write a few succinct lines to:

Nobel Committee of the Swedish Academy
Borshuset
11129 Stockholm
Sweden

Please note that the Committee urgently requests that the
name of the proposed candidate not be publicized.

Sincerely,

Henry Miller

"WHEN LOVE COMES TO THE FORE WOMAN WILL BE THE QUEEN OF THE UNIVERSE."  Eliphas Levi

henry miller 444 ocampo drive -- pacific palisades california 90272          9/27/78

Dear Friend, *Alain Stanké*

In my attempt to obtain the Nobel Prize for Literature
this coming year I hope to enlist your support. All I ask
is for you to write a few succinct lines to:

Nobel Committee of the Swedish Academy
Borshuset
11129 Stockholm
Sweden

Please note that the Committee urgently requests that the
name of the proposed candidate not be publicized.

Sincerely,

Henry Miller

"WHEN LOVE COMES TO THE FORE WOMAN WILL BE THE QUEEN OF THE UNIVERSE."  Eliphas Levi

aussi, car il en rafle au moins la moitié au passage. Finalement, il y a 2 gagnants dans cette histoire: l'écrivain et le Gouvernement. Quelle insulte à la raison; à la raison et à la vie! Je redis comme Céline: «Je leur pisse dessus!» Le prix, je m'en fous. L'argent aussi puisque ce n'était pas pour moi. C'était pour mes enfants. Vous savez que le jour où je mourrai, le gouvernement américain, à cause de notre loi sur les héritages, va tout ramasser. C'est insensé mais c'est ainsi. Il ne restera pratiquement rien à mes héritiers. Vous savez que je suis père de trois enfants? Barbara, née en 1919, Valentine, en 1945, juste après la guerre, et Tony, né en 1948.

Tout au long de cette conversation, même si Henry Miller affichait un air détaché, j'ai senti sa grande peine. Nous avions beau nous éloigner du sujet, il y revenait sans cesse.

– De toute façon, finit-il par dire, si j'avais gagné le prix Nobel, je n'aurais pas pu aller le recevoir. Premièrement, je ne me déplace plus et puis je ne mets plus de smoking! Un de mes bons amis français, Raoul Bertand, qui vit à Los Angeles, s'était d'ailleurs proposé d'y aller à ma place. Pourtant, mon copain Alfred Perlès, de son côté, m'avait prévenu: «Henry, tu le mérites, mais parce que tu le mérites, tu ne l'auras pas!» De toute manière, les prix, c'est connu, vont rarement aux plus méritants. Qu'il suffise de penser à ce pauvre Blaise Cendrars qui a eu le prix de Rome – grâce à Malraux – alors qu'il était mourant! Pour ma part, question de prix, je n'ai pas été gâté. J'en ai eu un en 1970, à Naples (le Prix de littérature de Naples), un prix unique qu'un sympathique lecteur avait créé à mon intention et décidé de me décerner... personnellement, en y joignant un chèque de 2 000 $. C'est vrai, je ne vous mens pas! C'est le seul prix qu'on ait jamais accordé à mon œuvre. J'ai écrit une cinquantaine de livres. Le deuxième prix que j'ai eu dans ma vie me fut attribué par l'American Academy of Literature, à mon retour aux États-Unis. Quant au dernier, celui que tout le monde reçoit – même les épiciers – je veux parler de la Légion d'honneur, je l'ai reçu dans les années 70. Maintenant, je suis chevalier avec un petit ruban. J'aurais préféré un petit chèque. Seule consolation: l'ambassadeur de France qui est venu me l'épingler. Il m'a tenu un très beau discours qui commençait ainsi: «Monsieur Miller, la France vous aime parce que vous aimez le Paris insolite et que vous l'avez fait connaître...» Il m'a monté aux nues. J'ai été très flatté, très touché. Quel langage, quel homme... je crois d'ailleurs qu'il était d'origine russe ou polonaise. Il ne doit plus être ambassadeur... vous pensez, un homme comme ça!

J'ai vu Henry pour la dernière fois quelques mois avant sa mort, qui est survenue en juin 1980. Il avait considérablement vieilli. Son organisme était devenu très fragile. Il se déplaçait péniblement en poussant devant lui une chaise en métal munie de roulettes.

– Maintenant, je ne vois plus de l'œil droit et n'entends pas de l'oreille droite, a-t-il dit en m'accueillant. Et puis, il y a l'arthrite qui vient de l'abus des fonctions corporelles. Mais tant pis, je ne regrette rien!

– Vous ne vous plaignez jamais de rien, lui ai-je dit, étonné. Où puisez-vous votre courage, votre optimisme?

– Je suis amoureux! C'est un secret qui était bien gardé depuis 2 ans, mais comme la femme que j'aime me rend fou de bonheur, on ne doit plus garder la chose secrète. Elle est formidable. Très belle. Elle n'a que 30 ans. Elle a de la dignité, de la classe, de la grâce et tellement de charme. Il y a quelques années, elle a été Miss Amérique. Elle est comédienne. Elle s'appelle Brenda Venus. Vous pouvez l'écrire. Vous serez le premier* . Ça lui fera plaisir et ça fera plaisir à tous ceux qui m'aiment... Brenda et moi, nous nous aimons beaucoup.

---

* Et je l'ai écrit. Dans le *Figaro Magazine*.

Croyez-le ou non, mais depuis que nous nous connaissons nous ne nous sommes pas disputés une seule fois. Je voudrais que vous la connaissiez. Elle est superbe. Elle jure qu'elle m'aimera même après ma mort. Je suis très bien avec elle, voilà pourquoi je me conserve si jeune. L'amour, il n'y a que ça. Vivre et vivre en amoureux, c'est le dernier devoir de l'homme. Amour et bonheur sont synonymes. Il faut toujours obéir à l'appel de la joie, faire ce qu'on a envie de faire sans se soucier des contingences, du scandale ou de la logique des autres...

En le quittant, j'ai eu le pressentiment que je ne le reverrais plus. Il restait encore les épreuves à revoir avant la parution du livre mais nous avions convenu que le tout se ferait par correspondance afin qu'il puisse les relire à son rythme, pendant mes vacances. En le quittant, j'avais besoin de lui demander s'il regrettait quelque chose dans la vie. Cette question fut la dernière. Comme toujours, fidèle à lui-même, sincère dans ses sentiments et ferme dans ses convictions, il m'a répondu:

– Non. Rien! Je ne regrette rien. Je me suis toujours moqué de ce que les gens pensaient de moi. Je ne me sens coupable de rien. J'ai été comme ça toute ma vie durant. Je me suis marié plusieurs fois, mais je n'ai pas pu faire autrement car j'étais marié à mon travail avant tout. Je vais même vous faire un aveu: je me regarde souvent dans le miroir et je me trouve beau et bien dans ma peau. Je me dis que je suis bien sous tous rapports. Je me plais, je m'aime!

# LOBSANG RAMPA
*Imposteur ou initié?*

*L'expérience nous fait connaître
que tout ce qui est incroyable n'est pas faux.*
CARDINAL DE RETZ

Lobsang Rampa est un écrivain célèbre pour ses livres, qui traitent d'ésotérisme et d'une mystique originaire du Tibet. Ses œuvres, qui parlent de vies antérieures, de transmigration, de voyages astraux, de religions et de vie moderne, furent traduites dans la plupart des langues du monde.

La véritable identité de Rampa n'a jamais réellement été clarifiée. Serait-il un écrivain érudit à l'imagination fertile? Serait-il un imposteur? Un fumiste? Ou serait-il, comme il le prétend lui-même, un lama tibétain réincarné dans le corps d'un Anglais dont, en même temps qu'il a pris la peau... il a aussi pris l'épouse? Se pourrait-il qu'il soit un de ces êtres exceptionnels qui, une fois au cours de nombreux siècles, éclairent d'un jour nouveau la conscience du monde? Et s'il était vraiment un des plus grands maîtres de la voyance et de la pensée? Chose certaine, qu'ils croient ou ne croient pas en son identité, des milliers de lecteurs continuent à dévorer ses ouvrages.

Durant de nombreuses années, il m'a été donné de le connaître de près et je me suis cependant toujours questionné sur cet être. Même s'il n'était pas celui qu'il prétendait être, il était assurément à l'aise dans sa peau et agissait comme si c'était la sienne propre.

Durant la plus grande partie de sa vie, après la publication de son livre *Le troisième œil*, et jusqu'à sa mort, Lobsang Rampa a vécu en ermite, refusant farouchement d'ouvrir sa porte aux admirateurs et aux innombrables curieux qui étaient souvent prêts à dépenser des sommes phénoménales en échange d'un bref entretien. Aux journalistes du monde entier qui sollicitaient sans cesse des interviews, Rampa se contentait de répondre qu'il n'avait rien à leur dire, que tout ce qu'il savait ils pouvaient le trouver dans ses ouvrages. Il jurait qu'il n'avait jamais rien écrit qui ne soit pas vrai.

Je n'ai fait aucun effort particulier pour rencontrer Rampa. Je ne crois pas non plus faire partie de ces êtres d'exception (ou alors c'est que je ne suis pas conscient de la chose) qui sont à la fois sorciers, prêtres et médecins, capables de tomber en transe et, dans cet état second, de visiter par la pensée, leur âme ou leur double des régions éloignées de la Terre, le pays des morts ou celui des dieux. Non, je ne suis pas un chaman. J'ai fait la connaissance de Rampa parce qu'il venait de déménager à Montréal et qu'il se cherchait un éditeur.

À cette époque, je l'avoue, je n'avais lu aucun livre de Rampa. Je commençai donc par me renseigner sur l'auteur. Dans mon entourage, la mention de son nom soulevait une grande admiration. C'était l'intrigue, le merveilleux, l'inconnu, le mystère. Il m'apparaissait que le succès de Rampa lui avait valu à la fois bien des polémiques, des détracteurs et des ennemis mais aussi des admirateurs depuis la parution de son *Troisième œil*.

Il m'avait fait approcher par un homme porteur d'un message. Cette missive m'informait très succinctement que le D$^r$ Rampa était à la recherche d'un éditeur de langue française et me demandait, au cas où je serais intéressé, de le lui faire savoir en lui répondant par écrit et à la main!

J'ai répondu sur-le-champ que sa proposition m'intéressait. Le même jour, je reçus un coup de fil d'une dame à l'accent britannique dont je n'avais jusqu'ici jamais entendu la voix:

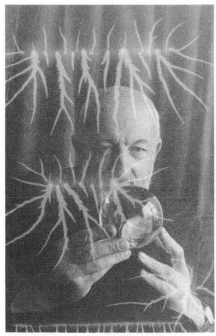

Ma première photo de Rampa fut marquée par d'étranges éclairs.

– Je suis M<sup>me</sup> Rampa. Le D<sup>r</sup> Rampa a bien reçu votre lettre manuscrite et vous remercie de votre promptitude. Il a eu le loisir d'examiner votre écriture. Vous n'êtes pas sans savoir qu'il connaît la graphologie. C'est ainsi qu'il a pu constater votre honnêteté et savoir que vous étiez une personne avec laquelle il lui serait aisé de s'entendre. Pourriez-vous disposer de quelques instants et passer le voir ce soir? Je sais que nous sommes voisins[*]. Bien entendu, nous vous attendrons seul! Nous sommes à l'appartement 520!

Quelques instants plus tard, je sonnais à la porte de Rampa. J'avais rarement dévalé un escalier aussi rapidement. On ne m'ouvrit pas tout de suite. À propos, devais-je dire docteur, maître, mon père, mon frère, éminence ou monsieur? Comment s'adresse-t-on à un lama réincarné? Que faire pour ne pas le froisser? La porte s'ouvre. Une grande dame aux cheveux gris paraît. Elle semble maladroite, timide, méfiante:

– Je suis M<sup>me</sup> Rampa. Enchantée. Suivez-moi. Le D<sup>r</sup> Rampa vous attend.

---

[*]   Je vivais, moi aussi, à Habitat 67.

**115**

Nous traversons d'un bon pas le long couloir qui conduit à la chambre de Lobsang Rampa. Partout dans l'appartement règne une forte odeur d'encens.

Je n'ai pas le temps de découvrir s'il s'agit du parfum du bois de santal que déjà nous sommes arrivés au but. Une chambre plutôt petite, très peu meublée: un lit d'hôpital, deux chaises dépareillées, une table de chevet et une petite bibliothèque. Dans un coin, un fauteuil roulant électrique; au mur, une vaste carte du monde et une série d'horloges, de pendules et de réveille-matin. Voilà le vétuste royaume dans lequel vivait le grand Lobsang Rampa. Quant à l'homme qui allait devenir mon auteur, vêtu d'une sorte de soutane noire, il est étendu au lit, les mains jointes, dans une attitude admirative et recueillie. Je ne saurais dire son âge. Dès l'abord, ce qui me frappe en lui, c'est son regard. Il est vif et intense sous des paupières lourdes. Sa bouche est serrée. Elle m'apparaît s'opposer à l'ardeur paisible des yeux.

Quelques cheveux courts et blancs frisottent sur les tempes, d'où part en collier une belle barbe argentée de patriarche.

Nous échangeons tous deux un regard inquisiteur. Je sens la lourdeur du sien sur moi. Le contact se fait lentement sans qu'aucune parole ne soit prononcée. Nous nous jaugeons mutuellement. J'ai le sentiment très net de me trouver en présence d'un être tendre et bon. Je le sens aux confins de la tolérance. «Voilà un homme, me dis-je, dont j'aurais beaucoup à apprendre.»

– Venez vous asseoir ici, dit-il en anglais, son index injonctif braqué sur le bout du lit.

Je prends place à ses côtés en m'astreignant avec zèle à paraître calme. Lobsang Rampa sourit d'un air indulgent en me tendant la main et retient longuement la mienne. Je réalise, pour la première fois, que je suis assis tout près de l'énigmatique personnage. Je peux l'examiner à loisir. En gros plan.

Je trouve Rampa épais, bedonnant, tassé par les ans. À la hauteur du ventre et de la poitrine, des poils de chat recouvrent abondamment ses vêtements.

Je sonde son visage. Ses prunelles sont flamboyantes. En haut du nez, entre les sourcils, je note des rides transversales en forme d'$\Upsilon$ renversé. Elles me font penser au signe *Peace and Love*. Sur son front fuyant et dégarni, deux longues rides cheminent parallèlement. Un long nez s'abaisse sur ses lèvres fermes et serrées. Son menton s'avance, plus accusé encore par sa barbe imposante.

Rampa met soudain fin à mon examen morphologique par un avertissement:

— Il est inutile de vous rappeler, bien entendu, que vous êtes ici à titre d'éditeur et non de journaliste!

En prononçant le mot *journaliste* sa voix prend un tel accent de mépris que j'en reste stupéfait. J'en conclus hâtivement que mon hôte sera prudent avec moi comme une souris avec un chat. J'essaie de le rassurer sur mes intentions. Excédé et amusé par mes efforts, il me répond:

— Inutile de vous expliquer davantage. On vous a dit que votre écriture m'a renseigné. D'ailleurs, je vois votre aura. L'aura humaine, comme vous le savez sans doute, ou comme vous devriez le savoir, est une radiation qui, par sa couleur, renseigne sur l'état mental, moral et physique de l'être. C'est le témoin parfait de la spiritualité de chacun de nous. L'aura ne trompe jamais. Je vois la vôtre. Je vous connais... et j'ai pleinement confiance en vous. Passons à autre chose...

Petit à petit, au fil de la conversation, je découvre le mystérieux Rampa, l'homme inaccessible. L'entretien se prolonge.

Mon hôte me traite maintenant avec une familiarité goguenarde. Il cligne de l'œil avec malice. Une anecdote, une raillerie, un mot tendre. Sa compagnie me séduit. Je me sens très à l'aise et souhaite que l'entrevue se poursuive.

Soudain, Rampa me prend la main. Je ne sais plus très bien si c'était la gauche ou la droite. Il l'examine.

– Je vous lirai les lignes de la main une autre fois si ça vous intéresse, dit-il. Pour le moment, il nous reste deux choses importantes à voir: faire la connaissance de Tadalinka et Cléopâtre, nos petites chattes siamoises, et parler affaires.

M$^{me}$ Rampa se charge d'inviter les petites bêtes dans la chambre. L'une d'elles est aveugle. Rampa m'apprend qu'il communique avec elle par télépathie et, sans que je le lui demande, il m'en fait la démonstration. Il lui donne un ordre mentalement et elle lui obéit. Je suis médusé.

Une fois la séance des chattes terminée, nous passons aux affaires. Il me remet son manuscrit de *L'ermite* et me prie de lui dresser un contrat dans les meilleurs délais. Quant à ses exigences, vu sa célébrité, bien que je craigne qu'elles soient au-dessus de mes moyens, il m'annonce qu'il veut tout simplement des redevances de 10 % sur chaque exemplaire vendu, qu'on en vende 1 000 ou 1 million.

Pendant longtemps, nous nous sommes revus quotidiennement. Son amitié était très exigeante. Il fallait être toujours prêt à lui rendre visite au pied levé. Chaque fois que je me rendais chez lui, je devais m'asseoir sur le lit, à ses côtés. Chaque fois, il me tendait un petit sachet contenant une serviette humectée et me donnait l'ordre de me laver les mains. Après quoi, il sortait de sa table de chevet un étui de cuir noir d'où il extirpait un superbe jeu de cartes qui me paraissaient démesurément grandes. Il me priait alors d'être très attentif.

J'avoue que ces séances avaient l'heur de m'agacer. Je trouvais de plus que ces prophéties semblaient garder le caractère vague qui sied aux déclarations d'un oracle avisé. J'avalais le tout avec un certain scepticisme, me disant que ce qui était indéterminé et imprécis me laisserait assez de marge pour des interprétations personnelles. D'autant que je savais qu'un augure ne gagne jamais à être trop précis. C'était mal connaître Rampa, mais ça, je ne le savais pas encore. Le grand Lobsang maniait le *mos* (en tibétain: l'art des pratiques divinatoires) avec grande habileté. Il annonçait les situations ou les événements qui devaient m'arriver dans un style sibyllin émaillé de mots solennels et de phrases énigmatiques tout à fait impressionnantes, puis, comme pour mieux se faire comprendre, il se dépêchait de les mettre à ma portée.

J'avoue qu'au début, vu mon grand scepticisme, je ne prenais pas trop garde à ce qu'il me disait. J'étais poli. Je faisais semblant d'écouter. Un jour, cependant, alors qu'il avait décidé de me faire savoir que pendant tout ce temps il n'avait pas été dupe, il me pria de lui faire plaisir et de confiner dorénavant sur une feuille de papier le résumé de ce qu'il allait me prédire.

Un jour – et j'ose l'écrire au risque de provoquer l'hilarité – j'ai fait l'effort de vérifier. Je fus bouleversé de constater combien les prédictions de Rampa tombaient juste. Pour commencer, comme tout bon sceptique qui se respecte, j'ai conclu qu'il s'agissait d'une coïncidence. Avec le temps, j'ai dû constater que les coïncidences se répétaient, se multipliaient. Je l'ai avoué à Rampa.

– Rien de surprenant à cela, m'a-t-il répondu. Je n'ai jamais encore vu mes cartes se tromper.

J'avais beaucoup de plaisir à fréquenter Rampa. On parlait rarement de ses livres. J'appréciais sa grande sagesse et son fabuleux sens de l'humour. Il était d'une grande générosité et me comblait de cadeaux princiers. Appareils de photo sophistiqués, machines à écrire dernier cri, enregistreuses, etc.

J'étais souvent très mal à l'aise. Un jour, lors de mon anniversaire, il me fit porter un cadeau d'une très grande valeur accompagné d'une carte signée par ses deux chattes. Devant mon refus, il me fit une leçon que je n'oublierai pas de sitôt:

– Lorsqu'un ami vous offre un cadeau et que vous le refusez, dit-il, cela signifie que vous refusez l'amitié de votre ami... Cela équivaut à une insulte. Et comme je ne peux pas reprendre ce cadeau, je vais le casser devant vos yeux...

Cela dit, il s'apprêta à jeter le présent par terre pour le fracasser. Je les ai rattrapés juste à temps. Le cadeau et l'amitié.

Sa confiance en moi devint si grande qu'il accepta, pour la première fois de sa vie (de réincarné), de se faire photographier par moi. J'ai accepté d'entendre que j'étais doué d'un grand pouvoir de spiritisme mais j'ai refusé, au risque de lui faire de la peine, d'être initié par lui sur la façon de faire des voyages astraux... Tant pis. J'ai édité 12 des 19 livres qu'il a écrits ainsi que tous ceux de sa femme. Notre relation baignait dans l'huile jusqu'au jour où un journaliste fit paraître un article moqueur sur lui, mettant en doute sa réincarnation. L'écrit rendit Rampa furieux. Il me demanda de venir à sa défense. Il ne voulait rien de moins qu'une lettre de moi, au journal, attestant que je croyais à sa réincarnation. J'avais beau être son ami et son éditeur, pareille attestation me semblait incompatible avec mes fonctions et mes convictions. J'ai dû refuser. Il le prit très mal. Il me retira son amitié et quitta Montréal, presque sur-le-champ, pour aller s'installer bien loin, à Calgary. Plusieurs années se sont écoulées sans qu'il me donne signe de vie puis un jour, soudain, sa femme me téléphona. Lobsang était très malade. Il avait enterré sa hache de guerre. Il demandait à me revoir. Je pris l'avion et me rendis à son chevet. Je l'ai trouvé amaigri, très souffrant mais heureux de renouer notre amitié. Nous avons longuement parlé. Il m'a fait de nouvelles prédictions que j'ai écoutées religieusement (et qui se sont toutes réalisées). Il m'a donné certains conseils que je trouve très précieux et tente d'appliquer. Il m'a demandé de le photographier.

– Ce seront mes dernières photos! car je sais que je ne vivrai plus très longtemps maintenant.

Il mourut peu de temps après. Devant l'imminence de sa fin, sa femme fit venir une ambulance qui le conduisit dans la salle d'urgence d'un hôpital de Calgary. Il est mort là, en attendant l'arrivée des médecins. Au moment où il rendit son dernier souffle, l'ampoule électrique qui éclairait le petit réduit où il reposait explosa.

Coïncidence?

La dernière photo.

# FRÉDÉRIC DARD
*Quand Frédéric se prend pour San-Antonio*

«*On n'a pas besoin de se prendre
pour un autre quand on est déjà quelqu'un.*»
PIERRE BOURGAULT

Frédéric Dard, mieux connu de tous sous le pseudonyme de San-Antonio, le célèbre commissaire, est, comme il le dit lui-même, le «bicarbonate de soude de la littérature française», l'écrivain conscient de l'originalité de son style qui fait «des envieux et même des envieilles»:

> «J'aurais fait rimer des mots qui ne riment pas à grand-chose, dit-il, les vieilles dames m'auraient appelé ‹maître› et les jeunes gens ‹vieux con›; bref, j'aurais été quelqu'un.»

Frédéric clame encore, par la voix du commissaire San-A:

> «Mon pied glisse sur un tas de verbes, je dérape dans les adjectifs démonstratifs (mes préférés). Y a des prépositions invariables qui me prennent par la main. Au secours, les conjonctions me tentaculent!»

Pour ceux qui veulent une explication plus sérieuse, l'artificier de la langue verte explique qu'il fait du tachisme littéraire:

– Je remplace les mots par les sons. J'ai horreur des phrases creuses, des textes pontifiants qui ne veulent rien dire. Si l'on veut intéresser, il faut agresser.

Frédéric, c'est le maître de la périphrase, le champion de la métaphore, le roi du pléonasme, le spécialiste du calembour. Le milliardaire de la littérature.

Il n'a pas besoin de se prendre pour un autre. Il est déjà quelqu'un.

Par la force des choses, cet homme vit une double personnalité. Sur un côté de sa carte de visite, on lit: «Frédéric Dard» et sur l'autre: «San-Antonio». Lorsqu'on ne le connaît pas, on s'imagine que dans la vie courante le créateur du commissaire s'exprime comme son héros. Qu'il a la réplique facile, qu'il est toujours drôle et n'en rate pas une pour faire un calembour. Il n'en est rien. Frédéric est doux, pausé, attentionné, délicat. Il est spirituel, amusant, certes, mais jamais dans la vie courante il ne se prend pour San-A. Jamais il ne force la note pour s'exprimer comme San-Antonio. Non, cette vie-là il la réserve pour quand il vit seul, tous les matins, lorsqu'il est devant sa machine à écrire. Le reste du temps, Frédéric est Frédéric et Frédéric, croyez-moi, c'est quelqu'un!

Frédéric Dard alias San-Antonio et vice versa.

Quand on n'a pas lu San-A, il manque quelque chose à notre culture.

Cet écrivain exceptionnel a, comme il le dit lui-même, une relation toute simple avec son éditeur: «Je lui envoie des manuscrits et il m'envoie des chèques.» Et ces chèques, on peut s'en douter, ne sont pas petits car Frédéric Dard a écrit 150 livres et il s'en est vendu 160 millions d'exemplaires! Comme il le dit lui-même: «160 millions d'exemplaires vendus, encaissés et dépensés!» Malgré tout, il n'a jamais perdu sa modestie. Quant à la sérénité d'auteur, chez lui, c'est une seconde nature.

Il est inimitable, même si parfois minablement imité. Il est implagiable, même s'il lui arrive d'être plagié.

Il écrit pour tous «ceux qui ne sont pas constipés ou gluants de la coiffe».

Pourtant, quand il signe un roman de son vrai nom, il en vend généralement 30 000 exemplaires. Et lorsqu'il signe San-Antonio, le premier tirage démarre à 500 000! C'est tout de même curieux, car ses livres à lui (signés Dard), il les lèche, il les soigne, les ficelle avec grand soin.

San-Antonio alias Frédéric Dard et versa vice.

Au début, Frédéric Dard était jaloux de San-Antonio. Avec le temps, écrire des histoires du commissaire hâbleur et bavard est devenu pour lui une véritable récréation.

Quand il a commencé à écrire les aventures du commissaire, il l'a fait en s'amusant, «par-dessus la jambe». C'est pour cela aussi qu'il les a signées d'un pseudonyme. Son tout premier, *Règlement de comptes ou Les révélations du commissaire San-Antonio*, il l'a publié à Lyon. Premier tirage: 3 000 exemplaires. En 2 mois l'éditeur, Jacquier, n'en avait vendu que 300. Un vrai *flop*. Son deuxième, il l'a fait au Fleuve Noir, à Paris. Les ventes ont rapidement atteint 10 000 et n'ont jamais cessé de grimper depuis.

Par la suite, Frédéric a épousé Françoise, une femme exceptionnelle qui est la fille de son éditeur, et il n'a jamais plus changé ni de femme ni d'éditeur.

J'ai eu le privilège de faire sa connaissance il y a 20 ans. Dès notre première rencontre, nous nous sommes «reconnus» et sommes devenus de grands amis. Avant, il m'était plus facile de parler de lui. Maintenant qu'il m'a honoré de son amitié, la préservation de celle-ci m'impose la discrétion.

Il reste que je peux quand même dire certaines choses sur lui dans mon livre (lui qui s'est amusé à en dire de moi dans un des siens[*]) sans risquer de trahir son intimité.

Je peux témoigner que Frédéric est un être candide, humble, sincère, chaleureux, généreux, profond et bourré d'émotions qui a su conserver une étonnante jeunesse ainsi que l'œil émerveillé d'un enfant. Lorsqu'il m'arrive de lui raconter une histoire, si elle est bonne Frédéric rit jusqu'aux larmes puis croise ses bras et dit en rougissant comme un galopin: «Encore! Raconte-la-moi encore une fois!» Bien entendu, je m'exécute. Je fais semblant que c'est la première fois. Je n'ajoute aucun nouveau suspense, aucun détail original. Et la deuxième fois, il rit autant que la première, comme s'il ne l'avait jamais entendue auparavant.

Frédéric est un être spontané. Il a l'âme d'un enfant. Avec lui c'est tout ou rien, tout de suite et maintenant sinon

---

[*]    *Ma cavale au Canada*, San-Antonio, Fleuve Noir, Paris, 1989.

je pleure... Je l'ai su dès le début de notre relation. De retour de la Foire de Francfort, je fis une halte de trois jours à Paris. Dès mon arrivée, je téléphonai à Frédéric, à Gstaad, afin de prendre de ses nouvelles.

– D'où m'appelles-tu, mon grand?

– De Paris.

– Tu es là pour longtemps?

– Trois jours.

– Qu'est-ce que tu branles à Paris?

– Rien de particulier.

– T'es seul?

– Non, avec ma femme.

– C'est ce que je pensais. Dans ce cas, vous sautez dans le premier avion pour Genève. J'envoie un avion vous chercher là-bas. On va se faire une fête à Gstaad.

– Mais...

– Y a pas de mais! Perds pas de temps.

Les trois jours furent merveilleux. Avec Frédéric et Françoise, c'est toujours ainsi.

Frédéric Dard, que le journal *Le Monde* a surnommé «le ventriloque de la littérature», est un maniaque du diction-naire. Il en achète sans cesse. Il les consulte sans arrêt.

Il vit à Genève et à Gstaad, en Suisse. Il écrit quatre à cinq romans policiers San-Antonio par an. Le reste du temps il s'amuse à faire un film, une pièce de théâtre, et il s'occupe de sa petite famille et de ses amis.

Sa vie d'ouvrier de la littérature est réglée comme une horloge. Lever à 6 h 15. Petit déjeuner 15 minutes plus tard en regardant les informations à la télévision. Il se met à sa table de travail (un bureau Renaissance espagnole), c'est-à-dire à son établi, comme il l'appelle, à 7 h 00 en semaine et à 9 h 00 le week-end et là, assis sur une chaise inconfortable (il prétend mieux travailler dans l'inconfort), devant sa machine IBM (à une boule), il se raconte des trucs jusqu'à midi. Autour de lui il a constamment le dictionnaire d'argot de Simonin, le Bescherelle et le dictionnaire franco-anglais *Dictionary of modern colloquial French*.

Il accouche rarement moins de cinq pages par jour et cela avec une fraîcheur chaque fois plus impressionnante.

– Quand j'en trouve un bon, je ris tout seul. Ma machine à écrire crépite sans arrêt comme un cerveau électronique. Je tape sans savoir où je vais. Je ne me relis pas, d'ailleurs. Sinon, je brûlerais tous mes manuscrits. Quand vient l'après-midi, je refais le plein: je fais du ski, du tennis, du cheval, de la pêche ou je prends un sauna, mais je ne cesse jamais de penser à mon roman.

Il voyage beaucoup. Mais ce qu'il déteste le plus souverainement, ce sont les croisières. Un jour, il ne sait trop ni pourquoi ni comment, il s'est laissé convaincre d'en entreprendre une qui devait durer une quinzaine de jours. Au bout de trois jours, ne tenant plus, il a failli se faire venir un hélicoptère pour fuir le bateau. Il a finalement réussi à abandonner la croisière à sa première escale... Il jure que jamais plus on ne l'y reprendra.

– Pour moi, une croisière, c'est l'horreur, m'a-t-il raconté. Et le pire, c'est qu'on ne peut pas se dire: «Je descends au garage, je prends mon auto et je me tire...» On est piégé.

Lorsqu'ils le rencontrent pour la première fois, les gens sont étonnés de découvrir qu'il ne parle pas comme il écrit. Et il est surpris que l'on soit surpris... Généralement, on veut lui poser des milliers de questions mais on se rend vite compte que les questions, c'est lui qui les pose. Sa curiosité est sans limites. Il veut tout savoir, tout connaître de vous, tout découvrir sur votre vie. Je le trouve insatiable. Je trouve aussi que c'est le plus chaleureux des hommes que je connaisse.

Un jour, alors que nous dînions tous les deux au restaurant de l'*Hôtel en face de la gare*, à Lausanne (non, ce n'est pas un gag, c'est réellement le nom de l'établissement!) nous avions commandé des bigorneaux. Quand on nous les a servis, on ne pouvait pas dire qu'ils manquaient de fraîcheur. Ils étaient... vivants. Donc impossibles à épingler. Le chef avait tout simplement oublié de les faire bouillir. La situation était hilarante. On se serait cru dans un roman de San-A où un petit restaurateur futé aurait imaginé ce truc pour faire fortune. Des bigorneaux d'une fraîcheur incontestable, qu'aucun client ne parvenait à consommer. Les clients du restaurant étaient pliés en quatre. Nous avions généreusement proposé notre plat à toutes les tables.

Bien que l'aventure l'ait fait rire aux larmes, Frédéric ne l'a jamais utilisée dans aucun de ses romans. Du moins pas encore. Preuve qu'il ne manque pas d'imagination et que sa fiction est souvent plus drôle que la réalité.

Lorsque nous nous sommes connus, les motoneiges n'avaient pas encore fait leur apparition en Europe et Frédéric me chargea de lui acheter la première. Pendant 20 ans, chaque fois qu'un photographe voulait faire une photo exotique du célèbre écrivain, à Gstaad, celui-ci enfourchait sa motoneige (sans toutefois jamais la faire démarrer) et posait pour la postérité. La dernière fois que j'ai revu Frédéric, il m'a appris qu'il n'avait utilisé l'engin qu'une seule fois, le jour où il lui avait été livré. C'est que, par manque de chance, un règlement du canton fribourgeois où il vit interdit strictement l'usage de motoneiges à cause de leur bruit jugé trop infernal. Le véhicule ne lui a donc jamais servi à autre chose qu'à contenter les photographes de presse. Las de toujours présenter une fausse image de lui et surtout d'encombrer son garage, Frédéric a fini par l'offrir à l'unique personne qui pouvait l'utiliser (dans l'exercice de ses fonctions) sans être importunée par les forces de l'ordre, le chef de police de son village.

Je ne vous en dirai pas plus. Je l'aime trop.

# PROFESSEUR PETER
*Un homme de principes*

> *En matière d'amour physique,*
> *les textiles gênent plus*
> *aujourd'hui que les principes.*
> PHILIPPE BOUVARD

Le professeur Lawrence Peter n'aimait pas les gens qui se faisaient passer pour d'autres et n'étaient pas à leur place. «Quand on est un excellent serveur, on n'est pas nécessairement un bon propriétaire de restaurant», se plaisait-il à répéter.

Dans ses livres, tous d'immenses succès de librairie, le célèbre professeur, un Canadien immigré en Californie, dénonçait avec vigueur notre système, qui encourage les gens à vénérer aveuglément les ignorants et à dominer les êtres inférieurs.

Pourquoi Peter est-il allé vivre aux États-Unis? Parce qu'il ne pouvait plus être lui-même au Canada. Au départ, Peter était menuisier-ébéniste. Il passa ensuite à l'enseignement de la menuiserie dans une prison de la Colombie-Britannique.

– C'est là, m'a-t-il dit, que je me suis posé les questions les plus sérieuses. Je me suis demandé entre autres pourquoi il y avait des gens derrière des barreaux alors que moi je me trouvais devant.

Afin de trouver la réponse à ses interrogations, il s'est mis à étudier la psychologie. Adieu la menuiserie, bonjour les psys. Et comme il ne détestait pas l'enseignement, il s'est mis à enseigner ce qu'il avait appris. Cela l'amena à faire des recherches sur les enfants handicapés, une spécialisation reconnue aux États-Unis mais pas dans son pays. «Au Canada, par la faute de quelques abrutis bureaucrates, je n'avais pas le droit d'être moi-même. Je devais être quelqu'un d'autre!» racontait Peter. Il prit donc la décision de déménager dans le Sud, où cette expérience le conduisit à mettre au point ce qu'il a appelé la «hiérarchologie», c'est-à-dire le populaire principe de Peter, qui s'applique à démontrer que chaque employé tend à s'élever à son niveau d'incompétence. L'ouvrage où il exposait son principe eut un immense succès. Il avait la forme d'une satire impertinente et pétillante d'humour. *Le principe de Peter* fut accueilli par le monde entier comme la découverte sociale et psychologique la plus pénétrante du siècle. C'est, d'après Guiness, le livre le plus traduit au monde: 37 langues!

Peter était un homme riche, mais l'argent n'avait aucune prise sur lui. Il avait fait don de tous ses droits d'auteur – qui étaient considérables – aux organismes éducatifs et à son centre pour enfants handicapés de l'Université de Californie Sud. C'était un homme d'une grande simplicité, drôle et chaleureux. Je l'aimais beaucoup. J'ai eu le privilège de publier ses deux derniers ouvrages[*].

Au cours d'une tournée de promotion, que lui organisa son éditeur américain, Peter devait se rendre dans un grand hôtel de New York et donner une conférence à quelque 500 congressistes. Le service des relations publiques de la maison communiqua avec la direction de l'hôtel pour l'aviser de la venue du célèbre auteur du *Principe de Peter*, le professeur Peter. À la date convenue, Peter se présenta à la réception de l'hôtel.

---

[*]  *Les ordonnances de Peter*, D^r Laurence J. Peter, Éditions Stanké, Montréal, 1973.
*Pourquoi tout va mal*, D^r Laurence J. Peter, Éditions Stanké, Montréal, 1986.

Le professeur Peter avait fondé une université (bidon), la Peter University, qui envoyait deux types de diplômes: le diplôme d'incompétence (que le professeur envoie par la poste aux plus méritants) et le diplôme de compétence...

– J'ai une réservation, dit-il.

– À quel nom?

– Peter.

– Peter, Peter, Peter, répéta l'employée embarrassée qui n'arrivait pas à trouver la fiche de réservation.

– Êtes-vous sûr que c'est chez nous? Êtes-vous certain qu'on a bien fait la réservation pour aujourd'hui... parce que l'hôtel est complet et, malheureusement...

– J'en suis convaincu. D'ailleurs, pour votre information, je dois vous dire que je donne une conférence ici, ce soir...

La situation devenant dramatique, on fit venir le gérant, qui entreprit une nouvelle fouille. Hélas! il n'eut pas plus de succès que son employée:

– Je regrette mais... je ne trouve rien au nom de Peter, monsieur.

Pendant que l'employée fouillait à nouveau dans un amas de fiches classées sous la lettre *P*, le professeur – qui était très grand (1,95 m) – se pencha au-dessus du comptoir et essaya de lire les cartes qui défilaient dans les mains de la préposée aux réservations. Il l'arrêta soudain en voyant un carton portant le nom de M. Principe!

On avait confondu le célèbre Peter avec son célèbre principe... Comme quoi, même si on passe sa vie à dénoncer l'incompétence, on ne peut jamais l'éviter...

Lorsqu'il s'agissait d'illustrer la bêtise humaine, le professeur Peter était inépuisable. À peine avais-je eu le temps d'entrer dans la maison qu'il me mitraillait de ses dernières trouvailles.

– Écoutez celles que je viens de découvrir. Elles sont irrésistibles... J'ai lu cette affiche sur la vitrine d'une taverne, au Texas: «Un homme demandé pour laver la vaisselle et une serveuse.» Et puis, regardez cette étiquette que j'ai trouvée sur un mélange de pâte à tarte: «Ce paquet contient une quantité suffisante pour quatre personnes ou deux tartes.»

Un jour, alors que je lui rendais visite dans sa modeste maison de Palos Verdes, en banlieue de Los Angeles, afin d'y tourner une interview pour la télévision, le professeur me raconta comment il fit la découverte qui l'a rendu célèbre:

– À l'origine, je ne recherchais pas l'incompétence, je cherchais à comprendre son contraire: la compétence. Mon principal intérêt était l'enseignement et particulièrement la compétence des enseignants. Je voulais découvrir comment les professeurs s'y prenaient pour motiver les enfants dans leurs études. J'ai fait d'innombrables observations sur le sujet et pris de nombreuses notes qui finissaient par décrire non pas la compétence mais plutôt son contraire. Tout ce que les professeurs ne devraient pas faire me sautait aux yeux. Mais comme ce n'était pas le but de ma recherche, j'ai fini par accumuler une montagne de notes... inutiles. J'ai finalement réussi à livrer mes travaux dans des publications aussi spécialisées qu'austères. Le tout fut accueilli avec une indescriptible apathie. Personne ne semblait s'y intéresser. C'est alors que j'ai décidé, pour illustrer mon propos, de faire appel à mes notes que je jugeais inutiles, c'est-à-dire les exemples d'incompétence. Aussi incroyable que cela puisse paraître, c'est à ce moment-là que les gens se sont mis à s'intéresser à ce que je disais.

Après avoir fait connaître au monde son célèbre principe, le professeur Peter en a développé plusieurs autres mais, assez curieusement, il n'y en a qu'un qui a eu le succès qu'on connaît: «Chaque employé tend à...»

Voici quelques-uns de ses autres principes:

• Le principe de Peter sur le mariage:

«Tous les mariages sont heureux. Il n'y a que la vie en commun qui crée des problèmes.»

• Le principe de Peter sur la compensation:

«Quand mes enfants vivaient à la maison, je ne trouvais jamais les outils pour réparer ce qui se brisait. Maintenant qu'ils sont partis, plus rien ne se brise.»

• Le principe de Peter sur la conservation:

«On devrait protéger toutes les espèces en voie d'extinction, c'est-à-dire les baleines, les aigles et les politiciens honnêtes.»

• Le principe de Peter sur le cœur:

«Ne vous faites pas de souci pour votre cœur. Il battra le reste de votre vie.»

Son cœur a lui a cessé de battre en 1990, à son domicile parce que Lawrence Peter n'aimait pas les hôpitaux.

– Dans ces endroits-là, disait-il, les infirmières veulent toujours être irréprochables. Elles vous réveillent pour vous donner votre somnifère.

Quelques années avant de mourir, le professeur Peter a fondé l'Université Peter. Il s'agit d'une université bidon, bien sûr, dont la principale fonction est d'accorder deux sortes de diplômes: le premier destiné aux gens qui ont fait preuve d'incompétence, et le second, beaucoup plus rare, distribué à ceux qui, selon lui, ont fait preuve de grande compétence. Le professeur Peter s'amusait à envoyer ses diplômes un peu partout dans le monde aux gens qui se distinguaient dans l'une ou l'autre catégorie.

Depuis sa mort, sa femme perpétue l'œuvre de son mari en distribuant ces remarquables collations par la poste.

Mon diplôme est accroché dans mon bureau. Je ne préciserai pas à laquelle des deux catégories il appartient.

# GEORGES SIMENON
## Cinq cents millions de lecteurs

*J'écris parce que dès mon enfance
j'ai éprouvé le besoin de m'exprimer
et que je ressens un malaise
quand je ne le fais pas.*
GEORGES SIMENON

Je n'ai jamais aimé lire les romans policiers (à l'exception de ceux de Frédéric Dard). Pourtant, le père des Maigret exerçait sur moi une grande fascination. Il était l'auteur contemporain le plus lu du monde entier. C'était le plus grand import-export en lettres de tous les temps. L'étonnant romancier s'adressait à plus de 500 millions d'êtres humains et je n'ai pas résisté à l'envie de traverser l'océan en 1968 pour aller le rencontrer. (Ce que je refis quelques années plus tard, d'ailleurs, pour aller à la rencontre de Frédéric Dard.)

Georges Simenon avait alors 65 ans. Il vivait dans une grande maison blanche (qui avait des allures d'hôpital) dominant Lausanne et le Léman à Epalinges, en Suisse. Comme je l'avais souvent vu en photo, j'eus le sentiment de le connaître depuis longtemps. Pourtant, quelque chose en lui paraissait différent... C'était sa moustache.

– Ma parole, lui dis-je pour briser la glace, j'ai l'impression qu'il y a quelque chose de changé en vous.

– Oui, depuis 10 mois je suis... moustachu. Je l'ai fait pousser pour faire plaisir à mes enfants. Nous sommes allés à

137

Vichy, en famille, et Pierre, mon plus jeune fils, m'a dit: «Daddy, fais un essai, laisse-toi pousser la moustache.» Ma fille est emballée, mes deux fils aussi, alors je la garde.

L'homme paraissait jeune et avait une allure sportive. Il avait le nez pointu, cinq rides bien comptées sur le front, des lunettes, un nœud papillon, une chemise à carreaux, des souliers bruns cirés et une veste bien assortie. Je l'ai trouvé affable, attentif et tout disposé à répondre à mes questions.

Durant notre entretien, il marchait souvent de long en large et changeait plusieurs fois de pipe. Il avait horreur d'en fumer une deux fois de suite. Sa collection se composait de quelque 300 pipes. Il en possédait une trentaine dans chaque pièce de la maison.

Simenon avait l'habitude des interviews. Il en accordait en moyenne trois ou quatre par semaine. Il faisait l'objet d'une trentaine d'émissions spéciales de télévision par année à travers le monde. On venait filmer toutes les émissions chez lui, à domicile, car il ne se déplaçait pas, pas plus pour la télévision que pour ses éditeurs. Un bureau spécial était prévu à cet effet. C'est là, dans ce bureau meublé par nul autre que Le Corbusier et pas ailleurs, qu'on le questionnait et qu'il signait tous ses contrats. Des prises de courant pour l'éclairage de télévision étaient d'ailleurs spécialement aménagées dans les murs de la pièce.

– Comme ça, on ne s'accroche jamais dans les câbles, m'expliqua-t-il. Par contre, ce bureau a beau être confortable, il ne me viendrait jamais à l'idée d'écrire mes romans ici.

Les maisons semblaient avoir une grande importance pour Simenon. Il dépensa une petite fortune sur quelques fermes, des châteaux et 29 maisons avant de venir s'installer en Suisse, où il croyait avoir construit la demeure idéale.

– J'ai rarement passé plus d'un an au même endroit mais je m'y suis toujours installé comme pour la vie. De ce fait, j'ai beaucoup voyagé. Mais je préfère dire que je me suis surtout déplacé en traînant ma coquille avec moi... Celle-ci est ma maison idéale mais je ne suis pas autrement pressé de l'achever car, selon une croyance chinoise, lorsque la maison est finie, le malheur y entre...

Il insiste pour me faire visiter. C'est la maison où chacun peut vivre en liberté sans déranger son voisin. Son fils Johnny peut jouer de la batterie et sa fille Marie-Jo recevoir tous les amis qu'elle veut.

Nous quittons le bureau rouge pour aller voir celui où il écrit ses romans.

Le long couloir qui relie les deux pièces a l'aspect d'une galerie d'art, tant les murs sont chargés de tableaux. Je ne compte d'ailleurs pas moins de trois portraits de l'auteur. L'un est de Cocteau, l'autre de Vlaminck et le troisième de Buffet.

Le bureau de travail de Simenon est beaucoup plus modeste. C'est ici qu'il s'enferme, seul, devant une machine à écrire électrique, pour produire ses romans.

– Je me suis mis à taper directement à la machine depuis 2 ans. Avant, je travaillais au crayon. Mes romans n'ont jamais plus de 220 pages et je les écris en 7 ou 8 jours. Parfois 10, mais jamais plus! Ça commence généralement lors d'une promenade que je fais dans la nature. Je me mets en état de grâce. Je fais le vide en moi pour être réceptif et capable d'absorber d'autres personnages. Je renifle les gens que je rencontre. Je perçois souvent une odeur qui me fait penser à une scène. Ensuite, les personnages grandissent en moi. Ça débute par un cafard aussi, par un malaise. J'ai une sorte de vertige. Inutile d'en parler à mon médecin. Dès lors, je sais que je suis prêt. Il faut alors que j'écrive le plus vite possible pour mettre à contribution au maximum mon inconscient. Je suis sûr que si j'écrivais un roman consciemment il serait très mauvais.

Georges Simenon m'explique que toutes ses impressions, les odeurs qu'il capte et les idées qu'il cueille ainsi lors de sa promenade créatrice, il les note au dos d'une enveloppe de couleur brune. Une superstition. Lorsque ses personnages sont mûrs, qu'il a établi l'identité de la famille, l'état civil, les tics et les maladies de chacun, quand l'arbre généalogique est prêt, il procède au choix des noms en fouillant dans un des nombreux annuaires téléphoniques du monde entier qu'il garde à la maison, puis il dessine sommairement l'appartement ou la maison où se déroulera l'intrigue.

— Ce plan est indispensable parce qu'il faut que je sache à tout prix si la porte s'ouvre à droite ou à gauche. Par quelle fenêtre entre le soleil. En consultant le plan, je m'imagine vivant dans la maison.

— En commençant votre roman, savez-vous comment il va finir?

— Jamais. Si je le savais, je crois que je n'écrirais pas.

— Que se passe-t-il quand votre roman est fini?

— Quand j'ai fini mon roman, j'ai un sentiment de soulagement intense, d'enthousiasme. Le lendemain, je commence à douter. Dix jours plus tard, je sens si je l'aime ou non, ensuite je n'y pense plus. Je sais qu'il va mettre deux ans avant de me revenir sous la forme de volumes en différentes langues.

— Vous relisez-vous?

— Jamais les livres imprimés. Je relis mes manuscrits pour émonder. Je coupe tous les adverbes, les qualificatifs et les dialogues non indispensables.

– Suivez-vous un régime spécial ou vous imposez-vous une discipline particulière lorsque vous écrivez?

– Non. Je continue à me coucher et à me lever tôt comme les autres jours. Je bois beaucoup de thé. C'est à peu près tout. Je me lève à 6 h du matin et je me couche à 10 h du soir.

Après ces confidences, Simenon m'invite à continuer le tour du propriétaire. Au cours de cette deuxième partie de la visite, il me fait découvrir le petit salon privé où il passe généralement ses soirées. On y trouve un grand appareil de télévision (il y en a huit dans la maison) et une pile de volumes: ouvrages scientifiques, traités de psychiatrie (plus nombreux), mémoires et correspondances.

– Je ne lis jamais de romans policiers, précise Simenon. Par contre, j'adore les sciences sous toutes les formes et particulièrement la médecine. Les nouvelles découvertes en criminologie me passionnent.

Dans sa tournée, Simenon ne m'épargne pas sa chambre à coucher. Prenant le ton du guide du château, il annonce d'une voix monotone:

– Il y a deux téléphones dans cette chambre et une vingtaine au total dans la maison. Sans compter les interphones qui relient toutes les chambres. Quant au couvre-lit, il est en peau de marmotte.

Nous passons ensuite à une immense bibliothèque (en frôlant trois coffres-forts) où repose l'œuvre complète de Simenon. On trouve là des éditions en toutes les langues. Impressionnant. Certaines étagères sont vides. Mon hôte m'annonce qu'elles attendent l'arrivée prochaine d'une nouvelle édition: les œuvres complètes de Simenon (50 tomes) que préparent les Éditions Rencontre.

Il profite de notre passage dans cette salle pour trouver un exemplaire de *Pietr-le-Letton*, un de ses premiers livres, qu'il a écrit en 1931.

– La Lettonie est voisine de votre pays d'origine, je crois. Ça vous ferait peut-être plaisir de l'emporter, dit-il. Ce n'est pas un très bon livre mais j'y suis attaché car il marque pour moi une sorte de tournant dans ma carrière. C'est le point de départ des Maigret. Je regrette qu'il soit imprimé sur un papier de mauvaise qualité. Je vous le dédicace quand même...

Il saisit son stylo et me fait la dédicace suivante:

PIETR-LE-LETTON

Au sous-sol se trouve une immense salle de jeu avec plancher de danse, un chemin de fer miniature, des salons de musique ainsi qu'un local spécial pour le judo et le karaté. On découvre aussi une pièce qui ressemble à un bloc opératoire. Grande armoire, un lit haut sur pattes, une grande lampe d'allure étrange.

– Votre salle d'opération personnelle?

Simenon rit aux éclats.

– C'est ce que veut la rumeur publique. La réalité est beaucoup plus simple. C'est une petite salle de massage... avec une lampe à infrarouges pour le bronzage...

Nous visitons maintenant la piscine intérieure.

– La chaleur de l'air et de l'eau est réglable à volonté. L'eau est décomposée par électrolyse, précise-t-il.

Retour à la case départ: le bureau consacré aux interviews. J'apprends ici que Simenon a déjà beaucoup bu, mais qu'il ne boit plus. Qu'on avait voulu faire de lui un prêtre, puis un pâtissier, qu'il a exercé de multiples métiers, qu'il a eu un brevet de cabotage, qu'il a été marin, fermier, qu'il a élevé des canards, des vaches et des chevaux. J'apprends aussi, grâce à une feuille ronéotypée qu'il me remet (quelle organisation!) pour être sûr de ne rien oublier, qu'il est d'origine bretonne et belge par son père, hollando-allemande par sa mère. «Famille de modestes artisans et de petits commerçants», précise le document. Sa mère a tenu une pension de famille pour étudiants étrangers.

Simenon me déroule son passé comme on déroulerait un film. Il me raconte qu'à 16 ans une grave maladie de son père le contraint à quitter le collège. Commis dans une librairie, il est congédié après 1 mois. Il est embauché comme reporter à la *Gazette de Liège*, où il se met à écrire un billet quotidien. Il devance l'appel au service militaire pour gagner Paris, où il débarque en décembre 1922. Il se met alors à publier des centaines de contes dans les journaux et les hebdos sous des pseudonymes différents, puis des romans populaires.

La petite feuille d'information fournit la suite:

«Après avoir écrit 18 *Maigret*, il décide d'abandonner le roman policier pour le roman tout court. Ce n'est qu'après plusieurs années que, sur les 5 ou 6 romans annuels, il en consacrera régulièrement 1 à Maigret.

Après avoir habité Paris et diverses régions de France, a vécu 10 ans aux États-Unis avant de se fixer en Suisse avec sa femme et ses 4 enfants, 3 garçons et 1 fille.»

Cette feuille officielle d'information est naturellement incomplète. Elle ne dit pas, par exemple, que Georges Simenon a épousé une Canadienne française, Denyse Ouimet, et qu'il a vécu six mois à Sainte-Marguerite et aussi longtemps au Nouveau-Brunswick. Ces détails-là, il me les fournit de vive voix, avec une certaine tristesse.

Simenon cherchait une secrétaire. Il ne parvenait pas à en trouver une. Il se plaignit au journaliste montréalais Rudel Tessier qui, à son tour, en informa l'éditeur, un ami commun. Lorsque Denyse (de 17 ans sa cadette) fut présentée à Simenon, ce fut un coup de foudre.

– Nous nous sommes mariés quelque temps après la fin de la guerre, en 1949, me dit-il. J'avais déjà publié 24 livres à Montréal. Dans ce temps-là, on en tirait 10 000 à 20 000 exemplaires. Ce n'était pas trop mal.

Au cours de cette rencontre, pour moi mémorable, Simenon m'a confié qu'il a choisi l'écriture dès l'âge de 16 ans, qu'il n'a jamais voulu écrire pour être utile...

– J'ai toujours écrit parce que j'avais envie d'écrire, mais j'ai appris, avec le temps, que mes livres finissaient par avoir une certaine utilité.

... et qu'il n'a jamais toléré qu'on le qualifie d'homme de lettres ou même d'écrivain.

– Je ne suis rien de tout ça. Je ne suis qu'un romancier! Je ne sais faire que ça. D'ailleurs, dans l'écriture, c'est comme dans les maisons, il ne faut jamais finir son œuvre parce que, quand elle est finie, on meurt!

Avant de le quitter, je lui ai demandé quels étaient ses projets.

– Je viens de livrer mon cent quatre-vingt-dix-huitième roman, dont 66 *Maigret*. Mon projet, c'est d'atteindre mon deux centième.

– Et après, que ferez-vous?

– Je continuerai!

Je n'ai jamais revu Simenon mais, sporadiquement, il se signalait à moi. Peu de temps avant sa mort, se rappelant que j'étais l'éditeur de Hans Selye, il m'écrivit sa dernière lettre. Il désirait à tout prix entrer en contact avec «le découvreur du stress».

Simenon est décédé le 4 septembre 1989.

# VICTOR-LÉVY BEAULIEU
## *VLB: Vivre, Lire et B...*

> *Québécois, j'écris parce que*
> *je suis en état de grande fâcherie*
> *contre le monde et contre moi-même.*
> VICTOR-LÉVY BEAULIEU

Ses initiales se prêtent à la spéculation.

Certains croient y déchiffrer sa devise personnelle: Vivre, Lire et B...

D'autres pensent y déceler ses penchants: Vitriolique, Libidineux et Baveux.

D'autres y lisent ses faiblesses: Vodka, Liqueur et Bière; Vive La Broue! Vivement La Beuverie! Vidons Les Bocks!

Les ennemis assurent y trouver son portrait: Vulgaire, Licencieux et Bourré.

Les plus respectueux: Volubile, Lettré et Bibliophile.

Les possibilités sont sans fin selon qu'on l'aime ou qu'on le déteste.

Chose certaine, Victor-Lévy Beaulieu laisse peu de gens indifférents.

Victor pourrait leur paraître Venimeux, Verbeux, Verrat, Vicieux, Vindicatif, Vexatoire, Verjuté ou Virulent.

Lévy, représenter Libération, Luxure ou Libertinage.

Et Beaulieu: Bagarre, Brouille, Bas-ventre, Bar, Beuverie et Baise.

Bien sûr, toutes ces interprétations ne sont qu'interprétations.

Pour que le portrait-mosaïque s'approche de la réalité, à l'initiale V il serait juste d'ajouter: Vrai, Vaillant, Volontaire, Vigilant, Varié et Vulnérable.

À L: Liberté et Loyauté.

Et à B: Bienveillant, Bon, Brave, Bardé (de prix), Bourreau (de travail) et Best-seller.

Trêve de divination. Les trois lettres de VLB n'ont rien d'occulte et ne veulent pas dire autre chose que ce qu'elles représentent: les initiales d'un de ces êtres rares que la nature nous donne avec avarice. Un grand artisan du théâtre et un écrivain de grand talent qui écrit comme il respire.

Il est vrai qu'un certain mystère entoure cet homme. Loin de moi l'intention de l'élucider ici. Je peux tout au moins jeter un peu de lumière sur la question que les gens me posent le plus souvent sur lui:

– On n'y comprend rien, s'inquiètent-ils. Il a fondé sa propre maison d'édition qui porte la marque VLB, pourtant ses livres sont publiés chez Stanké.

Le questionnement mérite explication.

Après avoir fondé sa propre société d'édition en 1976, Beaulieu continue à partager son temps entre ses éditions, la radio, la télévision, le théâtre, le cinéma et le livre.

Dans les débuts de VLB éditeur, Victor-Lévy offrit au culturiste Ben Weider de rééditer le livre qu'il avait consacré à Louis Cyr. L'ouvrage étant épuisé, l'auteur accepta l'offre sans hésiter. Homme d'affaires averti, Weider, qui trouvait Lévy très sympathique, avait deviné que le jeune éditeur (dont le prénom avait une consonance juive) était confronté à des fins de mois difficiles. Il lui donna donc la permission de procéder à l'édition de l'ouvrage en lui faisant cadeau de toutes ses redevances:

– Si avec mes droits, lui dit-il, vous publiez quelques jeunes écrivains québécois, ma satisfaction sera complète.

Il ne faut pas nécessairement être éditeur pour apprécier la valeur d'un tel présent. J'imagine aisément le bonheur que dut ressentir Victor-Lévy Beaulieu.

Au cours de l'été 1993, mes confrères de Quebecor reprirent à leur compte l'ouvrage de Ben Weider sur Louis Cyr. Le livre fut lancé aux Trois-Pistoles en même temps que la pièce et le livre *La nuit de la grande ci-trouille*.

Voulant sans doute en avoir le cœur net une fois pour toutes, Ben Weider profita de l'occasion pour m'attirer dans un coin:

– Il y a longtemps que je me pose la question. Je me demande si vous ne pourriez pas m'éclairer sur Lévy. Pouvez-vous me dire s'il est juif?

Victor-Lévy, seigneur des Trois-Pistoles.

PHOTO: LOUISE LOISELLE

J'ai dit la vérité. Malgré ce que pourrait laisser supposer son nom, Lévy est catholique. Sans doute pas très pratiquant mais baptisé. Les apparences sont souvent trompeuses. J'en sais quelque chose. Beaucoup de gens savent que dans mon enfance j'ai connu les camps de concentration. Ils en déduisent que je suis juif. Les soupçons vont plus loin. Jalousant mon amitié avec Lévy, certains esprits chagrins l'expliquent par le fait que nous serions de la même communauté israélite.

C'est en 1985 que Victor-Lévy Beaulieu décida de céder son entreprise à Jacques Lanctôt afin de se consacrer exclusivement à la création. Il est libre. Il est sans attaches. Acclamé par la critique, porté par le murmure flatteur des lecteurs et couronné par de nombreux prix (prix Molson, prix du Gouverneur général, prix France-Canada, prix Ludger-Duvernay, prix Belgique-Canada, etc.), il peut choisir son éditeur. C'est ainsi qu'il vint à moi:

– Pendant toutes les années que j'ai travaillé comme un criss de fou au Jour et à VLB tu as été le seul qui ne m'a jamais écœuré, me dit-il dans le franc-parler qui le caractérise. Je me souviens aussi que lorsque j'ai commencé à écrire tu as été celui qui a accepté mon tout premier manuscrit. Tu n'es donc pas étranger à ce que je suis devenu. Veux-tu de moi comme auteur?

Comme quoi le métier d'éditeur offre parfois des moments de bonheur qui ne sont pas que d'occasion.

Avant de sceller notre entente par une longue poignée de main, il ajouta:

– Tu découvriras à l'usage que je suis sans doute un gars plein de défauts. Va falloir que tu vives avec, stie! Sois assuré cependant que j'ai au moins deux qualités: j'ai beaucoup de mémoire et je suis loyal. Tu vois... je n'ai rien oublié! Pis j'en ai une autre: j'sais écrire!

Notre complicité ne date pas d'hier. Nous ne vivrons vraisemblablement jamais assez vieux pour réaliser tous les projets de livres, de films et... de coups pendables que nous ne cessons d'échafauder ensemble.

Nos occasions de discorde, qui caractérisent parfois les relations éditeur-auteur, sont pour ainsi dire inexistantes dû au fait que, ayant pratiqué avec un égal bonheur les deux métiers, Victor-Lévy est parfaitement «au parfum».

Il ne faut pas croire que nous n'avons jamais d'accrochages. Bien que très rares, lorsqu'ils surviennent ils n'ont rien à voir avec le métier et sont règle générale de très courte durée. Lévy me sait et me veut tellement québécois que le jour où, à l'occasion de la proclamation de l'indépendance de mon pays d'origine, il m'a entendu dire que mes racines étaient étrangères, vexé il alla raconter sa déception au journal *Voir*. Deux semaines plus tard, il me prit dans ses bras, me serra très fort et pleura comme un enfant. Il avait eu plus de peine de m'avoir fait de la peine que je n'en avais eu en lisant l'article. Nous avons tous deux la larme facile. Il ne faut jamais nous brasser trop fort si on ne veut pas nous voir déborder.

Ce que nous aimons le plus quand nous sommes ensemble c'est rire. Rire de tout. Rire de nous. Un gag n'attend pas l'autre. L'insolite est toujours au rendez-vous. Preuve: le témoin qui a signé notre dernier contrat d'édition aux Trois-Pistoles, Alfred. Qui est Alfred? Un superbe chien collie, compagnon fidèle des bons et mauvais jours de Lévy.

Les lecteurs de Lévy ne savent peut-être pas tous que leur auteur favori est un joueur de tours inimitable. Un trait de caractère de plus que nous partageons ensemble.

À ce propos, je me souviens d'un moment particulièrement pénible qu'il m'a été donné de vivre dans les débuts des années 60. Frappé soudainement de poliomyélite, mon fils Alexandre fut hospitalisé à l'hôpital Pasteur. Je n'avais le droit de le voir qu'à travers la vitre d'une porte du couloir donnant sur sa chambre interdite d'accès. Le cœur brisé, je restais là debout à le surveiller des heures durant. Le sort voulut que Victor-Lévy, atteint également par l'épidémie,

151

soit hospitalisé dans le même établissement. La terrible maladie avait rongé le côté gauche de son corps. À cause du terrible virus, Victor-Lévy finit par se réfugier dans la partie la plus atteinte de lui-même et devint écrivain.

Il me sembla qu'au moment de son hospitalisation, en dernier recours, c'est dans l'humour qu'il alla puiser le courage nécessaire pour traverser le désespoir qui devait le miner. C'était un humour féroce et anticlérical. Un humour qui fut, me semble-t-il, communicatif et bienfaisant pour ses compagnons d'infortune.

Le gag le plus monumental qu'avait imaginé Victor-Lévy se faisait sur le dos des braves religieuses qui avaient la charge des lieux. Au début des visites du soir, à l'heure où le chapelet était diffusé à tous les étages, on pouvait voir notre farceur assis paisiblement dans un fauteuil roulant au fond du couloir. Il avait la mine contrite et l'attitude du paralysé. Mais à mesure que les dizaines du chapelet s'additionnaient, le malade prenait du mieux. Un compagnon complice se mettait alors à pousser lentement le fauteuil de Beaulieu, faisant mine de continuer à prier avec une ferveur exemplaire. Lorsqu'on s'approchait de la fin, il quittait généralement le fauteuil et commençait à marcher. D'abord en titubant, agrippé aux poignées chromées du fauteuil. Au dernier *Ave*, c'était immanquable, le pseudo-miraculé se mettait à courir à toutes jambes en criant à tue-tête: «Miracle! miracle!»

Ses coups pendables mériteraient un recueil complet. Ce serait à lui de l'écrire. Écrire, pour lui, n'est ni un luxe, ni une manie, ni une tâche. Ce n'est pas non plus une vocation. C'est tout simplement un élément naturel de son être. Et dans ses écrits cet homme est un des rares inspirés qui sachent aller à l'essentiel, c'est-à-dire à l'homme empêtré dans ses souffrances et ses contradictions. Il écrit pour apaiser ses revenants.

Ce qui m'a toujours plu chez Victor-Lévy, c'est qu'il s'attarde sur les petites gens et les petites choses, sur le quotidien, le modeste, le banal, l'inavouable. Pour Victor-Lévy Beaulieu, la vraie grandeur, c'est à ras de terre qu'elle s'ébauche. Mais elle est pourrie chaque jour par osmose de laideur, de vulgarité, de misère, de vacarme, d'hypocrisie, d'actes illicites, de mensonge et de sottise. Elle est nourrie aussi d'amour et d'espoir. Il utilise tous ces ingrédients pour en faire ses téléromans, son théâtre et ses livres. Ses créations sont autant de miroirs inquiétants des choses de la vie. Des miroirs qui nous renvoient nos réalités après que son auteur les a abandonnées à son génie créateur.

Depuis quelque temps, Victor-Lévy Beaulieu s'est installé de façon définitive aux Trois-Pistoles.

– J'ai décidé de m'installer dans ce coin de pays parce qu'il a été abandonné depuis longtemps par tous. En vivant là, je vais essayer de lui redonner un peu d'allant.

J'ai une intuition. Je ne crois pas que sa décision de déménager aux Trois-Pistoles soit définitive. Quoi qu'il en soit, son installation dans un lieu aussi éloigné du cœur de nos opérations n'a pas été accueillie par mon équipe avec une joie démesurée. Louise Loiselle, la directrice des Éditions et ma dévouée collaboratrice (autant dévouée d'ailleurs à Victor-Lévy dont elle est la plus farouche et la plus inconditionnelle apologiste), à qui cet éloignement complique passablement la tâche, n'a pu être consolée que le jour – très récent – où notre célèbre auteur est devenu l'heureux propriétaire d'un télécopieur qu'il a surnommé «la diabolique machine». Don d'un groupe d'admirateurs, le fax rend d'infinis services aux deux extrémités du téléphone.

Je réalise cependant que tout le monde n'a pas accueilli l'installation de la diabolique machine avec la même joie que mes collaborateurs et moi. Tu ne m'en voudras pas, Victor-Lévy, de dire certaines vérités, toi qui adores tout ce qui est franc et direct? En effet, aujourd'hui, dès qu'une injustice survient dans un coin de la province, ou quand quelque scribe ou politicien vient troubler la fête, Beaulieu saute immédiatement sur sa machine et inonde les salles de rédaction de ses réflexions jamais présentées avec des gants blancs.

Sacré Lévy!

Sous son chapeau cabossé de cow-boy, ce barbu, bougon, grincheux, allergique à la frime, ennemi de la bienséance factice, réfractaire aux cabots, aux poseurs et aux imposteurs de tout calibre, cache un être d'une grande sensibilité, vulnérable, constant, scrupuleux et d'une rare délicatesse. Un écrivain qui possède une capacité de travail inégalée. Il a été capable, en une même année, de fournir plus de 1 000 pages de texte à son éditeur! À celles-ci, il faut ajouter celles qu'il noircit, avec le talent que l'on sait, pour la radio, la télévision et le théâtre. Qui dit mieux?

Oui, je sais, Victor-Lévy apprécie aussi l'alcool et malheureusement il lui arrive d'en abuser, au grand désespoir de tous ses proches. C'est dans ses moments de crise que ceux qui l'aiment sont requis de l'aimer encore davantage. L'amitié est à ce prix. Faut répondre présent même quand le téléphone n'arrête pas de sonner aux petites heures du matin. Tant pis alors pour les insomnies...

On ne le sait peut-être pas assez, mais, Dieu merci! il fait des efforts pour s'en sortir. D'ailleurs, au moment où j'écris ces lignes, mon ami entre en cure. Sa décision me remplit de joie. J'aimerais tellement qu'il dure toujours.

# 2
# Bonheurs
# sur toiles

*L'amour commence par les yeux.*
*Comme la peinture.*
*JEAN PAUL LEMIEUX*

# SALVADOR
## *Pris en flagrant Dali*

*La seule différence entre un fou
et moi c'est que moi, je ne suis pas fou!*
SALVADOR DALI

Salvador Dali Domenech Felip Yacinto, marquis Dali de Pubol, le fantasque exhibitionniste, m'a fasciné. Il avait du génie, du panache et de l'humour.

Je l'ai rencontré tout d'abord à New York afin de négocier sa participation à une émission de télévision.

Dali était ce personnage savoureux, truculent, pittoresque qui déroutait. Ceux qui ont eu le bonheur de le côtoyer savent que ses conversations étaient souvent secouées par d'intenses décharges électriques truffées de mots comme merrrrde et cuuuuul, qu'on devait écouter sans jamais s'offusquer. Il se plaisait à faire des démonstrations et des exposés foudroyants, complètement loufoques. Dans une frénésie vertigineuse, il inventait sans cesse des agencements incongrus de mots qu'on devait faire semblant de comprendre si on ne voulait pas être évincé sur-le-champ.

– Le contrat que vous me proposez, m'avait-il dit, n'a pas la mauvaise haleine que je craignais et ne soulève pas chez moi les isotropies discursives trasphrastiques[*] ni de disjonctions paradigmatiques ou compulsives. Je suis prêt à le signer à

---

[*]    J'espère que ça s'écrit comme ça...

condition que je puisse faire le trajet New York–Montréal...
en soucoupe volante!

Rien de moins! Pincez-moi, je rêve! Ou alors, donnez-moi
une perfusion de Valium. Exiger de venir en soucoupe volante
équivalait à m'indiquer poliment qu'il ne viendrait jamais...
Du moins est-ce ce que j'ai cru comprendre. Pourtant, non!
Je me trompais. Le maître était bel et bien décidé à se rendre à
Montréal sans exiger un cachet faramineux comme c'était
souvent son habitude. En poursuivant la négociation, Dali
m'apprit qu'il venait de rencontrer un New-yorkais farfelu qui
venait de mettre au point un aéroglisseur imitant la forme
d'une soucoupe volante capable de se déplacer sur un coussin
d'air injecté sous lui. Cette façon unique de faire son entrée au
pays n'était pas pour lui déplaire. À moi non plus, d'ailleurs...

– Si vous êtes d'accord, je signe! avait-il annoncé en me
tendant sa main. Les projecteurs du monde entier seront
tournés sur nous!

Il examina mon stylo (qui était de qualité), se pencha sur
le document et apposa solennellement sa signature. Une
véritable œuvre d'art en elle-même. Après avoir terminé d'ap-
poser sa célèbre griffe, fidèle à son habitude, il écrasa la plume
(de MON stylo) sur le document.

Je croyais avoir conclu l'affaire du siècle. Malheureusement, personne n'avait encore vu l'engin en opération. La
diabolique soucoupe volante (qui volait à un mètre du sol)
fonctionnait. Ce n'est pas là que résidait le problème. Là où
l'aventure se corsait, c'était dans les dégâts que causait son
mouvement. En effet, le déplacement de la soucoupe était
dalinesque: elle produisait un vacarme innommable et soulevait à son passage un énorme nuage de poussière semblable à
ceux que créent les typhons. L'horreur.

Désolés de ne pouvoir accomplir le voyage de New York
à Montréal dans son entier (vous imaginez les attroupements

et les bouchons de circulation?) on a essayé de sauver le projet en tentant de lui faire faire une fraction du trajet, c'est-à-dire à partir de la frontière américaine. Malheureusement, rendus à ce point, ce sont les fonctionnaires des douanes qui se sont chargés de noyer le projet. Les négociations ont abouti sur mille et une chipoteries trouducteuses ayant trait à l'import-export, aux lois sur les véhicules à moteur, à la pollution et à une série d'autres règlements aussi irritants et lassants qu'ineptes. C'était Beyrouth et Sarajevo réunies! On a fini par laisser tomber.

Pour ma part, j'avais gagné quelque chose d'important. J'avais eu l'occasion de faire la connaissance de Dali, dont j'admirais l'immense talent et le... cabotinage. Cet événement m'a permis de le revoir à New York et surtout chez lui à Port-Lligat, en Espagne. Comment ne pas être émerveillé par un homme capable de donner au monde *Le Christ de saint Jean de la Croix*, *La Cène*, *La persistance de la mémoire*, parallèlement aux *Montres molles* et à *La construction molle avec haricots bouillis*?

Dali se prenait souvent pour un envoyé de Dieu, quand ce n'était pas pour Dieu lui-même. Il n'hésitait pas à se décrire, avec modestie, comme le plus grand des génies:

– Les deux choses les plus heureuses qui puissent arriver à un peintre contemporain sont, disait-il: *primo* être espagnol et *secundo* s'appeler Dali. Elles me sont arrivées toutes les deux.

Il répétait également:

– Picasso est espagnol, moi aussi. Picasso est peintre, moi aussi. Picasso a du génie, moi aussi. Picasso est communiste, moi non plus!

Il adorait se moquer des gens, faire croire des choses à tous ceux qui l'adulaient. Parfois, il faisait ses entrées en public comme s'il eût été un roi. Une cour l'entourait. Nous avons réussi à le filmer un jour au milieu d'une bande d'admirateurs et réalisé ainsi une émission spéciale que j'ai eu le plaisir de présenter à Télé-Métropole. C'était exquis ou, pour qui n'aime pas Dali, totalement insupportable. Il donnait des ordres, exigeait que l'on note ses pensées et ses réflexions, qui, clamait-il (en n'en croyant pas un mot), allaient révolutionner le monde! Le tout présenté sur un ton qui n'aurait jamais supporté le moindre doute ou la moindre contestation.

À New York, il vivait à l'hôtel *Saint-Régis*. À la tombée du jour, il se retrouvait au bar, souvent accompagné d'un petit léopard apprivoisé qu'il tenait au bout d'une laisse. Dès que quelqu'un venait prendre place auprès de lui, le barman apportait précipitamment une bouteille de champagne rose. «Le cadeau d'un admirateur anonyme», prétendait Dali.

C'est en Espagne, à Port-Lligat, près de Figueras, sa ville natale, que je l'ai vu pour la dernière fois. Le maître m'avait consacré toute une après-midi. Un moment privilégié que je n'oublierai pas de sitôt.

Port-Lligat est un poétique petit recoin de pêcheurs. Dans la minuscule baie sortie directement d'un conte de fées, seuls un petit hôtel et deux maisons font face à la mer. Celle du maître, la plus grande des deux, est blanche et en forme d'escalier. À l'arrière de la maison, un gigantesque œuf domine la thébaïde dalinienne. Je sonne. Un silence. Des pas. Le bruit d'un verrou. Un petit homme rondelet apparaît. Il me dit être le capitaine de Dali. Je m'explique du mieux que je peux en faisant résonner plusieurs fois «M. Dali m'attend!» Il me prie de patienter, le temps de vérifier si le maître n'a pas changé d'idée.

Je meurs d'angoisse. S'il fallait qu'après avoir fait une telle route...

Je reste seul quelques instants dans une petite pièce aux murs blanchis à la chaux. Un grand ours (empaillé, Dieu merci) couvert de bijoux et d'épées me tient compagnie.

Soudain, j'entends des pas. C'est le capitaine. Il dévale l'escalier accompagné d'une jeune femme portant un uniforme rose. Il me demande de la suivre. Je ne me fais pas prier. Je remonte le petit escalier avec elle. On pousse une porte, on tourne à gauche dans un sombre et étroit couloir qui débouche sur d'autres marches puis un autre corridor. J'espère que quelqu'un m'accompagnera au moment de la sortie parce que je suis convaincu que seul je ne retrouverai jamais mon chemin.

Soudain, un puits de lumière, un porche, nous enjambons une marche et débouchons dans un splendide jardin intérieur. Voilà. Nous y sommes. Mon guide rose m'indique une chaise d'osier. J'y prends place. Elle me sourit et disparaît dans les couloirs-oubliettes.

C'est une cour de château fort. Pour se sauver d'ici, faut être oiseau ou hélicoptère. Le parquet est de pierre. Tous les murs sont hauts et blanchis à la chaux. Dans un coin, des marches qui conduisent nulle part et finissent dans le vide. Tout près, un fanal, une fourche et une série d'objets étranges, surréalistes, non identifiables. Pour compléter le décor, une immense sculpture domine la cour. Elle ressemble au fameux torse de Phidias, objet des rêveries de Dali.

Le maître fait enfin son apparition. Dès qu'il met son pied dans la petite cour intérieure, une musique fracassante retentit. La synchronisation est parfaite. La mise en scène est impeccable. Je retrouve un Dali splendide. Il porte un blouson en peau de léopard, des espadrilles et un pantalon de toile beige couvert de taches de peinture. Sûrement son pantalon de travail. Une idée loufoque traverse mon esprit. Je m'entends demander:

– Maître, pourriez-vous me donner votre vieux pantalon en souvenir? Il est tout maculé. Je pourrais vous en offrir un neuf.

Aujourd'hui, 24 ans plus tard, alors que j'écris ces lignes, je regrette de ne pas l'avoir fait. S'il m'avait donné son pantalon, j'aurais traité ce vêtement comme une toile-relique du maître. Trop tard.

Je me souviens que sa main gauche s'agrippait à une canne. Je me souviens qu'il me tendit la droite et, pour ne pas déroger à son habitude, commença son entretien par des propos scatologiques. C'était sa façon à lui de mettre (mal) à l'aise le visiteur. Lorsque ce dernier avait eu son comptant de confidences bardées de montagnes de caca, de culs et de bites, les propos du maître devenaient plus faciles à entendre. Il condescendait à redevenir homme du monde.

— Je ne vous attendais pas avant demain! me lança-t-il sur un ton de reproche.

— Ah? Pourtant je... vous devez vous tromper, maître!

— Dali ne se trompe pas. Il trompe! J'ai demandé à mon hélicoptère d'être là demain.

— Pourquoi un hélicoptère?

— Pour tourner au-dessus de nos têtes pendant que nous divaguons!

Dali avait une voix basse, un peu sourde; une voix et un accent espagnols qui se mariaient parfaitement avec ses gestes mesurés, augustes.

Notre conversation fut interrompue par l'arrivée de la belle jeune femme tout de rose vêtue qui m'apportait mon traditionnel champagne rose. Je dis mon parce que le maître n'en buvait jamais. Il se contenta de remplir ma coupe.

À cette occasion, tout en jouant avec sa moustache-antenne, il me parla de Walt Disney, de Robert Kennedy (dont il m'apprit l'assassinat), du prix qu'il exigeait pour ses toiles, des lieux où il aimait vivre (six mois à New York, deux à Paris et quatre à Port-Lligat), de sa femme Gala, dont il était toujours très amoureux, et des cadeaux qu'on lui offrait et dont il se débarrassait une fois l'an à Paris en les laissant traîner dans une auto aux portières déverrouillées «pour faciliter la tâche des voleurs».

Après m'avoir expliqué sa passion pour les cadeaux, il me lança à brûle-pourpoint:

– À propos, m'avez-vous apporté un cadeau?

Je suis confus. Je bredouille. Je n'y avais pas pensé.

– Vous ignorez sans doute que j'adore recevoir des cadeaux. Tout le monde m'en donne dans l'espoir de recevoir quelque chose de moi.

– Et vous, en donnez-vous?

– Jamais. Je suis d'une avarice terrible!

– Quel est le cadeau le plus insolite que vous ayez reçu?

– Deux rhinocéros dont un était blanc. Je viens justement de recevoir un éléphant de la Nouvelle Delhi. On en a profité pour faire une grande fête à Figuèras, la ville où je suis né. Je vais le donner au zoo de Barcelone. Je reçois continuellement des cadeaux, des bijoux, de l'argent, des animaux, des boîtes remplies de merde...

Et c'est reparti sur la voie du caca-pipi-salaud.

Je tente de faire dévier la conversation en lui demandant s'il accepterait que je le photographie.

– Dites-moi où et comment vous me voulez. Je suis d'accord.

Pendant que je prépare mon appareil, le maître le dévisage avec insistance.

– J'ai oublié de vous dire que quand on ne m'apporte pas de cadeaux, je les prends moi-même.

Le message est clair. Je sens que je viens de perdre mon appareil. Tout ce que j'espère, c'est qu'il me permettra de garder les pellicules. Je tente une ultime opération de sauvetage:

– Si vous le voulez bien, je vous enverrai un cadeau une fois de retour à Montréal. Un cadeau très original. C'est promis!

(J'ai tenu promesse. Quelques jours plus tard, je lui faisais parvenir une paire de lunettes insolites qui, par un jeu de miroirs, permettait la lecture au lit, dans la position horizontale, sans qu'il y ait besoin de tenir le livre dans les mains, en le posant tout simplement sur le ventre.)

Le chapitre des cadeaux réglé, nous sommes passés à l'étape des photos. Dali adorait se faire photographier. N'importe quel photographe de presse pouvait obtenir qu'il posât pour lui. C'était gratuit. Par contre, j'avais noté qu'il ne souriait jamais sur ses photos et, pendant que je l'immortalisais sur ma pellicule, je le lui fis remarquer:

– Pourquoi avez-vous toujours une attitude dramatique, des yeux exorbités?

– Très juste. Dali est toujours tragique, sauf quand il rit aux éclats... mais ce n'est pas pour les photos...

– Qu'est-ce qui vous fait rire aux éclats?

– Des excréments en tas et moi en équilibre par-dessus... ou des choses comme ça.

Et voilà qu'on repart de plus belle. Mais je ne me décourage pas et je poursuis:

– Comment vous définissez-vous? Qui êtes-vous exactement, maître?

– Je suis l'être le plus paradoxal, le plus excentrique, le plus concentrique et le plus cybernétique du monde! Je suis monarchiste et anarchiste. Je suis contre la Révolution et pour la Renaissance. Je suis contradictoire en tout... je suis le paradoxe incarné. Suprêmement pervers, érotique et libidineux. Je suis un provocateur. Je suis Dali. Oui, JE SUIS, voilà, c'est tout!

– Pourriez-vous vivre dans l'anonymat?

Ma question déclenche en lui un ricanement méphisto-phélique.

– Jamais! S'il fallait que ça se fasse, je ne rrrresterais pas dans l'anonymat longtemps! Ce qui imporrrte pour moi, c'est de gagner beaucoup d'argent au prix de n'imporrrte quelle exentrrrricité. Je me montre parrrtout, sans cesssse. J'aime qu'on me rrreconnaisse et peu imporrrte si les gens me prennent pour Dali-le-peintre, Dali-l'écrivain, Dali-le-comédien, l'homme de la télévision, le fantasssssque, l'exhibitionnissste ou pour n'imporrrte qui d'autre. Je suis toujourrrs quelqu'un d'autre.

– Pourquoi aimez-vous à ce point la publicité?

– Mon œuvre est liée à mon personnage. Les deux vont ensemble et la publicité la plus ridicule m'enchante! On écrit n'importe quoi sur moi. On me fait dire toutes sortes de choses. Je suis content même quand c'est des choses bien!

– Quand avez-vous senti que vous êtes devenu populaire?

– Ça a commencé à bien marcher pour moi le jour où je suis né. Ma mère m'a dit que je suis né avec une fleurrrr dans le cuuuul!

Dali surveille ma réaction. Je m'efforce de ne pas broncher. Je l'apprécie mieux loin de sa trivialité.

– Parlons peinture. Travaillez-vous en ce moment?

– Dali travaille tous les jours. Je vis six mois à New York, parce que c'est là qu'il y a le plus d'argent, deux mois à Paris, pour les théâtres, les cinémas, et quatre mois ici, à Cadaquès. Chaque année, c'est la même chose. Je change de place à cause du choc que produit sur moi le contraste. Je suis incapable de travailler à New York mais c'est là que je puise mon inspiration. À Cadaquès, je travaille. Je fais généralement un grand tableau par an et cinq ou six tableaux secondaires.

– Avez-vous d'autres projets?

– Oui. J'ai des millions de choses à réaliser. Entre autres, j'ai une œuvre théâtrale à terminer: *Métamorphose exotique*, et un dictionnaire Dali à mettre au point. Grâce à ce livre, les gens sauront enfin ce que je pense de chaque chose...

– Et côté peinture?

– Je travaille sur un tableau qui sera vendu le même prix que celui de Léonard de Vinci appartenant à la collection du prince de Liechtenstein. Il sera de la même taille, de même sujet – une tête de jeune – et de même prix: 500 000 $.

– Vous arrive-t-il de rater un tableau?

– Je les rate tous, jusqu'à la fin!

– Vous arrive-t-il de penser à la mort?

– Après l'érotisme, c'est ce qui m'intéresse le plus. J'ai déjà failli mourir une fois! C'était à Londres, où j'avais décidé de donner une conférence de presse.

Dali fait une grimace.

– Pensez-y: une conférence à Londres et je ne parlais pas l'anglais. Je m'étais vêtu en scaphandrier. Avant de monter sur scène, j'ai dû faire une fausse manœuvre et j'ai manqué d'air. Comme je ne pouvais pas m'expliquer en anglais, j'ai fait des gestes désespérés. Plus je faisais de gestes, plus les gens riaient. Ils pensaient que je faisais le clown. Finalement, on m'a libéré. Juste à temps. C'est la seule fois où j'ai ri aussi fort dans ma vie.

Content de lui, il se redressa, rit un bon coup et à son tour me posa une question:

– Aimez-vous ma peinture?

– Comment donc!

– Cette peinture que vous aimez n'est que la face visible de l'immense iceberrrg de ma géniale pensée!

– Honnêtement, croyez-vous que vous êtes un bon peintre, monsieur Dali?

– Comme peintre, je suis médiocre. Mais si on me compare aux autres, je suis meilleur que mes contemporains. Autrement dit: les autres sont plus moches que moi.

– Y a-t-il des peintres que vous aimez?

– Deux grands maîtres de la Renaissance: Vermeer et Velasquez.

Sur ces confidences, Dali se leva et me pria de le suivre. On s'engage dans un autre couloir qui débouche sur le côté gauche de la maison:

– Suivez-moi, dit-il, je m'en vais vous montrer ce qu'aucun journaliste n'a encore vu: mon Christ fait à partir d'ordures de la mer!

Nous débouchons tous deux devant une petite maisonnette toute ronde surmontée d'un toit vitré.

– Ce toit est en réalité un plancher transparent. La nuit, on allume les lumières en dessous et on fait danser les femmes dessus. Vous n'ignorez pas que je suis un voyeur?

– Et votre femme, que dit-elle de cela?

– Gala est la plus belle. Je ne la trompe jamais. Je suis d'une fidélité absolue! Les autres, je les regarde de loin. Je suis pour l'amour courtois, moi.

– Vous avez payé cher pour ériger ce temple du voyeur?

– Rien du tout. La télévision française est venue tourner un film ici sur Dali. Ils l'ont construite pour les besoins du film, de même que les grands œufs que vous voyez autour et d'où Gala et moi émergions comme des oiseaux à leur naissance. C'était entendu qu'après le film je garderais ces objets! Je vous l'ai dit: je profite de tout!

Nous marchons un peu tous les deux pour arriver enfin à sa dernière merveille: *Le Christ de rebuts marins*. Il s'agit d'un savant assemblage d'objets rejetés par la mer (vieux pneus, tuiles, galets, vieilles branches, bouteilles, boîtes de conserve, etc.) Le personnage doit mesurer une quinzaine de

mètres. Sa cage thoracique est formée d'une vieille barque restituée, elle aussi, par les eaux de la Méditerranée. Dali m'explique qu'il s'installe ici, tous les matins, et dirige les opérations à partir d'une vieille chaise tout déglinguée. Sous les ordres du maître, deux ouvriers espagnols déposent les objets hétéroclites aux endroits désignés par Dali qui, si l'assemblage le satisfait, les fait ensuite recouvrir de ciment.

— Ce sera prêt bientôt? lui demandai-je, franchement ébloui par ce personnage fantasmagorique gisant à terre.

— J'espère que non! me répond-il d'un ton catastrophé. Je m'amuse tellement à faire ça!

L'homme le plus paradoxal, le plus excentrique, le plus concentrique et le plus cybernétique du monde!

Au cours de cette même visite, Salvador Dali m'apprit que René Lévesque, alors qu'il était ministre des Ressources naturelles au gouvernement libéral de Jean Lesage, l'avait approché pour lui proposer de créer une immense fresque sur le barrage de Manic.

Emballé par le projet, Dali m'a confié s'être aussitôt mis au travail pour réaliser une maquette sur le thème de *La mort du Poisson.*

– Savez-vous pourquoi *La mort du Poisson?* Parce que ça fait 2 000 ans que nous vivons sous le signe du Poisson. Maintenant, nous entrons dans celui du Verseau. C'était tout trouvé. Je voyais sur votre barrage une fresque angélique, une communication des anges, la fluidité qui se transforme en air!

Malheureusement, ayant quitté le Gouvernement et pris une autre option, Lévesque n'a plus jamais recontacté Dali afin de donner suite à cet ambitieux projet qui, dans l'esprit des deux hommes, devait devenir une nouvelle merveille du monde. Dali s'est dit très déçu de constater que le projet n'ait pas eu de suite et refusa catégoriquement de me montrer sa maquette (qui restera hélas à jamais dans les oubliettes):

– Je ne peux pas vous la montrer. Ça ne se fait pas. Il faut que je la montre d'abord à ceux pour qui j'ai fait le travail, même si je trouve insensé que depuis tant d'années ils ne m'aient donné aucun signe de vie. Retournez chez vous et parlez-en. L'idée ne mérite pas d'être oubliée. Ce sera la plus belle réalisation au monde!

– La plus belle, reprend-il très fort en regardant le ciel, la plus belle après... après Gala!

Sur ces mots, Dali se leva brusquement et disparut en me laissant seul.

Il revint quelques instants plus tard. Son visage avait pris une expression attristée:

– Je voulais vous présenter Gala, ma femme, mais j'ai une très mauvaise nouvelle à vous annoncer.

Je prends une attitude atterrée. Que s'est-il donc passé?

– C'est terrrrrible. C'est à cause de son état, poursuit-il, catastrophé.

Je m'attends au pire quand finalement Dali décide de s'expliquer:

– Non, elle ne pourra pas sortir. Elle se lave les cheveux!

Dali faisait partie de ces êtres que je croyais immortels. C'était le dernier des grands. Pourtant, il est mort. Je me sens très riche d'avoir pu l'approcher d'aussi près.

# JEAN PAUL LEMIEUX
## *«Vous en avez chez vous, du blanc?»*

*Méfiez-vous du blanc!*
DEGAS

J'ai sincèrement et longtemps admiré les toiles de Jean Paul Lemieux. Et puis, un jour, j'ai eu l'occasion de le rencontrer. Alors, je me suis mis à admirer sincèrement l'homme.

Parler de lui au passé me fend le cœur. Je ne me suis pas habitué à son départ. Pour moi, il est toujours vivant. Il est seulement plus discret que d'habitude, mais il est toujours aussi présent.

Notre première rencontre s'est préparée lentement, sans brusquerie, comme dans les cas d'apprivoisement.

La merveilleuse aventure remonte à 1975, année de fondation de ma maison d'édition. Pour démarrer l'entreprise, j'avais misé tous mes deniers sur la publication d'un premier album de luxe consacré à Jean Paul Lemieux et à son œuvre[*]. Le livre fut un succès instantané. Jean Paul Lemieux était ravi et me fit connaître son bonheur par écrit. Je mourais d'envie de faire sa connaissance mais je sentais intuitivement qu'il ne fallait rien précipiter. Le temps n'était pas encore venu.

Un jour, alors que je m'apprêtais à rééditer *La pension Leblanc*, une œuvre de Robert Choquette, un compagnon de longue date du peintre, je me suis rendu compte qu'elle

---

[*] *Jean Paul Lemieux*, Guy Robert, Éditions Stanké, Montréal, 1975.

avait été illustrée, à l'origine, par un dénommé Paul Lemieux. (À ses débuts, Jean Paul Lemieux signait Paul.) Notre ami commun, Robert Choquette, se chargea personnellement de demander au peintre la permission de reprendre ses illustrations d'origine dans l'édition que je m'apprêtais à publier. Il n'eut aucun mal à obtenir son accord mais à une seule condition:

– Je veux que votre éditeur vienne lui-même à l'île aux Coudres pour que je lui accorde cette permission personnellement. Ce sera une excellente occasion pour nous de faire connaissance, chose que nous aurions dû faire il y a bien longtemps!

Le lendemain, j'étais à l'île aux Coudres.

Ma rencontre avec Jean Paul Lemieux et sa radiante épouse Madeleine m'est inoubliable. Dès l'abord, j'ai eu l'impression de les reconnaître. Ceux qui ont un jour vécu une impression semblable savent exactement ce dont je veux parler. Il s'agit d'un de ces moments privilégiés, mystérieux et parfumés où un sentiment d'amitié surgit spontanément, donnant une étrange impression de déjà vécu avec de parfaits inconnus.

J'ai tout de suite senti que Jean Paul était un homme d'amitié, qui se nourrissait d'amitié, qui respirait l'amitié et qui ne l'accordait qu'avec parcimonie parce qu'il était vulnérable et très courtisé.

Depuis ce jour heureux et durant des années, nous n'avons pas cessé de nous voir très fréquemment. Quand il n'était pas possible de nous voir, nous nous téléphonions. Paul n'aimait pas écrire. Madeleine avait une meilleure plume et écrivait pour deux.

Beaucoup persistent à décrire Jean Paul Lemieux comme un être solitaire, austère, taciturne, tristounet, bougon et pessimiste. Visiblement, je n'ai pas connu le même homme. Je l'ai connu plus souvent joyeux et rieur que triste et déprimé. Il est vrai qu'il prisait la solitude mais ce n'était pas à cause d'une quelconque fuite de la vie... Non! S'il lui arrivait de rechercher la solitude et le silence c'est...

– ... Parce qu'il faut sans cesse refaire le vide autour de soi pour retrouver la densité du silence sans lequel il n'y a pas d'inspiration qui vaille, disait-il. Si peindre est une manière de dialoguer avec les autres, il faut d'abord savoir les écouter et surtout... s'écouter.

Quand il se contraignait à quelque gravité, il semblait vouloir se composer un personnage. Mais ça ne durait jamais. Pour passer d'un état à un autre, il disait invariablement cette phrase de Vigneault: «Tout le monde est malheureux tout le temps, tout le temps!» et l'instant d'après, redevenu un gamin, il demandait: «Je vous offre un whisky, un Southern Comfort ou un bon verre de Bellini?» (un vermouth québécois vendu chez le dépanneur). Il utilisait le Bellini autant pour étancher la soif de ses visiteurs que pour leur jouer un tour. En effet, Lemieux se plaisait à faire croire que la recette de l'élixir datait du XV$^e$ siècle, époque à laquelle il aurait été distillé pour la première fois par nul autre que Giovanni dit Giambellino Bellini, peintre italien de grand talent. En remplissant leur verre, il considérait ses visiteurs d'un œil oblique jusqu'à ce qu'ils lui en redemandent un autre. Pendant la dégustation, qu'il imprégnait d'un ton presque religieux, il parlait de ce peintre étonnant de l'école vénitienne qu'il ne fallait surtout pas confondre, précisait-il, avec Vincenzo qui, lui, comme tout le monde sait, était musicien!

Pendant qu'il faisait son savant exposé le plus sérieusement du monde, un sourire souterrain brossait son visage et lui gravait un sillage en auréole. C'était un potache. Il me faisait rire. Il était beau.

Matinal et ennemi de l'oisiveté, Jean Paul Lemieux prenait le temps de lire beaucoup. Dans les domaines les plus variés, allant de Tchekov à Rousseau, des auteurs d'ici jusqu'à Carl Sagan qui l'avait beaucoup impressionné au petit écran. Il s'intéressait à tout, était au courant de tout. La politique locale retenait son attention. Les événements mondiaux le passionnaient. Après avoir lu un long article dans le *New Yorker* faisant le point sur l'état du monde, il me téléphona pour me sommer de me le procurer toutes affaires cessantes. Trois semaines durant, ce fut notre principal sujet de conversation. Ça, c'était son côté «pieds sur terre» que certains sont tentés d'utiliser pour démontrer qu'il était inquiet et pessimiste. Je dirai à ceux-là qu'il ne me téléphonait pas seulement pour me commenter les catastrophes. Plus souvent qu'autrement, il me passait un coup de fil pour narrer une savoureuse anecdote ou pour me donner une suggestion:

– La prochaine fois que vous irez à la télévision vous devriez leur conter ça, disait-il. Ça nous changerait des niaiseries démoralisantes qu'ils nous racontent!

Il me téléphona un jour pour m'annoncer qu'en fouillant dans sa bibliothèque il venait de découvrir un vieux livre intitulé *L'art de péter*.

– Je viens de le relire. C'est hilarant, annonça-t-il, rieur. Vous devriez le rééditer. Ça déconstiperait les gens. Ils sont si tristes et ils se prennent tous tellement au sérieux. Je vous l'envoie par la poste. J'y vais de ce pas!

J'ai reçu son précieux livre trois jours plus tard. J'en fis une photocopie que je garde précieusement en me demandant régulièrement si je n'aurais pas dû suivre son conseil.

Jean Paul Lemieux adorait les anecdotes. Il nous arrivait souvent, à Sillery ou à l'île aux Coudres, de passer des heures à en raconter. Il puisait les siennes dans ses souvenirs de peintre, de professeur, de conférencier (eh oui, il a déjà donné des conférences) ou dans les innombrables farces de son ami Jean Palardy, un joueur de tours invétéré dont les coups pendables le faisaient encore rire aux larmes un demi-siècle plus tard.

Madeleine était de tous les coups. Elle était sa complice. Belle, élégante et raffinée avec son visage radieux et juvénile, ses yeux couleur de bonté, mais des yeux qui savaient aussi être des radars, M$^{me}$ Lemieux était d'une grande sensibilité. Capable de déceler la malhonnêteté et les rapports négatifs à 100 lieues, elle exerçait en tout temps une circonspection et une prudence inlassables.

– Si on ne se méfie pas des gens continuellement, disait Lemieux, on risque de se faire manger tout rond. Les vraies amitiés désintéressées sont si rares de nos jours. Et puis, le monde est tellement bizarre. On ne sait jamais ce que les gens cherchent réellement. Vous le croirez si vous le voulez, mais il y en a qui viennent me voir, non pas pour m'acheter mes toiles mais... mes pinceaux!

Cette remarque du peintre reflète l'essence même de l'homme qu'il était: toute simplicité, toute modestie. La célébrité ne l'a jamais corrodé. Je me suis souvent demandé à son propos s'il était réellement conscient de sa renommée.

Le couple s'était connu aux Beaux-Arts de Montréal. Elle était peintre, de rare talent elle aussi. Ils ont beaucoup peint ensemble à une époque, mais Madeleine avait abandonné la peinture pour mieux aider son mari. Des regrets?

– Non, jamais! Je suis heureuse de ma décision, se plaisait-elle à répéter. Entre Paul et moi, c'est une histoire d'amour. J'ai continué à peindre à travers ses yeux. Je n'ai rien perdu au change. Je suis celle qui voit ses toiles la première. Quel privilège! Il me demande toujours mon avis. Il me dit que je suis son meilleur critique!

Et son mari d'ajouter:

– Oh oui! Madeleine a un œil maudit. Elle ne se trompe jamais!

Madeleine était la source de chaleur et de fraîcheur du grand peintre. Lorsque sa santé commença à péricliter, Jean Paul en fut profondément affecté.

J'aimais beaucoup les voir ensemble, l'un (Paul) racontant et l'autre (Madeleine) précisant. Quand il racontait, il prenait son temps et ses immenses mains voltigeaient au bout des bras, comme douées d'un pouvoir d'élongation.

– Je vais vous faire un aveu, m'avait-il dit un jour. Vous pourrez même le répéter: je n'étais pas très bon élève. J'étais timide et maladroit. J'avais de la misère à apprendre à faire des nœuds à mes lacets de bottines. Je ne savais pas faire les nœuds aux foulards. Comprenez-vous ça, vous? Je me souviens qu'on avait voulu faire de moi un enfant de chœur. Mais comme je laissais toujours tomber le missel, ils m'ont éloigné de l'autel. Une fois, on a même voulu me faire jouer dans une pièce de théâtre. J'avais le rôle d'un valet. Je me revois encore portant des verres sur un plateau. Le marquis m'attendait dignement à l'autre bout de la scène. J'avais à peine fait deux pas que je me suis mis à trembler. Le plateau est tombé, les verres se sont cassés. On a juste eu le temps de crier: «Rideau!» Inutile de vous dire que l'incident a mis fin à ma carrière de comédien!

Suzor-Coté, qui a donné des cours à Jean Paul Lemieux, lui avait dit un jour:

– Ne deviens jamais un artiste! Tu mangeras de la vache enragée tout le temps! Personne ne te comprendra et tu passeras pour un sacré fou aux yeux du monde!

Naturellement, Jean Paul Lemieux n'a pas suivi son conseil et se mit à dessiner le jour où le *Titanic* a coulé. Le naufrage l'avait beaucoup impressionné et ce fut, m'a-t-il affirmé, son déclic.

Depuis ce temps, il a toujours travaillé avec une certaine régularité, tous les jours ou presque, et de préférence le matin. Pour commencer, il exécutait ses compositions au crayon, puis attaquait à l'huile. Il laissait parfois reposer une toile pendant qu'il en entreprenait une autre ou une troisième, puis revenait à la première le temps que les autres sèchent, épinglées sur le mur de son atelier (bien des gens auraient payé une fortune pour le visiter). Il ne peignait plus d'après nature depuis longtemps et refusait d'être classé comme paysagiste. Ses toiles, il les exécutait d'après mémoire en suivant son imagination et ses états d'âme, qui étaient influencés par les rencontres, les souvenirs, les photos (je lui ai personnellement fourni toutes celles qu'il utilisa pour produire sa série sur le Canada), les lectures ou tout simplement par «l'inexplicable», comme il le disait lui-même, «que certains malheureux et très prétentieux critiques s'évertuent à expliquer comme s'ils savaient mieux que moi».

Il m'avait confié ne pas aimer le bleu mais avoir un penchant pour le blanc.

– Plus ça va aller, m'avait-il dit en riant, plus je vais en mettre, jusqu'au jour où tout sera fini... alors ce sera tout blanc...

Il était allergique aux manifestations publiques:

– Ne me parlez pas de mes expositions. Je n'aime pas ça. J'ai l'impression de me trouver tout nu devant les gens... L'idée de me trouver dans cet état m'a rendu malade, à tel point que je n'ai jamais pu me rendre à Moscou pour ma rétrospective. J'ai dû débarquer de l'avion à Copenhague, malade, et... revenir au Canada par l'avion suivant. C'est Madeleine qui m'a représenté.

J'ai toujours été séduit par le charme qui s'évaporait de ses yeux quand il me parlait. Il s'illuminait d'un bon mot, d'un trait d'esprit, décochés d'une voix nasillarde, séquelle de son opération à la gorge. Je le revois se tenant debout, malgré sa fatigue («Je suis né fatigué», disait-il), avec sa tête de grand vivant érigée au haut d'un corps de colosse fragile. Ses oreilles étaient grandes, ses yeux cachés derrière de grosses lunettes en écailles, nichés sous des sourcils en queue de vache.

– Vous avez vu ma tête? Le Bon Dieu s'est trompé: il m'a mis trop de peau sur le visage. Et dire qu'avec mes grandes oreilles je n'entends pas mieux que les autres... Tout le monde est malheureux tout le temps, tout le temps!

Un de mes plus beaux projets en édition d'art, c'est avec Jean Paul que je l'ai réalisé. Il s'agit de *Jean Paul Lemieux retrouve Maria Chapdelaine*, un album de grand luxe composé de 10 toiles que le peintre réalisa dans son île, avec une joie démesurée, durant l'été 1981. La publication commémorait mes 20 ans d'éditeur. Jean Paul avait toujours été fasciné par l'œuvre de Louis Hémon.

Il me fit promettre de venir le voir chaque fois qu'il terminerait une toile. Du coup, je me rendis dans son île une fois par semaine. Je prenais la toile à peine sèche et repartais vers Montréal pour la confier à Henri Rivard, l'architecte de tous mes albums d'art. À la même époque, j'apprenais à piloter. Je profitai donc de mes visites à Jean Paul pour augmenter le nombre de mes heures de vol. J'atterrissais généralement à Saint-Isidore, près de La Malbaie, et de là je rejoignais l'île aux Coudres en automobile. Un jour, Jean Paul me fit découvrir une petite piste d'atterrissage située à l'extrémité est de son île, que des pilotes amateurs s'étaient aménagée afin de s'adonner à leur passion. Il était fier de pouvoir m'annoncer que, grâce à cette découverte, je n'aurais plus à me rendre à La Malbaie lorsque je viendrais le visiter. Nous avions convenu que, dès la visite suivante, mon atterrissage se ferait sur l'île.

Le samedi suivant, à l'heure dite, je devais survoler sa maison à basse altitude, lui donnant ainsi le signal du départ pour venir m'accueillir. En arrivant au-dessus de la minipiste, j'eus deux surprises. La première, c'est que Jean Paul s'y trouvait déjà, tout souriant et agité. La deuxième était beaucoup plus triste: je réalisai que j'avais mal examiné la piste et qu'elle était définitivement trop courte pour le genre d'appareil que nous pilotions. Dieu soit loué! Denis Beaudoin, mon instructeur, était aux commandes. Nous avons fait deux approches pour mieux nous rendre compte de l'état des lieux. Pendant ce temps, Jean Paul trépignait d'impatience. Il ne comprenait pas pourquoi nous tardions à nous poser. Quoique très hésitant, à notre troisième approche, Denis décida finalement de tenter un atterrissage. Malheureusement, à peine nos roues avaient-elles effleuré le sol, nous nous rendîmes compte de la réalité. Nous roulions vers la catastrophe. Ce n'était pas une piste, c'était un mouchoir de poche avec, tout au bout, des rochers inaccueillants et... le Saint-Laurent. Ces choses-là arrivent si vite qu'on n'a même pas le temps de faire son signe de croix. Denis, les yeux exorbités et les mains crispées sur le manche à balai, me demanda: «Alain, es-tu prêt?» Je ne savais pas qu'il voulait dire: «Es-tu prêt à... mourir?» J'ai répondu: «Oui». Si j'avais compris, j'aurais crié que non. Je n'ai pas eu le temps de voir grand-chose. Mes yeux étaient rivés sur le sol, devant. Denis avait mis les gaz à fond. Il s'en est fallu de peu que l'avion ne s'écrase. Il a frôlé les grosses pierres et a quand même réussi à s'élever. Nous avons pris enfin de l'altitude et, pâlots, avons mis le cap sur La Malbaie. Jean Paul était loin, derrière. Il avait compris que nous avions eu des difficultés mais, de l'endroit où il nous attendait avec sa Mercedes, il n'avait pas pu voir l'avion s'éloigner. Il crut donc que nous nous étions écrasés dans le Saint-Laurent. Pris de panique, il retourna chez lui alerter Madeleine. Tous deux se rendirent en toute hâte au restaurant où nous devions manger ce midi-là. Il s'enquit auprès des gens s'ils avaient entendu dire qu'un petit avion s'était écrasé. Normalement, ces choses-là s'apprennent rapidement, or tout le monde semblait ignorer la catastrophe. Madeleine, plus optimiste que son mari, tenta de le rassurer. Elle annonça qu'elle était prête à attendre une ou deux heures au restaurant, le temps que j'arrive, comme d'habitude, en auto, de La Malbaie. Elle sentait que j'étais toujours vivant et que je reviendrais.

Cette mémorable aventure prend un tournant inattendu. Doutant de me retrouver vivant, Jean Paul consent toutefois à faire la vigie avec son épouse mais, pour se donner un peu de courage devant l'épreuve, il prie le barman de lui servir un verre, puis un autre et un autre... Si bien que, lorsque j'arrivai en auto, je trouvai Madeleine rayonnante, relisant pour la centième fois le menu, et Jean Paul, étendu sur un divan, à l'entrée de l'établissement, légèrement absent. Nous l'avons réveillé avec ménagement et, après une réjouissante accolade, l'avons persuadé de nous suivre à table. Il fit l'effort de se rendre dans la salle à manger mais, une fois assis, nous l'avons vu faiblir à vue d'œil. La peur s'empara de Madeleine, qui me pria instamment de reconduire Jean Paul à la maison au volant de leur automobile. Chemin faisant, l'état de Jean Paul empirait rapidement, au point que sa femme dut soutenir sa tête. Questionné, Jean Paul ne répondait plus. Il transpirait abondamment. Moi aussi d'ailleurs. De peur de le perdre.

Chemin faisant, Madeleine et moi avons décidé qu'il était urgent de le mettre au lit et d'aller chercher le médecin qui, fort heureusement, habitait tout près.

À notre arrivée à la maison, Jean Paul était trop faible pour marcher. Il était presque sans connaissance. Je l'ai pris dans mes bras et porté au pas de course à la maison. Étendu, il avait l'air d'un cadavre. Pendant que j'allais à la recherche du médecin, Madeleine lui appliqua des serviettes humides sur le front.

Comme un malheur n'arrive jamais seul, le médecin était absent. Je fis demi-tour et revins à la course pour apprendre avec joie que Jean Paul allait mieux. Il recommençait à parler. Il était très faible, certes, mais son état, pour le profane que j'étais, n'inspirait plus la panique. En fin de journée, il était à nouveau sur pied. Pour montrer notre joie, Madeleine et moi nous nous sommes mis à chanter. À la tombée de la nuit, au moment où je m'apprêtais à repartir, Jean Paul m'a parlé. J'ai su alors qu'il avait retrouvé toute sa forme:

— Vous m'avez fait tellement peur, dit-il, que je voudrais vous faire peur à mon tour. Savez-vous ce que j'ai envie de faire? Quand vous serez sur le traversier avec la nouvelle toile que je vais vous remettre, j'ai envie de téléphoner à la police provinciale pour leur raconter qu'un individu louche vient de me voler un tableau... Vous en feriez une tête!

Et sur ces mots, il éclata d'un rire inextinguible, preuve qu'il n'y avait plus lieu de s'inquiéter pour sa santé.

Quelle journée!

Un jour, après avoir lu mon autobiographie, il me fit venir à l'île aux Coudres et me dit: «Montons dans mon atelier, j'aimerais vous montrer quelque chose.» Il venait de terminer une immense toile qui s'étendait sur presque toute la longueur de la pièce. Il l'avait baptisée *L'invasion*. Sur un immense fond blanc neige, étaient postés des soldats en uniforme vert, tous décorés d'une étoile écarlate. «J'ai vécu plusieurs jours avec votre histoire en tête et voilà ce qu'elle m'a inspiré.» Il va sans dire que j'étais ému jusqu'aux larmes. La toile était d'une beauté exceptionnelle et... six mois plus tard, elle m'a permis de vivre une expérience inoubliable qui m'a prouvé jusqu'à quel point Jean Paul Lemieux ne s'est jamais pris pour LE grand maître.

Jean Paul Lemieux s'était enquis auprès de moi de la possibilité de lui trouver des acheteurs pour quatre petites toiles qu'il venait de peindre ainsi que pour *L'invasion* (qui, à mon grand regret, était au-dessus de mes moyens). Je lui promis de les montrer à quelques camarades, tous des inconditionnels de Lemieux. Madeleine roula les toiles et les confia à un ami, Jean-Louis Morgan, qui me les apporta à Montréal. À son arrivée, j'ouvris la précieuse cargaison avec un soin infini. Les petites toiles étaient toutes en excellent état. Malheureusement, ce n'était pas le cas pour la grande. J'ai eu la désagréable surprise de constater que la couleur blanche était toute craquelée. Pire! la plus grande partie de l'œuvre, représentant la neige, tomba en mille morceaux sur mon plancher. J'étais consterné. Que faire devant pareille catastrophe? Après un moment d'hésitation, je décidai d'appeler Madeleine pour lui faire part du malheur. Voici (je vous le jure sur mon honneur!) la conversation, telle qu'elle se déroula:

— C'est terrible, dit Madeleine en apprenant la nouvelle. Je devine la raison. C'est entièrement de ma faute. Je ne voulais pas que la toile prenne trop de place, alors je l'ai trop serrée en la roulant. J'aimerais mieux que vous annonciez la nouvelle vous-même à Paul! Je vous le passe...

— !

— Allô, Alain? Alors, mes toiles sont bien arrivées?

— Oui, Paul. Elles sont arrivées... seulement il y a un problème.

— Quoi? Quel problème? Vous ne les aimez pas?

— Oh que si! Mais c'est que... voyez-vous, toute la neige de *L'invasion* a craqué et le blanc est tombé en morceaux.

Un long silence suivit mon annonce. À l'autre bout du fil, il n'y eut aucune réaction. Comme je n'entendais rien, j'ai commencé à paniquer et à craindre le pire. Le choc aurait-il été trop grand? Je repris timidement:

— Allô, Paul? Vous êtes là?

— Oui, je suis là...

— (Ouf!) Vous avez bien compris ce que je vous ai dit? Toute la neige... tout le blanc est...

Et là, lui est venue cette phrase que je n'oublierai jamais tant que je vivrai:

— Eh bien quoi! vous n'allez pas vous énerver pour si peu! VOUS EN AVEZ CHEZ VOUS, DU BLANC?

«Trouvez l'erreur, dirait-il. Devinez ce qui est tout à l'envers. La toile ou le peintre?»

Jean Paul était sérieux. Il aurait souhaité que je sorte mon pinceau et de la peinture blanche et que je restaure sa toile! Je ne l'ai pas fait. J'ai préféré la confier à mon ami Denis Beauchamp qui s'est chargé de donner cette tâche à un restaurateur expert du Musée des beaux-arts.

Encore une fois pardon, Paul. Je regrette de vous avoir désobéi, mais je n'aurais jamais osé entreprendre cette délicate opération moi-même. Non pas tant par crainte de placer le blanc au mauvais endroit que de peur de lire, quelques années plus tard, une critique vantant... «l'inimitable trait de pinceau de Lemieux – toujours ingénu, ample et déterminé – qui a atteint le sommet de son art dans *L'invasion*, une œuvre où la neige traduit mieux que dans toute autre scène d'hiver que nous lui connaissions la parfaite maîtrise du peintre, son immense génie et sa permanence!» ou quelque chose d'approchant...

# 3
# Bonheurs
# des chefs

*Beau comme un mensonge.*
ANONYME

# LES POLITICIENS

*La politique, c'est comme l'andouillette.*
*Ça doit sentir un peu la merde, mais pas trop.*
ÉDOUARD HERRIOT

Je n'ai jamais aimé la politique. Elle m'accable. Pourtant, je ne sais pas pourquoi, j'ai toujours été mêlé aux politiciens. La liste de ceux que j'ai côtoyés s'étend de la politique municipale à la politique internationale. Je vais citer quelques noms, mais on n'est pas là pour distribuer les bons ou les mauvais points:

Camillien Houde (voilà qui ne me rajeunit pas);
Sarto Fournier (bof);
Jean Drapeau (que j'ai beaucoup fréquenté. Qui a toujours eu la manie de me donner des rendez-vous à son bureau à l'aube);
Maurice Duplessis (ce fut bref mais significatif);
Paul Sauvé (pour qui j'avais de l'estime);
Daniel Johnson père (qui m'a laissé tomber pour la sortie de son livre *Égalité ou indépendance...* Il est décédé trois jours avant le lancement);
Jean-Jacques Bertrand (qui me considérait au point de me faire émettre – par erreur – un permis de la Commission des Liqueurs pour l'exploitation d'une taverne);
Claude Wagner (lorsqu'il fut nommé ministre de la Justice, sa femme lui a offert un bibelot symbolique qu'il plaça fièrement dans son bureau. Il en était très fier. Il me l'a dit. Il s'agissait d'une guillotine miniature dont la lame fonctionnait et pouvait être utilisée comme... coupe-cigares);

John Diefenbaker (à toutes nos rencontres, il me parlait de John A. Macdonald. Il l'admirait tellement qu'il avait acheté son lit, dans lequel il dormait. D'ailleurs, il avait dû le faire allonger pour convenir à sa taille);

Joe Clark (plus grand que Pierre Elliott Trudeau – en taille (!) – mais paraît plus petit. Au cours de l'enregistrement d'une interview télévisée, je l'ai fait asseoir sur deux oreillers afin qu'il paraisse plus haut que moi... Les oreillers étant perceptibles à l'écran, nous avons été obligés de reprendre l'émission au complet);

Robert Bourassa (dont j'ai publié le livre *Bourassa Québec*);

René Lévesque (à la création du Mouvement Souveraineté-Association, j'ai publié son *Option Québec)*;

Jérôme Choquette (à qui, au cours d'une interview télévisée, j'avais prédit qu'il deviendrait ministre de la Justice. Hélas);

Réal Caouette (que j'ai réussi à faire chanter et danser à la télévision);

Jean Marchand (un homme vrai, refusant le compromis, que j'admirais. Il est décédé quelques jours avant d'entreprendre avec moi la rédaction de ses mémoires);

Pierre Dupuy (que j'ai accompagné au cours de sa campagne européenne, lorsqu'il a vendu l'Expo 67 à l'étranger. J'ai aussi publié son recueil de souvenirs);

Gérard Pelletier (un être exquis. Loyal. Homme de parole. Un grand journaliste, un homme de cœur);

Jean Cournoyer (qui m'a plu dès notre première rencontre et dont l'incorruptibilité me touche. Je l'ai encouragé à rédiger ses mémoires. En attendant, il a élaboré *Le Petit Jean – Dictionnaire des noms propres du Québec*. Titanesque!);

Jean-Noël Tremblay (dont l'érudition et l'humour caustique m'épatent. Alors qu'il était ministre des Affaires culturelles, je lui répétais pompeusement: «Le ministère de la Culture est moins important que la culture du Ministre»);

Claude Forget (dont la sérénité et la sagesse sont un modèle pour moi);

Jacques Hébert (avant de devenir un copain, et sénateur, il fut un sérieux concurrent dans l'édition. Découvreur, esprit brillant, causeur, charmeur. Je l'ai particulièrement admiré dans sa façon de présider des comités de toutes sortes, avec un humour hors pair);

Serge Joyal (un homme d'esprit et d'action rarement ponctuel, toujours de bonne humeur, passionné et passionnant);

Pierre Laporte (un confrère dont l'assassinat m'a beaucoup déstabilisé);

Brian Mulroney (à qui j'avais prédit – à la télévision, lui aussi – sa nomination comme premier ministre...);

Richard Nixon (dont j'ai été l'éditeur et l'agent et qui m'a fait partager, le premier, la grande solitude des chefs d'État); ainsi qu'une kyrielle d'autres députés, de ministres de toutes les couleurs politiques comme Eric Kierans (qu'un jour j'ai accidentellement arrosé de sauce rouge en mangeant des crevettes dans un club huppé), Liza Frulla (dont la compagnie m'a toujours ravi), Thérèse Casgrain (qui s'est toujours plus souciée du bien-être des autres que du sien), Jeanne Sauvé (une soie), George Hees et Pierre Sévigny (ceux qui se souviennent de l'épopée Gerda Munsinger, levez la main)...

Cette énumération contient des gens de talent et même de génie. Des médiocres aussi. Il ne peut pas y avoir que des grands politiciens. D'une manière générale, j'ai de l'estime et parfois de l'admiration pour ceux que mon travail m'a fait rencontrer. Je crois que beaucoup d'entre eux se sont engagés dans la politique avec un idéal de missionnaires: celui de changer, dans la mesure de leurs moyens, un monde engourdi dans la frivolité, le conformisme et le confort. Certains d'entre eux sont bien sûr infatués d'eux-mêmes. Leur ego est sensiblement plus gonflé que celui de leurs électeurs. Ce qui me fait réfléchir, c'est que, pour se faire un nom... il a fallu qu'ils disent oui à bien des gens à qui ils auraient sûrement préféré dire non.

La politique c'est pour moi comme une rame de métro pour certains suicidaires. J'en ai peur mais cela m'attire mystérieusement. Comme j'ai peur de me jeter sur la voie, je me frotte à ceux qui roulent dessus.

J'ai toujours trouvé curieux que, dans la vie, il y ait deux actes, pourtant parfaitement légaux, qu'on soit obligé d'accomplir en cachette. L'un relève de la sexualité et l'autre de la politique. On se cache quand on fait l'amour et quand on vote... Je refuse absolument de révéler comment je fais l'amour et à qui j'accorde mon vote.

# PIERRE ELLIOTT TRUDEAU

## Le choc... électrique

> *Il ne faut jamais avertir les gens de leur danger*
> *que quand il est passé.*
> VOLTAIRE

Je n'ai ni l'intention ni la prétention de faire le portrait de Pierre Elliott Trudeau. On le connaît ou le méconnaît, on l'aime ou on le déteste selon que l'on soit fasciné par le personnage ou repoussé par ses idées politiques. Je ne parlerai ni de sa façon de gouverner ni de sa politique. Je souhaite plutôt dire l'attrait que cet homme exerce. J'aime particulièrement ses impertinences et son esprit de repartie.

Quand il était premier ministre, à son bureau de la colline parlementaire, il avait un bilboquet. Il lui arrivait de l'empoigner et d'en jouer devant les yeux médusés de certains visiteurs. On croyait qu'il avait une manie, que c'était pour lui une façon de relaxer. La réalité est tout autre. Il avait pris l'idée chez Henri III qui, pour signifier à un visiteur que celui-ci lui cassait les pieds, jouait au bilboquet.

Lors d'une visite chez le président François Mitterrand, on le présenta à une armée de ministres et députés français. Trudeau en profita pour se lever et réciter un long poème de Jacques Prévert. Les notables français se demandaient franchement si c'était du lard ou du cochon. On croyait avoir affaire à un ex-premier ministre du Canada frustré qui, par

193

dépit, s'était recyclé dans la poésie... Pendant que la gêne semblait gagner l'honorable (et coincée) assistance, le visage de Mitterrand s'illumina. Le président français déclama les dernières strophes avec Trudeau.

Je l'ai connu dans les années soixante. Il venait corriger les épreuves de ses articles pour *Cité Libre*. C'était dans mon bureau de l'Imprimerie Judiciaire, qui appartenait à Edgar Lespérance, comme aussi les Éditions de l'Homme, dont

j'étais directeur. Quelques années plus tard, René Lévesque est venu dans le même bureau pour le même travail sur son *Option Québec*. Une plaque devrait être installée à cet endroit. Elle aurait beaucoup de succès car depuis, ce local a été transformé en... taverne.

Nous nous sommes revus sporadiquement par la suite. Notamment à une émission de télévision de Radio-Canada, *Les Couche-Tard,* où il présentait son livre et moi celui de René Lévesque. Le hasard...

Puis, nous nous sommes retrouvés en 1976 à l'occasion d'une émission spéciale que Télé-Métropole m'avait chargé de faire sur le premier ministre. Elle titrait *Portrait intime de Pierre Elliott Trudeau* et traitait de tout sauf de... politique. Tout à fait ma tasse de thé.

Il avait gardé dans son regard cette éternelle expression à la fois rieuse et fière qui le caractérise. Les 24 techniciens de Télé-Métropole, toutes allégeances politiques confondues,

unanimement séduits, pourraient le confirmer: Trudeau est un homme rayonnant, chaleureux, qui possède le pouvoir de son charisme. À cette occasion, il m'a été donné de vivre dans son giron quotidien, entre le Parlement et les salons privés de Sussex Drive, pendant trois jours entiers. Trois jours pour apprendre à se connaître, à s'apprivoiser mutuellement. Pour établir un vrai contact et faire naître l'atmosphère d'intimité qui devait caractériser l'émission. Pendant ce temps, les caméramen recueillaient les images des moindres gestes de Pierre, de Margaret sa femme et de leurs enfants. Pour la première fois, toutes leurs portes étaient ouvertes sans restriction. Ou plutôt si, il y en avait une: sous aucun prétexte nous n'avions le droit de filmer la piscine, objet de nombreuses critiques de l'opposition. Une piscine dont le coût s'était élevé à 75 000 $, cadeau d'amis personnels du premier ministre.

Le jour du tournage, Pierre Elliott Trudeau, alors au faîte de sa popularité, était redevenu pour nous un homme simple, avec ses croyances, ses idées, ses inquiétudes et ses espoirs. Le sourire aux lèvres et les yeux espiègles, il se dévoilait sans réserve, sans jeu de rôles. Il parla avec abondance de son père, de sa mère, de son étonnant grand-père maternel et des autres membres de sa famille qui avaient influencé son parcours. Il raconta sa rencontre avec Margaret, dont il se disait follement épris, parla de l'importance qu'il accordait à ses enfants, etc. Le dévoilement était une telle réussite que, durant de nombreuses années, son bureau de presse ne cessa de le citer en exemple et de répéter que l'entretien fut le meilleur que Trudeau ait jamais accordé sur sa vie privée. J'en suis flatté. Mon application n'était sûrement pas inutile à ce succès mais tout le mérite lui revient. Il y a des jours où, comme on dit dans le métier, les anges passent. Et ce jour-là, par bonheur, ce fut une armée d'anges qui est passée...

Le film montrait Pierre Elliott Trudeau à son bureau, travaillant sérieusement avec ses ministres, jouant aussi du bilboquet, et au foyer avec ses fils et Margaret, dans toutes sortes de familiarités émouvantes.

Il manquait un détail pour compléter le tableau: le premier ministre nageant dans sa piscine. Mais son bureau de presse autant que lui-même s'opposaient avec obstination à ce que nous filmions cette scène. Il me restait un espoir: intervenir auprès de Margaret.

Margaret, avec qui j'avais créé une cordiale relation au cours du séjour, venait justement de me demander si le tournage allait selon mon désir.

— Tout va très bien. Il me manque une scène, lui dis-je attristé, celle de Pierre s'ébrouant dans la piscine. Tout le monde sait qu'il est bon nageur et que c'est sa détente après le travail. Malheureusement, il ne veut pas...

— Il ne veut pas? Laissez-moi faire. Je m'en occupe.

Et elle l'a fait! Ce soir-là, lorsque le premier ministre est entré à Sussex Drive, Margaret alla l'accueillir, l'embrassa et chuchota quelques mots à son oreille. Pierre sourit. Il était gagné.

Ravie, Margaret me dit:

– Pierre va se changer. Apportez vos caméras à la piscine! Voulez-vous le voir nager seul ou avec les enfants?

– Avec les enfants!

– Parfait, je leur demande de mettre leurs maillots.

Le petit Justin s'est mis à pleurer. Il ne voulait pas mettre son maillot:

– Mais, maman, si je le mets pour aller à l'eau, je vais le mouiller!

Il avait l'habitude de nager nu.

En un tournemain, l'équipe technique avait envahi la piscine. Le tournage étant non prévu, il fallait improviser un éclairage de fortune. Nos deux piteux projecteurs étaient trop faibles pour l'étendue du local. Le réalisateur décida de les faire installer le plus près possible du bord de la piscine. Il n'était pas question d'aller se procurer un équipement plus approprié. La démarche aurait risqué d'impatienter le premier ministre et de le faire changer d'idée... Tous les membres de l'équipe mirent la main à la pâte. Certains s'improvisèrent électriciens. Ils sectionnèrent des bouts de câble et les raccordèrent de leur mieux (c'est-à-dire très mal car ils n'avaient pas de ruban isolant sous la main...).

Pour avoir plus de mobilité, le tournage allait être effectué avec une caméra-épaule. Le premier ministre plongea le premier. Les enfants vinrent le rejoindre l'un après l'autre. La scène était unique. Le caméraman ne voulait rien manquer de cette exclusivité qui venait de nous être offerte. Il courut d'un côté à l'autre de la piscine et c'est à cet instant précis qu'il s'accrocha au fil d'alimentation d'un des projecteurs perché sur un trépied fragile. Je vis le trépied perdre l'équilibre et commencer lentement sa chute en direction de la piscine. C'était la catastrophe: l'électrocution inévitable. Le hasard voulut que je me trouve tout près du projecteur. De toutes mes forces, j'ai bondi dessus et, par bonheur, réussi à arrêter sa chute alors qu'il n'était plus qu'à un mètre de l'eau. Personne de la famille Trudeau n'a eu le temps de remarquer le drame qui aurait pu leur coûter la vie. Tout s'était déroulé en un éclair. Seuls le réalisateur, le caméraman et moi-même étions blêmes d'émotion. J'ordonnai en tremblant que l'on cesse le tournage pour lequel on avait tellement insisté. On peut trouver aux archives de Télé-Métropole cette fulgurante scène qui dure à peine 10 secondes...

L'avouerai-je? l'incident a eu un tel impact sur moi que durant plusieurs semaines la nuit je me réveillais en sursaut, en imaginant le pire. Une nuit, j'ai même eu un cauchemar au cours duquel je voyais en première page de tous les journaux:

«Le premier ministre Trudeau meurt électrocuté avec ses trois enfants. Une équipe de télévision, responsable de leur mort, était sur les lieux et a filmé l'effroyable tragédie...»

Je n'ai jamais eu le courage de raconter cette mésaventure à Pierre Elliott Trudeau. S'il me lit, je me demande l'impression qu'il aura rétrospectivement.

Quelques années après, Pierre et Margaret se séparaient. Les éditions Paddington, de Londres, me proposèrent d'acquérir les droits français d'un livre que Margaret venait d'écrire. Le contenu du manuscrit était scandaleux. (Quelques années plus tard, l'auteur admit elle-même le regretter.) Les détenteurs des droits exigeaient une avance de 35 000 $ et me pressaient de publier le livre pendant que Pierre Elliott Trudeau était en campagne électorale. Je croyais de mon devoir de l'en informer. Je lui téléphonai à Ottawa. Il reçut la nouvelle avec surprise. Nous conversâmes longuement.

– Mais pourquoi crois-tu qu'elle fait ça? me demanda-t-il, très candidement.

– Il me semble qu'elle souhaitait t'avoir entièrement pour elle. Elle était exaspérée de te voir arriver, en invité de week-end à Harrington Lake, les valises chargées de travail. Elle aurait voulu que tu laisses tomber la politique et que tu la choisisses.

Il y eut un silence. Pierre dit, comme s'il se faisait une réflexion à lui-même:

– Qui sait si elle n'a pas raison, dans le fond?

Il me demanda qui avait acquis les droits et combien les avait-on payés.

– Pour le français, on me demande 35 000 $.

– Tant que ça?

– Les Allemands seraient prêts à donner 75 000 $. Quant aux Anglais, il semble qu'ils lui ont promis 100 000 $.

Pierre parut très surpris:

– C'est étonnant. C'est beaucoup d'argent, commenta-t-il.

Son dernier commentaire m'a vraiment touché:

– Je veux que tu saches ceci: si tu crois que, commercialement, le livre de Margaret représente une bonne affaire pour ta société, publie-le! Sois assuré que mon amitié pour toi ne changera d'aucune façon! Je te le jure! Sens-toi libre!

Je n'ai pas édité le livre. C'est le *Montreal Star* qui l'a mis sur le marché au Canada.

Nous n'en avons jamais reparlé.

Nous sommes toujours amis. Son imprévisibilité me surprend toujours.

Son dernier coup remonte à 1989. Lors de la négociation d'un contrat, pour une série d'émissions que je projetais d'entreprendre avec Gérard Pelletier pour Radio-Canada, j'avais besoin de son accord écrit. Après s'être quelque peu fait prier, Trudeau consentit à me l'envoyer enfin, mais... en latin! En présentant le document aux officiels de la respectable (bof!) Société, je ne souhaitais qu'une chose: tomber sur quelqu'un ayant fait ses études classiques, sur un défroqué (pendant un temps, il y en avait pas mal) ou, au mieux, sur un ignare (l'illustration parfaite du principe de Peter) n'osant pas montrer qu'il ne pratiquait le latin que comme d'autres pratiquent le tir à l'arc.

Trois colombes et... un moineau.

# RENÉ LÉVESQUE
*«Tu l'auras ton livre sur René!»*

> *Les ennuis, c'est comme le papier hygiénique:*
> *on en tire un, il en vient dix!*
> WOODY ALLEN

Beaucoup de choses ont été écrites sur René Lévesque. Beaucoup trop peut-être. Le portrait le plus simple et le plus signifiant sans nul doute est résumé en quelques pages dans l'admirable texte que lui a consacré notre ami commun, le juge Marc Brière[*].

Je me contenterai de dire que je l'ai bien connu, beaucoup admiré, que j'ai eu l'occasion de travailler avec lui lorsqu'il fut journaliste à Radio-Canada, ministre des Richesses naturelles, militant pour la nationalisation de l'électricité (je lui ai trouvé un slogan pour sa campagne: «Il n'y a pas de gens pour ou contre la nationalisation de l'électricité, il n'y a que des gens bien ou mal informés!»), fondateur du Mouvement Souveraineté-Association et auteur. En 1961, alors que René Lévesque avait abandonné le journalisme pour la politique, Pierre Lazareff s'est soudain retrouvé privé de correspondant au Canada. Il m'a fait l'honneur de me nommer à la succession de René pour l'émission de Radio-Luxembourg *Dix millions d'auditeurs*, commanditée par *France-Soir*, le plus important quotidien français du temps.

---

[*] *La justice, quelle justice?*, Marc Brière, Montréal, Éditions Stanké, 1991.

En somme, rien de ce que je pourrais dire ici ne ternirait ou n'embellirait l'image qu'on s'est faite de lui ou le souvenir qu'on en garde tous. J'en resterai à des faits qui nous ont été à lui et à moi particuliers.

Une anecdote, reliée à la publication de sa biographie, mérite tout de même d'être narrée parce qu'il n'y a, d'après moi, rien de plus tragique souvent que la gaieté et de plus profond que... l'anecdote.

Nous étions en 1973. Il était de plus en plus évident que des élections seraient annoncées prochainement. Un jeune historien, Jean Provencher*, vint proposer aux Éditions La Presse, dont je dirigeais les destinées, une passionnante biographie de René Lévesque. Je n'ai pas hésité un seul instant à accepter l'ouvrage qui, par bonheur, avait été relu et donc avalisé, quant à son fond, par René Lévesque lui-même. La forme, elle, avait besoin d'être peignée. Rien d'anormal. Même les plus grands écrivains passent par la moulinette. Mais, vu l'importance de la publication, il était essentiel que le livre soit irréprochable. Au moment où les réviseurs maison allaient se mettre au travail, les élections furent annoncées. Je pris donc la décision d'accélérer le mouvement et d'en faire un *instant book* (un de mes dadas) que je voulais mettre sur le marché pendant la campagne électorale. J'étais conscient qu'il risquait d'être classé dans les publications partisanes et confondu avec le matériel publicitaire des partis politiques en lice, mais d'un autre côté, je trouvais que c'était le moment choisi pour faire connaître René Lévesque à un plus grand nombre de Québécois. J'optai donc pour une publication ultrarapide. La haute direction du journal (c'est-à-dire Roger Lemelin) ne partageait pas mon avis mais me laissa faire – convaincue sans doute que je n'arriverais jamais à produire un livre de 270 pages en si peu de temps...

---

* *René Lévesque. Portrait d'un Québécois*, Montréal, Éditions La Presse, 1973.

Pour effectuer le travail de révision, d'épuration et de préparation du texte avant que celui-ci ne soit envoyé à la typographie, je fis appel à un «peigneur» extérieur à notre entreprise, très qualifié, dont je connaissais la compétence depuis nombre d'années. L'homme était fiable. Il connaissait notre langue et, par chance, pouvait aménager son temps selon nos exigences.

Convoqué à mon bureau de la rue Saint-Jacques, ce réviseur accepta de travailler à la loupe jour et nuit, imbibé de café, pour me livrer le travail trois jours plus tard. Les presses de notre imprimeur avaient été réservées et nous n'avions aucune marge de manœuvre. Pour que la machine fonctionne, les minutes étaient comptées. Nous ne pouvions pas même prendre le temps de photocopier le manuscrit. Le réviseur allait s'en charger lui-même.

Le lendemain matin, je suis arrivé à mon bureau 15 minutes après le personnel. L'atmosphère était celle, lourde et inquiétante, de la catastrophe du siècle, et personne ne disait mot.

– Il faut que vous appeliez au plus tôt votre réviseur, se risqua à dire la réceptionniste.

Je découvris progressivement l'étendue des dégâts:

– J'ai eu un petit ennui.

– Quel ennui?

– C'est ennuyant...

– Parle...

– Je suis ennuyé... très ennuyé...

– T'as raison, cherche pas de synonymes. J'ai compris, tu es ennuyé! Maintenant, accouche! Que se passe-t-il?

– Voilà. Quand nous nous sommes quittés hier soir, je suis parti avec le manuscrit...

– Oui, je sais. Passons aux faits...

– ... J'ai pris le métro, parce que, tu sais, j'habite sur la Rive-Sud... non?

– Et alors?

– ... Alors, je suis descendu au métro Longueuil...

– Saute les détails, dis-moi ce qui est arrivé...

– Non mais, si je te dis ça c'est que c'est important... Donc je suis descendu au métro Longueuil et je suis allé téléphoner à ma femme, dans une cabine téléphonique, pour lui dire que j'arrivais et qu'elle prépare le souper...

– Bon, mais vas-tu me dire oui ou non ce qui...

– Voilà, je te le dis: en sortant de la cabine, j'ai oublié ma serviette qui contenait le manuscrit...

– Quoi?

– Oui... le manuscrit que tu m'as confié, celui que René Lévesque avait lui-même corrigé à la main... C'est terrible, tu sais. Le manuscrit dont je n'ai pas eu le temps de faire de copie... Je suis retourné pour voir, mais la serviette n'y était plus.

– C'est pas vrai! Dis-moi que ce n'est pas vrai! T'as une araignée au plafond ou quoi?

– Si, si. C'est vrai. Remarque que tout espoir n'est peut-être pas perdu...

– Que veux-tu dire?

– Quelqu'un m'a téléphoné, tard, hier soir....

– Et alors, raconte...

– Il avait retrouvé la serviette avec le manuscrit...

– Ouf... alors, tout va bien. Tu l'as récupéré?

– Non. Il n'a même pas voulu se nommer.

– Quoi? Alors le manuscrit est réellement perdu?

– Peut-être pas...

– Comment ça? Explique...

– Il m'a dit que si je voulais le récupérer, je pourrais le rencontrer ce soir, à quatre heures, à la taverne du métro de Longueuil.

– Comment vas-tu faire pour le reconnaître? Tu n'as ni son nom ni son adresse...

– Mais j'ai sa description. Il m'a dit qu'il ressemblait à Robert Charlebois, que je ne pourrais pas me tromper en le voyant...

– Et puis, si tu ne le reconnais pas, tu reconnaîtras peut-être ta serviette.

– Non, parce qu'il y en a beaucoup comme ça...

L'incident me consterna. J'étais en plein cauchemar. En supposant que l'opération récupération puisse se dérouler sans accroc, on venait tout de même de perdre une précieuse journée de travail.

– Bon, alors l'espoir n'est pas perdu?

– Peut-être pas, mais si je te téléphone c'est pour te mettre au courant...

– Merci beaucoup...

– ... Et pour te demander aussi ce que je devrais faire si le fameux sosie de Charlebois me demande de l'argent en retour du manuscrit...

– C'est TON problème! Téléphone-moi dès que tu auras rencontré ton homme. S'il vient vraiment au rendez-vous, c'est que le Bon Dieu existe. Un dernier conseil: récupère le manuscrit à tout prix! HYPOTHÈQUE ta maison s'il le faut! Tu entends?

À 4 h 30, nouveau coup de fil:

– Allô Alain? Alors voilà, je l'ai rencontré. Il ressemblait réellement à Charlebois. Je croyais que c'était lui...

– Je parie que tu n'as pas le manuscrit, mais que tu as son autographe.

– C'est pas le moment de plaisanter...

– À qui le dis-tu? Alors, perds pas de temps. L'as-tu mon manuscrit, oui ou merde?

– Je l'ai! Je l'ai! Qu'est-ce que j'en fais? Je vais chez moi et je me mets au boulot?

– Non. Attache-le à ton bras et débarque au bureau... Et n'appelle surtout pas ta femme pour lui dire que tu seras en retard pour le dîner!

Je voulais vérifier si le manuscrit était complet et si rien n'avait été changé par le mystérieux sosie de Charlebois.

Inutile de dire que je n'ai pas confié ce travail à ce malheureux. L'inquiétude dans laquelle il avait plongé mon équipe et les 24 précieuses heures qu'il nous avait fait perdre l'avaient disqualifié. Il en était conscient et en souffrit beaucoup. On comprend pourquoi je ne le nommerai pas.

Entre-temps, je m'étais mis à la recherche d'un autre collaborateur, aussi calé en français mais... plus fiable. Pour rattraper le temps perdu, il fallait cette fois que le correcteur soit prêt à travailler dans les locaux mêmes de notre imprimeur, à Québec, pour qu'il révise à mesure que le texte sortirait de la typo. Quelqu'un me suggéra le nom de Pierre Dagenais. Homme de théâtre fort connu, dont la connaissance de la langue était indiscutable, Pierre m'avait fait savoir qu'il cherchait justement du travail pour boucler ses fins de mois. Il était prêt à tout. Travailler de nuit si le travail l'exigeait et même coucher au pied des presses s'il le fallait.

Ce n'était plus une question d'heures, mais de minutes. Robert Laflamme, p.-d.g. de l'Imprimerie Laflamme, est venu cueillir lui-même Pierre à Montréal pour le conduire à Québec en Mercedes.

Il promit d'être en contact constant avec moi afin que je sois bien informé du déroulement des opérations.

Une heure et demie plus tard – il a dû faire du 200 à l'heure – il me téléphone de Québec:

– Ça y est. Nous venons d'arriver!

– Bravo Robert!

– On n'a pas roulé, on a volé!

– Tu n'as pas peur des contraventions?

– Ils n'auraient jamais été capables de m'attraper!

Le ton est à la détente. Signe que la nouvelle logistique fonctionne. Nous sommes dorénavant en contrôle de la situation.

Avant de raccrocher, l'imprimeur avait une question:

– Dis donc, entre toi et moi... tu es sûr de ton gars?

– Allons, allons! Robert, qu'est-ce que tu veux dire?

– Je veux dire... c'est un gars qui est sobre, oui?

– Non mais qu'est-ce que tu insinues?

– Ce n'est pas de mes affaires mais, c'est que... en descendant à Québec, ça sentait tellement la tonne que j'ai été obligé de garder continuellement les vitres ouvertes...

J'ai failli me fâcher et lui dire d'aller se faire examiner. Je n'admettais pas de telles allusions à propos d'un professionnel qui, de surcroît, avait ma confiance et mon amitié.

– Bon, bon, je disais ça comme ça... Tu sais sûrement mieux que moi. Je dépose les bagages de ton homme dans un motel tout proche et je l'embarque tout de suite au boulot. Demain, première heure, je te fais un rapport...

Et, le lendemain, première heure, il me fit son rapport:

– Excuse-moi pour hier. Ton gars est vraiment bon. Il travaille depuis 6 h 00 ce matin, sans relâche. On a déjà 50 pages d'épreuves de sorties. À ce rythme-là, il n'y a plus d'inquiétude. Tu l'auras ton livre sur René!

– Pourrais-je parler à Pierre? Je voudrais le féliciter.

– Il n'est pas là. Il est allé prendre un petit *break* à la taverne à côté. Il n'avait pas encore pris son petit déjeuner...

– Dis-lui de me téléphoner dès qu'il rentrera.

– Promis.

Quelques minutes plus tard, coup de sonnette. C'était encore l'imprimeur.

– Dis donc, je ne voudrais pas être un trouble-fête mais...

– Mais quoi?

– Nous avons une nouvelle téléphoniste à l'imprimerie. Elle a 19 ans. Très mignonne, très gentille...

– Et c'est pour ça que tu m'appelles, Robert?

– Non, pas exactement. Figure-toi qu'elle adore René Lévesque...

– Elle n'est pas la seule! Moi aussi je l'adore!

– Je sais... mais c'est parce qu'elle aime René qu'elle s'est permis de lire les épreuves que ton homme a corrigées... Alors, ça me gêne un peu...

– Et puis?

– Je sais qu'on n'est pas supposé de...

– Rassure-toi, Robert, le contenu n'est pas secret au point qu'il faille interdire à tes employés d'y jeter un coup d'œil... Du moment que ça ne retarde pas les opérations, c'est l'essentiel.

– Non mais, ce que je veux te dire, c'est qu'elle le trouve très intéressant mais...

– ... Mais quoi encore?

– C'est qu'elle a trouvé au moins une bonne douzaine de fautes...

Cette fois, j'ai failli hurler.

– Quoi? Tu veux dire qu'une jeune fille a la prétention de donner des leçons de français à Pierre? Tu rigoles ou quoi? Au fait, passe-le-moi. Je veux lui parler.

– Il n'est pas encore revenu. Mais dès qu'il rentre je lui dis de te téléphoner. Oh... attends, attends, je crois que je le vois. Oui, c'est lui qui arrive. Il est juste devant la porte d'entrée. Il monte l'escalier. Reste en ligne. Attends. Il pousse la porte. Le voilà. Ouuuups... il vient de s'enfarger dans le tapis. Il est tombé...

Vous l'avez peut-être deviné, mon homme était ivre-mort. LIVRE-MORT! La guigne s'acharnait sur nous. Je ne savais plus comment faire pour rattraper la situation. C'est finalement Roger Lemelin qui, sans le savoir, a trouvé la solution finale. Sorti d'une réunion avec le propriétaire de *La Presse*, il me convoqua pour m'annoncer que je devais renoncer à la publication du livre sur René Lévesque en période électorale. Ordre.

– *La Presse* ne peut pas se permettre ça, me dit-il. On se ferait trop critiquer. Si on voulait être objectifs, il faudrait sortir deux livres: un sur René et l'autre sur Robert... Si tu tiens à ton bouquin, s'il est aussi bon que ça, tu le sortiras après les élections!

Avisé de la décision, l'auteur fut scandalisé. Il protesta publiquement en dénonçant la censure de la Power Corporation... dont il m'accusait d'être la marionnette.

J'ai parlé secrètement à René Lévesque pour lui faire part de la décision, lui dire ma déception et lui raconter la série de malheurs qui avaient entouré la publication du livre. Nous nous sommes consolés en nous disant que, n'étant pas confondu avec la propagande électorale, le volume risquait peut-être d'avoir une vie beaucoup plus longue publié après le scrutin.

Le livre fut mis sur le marché quelques semaines plus tard. Plusieurs mois après, j'ai revu René Lévesque lors d'une interview à Télé-Métropole. Il a été le premier à m'en parler. Il était convaincu qu'en fin de compte ce fut un mal pour un bien et que la publication après les élections le servait mieux qu'elle ne l'aurait fait en pleine campagne électorale.

L'auteur n'en a rien su. Il pense peut-être encore le contraire. Il ne m'a jamais reparlé.

*... merci et félicitations – c'est de la belle ouvrage!*
*René Lévesque*

Au pays des Amérindiens, on suit les flèches, mon général!

# CHARLES DE GAULLE
## Un général bien particulier

*Les généraux, au fond, me détestent.*
*Je le leur rends bien. Tous des cons!*
CHARLES DE GAULLE

Non, je n'étais pas un de ses intimes. Je ne l'ai approché qu'une fois dans ma vie – et je n'étais pas seul, loin de là. C'était à l'Expo 67 où, à cause de plusieurs séries d'émissions dont j'étais le scripteur, j'ai eu l'occasion de rencontrer les plus grandes personnalités du monde venues à Montréal à cette occasion. Parmi celles-ci, le général de Gaulle. Je ne peux pas ne pas raconter ce moment qui fut bref mais... mémorable.

C'était peu avant son célèbre «Vive le Québec libre!», lorsqu'il visitait les pavillons de France et du Québec. Un imposant service d'ordre retenait les visiteurs en délire. Profitant d'un moment d'inattention, un quidam se détacha de la foule et réussit à s'approcher du Général. Il ne lui voulait aucun mal. C'était visible. Tout ce qu'il voulait, c'était lui serrer la main, qu'il lui tendit avec beaucoup d'affection d'ailleurs en criant avec une fierté non dissimulée:

– Mon général, mon général, JE SUIS FRANÇAIS!

Le Général se retourna et dit:

– Moi aussi, monsieur!

... et il serra la main à son valeureux compatriote.

213

# MAURICE DUPLESSIS
*Bon appétit, monsieur le premier ministre!*

*Quand l'argent parle, la vérité garde le silence.*
PROVERBE

Oui, j'ai rencontré le premier ministre Maurice Duplessis. Il m'est même arrivé de manger à sa table. En plus de ses innombrables défauts, que l'on a abondamment décrits, j'ai pu constater à cette occasion qu'il possédait au moins une qualité: celle d'avoir de l'esprit. Il était sarcastique, cinglant. Au dîner où il m'avait convié, j'ai eu l'honneur d'être assis en face de lui. J'ai donc pu observer qu'il mangeait avec frugalité.

– Vous mangez peu, monsieur le premier ministre, lui ai-je fait remarquer.

– Oui, c'est vrai.

– Êtes-vous au régime?

– Oui. Au régime... Duplessis! rétorqua-t-il, sans sourciller.

Je ne prisais pas spécialement le personnage et je n'aurais certes pas fait d'efforts particuliers pour le rencontrer (sauf peut-être afin de pouvoir m'en vanter, comme je le fais maintenant).

Non. J'étais en double mission. La première était un prétexte et la seconde était secrète.

215

Duplessis inaugurait une station hydroélectrique dans le bas du fleuve et l'Union nationale aimait que l'événement fût amplement couvert par les médias. C'est à titre de chef de reportages au *Petit Journal* que je pouvais avoir un intérêt envers cette affligeante inauguration. Celle-ci avait lieu dans un patelin que j'avais trouvé triste, appelé... Les Boules.

Le Parti invitait, en grandes pompes, tous les journalistes de Montréal et de Québec qu'il pouvait recruter. Il offrait une flotte de limousines de luxe (une pour deux journalistes), le gîte et les repas. En guise de préapéritif, le «Monsieur aux enveloppes» remettait ostensiblement aux journalistes les plus dévoués à la cause une liasse de billets totalisant (selon l'importance du scribe) entre 150 $ et 250 $.

À cette époque du journalisme sous-rétribué, c'était le moyen le plus efficace qu'on avait trouvé pour s'assurer une bonne presse... Et cela marchait.

Mon compagnon de voyage, un journaliste de *La Presse*, a reçu le maximum. Quant à moi, qui en étais à ma première expérience du genre, j'ai eu droit à... une poignée de main.

Heureusement que ma véritable mission était tout autre. En effet, j'étais chargé de remettre à Duplessis, en mains propres (dont j'ai pu constater par la suite qu'elles ne l'étaient pas tant que ça), un rapport confidentiel sur une injustice flagrante subie par deux étudiants de l'Université Laval.

L'histoire remontait à la fin de mai 1946. Deux étudiants de troisième année en génie minier, Gérard Cazes et Marcel Grondin, s'étant fait engager par la Kennco Explorations Ltd de Toronto, une filiale de la Kennecott Copper Corporation de New York, partaient prospecter la région du lac Allard, située à 43 km au nord de Havre Saint-Pierre.

Au bout de six semaines de prospection intense, ils firent la plus formidable découverte au Canada depuis celle de l'or*. Il s'agissait de la plus importante mine de titane, qui a été évaluée, au moment de la découverte, à plus de 500 000 000 $.

Comme le fait, pour les compagnies d'explorations minières, d'accorder une part de la valeur éventuelle des découvertes à ses découvreurs est reconnu par l'industrie minière du Canada *as a whole,* les deux chanceux (malchanceux) décidèrent de réclamer leur dû à la Kennecott Copper Corporation de New York, à sa filiale de Toronto, la Kennco Exploration Ltd., à Quebec Iron and Titanium Corporation. La Q.I.T. Corp. en question, pressée d'exploiter la nouvelle richesse, venait de dépenser plus de 30 000 000 $ pour l'aménagement de la mine.

On félicita chaleureusement les jeunes gens pour leur trouvaille. On leur fit même rencontrer les haut gradés des compagnies qui, pour pouvoir démarrer l'extraction sans plus de retard et dans la légalité, devaient signer un contrat préalable avec les découvreurs. La formule consacrée: «Pour UN DOLLAR et autres considérations, MM. Cazes et Grondin cèdent à...», sans laquelle aucun document n'est valide, fut inscrite sur l'entente que tout le monde signa dans la joie. Habitués sans doute à jouer avec des millions, comble de l'ironie, les dirigeants fouillèrent dans leurs poches et ne trouvèrent même pas le fameux dollar symbolique. Tout le monde rit de bon cœur en promettant bien sûr de ne pas oublier la petite dette. Le proverbe ne dit-il pas: *Qui paie ses dettes s'enrichit?*

Des jours, des semaines, des mois se sont passés et, malgré leurs démarches et leurs protestations, les deux découvreurs furent cavalièrement oubliés.

---

\* Le dossier de cette extraordinaire découverte a été déposé au ministère des Mines de Québec, sous le n° 41783. Pour vérifications de *claims* et contrats n^os 12402 et 11714, le numéro de la licence de prospection est 26022.

Découragés et à bout de ressources, les deux amis eurent l'idée de s'adresser directement au premier ministre. Craignant de ne pouvoir l'approcher personnellement, ils me chargèrent de la délicate mission de remettre à Duplessis un rapport détaillé de leur mésaventure. Nous étions en 1954, 7 ans après la titanesque découverte de leur gisement. L'exploitation de la mine allait bon train. La production était inespérée. S'ils n'avaient obtenu qu'un centime la tonne pour leur découverte, les deux Québécois auraient dû recevoir un premier paiement frisant 1 200 000 $.

Quand je remis le document au premier ministre, avec un minimum d'explications, il le regarda distraitement, plia les feuilles en trois, glissa le tout dans la poche intérieure de son veston et me dit: «Je m'en occupe...»

Mission accomplie! J'étais satisfait.

Une semaine après ma rencontre, M. Cazes recevait une lettre de Québec par laquelle Duplessis s'engageait à «examiner la question sous tous ses angles, de concert avec le ministre des Mines».

Le temps a passé et... personne n'a jamais plus entendu parler de l'affaire.

Pour être certain que sa mémoire ne flancherait pas, qu'il n'oublierait pas les noms des témoins de sa découverte, Gérard Cazes avait pris le soin de donner à ses enfants les prénoms des gens qu'il a côtoyés comme, notamment, le guide forestier qui l'avait accompagné lors de sa longue expédition.

Épuisés de se battre, découragés par une aussi grande tromperie, les deux ingénieurs miniers ont fini par abandonner leur métier à tout jamais. S'il y avait eu justice, aujourd'hui ils seraient milliardaires...

# RICHARD NIXON
*Hello! Mister President!*

> *Chez les hommes politiques*
> *c'est quatre ans de droit, puis*
> *toute une vie de travers.*
> COLUCHE

Comment ce trente-septième président des États-Unis est-il entré dans ma vie? Ou moi dans la sienne?

Après avoir collaboré une dizaine d'années avec les éditeurs américains, je m'étais lié d'amitié avec bon nombre d'entre eux. En 1975, lors de la fondation de ma maison d'édition, le *New York Times*, avec lequel j'avais établi de solides relations, s'associa spontanément à mon entreprise. Grâce à son apport et à une participation française (aussi réservée que timide) de Hachette, Les éditions internationales Alain Stanké devaient devenir une plaque tournante entre le Nouveau Monde et l'Europe. Il faut croire que mes associés américains avaient apprécié la façon dont j'avais traité leurs ouvrages en France et au Canada. Car ils me firent, dans le milieu très hermétique des éditeurs new-yorkais, une réputation qui m'a beaucoup aidé. Dès qu'il y avait un «coup» dans l'air, j'en étais informé. J'avais le choix entre dire: «Je marche» ou: «Je laisse tomber». Chance, intuition et surmenage ont fait le reste.

Sur ce point, l'*affaire Nixon* n'était pas très différente des autres, sauf qu'elle concerne un personnage d'actualité d'une très grande notoriété et implique nécessairement des sommes d'argent considérables.

Après la fracassante *affaire du Watergate* et le départ de Nixon de la Maison-Blanche, mes confrères Sarnoff et Howard Kaminsky, de Warner Communications, réussirent à acheter, pour la rondelette somme de 1 000 000 $, les droits sur les mémoires du président déchu. Dès lors, un problème se posa: comment exploiter cette *property* à l'étranger? Un agent très spécial est engagé pour veiller aux intérêts du président. Il s'agit du plus célèbre imprésario de Hollywood: «Swifty» Lazare. Quant à moi, on me propose d'agir à titre de conseiller pour les droits mondiaux du livre en langue française. En clair, la mission consistera à sonder les éditeurs français pour apprendre lequel d'entre eux serait intéressé à publier les mémoires de Nixon, quelle avance on peut espérer à la signature du contrat et quel genre de succès de vente on peut prédire pour ce livre dont pas une seule ligne n'a encore été écrite!

La recherche me demande trois semaines, au cours desquelles je produis un rapport circonstancié faisant état de ma tournée et des impressions recueillies. En résumé, en France, tout le monde veut publier Nixon. D'après moi, 5 éditeurs, parmi les plus importants, sont le mieux outillés pour s'acquitter honorablement de la tâche et prêts à investir des à-valoirs de quelque 20 000 $ sans avoir vu le manuscrit. Tous me font la même réserve: «Faudrait encore voir ce que Nixon raconte au sujet de Watergate...»

Ma mission terminée, je remets les cinq dossiers à Warner et y ajoute un sixième: le mien. J'ai envie d'être dans la course au même titre que les autres. Mieux que quiconque, je sais que l'éditeur choisi sera tenu de répondre à un certain nombre de critères. Mais bien que ma maison n'ait ni l'âge ni la réputation des maisons françaises qui vont être conviées à l'encan, je demeure convaincu qu'elle possède d'autres

qualités, non moins appréciables. D'abord, elle est jeune. Les naïvetés de jeunesse ne sont-elles pas source de créativité et d'énergie? N'ayant pas encore d'auteurs célèbres dans son fonds, la maison mettra assurément un maximum d'efforts à promouvoir le livre de Nixon. Qu'est-ce qu'on risque? Tout bêtement une réussite ou un superbe bide. En attendant, une chose est certaine: si je parviens à décrocher ces droits, ma société sera automatiquement propulsée sur la carte du monde.

Ma candidature ne surprend personne. C'est rassurant. Une fois inscrit officiellement dans la course, je dois me ranger sur la ligne de départ avec les autres candidats et attendre trois mois l'ouverture de la Foire du livre de Francfort, lieu fatidique où vont se tenir les enjeux. C'est *fair-play*.

Mon antenne new-yorkaise – avec à sa tête Lynn Franklin – installée Park avenue est en effervescence. Mon bureau de Paris, dirigé par Sophie Robert, sis rue Saint-Florentin, voisin de l'ambassade américaine (certains y voyaient un présage), bout d'impatience. Quant à mes collaborateurs de Montréal, André Bastien – un stratège hors pair, une dynamo vivante– à la tête du bataillon, leur comportement avec moi me fait penser à celui des entraîneurs sportifs la veille des Jeux olympiques. Stimulation, encouragements, rien ne manque, sauf les stéroïdes anabolisants.

Finalement, le jour de l'ouverture de la Foire de Francfort arrive. Installés dans leur kiosque, les représentants de Warner Books et de Nixon commencent les consultations. Le premier soir, les enchères atteignent 40 000 $. Le lendemain, notre Bande des six fait grimper le chiffre à 50 000 $. La lutte devient de plus en plus serrée. Tout le monde semble s'accrocher ferme au manuscrit à venir. Les vendeurs font monter la pression. Les consultations se multiplient. Les intéressés sont convoqués à tour de rôle pour préciser leur pensée, leurs intentions et expliquer leur stratégie. Au bout de trois journées d'intenses négociations, de flatteries capiteuses et hypocrites, de mesquineries, de bassesses, de roueries, de promesses, de calculs, d'impatience et d'insomnies, on finit par atteindre le plafond de 75 000 $. Les Américains, quoique ravis du chiffre, ne sont pas encore prêts à lâcher le morceau. La troisième journée de la Foire se terminait avec l'épuisement des coureurs et l'annonce d'une autre tournée de négociations pour le lendemain. Je décide avec mon adjoint André Bastien que cette nuit-là allait être notre dernière nuit blanche. À l'ouverture de la Foire, nous allions sinon mettre fin aux enchères, du moins leur causer une sérieuse perturbation en offrant la somme de 100 000 $.

Nous convoquons un *meeting* pour 10 h du matin. Bill Sarnoff, président de Warner Communications, et Howard Kaminsky, président de Warner Books, nous attendent de pied ferme. L'épuisement se lit dans leurs yeux. Eux non plus n'ont pas dormi. L'atmosphère est tendue. Swifty Lazare arrive le dernier et prend place autour de la table. Pour calmer sa nervosité, quelqu'un sort une cigarette. Swifty se lève d'un jet et lance à l'inconnu:

– Je ne supporte pas qu'on fume en ma présence. Je reviendrai quand vous aurez cessé de fumer...

Terrorisé, le délinquant, plus rouge que le Petit chaperon, écrase sa cigarette, s'excuse et promet de ne plus récidiver. L'homme chauve et bourru se rassoit et me lance d'un ton impatient:

– Bon, alors. Qu'est-ce que vous avez à nous annoncer? Vous savez que maintenant le chiffre magique est rendu à 75 000 $.

– Je le sais, lui dis-je. Mais comme je tiens beaucoup à ce livre, je fais une offre finale de 100 000 $!

– *How much did you say?* redemande Swifty, faisant mine d'avoir mal entendu.

– Cent mille dollars!

C'est tout ce que le petit homme voulait entendre. Il se lève, chuchote quelques mots à l'oreille de Sarnoff et quitte la réunion comme il était venu, en coup de vent. Dès qu'il est parti, le visage de Sarnoff s'illumine. Il me tend la main et dit:

– *I am very happy for you! You've got a deal!*

J'avais gagné. La plus importante transaction de ma carrière d'éditeur. J'aurais voulu avoir un stylo en or pour signer le contrat sur-le-champ. Décontracté, Sarnoff m'annonce calmement qu'on va le signer... dans quelques semaines.

Une légère panique s'empare de moi. S'il n'y a rien de signé, tout pourrait donc encore être changé. Digne et flegmatique, l'homme me rassure:

– Notre *shake-hand* équivaut à un contrat!

Nous nous quittons sur ces mots. Pour tout dire, je ne suis quand même pas tout à fait tranquillisé. Je pars de mon côté digérer la nouvelle et Sarnoff du sien pour annoncer à mes concurrents que la course est terminée et qu'ils l'ont perdue. Bons joueurs, trois de mes confrères tournèrent la page sans insister. Rouge de colère, le quatrième piqua une véritable crise de nerfs et se mit à invectiver ses assistants. N'acceptant pas la défaite, le cinquième insista pour avoir une dernière rencontre avec Sarnoff.

– Stanké vous a offert 100 000 $? lui demande-t-il.

– Oui.

– C'est fait? Vous avez signé?

– Non, mais nous avons échangé une poignée de main...

– Ah, ouf... dans ce cas ce n'est pas trop tard: je vous offre 115 000 $!

Outré, Bill Sarnoff met fin à la rencontre:

– Sachez d'abord, monsieur, que pour nous, Américains, une poignée de main a la même valeur qu'une signature; ensuite, nous préférons céder les droits de Nixon à Stanké pour 100 000 $, plutôt qu'à vous pour 115 000 $ parce que nous sommes convaincus qu'il fera un meilleur job!

J'avais la preuve que l'entente était coulée dans le béton et qu'on pouvait encore rencontrer dans ce métier des êtres de parole. Cet incident (qui me réconcilia avec le monde des affaires) ne réussit à calmer mon inquiétude que partiellement. Je continue à ressentir des papillons dans mon ventre et je suis le seul à savoir pourquoi. Je peux l'avouer aujourd'hui. J'avais acheté pour 100 000 $ les droits les plus convoités de ces dernières années, mais... je n'avais pas l'argent! Démesure n'est pas prouesse. Pour me rassurer, je me disais qu'il valait mieux avoir réussi à obtenir les droits sans argent que d'avoir de l'argent – comme mon cinquième confrère – et ne pas avoir les droits.

En attendant, il fallait voir aux affaires plus urgentes: notamment à répondre aux questions des journalistes, écouter (sans répondre) les sarcasmes de quelques confrères jaloux et se préparer à assister à une des plus grandes réceptions du gouvernement canadien jamais organisées en l'honneur d'un éditeur à la Foire de Francfort. Rien n'y manquait. Champagne, petits fours, caviar et tout près de 1 000 invités. Ruisselant de ravissement, J.-Z. Léon Patenaude monte sur scène pour annoncer que:

«... l'édition québécoise vit les plus belles heures de son histoire car un des nôtres a réussi à obtenir, pour la première fois, les droits mondiaux d'un livre convoité par les plus grands éditeurs de France. Bravo pour l'exploit!»

Textuel!

Je n'en demandais pas tant et, du coup, j'ai même droit à un supplément au programme: je me retrouve mêlé involontairement à une bataille nationaliste franco-québécoise. Jannick Jossin, journaliste à *L'Express*, assiste à la réception et veut connaître mon opinion sur ce qu'elle croit voir ourdir dans la salle:

– À entendre M. Patenaude parler, dit-elle, on croirait que Québécois et Français étaient en guerre et que la France a perdu. Comme vous êtes le principal élément de cette bataille, je voudrais que vous me donniez votre avis...

Il fallait à tout prix désamorcer la bombe qui semblait vouloir prendre des proportions démesurées:

– Je m'en fous éperdument, Jannick, lui dis-je. Nixon est américain et moi je suis... lituanien!

*L'Express* n'a jamais reproduit ma pirouette et se contenta de rapporter que le livre le plus convoité de la Foire de Francfort avait été acheté par Stanké.

Pour sa part, *Le Figaro* titrait en page couverture: «Stanké, le loup canadien, arrache les droits de Nixon»... Et, preuve que les Français n'ont jamais été forts en géographie, dans l'article on pouvait lire que «le loup canadien» avait élu tanière au Québec mais qu'il était d'origine... italienne.

Avant de revenir à Montréal, je fais une halte à mon bureau de Paris pour commencer à orchestrer la publication des mémoires de Nixon et permettre aux journalistes qui en avaient manifesté le désir de renifler «le loup» de plus près.

Clôturant une de ces interviews radiophoniques, très collet monté, une journaliste me demande:

– Il y a une rumeur qui court sur votre compte: il paraîtrait que votre maison d'édition est financée par la CIA.

Plutôt que d'éclater de rire, je prends mon air le plus sérieux pour répondre:

– Eh bien! oui! Ce n'est d'ailleurs plus un secret pour personne. Vous n'avez pas remarqué que mon bureau était situé rue Saint-Florentin et qu'il était voisin de l'ambassade des États-Unis? Quand j'ai besoin de sous, il me suffit d'ouvrir la porte arrière de mon bureau et je me sers. C'est pratique et rassurant par les temps qui courent. Je sais au moins que ma maison ne manquera pas d'argent...

Je ne sais pas si j'ai confirmé la rumeur ou si j'ai réussi à dissiper les doutes, tout ce dont je suis certain c'est que la journaliste ne m'a plus jamais invité.

De retour à Montréal, première visite: Michel Leduc, directeur de ma banque. Michel est triomphant. Son pupitre est recouvert de coupures de presse. Il savait que l'obtention des droits de Nixon plaçait dorénavant ma société dans une classe internationale. Pour lui, c'est une victoire personnelle. Dès les premiers jours de la fondation de ma maison, Michel a défendu mes intérêts à la direction générale de la Banque Nationale avec beaucoup de conviction. Et on connaît le scepticisme et la méfiance qu'entretiennent traditionnellement les institutions financières face aux industries culturelles en général et aux maisons d'édition en particulier.

– Tu approuves ce que j'ai fait, Michel?

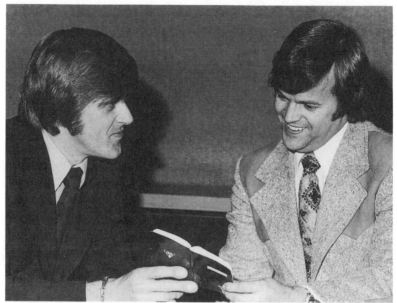
Il me faut 100 000 $, cher Michel...

– Cent pour cent!

– Bon, alors maintenant que j'ai fait mon travail, tu vas faire le tien.

– C'est-à-dire?

– C'est-à-dire que tu vas nous trouver les 100 000 $!

Je plaçais la banque devant le fait accompli. L'aventure Nixon-Stanké aurait pu s'arrêter là, rue Guy, dans le bureau vitré du sympathique banquier. Mais, connaissant parfaitement les bilans de ma société, Michel avait prévu le coup. Il me serra la main et dit avec un sourire rassurant:

– Je m'en occupe!

228

Et il s'en est bien occupé. Il a d'ailleurs eu tout le temps pour le faire car le contrat (accompagné du gros chèque) n'a été signé que deux mois plus tard.

Une fois les modalités juridiques et comptables réglées (et mes angoisses légèrement apaisées), on passa au chapitre suivant: ma première rencontre avec «mon» auteur, le président Nixon.

Il vivait alors à San Clemente, à une heure de Los Angeles. Une petite ville réputée pour son unique attraction: le ranch Casa Pacifica, la résidence de Nixon. Son havre et son étouffoir. Les touristes qui faisaient halte à San Clemente étaient tellement nombreux que le directeur du motel *San Clemente Inn* avait aménagé dans son établissement un petit musée Nixon. *Business is business.* Les curieux, venus de tous les coins du monde, faisaient généralement un détour pour se faire photographier à l'entrée du domaine situé entre l'océan Pacifique et l'autoroute. Le superbe portail surveillé par des gardes armés ne passait pas inaperçu. Les reporters de toutes les télévisions du monde et les cars des touristes s'y arrêtaient tous les jours, ignorant que cette entrée n'était pas la bonne. Jamais Nixon ni ses proches ne l'empruntaient. Une petite route discrète, située à quelque 50 mètres de là, donnait accès à une barrière métallique beaucoup moins photogénique. C'était là la véritable entrée du bureau et de la résidence de Nixon. Il n'y avait aucun garde dans les parages. Une haute muraille de béton faisait le tour de la propriété. Elle était surmontée d'une série de petites caméras de télévision en circuit fermé. À quelques pas de la barrière, mû électroniquement, était installé un discret haut-parleur. C'est ici que se faisait le filtrage. Tout visiteur devait y décliner son nom, la raison de sa visite, et patienter. Si sa venue était attendue et autorisée, la porte s'ouvrait lentement et il pouvait alors accéder au terrain appartenant à la Garde côtière américaine. Le bureau de l'ex-président s'y trouvait blotti entre sa résidence, le local où logeait le service secret chargé de sa sécurité, et un petit héliport d'où Nixon s'envolait à loisir et où atterrissaient ses visiteurs. Presque au bout de la route, à l'entrée du *parking*, une enseigne: *Office of Richard Nixon*. Pour savoir s'il s'y trouvait, il suffisait de constater la présence d'une voiturette de golf de couleur jaune, identifiée à son nom. Un autre moyen: la promenade de deux immenses gorilles avec *walkies-talkies*, car Richard Nixon continuait à bénéficier des mesures extraordinaires de protection qui lui assuraient une sécurité à toute épreuve dans sa retraite. Il fut d'ailleurs le premier président à profiter de cette sécurité renforcée, votée par le Congrès le jour où Robert Kennedy fut assassiné. L'accès de sa maison et celui de son bureau étaient pourvus de systèmes d'alarme des plus sophistiqués; les fenêtres étaient équipées de vitres pare-balles et les alentours dotés de puissants projecteurs.

Un peu partout autour de la résidence elle-même, dissimulées entre les buissons, se trouvaient des guérites aux vitres teintées et pare-balles.

Une fois que l'on avait réussi à obtenir le feu vert du lieutenant-colonel Jack Brennan, un athlète des *Marines* qui avait quitté son poste pour servir Nixon, que l'on avait franchi la barrière électronique et que l'on avait été flairé par les gardes du corps de la sécurité, l'entrée était libre. Elle débouchait sur une petite salle d'attente, antichambre du bureau de la secrétaire personnelle de Nixon, Marnie Pavlick. Dernière étape de l'ascension. On avait l'impression d'arriver, enfin, devant la porte du Bon Dieu.

Une large porte noire donnait accès au royaume très privé de Richard Nixon. Bureau immense avec large baie vitrée offrant une vue imprenable sur l'océan Pacifique. Lors de ma venue, un soleil éblouissant coupait en deux la pièce où tout était classé, ordonné, fonctionnel. Une pièce remplie de souvenirs aussi: les drapeaux des forces armées et le fanion présidentiel (reliques de la Maison-Blanche), la réplique miniature du module lunaire, un vaste tableau (cadeau de la Chine), des photos de famille comme chez tout bon papa p.-d.g.

C'est dans ce décor que prend place notre première rencontre. Jaillissant de l'embrasure d'une porte, Nixon me tend la main comme on tend un fleuret:

– *So happy to see you...* Je tiens à vous remercier très sincèrement de la confiance que vous avez voulu me témoigner. Je me sens très honoré... Voici mes drapeaux. Je vous explique: celui-ci, c'est la marine, celui-là, l'aviation...

Il tient à meubler les premiers silences, à briser la glace. Il parlicote d'une voix basse, un peu sourde, une voix peu rassurante, épuisée, qui se marie difficilement avec ses gestes maladroits. Je scrute son visage. Un visage qui avait hanté tous les écrans de télévision et tous les journaux du monde. Un visage changé, maigre et fatigué, avec sept rides bien comptées sur le front. Il porte un complet bleu et une cravate mal assortie. De temps à autre, il tourne vers moi des yeux anxieux. Je vois une goutte de sang sur sa joue droite. Elle me paraît toute fraîche. S'est-il rasé juste avant mon arrivée? Son aide de camp m'expliquera plus tard que son patron, se relevant d'une phlébite, prend des anticoagulants. En réalité, mon hôte s'était coupé en se rasant deux jours avant notre rencontre et le sang continuait à perler.

– Nous sommes très inquiets, m'explique l'assistant. S'il fallait que le président soit victime d'un accident plus grave, cela pourrait lui être fatal...

Et, voulant sans doute faire un peu d'humour noir, il ajoute:

– Si jamais cela devait arriver maintenant, le livre que vous publieriez ne serait pas très volumineux, parce qu'il n'est pas très avancé...

Cette remarque inquiète Sophie Robert, la directrice de ma succursale parisienne, qui m'accompagne à San Clemente. On tente de se rassurer tous deux en se répétant la maxime: *Ne sis miser ante tempus! (Ne soyez pas malheureux avant le temps!)*

Après cette première prise de contact avec Nixon, nous avons été invités à passer dans un petit bureau attenant où nous attendent les premières pages de son manuscrit. Nous y faisons aussi la connaissance de ses recherchistes et *writers*, dont Frank Gannon et la talentueuse (et ravissante) journaliste Diana Sawyer, chargée d'aider Nixon à écrire le plus important chapitre de son livre: celui sur le Watergate. On rencontre également toute une équipe de jeunes, sympathiques et joyeux collaborateurs avec lesquels nous nous lions d'amitié sur-le-champ. Je réalise avec surprise que la rédaction de ce livre très personnel se fait en groupe et que l'ego de personne ne semble en souffrir.

La journée prend fin après la lecture de quelques chapitres représentant environ le tiers du manuscrit.

Notre deuxième rencontre a lieu le lendemain. Nixon est impatient de connaître nos impressions. Je risque délicatement quelques commentaires ayant trait à la forme. Quant à Sophie, elle s'attarde en experte, mais avec autant de précautions, sur des aspects politiques où – étant diplômée de sciences po de Paris – elle est parfaitement à l'aise. Nixon, très attentif, prend des notes, questionne, commente et à notre plus grande satisfaction promet d'en tenir compte.

C'est le dégel. Encouragé par notre intérêt, Nixon se sent dorénavant beaucoup plus à l'aise. Il se met à nous livrer des détails que nous n'avons pas trouvés dans le livre. Soudain, il se lève, nous demande de l'excuser et disparaît. Quand il revient, quelques minutes plus tard, notre hôte est accompagné d'un serveur en tunique blanche portant trois verres à vin et une bouteille de Château-Margaux 1955! Cette fois, la glace est réellement brisée. Nous trinquons au succès du livre à venir pendant que Nixon retrouve un humour que nous ne lui avons encore jamais connu. Il nous raconte avec délices ses pourparlers avec Mao et ceux avec le général de Gaulle. On se met ensuite à rechercher ensemble un bon titre pour ses mémoires. Il suggère, narquois:

Quand le vin est tiré, faut le boire et... garder l'étiquette (autographiée).

– *Les antimémoires...* Mais comme c'est très bon, ce titre a été utilisé déjà par quelqu'un. Ce quelqu'un, je le connais bien puisque j'ai consulté André Malraux avant de me rendre en Chine.

Au cours de cette deuxième rencontre, nous abordons l'épineux sujet des médias. C'est le seul moment de l'entretien où je vois Richard Nixon sombrer dans la tristesse:

– Les *mass media*, quelle puissance! soupire-t-il.

Et on se remet aussitôt à parler politique, l'unique domaine où il semble réellement à l'aise et passionné:

– Je crois qu'il n'y a que deux façons de faire de la politique, dit-il. La mienne, c'est la deuxième. C'est-à-dire: les pressions personnelles. Voyez la délicate question des Juifs en Union soviétique... Je suis sûr d'avoir réussi personnellement auprès de Brejnev là où toutes les tractations officielles auraient immanquablement échoué. C'est ce qui lui a d'ailleurs fait dire un jour devant moi: «Mais qu'ils partent donc tous, ces Juifs, et Dieu avec eux!»...

En parlant de ses relations avec la Chine, il confesse que l'ouverture entre les deux pays s'est faite grâce à la visite d'un journaliste américain:

– Comme quoi il arrive parfois aux journalistes de faire de bonnes choses... Au cours de son voyage en Chine, le journaliste en question avait réussi à rencontrer les dirigeants de ce pays, à qui il demanda quelles seraient leurs réactions si les Américains manifestaient le désir d'un rapprochement, d'une ouverture entre les deux pays. Ils répondirent qu'ils l'accueilleraient avec sympathie. De retour de son périple, le journaliste attira mon attention sur cette confidence qui était une invitation à peine voilée des Chinois. Sentant qu'il fallait sauter sur l'occasion, j'en ai aussitôt parlé à Kissinger, à qui je confiai la mission de se rendre en Chine pour tâter le terrain. Je voulais qu'il y effectue ce voyage *incognito*. C'était un peu innocent de ma part d'espérer que Kissinger puisse faire un tel voyage sans attirer le regard de la moitié du monde en même temps que celui de... deux ou trois belles femmes...

Notre rencontre avec Nixon prit fin dans une atmosphère empreinte d'une grande cordialité.

L'étape suivante concernait les modalités techniques de la publication. Elles devaient être réglées avec la plus grande minutie, à New York, par mes partenaires américains.

J'avais insisté dans mon contrat pour que la version française des mémoires de Nixon et le livre américain paraissent simultanément. C'était une première. Je savais que si l'ouvrage devait paraître – comme c'est le cas pour toutes les traductions – six ou huit mois plus tard, les ventes pourraient s'en ressentir. En effet, les lecteurs bilingues intéressés par l'histoire de Nixon, et surtout par le chapitre sur le Watergate, n'auraient pas la patience d'attendre la version française. Ils achèteraient le livre en anglais. Pour atteindre cet objectif, il fallait donc entreprendre une course folle contre la montre. Pendant que nos confrères américains allaient tout simplement confier le manuscrit à la typographie, nous devions le faire traduire. La maison (à laquelle Warner avait cédé les droits de l'édition américaine) consentit, sans joie apparente, à retarder légèrement la date de la parution afin de nous donner un coup de pouce.

Pour accélérer le processus, plutôt que de confier la traduction du manuscrit de 800 pages à un traducteur unique, qui aurait pris un siècle pour le traduire, j'en engageai 3. Après tout, il ne s'agissait pas d'une œuvre littéraire mais d'un document. Pour compliquer davantage la situation, nous avons été avertis que les journalistes du *Washington Post* – les mêmes qui avaient fait éclater le scandale du Watergate – s'étaient juré d'obtenir, par n'importe quel moyen, une copie du manuscrit (et surtout le chapitre sur le Watergate) avant sa publication et d'en révéler le contenu dans leur quotidien. Cette fuite représentait, on s'en doute, la cerise sur le gâteau pour le journal qui avait été à l'origine de la chute de Nixon.

Devant cette menace, une stratégie d'une grande rigueur s'imposait. Pour commencer, on décida que dans nos bureaux, à New York, Paris et Montréal, tous les dossiers concernant Nixon porteraient un nom de code et que dans notre correspondance avec les Américains on ne parlerait jamais de lui mais plutôt d'un projet portant le nom de code de Mickey. Le manuscrit lui-même, qui me fut livré en trois parties, ne pouvait jamais transiter par les mêmes voies ni être confié au même livreur. Lorsque le manuscrit fut complété, il fut convenu qu'il n'existerait qu'en deux exemplaires: le premier confié à la traduction et le second placé bien en sécurité dans un coffret de notre banque. Limitation du nombre de copies égale diminution des risques! Toujours pour une question d'efficacité et d'économie, nous avions décidé d'imprimer en France les livres destinés au marché européen, et au Québec l'édition réservée aux lecteurs francophones du Canada. Les chercheurs du *Washington Post* ne pouvaient pas deviner quel imprimeur français allait exécuter le travail. Mais ils ont quand même cherché à apprendre, auprès de nos réceptionnistes et de nos secrétaires du bureau de Paris, qui allait traduire le livre et où nous avions l'intention de le faire imprimer. Personne n'est tombé dans le panneau.

Au Québec, c'était différent. Il était de notoriété publique que l'impression de tous nos ouvrages s'effectuait depuis longtemps à l'Imprimerie Gagné, alors installée à Saint-Justin, près de Louiseville. Une simple visite dans cet établissement pouvait offrir, à un démarcheur habile, la possibilité d'y découvrir le manuscrit tant convoité ou peut-être même de belles épreuves toutes fraîches. Conscient du danger, Jean-Pierre Gagné prit aussitôt des mesures draconiennes pour éviter la catastrophe. Ses précautions ressemblaient presque à celles de la NASA. L'accès à la section de typographie et aux presses fut strictement interdit à toute personne étrangère à l'imprimerie. Une surveillance sans faille et sans relâche fut exercée sur l'établissement 24 heures sur 24. À cause de la vigilance à toute épreuve des employés de l'Imprimerie Gagné, les tentatives d'infiltration des plombiers du *Washington Post* (on croit en avoir fait rater 2!) ont totalement échoué.

À mesure que les mois s'écoulaient, la tension allait en augmentant. Je ne comptais plus le nombre de mes déplacements entre Montréal, San Clemente, New York et Paris.

Vint l'été 1978. Parfaitement synchronisées, les deux versions des mémoires de Nixon furent mises sur le marché avec le retentissement que nous avions prévu. Pour certains, Nixon s'était enfin déculotté. Pour d'autres, qui espéraient sans doute de fracassantes révélations, le chapitre sur le Watergate parut décevant. Pour nous, l'essentiel était d'avoir réussi un énorme défi: la publication simultanée avec les Américains (sans la moindre fuite) des mémoires d'un homme controversé qui avait été le numéro un de la plus grande puissance du monde. Accoler le nom de la maison Stanké à celui de Nixon donna des résultats qu'aucune campagne de presse n'aurait réussi à faire pour 1 000 000 $. Nixon a été pour nous celui qui nous a aidés à obtenir une renommée internationale instantanée. Grâce à cette expérience, tous les livres que j'ai publiés en France, par la suite, furent accueillis avec beaucoup plus de facilité par les libraires parisiens, nettement hostiles et peu accueillants pour les jeunes maisons d'édition, surtout quand elles sont étrangères.

Nous nous félicitions d'avoir vécu cette aventure unique mais nous ne pouvions pas imaginer à quel point elle avait été appréciée par son principal acteur. Nixon était ravi. Pour montrer son appréciation, il organisa une réception en l'honneur de ses éditeurs français et américain. Une cérémonie intime à laquelle étaient présents sa fille Tricia et ses très proches collaborateurs ayant travaillé à la rédaction du livre.

Tout était placé sous le signe du souvenir et de l'amitié. Une rencontre bien réussie, sauf pour les sandwichs, que Nixon avait commandés chez un restaurateur du village et qui étaient de couleur... verte! Nixon, de toute évidence, n'était pas du genre fine gueule. Pourtant, quand il s'agissait de bons vins, il se comportait en connaisseur.

Après avoir terminé la rédaction de ses mémoires, *Mister President* (on l'appelle toujours ainsi, ce titre lui étant conféré à vie) me parut être un homme encore plus seul qu'avant. Pendant qu'il écrivait son livre, son bureau était une véritable ruche. Le téléphone ne cessait pas de sonner et les machines à écrire de crépiter. Mais maintenant que le livre était lancé, tous ses assistants l'avaient déserté. Trois lignes téléphoniques avaient été supprimées, la ruche s'était vidée. Seules trois braves dames du Parti républicain y venaient pour répondre bénévolement au volumineux courrier que Nixon continuait à recevoir. Lors de ma visite des locaux, trois immenses caisses remplies de lettres, de cartes et de paquets cadeaux attendaient, entassées dans une salle, qu'on y réponde.

– Vous ne pouvez pas imaginer l'intérêt que continue de susciter le président dans le monde entier, me confia une de ses dévouées bénévoles aux cheveux gris. Dès qu'un journal écrit que Nixon a éternué, on est sûrs de recevoir 200 lettres de fervents s'inquiétant de sa santé...

Des amis avaient surgi dans son désespoir. Ces témoignages d'amitié, qui illuminaient son silence, son exil, sa vie plutôt casanière, monacale, semblaient lui être aussi nécessaires que la respiration. Nixon espérait que le nuage de critiques et de suspicion sur son intégrité politique finirait par se dissiper. C'est «un nuage de malentendus», semblait-il dire. J'ai compris ce jour-là, en me promenant avec lui dans le jardin de son ranch, que loin d'être devenus inertes, sans écho, sans prolongement, les douloureux souvenirs de ses maladresses sont restés très vivants, très intenses, et que sur eux s'est greffée une obsession: celle de continuer à être utile:

– Vous verrez, maintenant j'ai trouvé une autre voie. Je vais écrire... Aucun être humain n'est fait pour la défaite. Il peut être détruit mais il ne peut pas être vaincu!

Je comprends que c'est le nouveau leitmotiv de Richard Nixon. Ainsi donc, cet homme qui a connu l'opprobre, le déshonneur et la répudiation, après avoir été applaudi et admiré, peut-il encore trouver la volonté et le courage de remonter la pente?

Mon hôte se sent détendu et enclin aux confidences. Il a un grand besoin de parler. Abandonnant les autres invités (nous étions une trentaine), il m'entraîne dans une visite du propriétaire, de sa *Casa Pacifica*, une résidence de style mexicain, juchée sur une falaise avec vue sur l'océan, où se mêlent des parfums de roses et de géraniums.

– Faites attention où vous mettez les pieds, dit-il. Il faut toujours marcher sur la petite allée. Si vous montez sur la pelouse, vous risquez de déclencher l'alarme. Même moi j'ignore où sont cachés les *sensors* électroniques. Ce n'est pas toujours aussi drôle qu'on pourrait le penser, la vie d'un président. Voyez ce qui vous attend si jamais vous aviez l'idée de le devenir...

Je reprends le droit chemin en faisant la grimace. Nixon éclate de rire et m'invite à poursuivre la visite. Devant nous, se trouve une petite maison. Mon guide s'arrête et la regarde avec nostalgie.

– C'est ici, dit-il, qu'a dormi Brejnev. C'est ici que nous avons eu nos plus belles conversations, caressé les plus beaux rêves sur la paix dans le monde. Il y avait Dobrynine et Kissinger aussi...

L'évocation de ces souvenirs fait jaillir en moi une floraison de questions nouvelles. La veille, l'Italie avait vécu la tragédie d'Aldo Moro, que Nixon connaissait bien. Je lui demande son opinion sur la mort du premier ministre italien.

– Plus jamais personne au monde ne pourra gouverner comme avant, se contente-t-il de dire. Il faudra penser sans cesse aux terroristes.

Nous entrons à l'intérieur de sa demeure. Rien qui puisse intéresser les magazines de décoration. Nixon revit le passé en me la faisant visiter. Bibliothèque personnelle maigrichonne, salon style mexicain, piscine impressionnante, chambre coquette de sa fille et sa chambre à coucher personnelle, très modestement décorée.

Ce jour-là, comme aurait dit Bécaud, le président avait «une croix dans la tête et ses mains dessinaient dans le soir comme l'ombre d'un espoir».

En quittant la réception, je me suis demandé quand j'allais le revoir. J'ignorais que l'occasion allait m'en être redonnée bientôt.

En effet, à cette époque, Louis Pauwels tentait de mettre sur pied le projet d'un magazine qui devait être distribué gratuitement, tous les samedis, en supplément au quotidien *Le Figaro*. Lors d'une visite à Montréal, il avait été fasciné par la formule *Perspectives*, qu'avait fondée Pierre Gascon. Il voulait se renseigner à la source et me demanda de lui concocter une rencontre avec Pierre. L'entretien souhaité se déroula dans une atmosphère des plus confraternelles au *Ritz Carlton*. Pierre répondit à toutes les questions que se posait Louis Pauwels et son expérience encouragea beaucoup le nouveau directeur du *Figaro Magazine*. La décision ayant été prise de lancer la nouvelle publication dans les prochaines semaines, Pauwels cherchait désespérément une première page retentissante. Deux jours avant de quitter Montréal, au beau milieu d'une conversation, Pauwels s'arrête et me lance:

– Mais j'y pense, pourquoi ne me ferais-tu pas, pour mon premier numéro, une interview en exclusivité mondiale avec Nixon? Depuis l'*affaire Watergate*, en dehors de son entretien télévisé avec David Frost, il n'a jamais accordé d'interview à personne. Si tu arrives à me décrocher ce papier, je te donne le montant que tu veux. Je ne tiens qu'aux droits français. Après, tu auras encore le loisir de revendre l'article aux journaux du monde entier.

Journalistiquement parlant, l'idée était séduisante. Elle m'emballait mais je ne pouvais rien promettre d'autre que d'essayer. La nature des relations entre Nixon et moi étant au beau fixe, je ne risquais rien.

Le 25 septembre 1979, le numéro zéro du *Figaro Magazine* sous le bras, je partis en mission à San Clemente. Le pire qui pouvait m'arriver, c'est que Nixon dise non. Mais il a dit oui. Il accepta même de se faire photographier avec la maquette du magazine dans les mains. Les gens du *Figmag* ne pouvaient pas rêver mieux. Comme ils voulaient avoir une interview de Nixon à tout prix... c'est ce prix-là que j'ai demandé. Le lendemain de la parution de l'article, les journaux du monde entier me faisaient des offres pour le reproduire. Je me souviens alors d'avoir beaucoup pensé à certains de mes détracteurs et aux prophètes de malheur qui, dès le début, à Francfort, avaient prédit que l'aventure Nixon allait me coûter ma chemise. Oui, j'ai beaucoup pensé à eux et je n'ai jamais autant ri en allant à la banque que ce jour-là. Mon banquier riait, lui aussi.

C'était l'allégresse. L'éblouissant feu d'artifice qui couronne une belle aventure. Je ne pouvais m'attendre à rien de plus, et pourtant...

Au même moment, Armand Jammot, grand patron de la populaire émission de télévision d'Antenne 2, *Les dossiers de l'écran*, me communiquait la proposition de produire une émission, en direct, à Paris, avec, comme il disait, mon «poulain Nixon».

Rebonjour San Clemente, rebonjour Monsieur le Président.... J'apporte sous mon bras un volumineux dossier de presse concernant la réaction, sur son livre, des médias de langue française. Nixon prend le temps de l'examiner à la loupe. Il est très impressionné. Je suis curieux de savoir de mon côté ce qu'il a à dire sur la réaction qu'a suscitée la publication du même livre aux États-Unis et particulièrement de la campagne «*Don't buy books by crooks!*». Depuis qu'on se connaît, plus aucun sujet n'est tabou. On en parle à l'aise. Il me confie que, selon lui, cette campagne est un échec:

– Elle n'a pas nui aux ventes. Elle n'a fait qu'attirer l'attention sur le livre, qui s'est maintenu sans désemparer sur la liste des best-sellers du *New York Times* durant 14 semaines, c'est-à-dire jusqu'à ce que le quotidien cesse de paraître à cause de la grève. Et malgré ceux qui s'en gaussaient et prédisaient des tonnes d'invendus, l'ouvrage a fait le chemin qu'il devait faire. Il a dépassé le cap des 3 000 000 d'exemplaires.

– Et les traductions étrangères?

Outre l'édition française, la mienne et celle en japonais, dont la parution était imminente, ses représentants n'avaient encore rien conclu de concret avec les Allemands, les Italiens et les Espagnols.

J'ai envie de lui dire que sa pensée est plus facilement traduite en justice qu'en langues étrangères... Je me sens assez intime pour me permettre la blague, mais comme le jeu de mots est intraduisible, on se remet à parler d'avenir.

– Que diriez-vous d'un voyage à Paris pour faire une émission de télévision de trois heures? lui dis-je à brûle-pourpoint. La formule devrait vous séduire. Je sais que vous n'avez pas des relations particulièrement affectueuses avec les journalistes. Aux *Dossiers de l'écran*, par contre, vous pourrez dialoguer, en direct, avec l'auditoire français. À la différence de vos concitoyens, dont beaucoup entretiennent encore à votre endroit un écrasant mépris, les Français vous réserveront, selon toute vraisemblance, un accueil très chaleureux.

Il m'écoute avec une extrême perplexité. Ses yeux font le yo-yo. Il ne sait pas comment réagir. Va-t-il me gratifier d'un oui? Va-t-il me lancer un non? Il hésite, sourit et finit par dire:

– Accordez-moi la nuit pour réfléchir.

Le lendemain, il dit oui. Il est aussitôt convenu entre nous qu'il ne part pas en croisade ni en campagne de publicité pour son livre. Il accepte la tribune qui lui est offerte pour s'entretenir, en toute simplicité, avec les téléspectateurs français désireux de lui parler des choses de la vie et des sujets plus vastes ayant trait à son passé ou à la politique internationale, sa passion.

Après avoir été l'éditeur de Nixon, je vais donc devenir son agent officiel en France. L'unique condition qu'il m'impose est celle du silence le plus absolu. Personne, en dehors de la haute direction d'Antenne 2, ne doit être informé de nos tractations. Il me signe un document sur-le-champ m'autorisant à négocier en son nom. On se serre la main et je repars en direction de Paris.

Non, j'oubliais: tel un enfant, cet homme habitué à donner des ordres m'arrête juste avant que je n'aie eu le temps de franchir la porte et me dit timidement, avec la moue d'un petit garçon qui voudrait, mais qui n'ose pas:

– Si je peux me permettre... je ne voudrais pas paraître capricieux... mais j'aurais une autre condition. Si je vais à Paris, j'aimerais que le voyage s'effectue en Concorde.

– À vos ordres, Monsieur le Président!

À Paris, dans les bureaux d'Antenne 2, c'est la joie. Bien que l'accord de principe permette maintenant tous les espoirs, il reste tout de même beaucoup de modalités à régler, dont les principales concernent le budget. Pour cette émission, que tout le monde s'accordait déjà à qualifier d'exceptionnelle, après une série de longues négociations (selon les propres termes de Anne-Marie Lamaurie et d'Armand Jammot: les plus ardues de leur histoire), la télévision française dégage une somme également... exceptionnelle (surtout pour couvrir les frais énormes que le déplacement doit occasionner). Nixon, que cette expérience fascine, consent à faire l'émission sans cachet. Il en exige un cependant pour moi, son agent, demande une certaine somme pour ses dépenses européennes, les frais de déplacement en Concorde pour lui et ses collaborateurs, ceux afférents à la préparation de l'émission (déplacements, téléphones, recherches, documentation, etc.) ainsi que le coût du séjour au *Ritz* (un étage complet).

Le montant destiné à défrayer les menues dépenses du Président lors de son séjour de trois jours en France est déposé dans un compte spécial de l'Union de Banques à Paris, place de la Madeleine. Il était convenu que le nom de Nixon ne paraîtrait pas dans les registres. Les deux signatures autorisées sont celles du colonel Brennan et la mienne.

Lorsque la date de l'émission est arrêtée (28 novembre 1978), je me mets aussitôt en contact avec Lambert Mayer, un ami fiable, directeur des relations publiques d'Air France, à qui je demande de faire des réservations sur le Concorde dans le secret le plus absolu. Pour éviter les indiscrétions, les réservations sont faites sous de faux noms. Pour la circonstance, je baptise Nixon: M$^r$ R. Norbert (ses vraies initiales). Nombre de personnes feront partie du groupe: 17! Ses proches collaborateurs, son médecin personnel, le D$^r$ Bob Dunn, le colonel Brennan et 3 agents secrets (bien identifiés). Outre ces passagers, l'avion transportera 1 photographe du magazine *Life* à qui Nixon accorde une exclusivité photographique (faveur qu'il a amèrement regrettée par la suite, d'ailleurs) et 4 autres agents secrets (réellement secrets ceux-là) que personne d'entre nous ne connaît. Leur voyage est défrayé directement par le gouvernement américain...

New York, aéroport J.-F.-Kennedy, 25 novembre, 12 h 38. Un moment historique. Le secret a pu être gardé presque jusqu'à la fin. La télévision française ayant annoncé la nouvelle de la venue de Nixon à Paris, deux journalistes américains se rendent à l'aéroport dans l'espoir de lui parler. Mais Nixon monte à bord de l'avion à la dernière minute et arrive à les éviter. Le représentant du *Newsweek* se rabat sur moi mais je n'ai rien à révéler d'autre que le but du voyage et l'horaire du Président.

Avant mon embarquement, un employé d'Air France vient me voir. Il veut parler à Richard Nixon. Il a un message urgent à lui transmettre. Il tient à faire savoir à l'ex-président (il l'aime par ailleurs beaucoup, semble-t-il, d'après son empressement) qu'il a entendu un sondage radiophonique effectué la veille par le journaliste Barnie Farber. La question du sondage: «Voteriez-vous pour Nixon s'il se présentait aux élections?» Deux auditeurs sur trois auraient répondu oui. Je promets au monsieur (qui pleure presque de ne pouvoir parler à son idole) de transmettre son message. Je tiens ma promesse. Nixon accueille l'information en souriant, mais il a peine à la croire.

– *So what! We don't care*, me dit-il. On s'en va faire une campagne électorale en France...

Et sur ces mots, tout le monde prend place à bord de l'appareil. Nixon occupera le tout premier siège en avant, à gauche. Un gorille derrière lui, un autre dans la première rangée à droite, et un troisième complètement à l'arrière du groupe. Tous les membres de l'équipe, qui est composée exclusivement d'hommes, portent un petit insigne (la lettre *S*) sur le revers du veston. Cette lettre nous permettra d'être reconnus instantanément par les services de sécurité tant français qu'américains à notre arrivée à l'aéroport Charles-de-Gaulle.

À Paris, les services de sécurité français arboreront pour leur part les lettres *A* ou *R*. Le choix de la lettre *S* a fait dire à certains journalistes français que les Américains n'étaient pas très intelligents:

— Faut pas être très futé. On n'a pas idée de s'afficher avec la lettre *S* pour dire qu'on est «Secret».

Ce qu'ils ignoraient, c'est que le choix du *S* était une délicatesse de Nixon à mon endroit. Entre ses stratèges et lui, l'expédition avait, elle aussi, son code. Elle s'appelait opération *S* (sous-entendu opération Stanké).

Le choix des lettres des services secrets français, par contre, relevait purement du hasard. Il aurait fallu être drôlement mégalomane pour croire que le *R* voulait dire Richard et le *A*, Alain. La question me fut cependant posée à quelques reprises par des journalistes parisiens en mal de copie originale. Histoire de m'amuser, je n'ai pas démenti. Naturellement, leur âme tout encaleçonnée de tristesse n'a pas saisi les saillies badines de mon esprit lutin. Pour un journaliste français, l'agent officiel de Nixon n'a pas le droit de faire de l'humour! On ne badine pas avec ces choses-là...

Détail mémorable au moment du décollage: le commandant de l'appareil n'aime pas l'idée d'avoir des passagers armés à bord de son avion supersonique. Il prie donc les gardes du corps de Nixon de remiser leurs armes dans la cabine de pilotage. Le désarmement se fait discrètement et sans heurts. Personne pourtant ne s'inquiète pour la sécurité du Président. Je confesse mon inquiétude à l'un des gorilles, qui affiche un large sourire rassuré. Ses confrères et lui sont passés maîtres non seulement dans l'art de la protection mais également dans l'art de la... dissimulation. Quelques minutes après le décollage, il me montre, avec l'air du gamin qui vient de réussir un bon coup, tout un arsenal qu'il a caché sous son siège, dans un innocent attaché-case... Excusez-moi, monsieur le commandant.

L'envolée se déroule paisiblement. Nixon (qui ne boit jamais en avion, me confie-t-il) est pensif, absorbé, tendu. Pendant ce temps, un peu plus loin, deux de ses assistants, Ray Price et Ken Kachigian, épluchent des documents politiques, histoire d'être toujours prêts à mettre leur *boss* au courant des derniers événements mondiaux.

Après le repas, Nixon se lève pour se détendre les jambes et visiter la cabine de pilotage, où il découvre avec joie que le commandant de l'appareil avait fait ses premières armes dans l'aviation américaine. Guilleret, le Président décide de signer des autographes sur les grands menus du Concorde. Les hôtesses sont ravies. Il les trouve particulièrement charmantes et montre à leur endroit une gaieté pétulante. Mais une fois cette petite récréation terminée, il replonge dans ses pensées en admirant le ciel orangé par le hublot. La nuit commence à tomber.

– C'est risqué, ce que vous me faites faire là! me lance-t-il soudain.

– Passer à la télévision à l'étranger, c'est un choix, lui dis-je. Et puis, qui ne risque rien n'a... Ce n'est pas à vous que je vais l'apprendre!

Nixon réfléchit et presse mon bras avec effusion.

– On ne va quand même pas demander au Concorde de rebrousser chemin maintenant qu'on est presque à Paris, termine-t-il.

Nous allons bientôt arriver. Je me lève pour faire une dernière tournée. Un passager me croise dans l'allée. Il ne cesse de dévisager Nixon avec insistance. Ça y est, il l'a reconnu... Subjugué, il n'arrive pas à garder son émoi pour lui. Il lui faut un témoin. Toisant le premier passager qu'il aperçoit près de lui (c'est le garde du corps privé de Richard Nixon, mais le brave homme ne le sait pas), il dit à l'armoire à glace:

– *Hey, look,* c'est lui! C'est Nixon! Regardez. Il est assis juste devant vous!

L'agent fait mine d'être surpris.

– *Oh yeah... thanks.* Je ne l'avais pas remarqué...

À notre arrivée à Paris, une haie de policiers au garde-à-vous salue Nixon. On lui a réservé une véritable réception de chef d'État, comme la France sait le faire, à la seule différence qu'il manque un membre du Gouvernement pour lui souhaiter la bienvenue officiellement.

À la sortie de l'aérogare, c'est la surprise. On se heurte à une armée de plus de 300 journalistes. Quel contraste avec New York, où l'homme est détesté! Je n'ai jamais vécu manifestation pareille.

– Il y a 10 fois plus de journalistes qu'à l'arrivée de Sarkis, venu en visite officielle ce matin, me confie un policier français.

Devant nous, ce ne sont plus des hommes, c'est un mur, une forêt de micros, objectifs, zooms et flashes. Une bouscu-lade grandiose, mémorable. Nixon est transfiguré. Il se sent comme... avant. Avant le Watergate, qui l'a défenestré.

Les services de sécurité américains et français sont littéra-lement débordés. Les plus optimistes n'avaient jamais prévu une telle avalanche. Devant ce chahut menaçant qui risque de prendre des proportions imprévisibles, on décide de demander du renfort. Les agents de sécurité n'arrivent plus à dégager Nixon, physiquement pris dans un étau et pressé de questions. Pendant ce temps, conscient du contrat d'exclusivité absolue que j'ai signé avec la télé (après tout, c'est elle qui paie ce beau *party*), je n'arrête pas de lui crier à l'oreille:

– *Don't talk, don't talk! You're not supposed to give interviews. Please!*

Autant prêcher dans le désert. Nixon n'entend rien ou ne veut rien entendre. Il est emporté par le tourbillon et nage en pleine béatitude. Les journalistes lui parlent avec dignité. On lui sourit. On s'intéresse à lui. Les questions ne sont pas agressives. Il est respecté. Quelle jouissance! Je comprends qu'il puisse s'abandonner à cette euphorie pendant que moi, je sombre lentement dans le désespoir.

– Ne faites pas de longues déclarations. Contentez-vous de dire oui, non, merci, à plus tard... Monsieur le Président, pitié! Au secours! On va se foutre dans le pétrin. On a un contrat...

Cause toujours, mon lapin...

Au bout d'une bonne demi-heure de conversations (illégales) avec les journalistes, on parvient finalement à le dégager et à le conduire vers une limousine américaine de modèle Fury, une appellation de circonstance. Je prends place seul sur la banquette arrière avec lui. Nixon veut encore faire plaisir aux caméramen et me prie de baisser la vitre. J'obtempère mais je me rends compte que les vitres sont doubles. Elles sont blindées. La première vitre fumée descend mais pas la seconde. Les caméras nous croquent à travers la vitre. Le lendemain, aux nouvelles, on montrera cette image sur tous les écrans européens avec le commentaire suivant: «Le voici avec son gorille personnel!»

Toute personne ayant visité Paris sait que le trajet Roissy-Paris centre-ville se fait habituellement en 45 à 60 minutes. Escortés par les motards en gants blancs, nous atteignons l'hôtel *Ritz* en 16 minutes. Au cours de ce voyage éclair, Nixon m'avoue qu'il adore Paris, où il a déjà séjourné à quelques reprises.

– La dernière fois, j'y suis venu pour l'enterrement de Pompidou.

– Et la fois d'avant?

– Pour l'enterrement du général de Gaulle!

– Alors, pour vous, c'est ça le «gai Paris»?

Le comble, c'est que le lendemain de notre arrivée Chirac eut un accident et faillit mourir. En apprenant la nouvelle, Nixon a eu ce bref commentaire:

– On l'a échappé belle...

Durant son séjour au palace parisien, Nixon ne s'est jamais plaint de fatigue et n'a jamais eu la moindre indisposition. Le D$^r$ Dunn, son médecin personnel, était presque gêné d'être du voyage tant son *boss* rayonnait de santé. Il se contentait d'apporter matin et soir vitamines et médicaments habituels (à cause de la phlébite) en ajoutant, en fin de journée, un somnifère pour que Nixon puisse rattraper le décalage horaire. La routine... Mais une routine qui un beau matin (le matin de l'émission) a failli tourner à la tragédie. Par mégarde, au lieu de déposer des vitamines régulières sur le plateau du petit déjeuner de son patron, le médecin y plaça des somnifères. Fort heureusement, s'en étant aperçu à temps, il courut en catastrophe dans la suite de Nixon. Celui-ci s'apprêtait à déguster son jus d'orange et avait les pilules à la main... Une minute plus tard, il aurait été trop tard et tout le monde (surtout Nixon) aurait trouvé l'émission soporifique.

Richard Nixon affectionne particulièrement un certain costume de couleur bleue. Chez lui, c'est une superstition. Il croit que ce costume lui porte chance. C'est ce costume porte-bonheur qu'il avait sur le dos au Kremlin, en 1972, lorsqu'il s'est adressé aux téléspectateurs soviétiques. Pourtant, il a failli en être privé pour *Les dossiers de l'écran*. En effet, un employé de l'hôtel l'avait livré par distraction à ma suite. Après avoir cherché vainement son propriétaire (vu la condition élimée du veston je ne pouvais jamais imaginer qu'il appartenait à notre vedette de la soirée), je l'avais laissé tout simplement accroché derrière une porte en attendant de le renvoyer. Une heure avant de descendre dans les salons du *Ritz*, d'où l'émission était diffusée, j'ai trouvé Nixon dans un état de panique.

– Mon costume... je veux mon costume bleu!

S'il a beaucoup apprécié mon étonnante efficacité à retrouver l'habit-mascotte, il n'a jamais su comment j'avais fait pour le lui dénicher.

Tout au long de ce séjour de trois jours, la plupart des folliculaires parisiens en mal de copie m'ont pris pour le garde du corps-gorille-aide de camp personnel de Nixon. J'étais continuellement à ses côtés. Aussi, ai-je eu beaucoup de difficultés à retenir mon sérieux lorsque je les entendais passer des commentaires à mon propos:

– T'as vu les paluches qu'il se paie, l'Amerloque? (Lire: «Tu as vu les grosses mains qu'il a, l'Américain?»)

– Une vraie carrure de bûcheron, ce mec. C'est sûrement un super-crack des *Marines*...

– Tiens, voilà l'ombre blindée de Tricky Dicky...

251

– Je te parie qu'il porte une veste pare-balles...

– Je n'aimerais pas être à sa place, à ce pauvre type. C'est toujours eux qui casquent les premiers...

Au bout de trois jours de ces fantaisies fabulatrices de gazetiers, je n'en peux plus. Il faut que j'éclate. À une question que l'un d'eux me pose en anglais avec beaucoup de peine et dans un accent à la limite du supportable, je réponds en français:

– Vous pouvez me parler dans votre langue, je comprends...

Mon interlocuteur reste médusé, tout comme ses confrères. Une fois notre conversation terminée, je les salue et quitte les lieux en tendant discrètement l'oreille. Dans mon dos, j'entends ce commentaire:

– Chapeau! les gorilles américains!...

Il y a des fois dans la vie où il faut vraiment se cramponner au parapet de la raison lorsque souffle le vent de l'invraisemblance. Ainsi donc, avant de faire ma marque d'éditeur à Paris, j'aurai été apprécié comme armoire à glace anthropomorphe!

Avant son émission, Nixon avait exprimé le désir d'entreprendre un certain nombre d'activités: une visite à l'église Notre-Dame, une visite à l'Institut Charles-de-Gaulle et un saut aux galeries Lafayette pour y acheter une poupée à sa petite-fille et du parfum pour M^me Nixon. Seule la visite au fils du général de Gaulle a été maintenue. La tournée à la cathédrale de Paris dut être annulée en représailles aux services secrets français.

Pour des raisons de sécurité, chaque déplacement (il en est ainsi pour tous les chefs d'États étrangers, ai-je appris) doit être annoncé à l'avance à la police française. La presse n'est avisée qu'à la dernière seconde. Ainsi, on peut éviter attentats et attroupements dangereux. Or, il se trouve que des policiers en possession de l'information confidentielle (et désireux sans doute d'arrondir leur fin de mois) ont «vendu» la mèche à certains journalistes. Lorsque j'ai appris qu'un petit groupe de photographes et caméramen attendait Nixon à l'église, j'en avisai le principal intéressé. La décision de contremander la visite fut prise avec un malin plaisir. Quant aux emplettes au magasin (qui auraient fourni de belles images aux journaux et télés du monde entier), les agents de sécurité ont conseillé à Nixon de les abandonner. On pouvait craindre avec raison que son déplacement dans les allées étroites du magasin puisse occasionner une bousculade et mettre la clientèle en danger.

Outre ces activités à l'extérieur, qui entraînaient d'interminables discussions stratégiques, médiatiques et sécuritaires, Nixon s'était engagé à assister à un dîner privé dans un petit château appartenant à un de ses amis américains installé à Paris. Il avait également accepté de présider un repas au *Ritz*, offert par Stanké International S.A.R.L., auquel j'avais convié les dirigeants d'Antenne 2 et des plus importantes publications (Louis Pauwels du *Figaro Magazine*, Paul Gendelman du *New York Times*, Jimmy Goldsmith de *L'Express*, etc.). Un dîner remarquable au cours duquel Nixon a pu partager, en toute liberté, sa vision du monde avec des invités de marque rarement rassemblés autour d'une même table.

Le reste du temps, il s'enfermait dans sa suite, seul ou avec ses collaborateurs. Une fois par jour, il téléphonait à sa femme, restée aux États-Unis, à qui il ne parlait jamais moins de 20 minutes. Il eut aussi quelques rares visites d'amis intimes vivant en Europe, parmi lesquels le général Haig qui, assez curieusement, quelques mois plus tard, posait sa candidature à la présidence des États-Unis.

Il était convenu que les paquets adressés à Nixon devaient obligatoirement être remis à un agent très spécial. Gros, grand, blême, toujours vêtu de noir (diplômé ès désamorçages), il nous avait été fourni gracieusement par l'ambassade américaine. Chaque fois que je le croisais dans le corridor, j'avais l'impression qu'il avait les poches bourrées de bombes prêtes à exploser au moindre éternuement. Le brave homme a eu l'angoissante tâche d'ouvrir d'innombrables petits colis contenant des fleurs, des albums d'art, des parfums, des mousses pour le bain et des bouteilles de vin que d'anonymes admirateurs français envoyaient à Nixon. Quant aux invitations, aux offres de toutes sortes, aux lettres, aux télégrammes et aux téléphones destinés à Nixon, ils devaient d'abord passer par mes mains. La galère! Il y en a eu des centaines! Parmi les invitations les plus insolites qu'il m'a été donné de filtrer, je me souviens particulièrement de celle-ci:

«Monsieur le Président, ma femme et moi, nous vous aimons beaucoup. Nous allons vous regarder à la télévision demain soir. Si vous êtes libre pour dîner après l'émission, donnez-nous un coup de fil au numéro...

P.-S.: Pouvez-vous nous téléphoner dès que possible pour nous dire si vous aimez le poisson?»

ou de celle d'un lecteur qui croyait que le prix du livre lui donnait droit aussi à un supplément:

«Je viens d'acheter votre livre. Pouvez-vous me recevoir au plus tôt? J'ai besoin de votre autographe.»

et puis, cette invitation d'une réalisatrice de la BBC de Londres:

«Je vous invite à venir lire des poèmes à mon émission littéraire du...»

Deux avocats parisiens ont fait connaître (chacun de leur côté) leur intention de fonder «l'Association française des amis de Richard Nixon».

Six médecins demandaient une «audience» afin de lui parler d'un nouveau traitement qu'ils prétendaient avoir mis au point pour soigner la phlébite...

Une des plus étonnantes gracieusetés arriva le matin de l'émission. C'était un gigantesque bouquet de fleurs, adressé à M^{me} Nixon et accompagné d'une carte de visite de... Valéry Giscard d'Estaing. Preuve irréfutable que les meilleurs services de renseignements ne sont pas toujours les mieux renseignés...

Quant à l'émission, selon l'avis général, elle fut une grande réussite. Totalement détendu, pendant 3 heures 30 minutes, Nixon a répondu aux questions les plus variées traitant autant du Watergate que de sa réclusion. Dieu merci! ni lui ni les invités spéciaux présents dans les salons du *Ritz* ne se sont rendu compte de l'agitation survenue à 21 h 56 alors qu'on a reçu un appel à la bombe. Personne ne s'est aperçu non plus que, assez curieusement, l'horloge placée sur une cheminée à l'arrière-plan s'est arrêtée de fonctionner à 21 h 55...

Sa prestation à la télévision française a permis aux télé-spectateurs français de découvrir un nouveau Nixon. Taux d'écoute exceptionnel: 49 %. Un record! Le plus grand nombre de questions posées par l'auditoire jamais enregistré depuis les 12 ans que l'émission existe: 5 000 appels! Tous notés sur des fiches montrées à Nixon après l'émission, puis mises aux archives.

Les premières propositions des télévisions étrangères se firent connaître au bout de la première heure. On voulait acheter les droits de rediffusion sans attendre la fin. À Cognac-Jay, dans une salle que nous leur avions spécialement préparée à cet effet (par manque d'espace au *Ritz*), les correspondants étrangers réagissaient positivement, eux aussi.

Un succès inespéré.

Sitôt l'émission terminée, Nixon retrouva son air tendu. Il redevint inquiet. En se tournant vers moi, il demanda:

– *Was it O.K.? Are you happy? After all, it's YOUR show.*

*Happy*, je l'étais drôlement:

– Savez-vous combien d'appels vous avez eus? Cinq mille! Et, d'après le service SVP chargé de les réceptionner et de les trier au cours de l'émission, 9 appels sur 10 vous étaient favorables.

À ce moment, Nixon eut ce commentaire mémorable:

– Quel dommage pour moi que les Français n'aient pas le droit de voter!

Au retour à New York, en guise de reconnaissance pour le travail accompli, mon poulain m'offrit une réception dans sa suite du *Waldorf Astoria* (coût de location: 5 000 $ par jour). M^me Nixon y était aussi pour l'occasion.

Il retourna ensuite à San Clemente pour écrire son deuxième livre. Quant à moi, il me restait encore beaucoup de pain sur la planche. J'avais à m'occuper de la revente de l'émission à travers le monde. À Montréal, Télé-Métropole s'assura d'une rediffusion partielle du programme, et *Playboy* m'acheta des extraits de la retranscription.

Des années ont passé depuis que j'ai vécu cette aventure et il m'arrive souvent d'y repenser. En l'observant à distance, je constate que Nixon demeure un homme exceptionnel. Un homme dont les idées ont fini par réhabiliter son honneur discrédité. Serait-ce cela, une rédemption politique?

En effet, depuis qu'il a été chassé de la Maison-Blanche par le scandale du Watergate, en 1974, plutôt que de sombrer dans la nostalgie ou l'amertume, Nixon écrit des articles, donne des conférences et publie des livres (dont il m'envoie toujours fidèlement un exemplaire dédicacé). Après tout ce temps (bientôt 20 ans), on ne peut pas nier que cet homme a réussi à remonter la pente qui, au départ, paraissait insurmontable. Renié par ses concitoyens à la fin de sa présidence, démoli par les journalistes, condamné par la moralité publique, il a, petit à petit, retrouvé une respectabilité, une autorité morale et une audience.

À ce propos, je me rappelle une des dernières conversations privées que nous avons eues:

– Comment croyez-vous que l'histoire vous jugera quand vous ne serez plus là?

Nixon esquissa un sourire et me dit:

– Tout dépend de qui écrit l'histoire!

Occasion de bonheur de l'aventure Nixon. Franck Gannon (aujourd'hui collaborateur de David Letterman), Sophie Robert, moi-même et Diana Sawyer (rédactrice du chapitre sur le Watergate devenue aujourd'hui une grande célébrité de la télévision américaine).

# 4
# Bonheurs
# des révoltés

*Le seul homme politique sincère*
*c'est celui qui embrasse une petite vieille*
*même s'il n'y a pas de photographe dans le coin.*
EMMANUEL JÉRÔME

# FIDEL CASTRO
### Escale à Montréal

*Les révolutions n'ont généralement*
*pour résultat immédiat*
*qu'un déplacement de servitude.*
GUSTAVE LEBON

J'ai constaté, lors d'une visite à La Havane, à quel point la corruption avait fait de Cuba le royaume de la prostitution et de la mafia. Si bien que, le jour où Fidel Castro a gagné sa révolution, j'ai applaudi sans réserve. J'étais prêt à aider à ma manière les Cubains à retrouver leur dignité et leur bien-être.

La première occasion dans l'après-révolution me fut offerte par le criminaliste Me Raymond Daoust.

Raymond s'était rendu à Cuba aux tout premiers jours de l'arrivée de Fidel et de ses *barbudos*... Il en est revenu après avoir rencontré Castro, avec qui il avait concocté l'idée d'une cueillette de jouets pour les enfants démunis de Cuba. Raymond et moi avons fantasmé sur les diverses façons dont les jouets recueillis à Montréal pourraient être acheminés à Cuba (nous avons même pensé les parachuter sur diverses régions du pays). La jeune chambre de commerce de Montréal, dont Raymond Daoust était un officier, accepta de s'occuper de la logistique de l'opération en y enrôlant ses membres les plus enthousiastes. Le président, M. Claude Dupras, se rendit à Cuba pour mettre les choses au point avec le quartier général de Fidel, pendant qu'un comité spécial de l'organisation faisait campagne à Montréal. *Le Petit*

*Journal* m'avait donné carte blanche pour promouvoir l'opération. Castro avait été tellement touché par l'initiative qu'il finit par accepter notre invitation à venir à Montréal pour assister personnellement à un gigantesque banquet de charité devant se dérouler dans le manège militaire de la rue Craig.

Résultat de la cueillette: 20 000 jouets!

Tel que promis, le 26 avril 1959, Fidel arrivait à Dorval dans son avion particulier, accompagné de 80 personnes dont

9 gardes du corps, 40 journalistes, plusieurs ministres, des amis personnels et 6 femmes, dont ni la fonction ni l'identité ne nous avait été révélée.

La visite s'est déroulée dans la pagaille la plus totale. Ce fut vaudevillesque. À la descente de l'avion, on a assisté à des scènes d'une cocasserie rarement égalée. Inoubliable! Pas moins de huit services de police différents se partageaient le service d'ordre et se disputaient à qui mieux mieux l'autorité. Il y avait là les policiers provinciaux, ceux de l'aéroport, le corps des commissaires, les officiers de l'Immigration, ceux de la Douane, les policiers de la Ville de Dorval, les agents fédéraux en civil et, pour ajouter plus de couleur au cirque, les agents de la Gendarmerie royale en tunique écarlate. Ces derniers, plus rompus aux visites des chefs d'État, avaient pris l'initiative d'apporter des kilomètres de corde destinés à contenir la foule (composée d'une centaine de personnes tout au plus: quelques badauds, des employés de l'aéroport et une poignée de journalistes). Une heure après le départ de Castro, les policiers étaient toujours sur la piste, s'appliquant à démêler les nœuds de la corde qui... n'a jamais servi. Mon sottisier contient une série de photos de ces sots à la corde.

Ce fut l'occasion pour le maire de Montréal d'éprouver une autre déception. Après avoir réussi à serrer la main de Fidel, à la dérobée, Son Honneur s'apprêtait à monter dans la limousine en compagnie du visiteur mais... il a tout simplement été oublié sur la piste d'atterrissage!

L'événement est bien sûr très lointain, mais je n'oublierai jamais les paroles que Castro prononça devant la caméra de télévision de Radio-Canada, dans un petit salon de l'hôtel *Reine Elizabeth*, où j'avais organisé une conférence de presse.

Question: – Monsieur Castro, on entend de plus en plus de commentaires à propos de votre philosophie. On prétend que vous êtes communiste...

Réponse: – Alors, c'est quoi votre question?

Police montée sur corde raide.

Question: – Êtes-vous, oui ou non, communiste?

Réponse (après un grand éclat de rire): – Dès que vous voyez quelque chose de rouge, vous concluez que c'est communiste. Vous voyez cette petite lampe rouge placée au-dessus de la caméra? Elle est rouge, n'est-ce pas? Est-ce qu'elle est communiste? Eh bien, rassurez-vous, je ne suis pas communiste... D'autres questions?

Oh *yeah?*

# CHE GUEVARA
## *C'était qui, au fait?*

> *Le devoir de tout révolutionnaire*
> *est de faire la révolution.*
> CHE GUEVARA

À vrai dire, l'homme qui me fascinait bien plus que Castro était son compagnon Che Guevara. Malheureusement, je n'ai jamais réussi à le rencontrer. Par contre, j'ai connu son père. La rencontre de celui-ci, à elle seule, mérite d'être contée. En plus de m'avoir beaucoup appris sur le Che (à l'époque, les affiches montrant le révolutionnaire pavoisaient les chambres à coucher des jeunes du monde entier), cette rencontre a été remplie d'innombrables rebondissements, normalement épargnés aux éditeurs.

Au moment de mon association avec le *New York Times*, j'ai été en contact avec un certain M. Needham, un Américain fort sympathique d'origine hispanique qui était en étroites relations commerciales avec l'Argentine, pays d'origine du Che. Ce monsieur avait réussi, par un stratagème qui n'est pas encore très clair aujourd'hui, à acquérir les droits des mémoires du père de Che Guevara. Il avait fait entreprendre la traduction du manuscrit de l'espagnol à l'anglais et notre rencontre lui fit me proposer une association pour l'édition. Pour la rondelette somme de 10 000 $ – la moitié de ce qu'il avait déjà déboursé –, je devenais copropriétaire des droits. Le contrat signé, je fis connaître la bonne nouvelle dans la presse du monde entier.

Les offres d'achat affluèrent de partout, sans que j'aie à faire d'autres efforts. Tout le monde voulait entendre parler Guevara père... de son fils.

C'est à ce moment précis qu'un grain de sable tomba dans l'engrenage. Le père du Che est entré dans ma vie par effraction. Le tout a démarré sous la forme d'une dépêche de l'Agence France Presse, en provenance de La Havane.

Guevara père avait déclaré à la presse qu'il ne me connaissait pas, qu'il n'avait jamais signé aucun contrat avec moi et qu'en conséquence je n'avais pas le droit de publier ses mémoires dont il mettait d'ailleurs l'authenticité en doute.

Je me suis aussitôt mis en rapport avec l'intéressé afin d'éclaircir l'affaire. Guevara ne niait pas avoir vendu ses droits à mon inexpérimenté associé mais prétendait que celui-ci n'ayant pas respecté les délais prévus pour la parution de l'ouvrage (c'était vrai) les droits lui étaient automatiquement rétrocédés. Par contre, il n'était pas opposé à l'idée que je publie ses mémoires mais exigeait que je me rende à La Havane pour négocier avec lui personnellement.

Entre-temps, M. Needham reçut un étrange coup de fil d'un quidam prétendant être membre de la délégation cubaine aux Nations unies. Son mystérieux correspondant, qui avait lu les dépêches, offrait de lui verser la somme de 35 000 $ *cash* en échange du manuscrit original de Guevara. Conditions: la transaction devait rester absolument secrète et l'échange du manuscrit contre une petite valise contenant les 35 000 $, en petites coupures, devait s'effectuer la nuit, dans une ruelle déserte de Manhattan. (Bonjour, James Bond.)

M. Needham me transmit la proposition. J'avais le choix d'aller chercher la petite valise avec lui et empocher la moitié des 35 000 $ qu'elle devait contenir (et peut-être me faire écraser par un camion, pour une broutille?) ou de reprendre les 10 000 $ que je lui avais versés au départ de notre association.

Mon premier mouvement fut de refuser l'offre de la valise. «Il faut toujours se méfier du premier mouvement, disait Talleyrand, c'est en général... le bon!» J'ai donc choisi le remboursement de mon versement initial plutôt que le *deal* de la sombre ruelle.

D'après ce que j'ai compris, la mystérieuse transaction s'est effectuée sans incident, dans le décor prévu, digne des films policiers. Ce n'est qu'après avoir lu la deuxième version des mémoires du père que j'ai pu apprécier l'embarras dans lequel avait pu être plongé le gouvernement cubain et l'intérêt que celui-ci plaçait dans la suppression du premier texte. Il faut se souvenir qu'à cette époque, des tentatives timides avaient été entreprises par les Cubains pour la normalisation des rapports É.-U.–Cuba. Or, le texte d'introduction des mémoires, d'un notable cubain très en vue, crédible et bien respecté, était d'une telle virulence à l'égard des Américains qu'il aurait sans doute saboté tout essai de rapprochement entre les deux pays.

Quelques jours plus tard, mes rapports avec M. Needham ayant pris fin, j'arrivais à Cuba dans le dessein de faire des affaires, seul. Alertée de ma venue, l'ambassade du Canada me fit accueillir, à la descente de l'avion, par son consul, M. Serge April. Le lendemain matin, presque à l'aube, une automobile me cueillait à l'hôtel pour me conduire chez Guevara père. Le véhicule était conduit par le chauffeur personnel du grand Che, un homme de race noire qui l'avait suivi avec fidélité dans toutes ses campagnes. C'était un personnage étrange, pas très bavard mais... bien armé. En effet, sur le siège avant, tout près de lui, il avait placé, très en vue, un immense revolver. Me considérait-il comme un dignitaire, un homme important ou comme son prisonnier? Quoi qu'il en soit, sa mission était de me conduire, dans les plus brefs délais, à la *Septima Avenida*, dans le quartier Miramar, à la demeure du père de son ex-patron. Il s'acquitta de sa tâche avec beaucoup de zèle, à 100 km/h, en grillant systématiquement tous les feux rouges de La Havane. Ça commençait bien...

La réception que me fit don Ernesto Guevara Lynch fut des plus cordiales. Don Ernesto était un homme élégant à l'allure encore jeune, aux cheveux grisonnants. Il avait pourtant 85 ans et en paraissait 60. En secondes noces, il avait épousé Anna Maria Erra, une toute jeune femme qui lui donna 3 enfants. En peu de temps, j'ai compris qu'être le père du Che constituait une occupation à plein temps. Il était non seulement un citoyen honoré de Cuba, mais aussi un des hommes les plus occupés de La Havane.

– Alors, ce que j'écris vous intéresse? me demande-t-il, en guise d'examen d'entrée. Croyez-vous que nous allons faire des affaires?

Puis, comme s'il voulait mettre les choses au point, il ajoute:

– Il faut que vous sachiez que je n'ai aucune prétention littéraire. Le prix Nobel, je laisse ça à mon bon ami Jorge Luis Borges! Si j'avais été plus jeune et si j'avais eu le courage de prendre les armes qui sont tombées des mains de mon fils Che, ce livre n'aurait jamais été écrit!

La demeure des Guevara était confortable, meublée avec goût. La principale pièce était le salon, dont la taille trahissait les traditions de la maison: les Guevara aimaient recevoir. Cette coutume remontait à loin, à l'époque où don Ernesto jeune vivait en Argentine. Chez lui, on avait toujours eu l'habitude de recevoir aussi bien les amis que les gens dans le besoin pour débattre divers sujets ou organiser des mouvements de nature sociale ou politique.

Cette hospitalité donna naissance à de nombreux comités de libération nationale, tels que Ayuda Argentina, le Comité contre le nazisme mondial, la Légion de la Libertad (contre le tyran Trujillo de Saint-Domingue), le 26 Juillet (contre Batista), Comité de Ayuda (contre Pérez Jimanez du Venezuela) et, durant la dernière Guerre mondiale, le Comité De Gaulle de l'Aide à la France libre.

À l'époque, le fils aîné de don Ernesto Guevara, Ernesto Guevara de la Serna, celui-là même qui allait devenir le Che, suivait toutes les conversations d'adultes.

– Tout jeune déjà, mon fils Ernesto Guevara de la Serna, le Che, s'intéressait à tout, me dit don Ernesto. Du temps de la guerre civile d'Espagne, il n'avait que neuf ans, mais il découpait déjà les articles de journaux et suivait les mouvements de la guerre sur une carte, en y plantant des petits drapeaux. Il fut témoin de l'arrivée des anciens combattants de cette guerre qui étaient venus se réfugier à Alta Gracia. C'est sûrement à ce moment précis que naquit chez lui la haine de toute oppression des peuples.

Les jeunes enfants de don Ernesto, Victoria, Ramon et Ramiro, avaient, d'après ce que j'ai compris, exactement les mêmes droits. Tout comme leur demi-frère Che, ils écoutaient leur père avec admiration et se mêlaient librement à nos conversations.

– Ma mère (la grand-mère du Che) l'adorait. Ils conversaient souvent ensemble. Elle lui racontait en détail sa vie en Californie, où elle était née et où elle demeura jusqu'à l'âge de 12 ans. Après son mariage, la pauvre femme vécut dans une perpétuelle anxiété à cause du travail de son père dans le territoire sauvage de Misiones. Les malheurs des ouvriers des champs de maté, la police au service des propriétaires terriens, les maladies tropicales, les cyclones, elle avait tout raconté au petit Ernesto. Je suis convaincu que son subconscient a enregistré tous ces récits dans son enfance et qu'ils ont fait surface dans son action de révolutionnaire.

Don Ernesto était un merveilleux conteur. Le témoignage que je recueillais me passionnait. Mais don Ernesto n'oubliait jamais la raison de ma visite. De temps en temps, il faisait le point:

– Il va pourtant falloir qu'on parle affaires!

J'acquiesçais en le priant de continuer juste un peu plus. Don Ernesto prenait une petite gorgée de bière et reprenait:

– Ma femme, la mère du Che, était elle-même une grande militante politique. Si elle semblait plus attachée à lui qu'à nos autres enfants, c'est sans doute parce qu'elle fut contrainte de lui donner beaucoup plus de soins qu'aux autres car Ernestito souffrait d'asthme. À l'âge de six ans, ses crises furent tellement violentes qu'il fut même forcé d'abandonner l'école. C'est sa mère qui lui fit la classe. Leurs liens ne se sont jamais plus relâchés par la suite et lorsque, plus tard, mon fils s'est mis à voyager à travers le monde, il correspondait régulièrement avec sa mère.

M$^{me}$ Guevara mère était donc elle-même une révolutionnaire. Lorsque son fils se fut engagé dans cette voie, elle alla un peu partout prêcher la révolution. On la vit au Brésil, au Chili et en Uruguay où elle est allée faire de la propagande castriste.

– Mon épouse, Celia de la Serna, me dit don Ernesto, dut passer deux mois à la correctionnelle des femmes de Buenos Aires. Savez-vous pourquoi? Pour quel délit? Tout simplement parce qu'elle était la mère du Che! Une fois libérée, elle dut vivre dans la clandestinité dans son propre pays jusqu'au jour où elle réussit finalement à se réfugier en Uruguay où elle fut contrainte de vivre, une fois de plus, dans la clandestinité. Sa santé était chancelante. Elle apprit un jour que son fils avait quitté Cuba. Comme elle ignorait la raison de son départ, elle en fut remplie de tristesse et très contrariée. Elle mourut peu de temps après. Elle n'avait que 57 ans.

Ma visite chez mon futur auteur dura trois jours. Trois longues journées au cours desquelles, bribe par bribe, don Ernesto me révéla son influence sur l'appétit de connaître du Che, sur la passion de ce dernier pour les livres (il passait des nuits entières dans la bibliothèque familiale). Il me révéla le travail de sa pensée, le cheminement de ses méditations et de sa sagesse. Le père me fit comprendre que si le Che avait de nombreux admirateurs, il était le plus fervent.

À ce moment-là, je me suis senti très près du vieil homme qui, c'était visible, ne vivait plus que pour glorifier la mémoire de son fils.

De nombreuses années s'étaient écoulées depuis la mort du Che en Bolivie, mais le souvenir que le père en gardait était très vif. Il se souvenait des nuits qu'il a dû passer à épier la respiration d'Ernesto. Il se rappelait avoir gardé l'enfant sur son ventre des heures durant, afin de favoriser sa respiration.

– Savez-vous quels furent les premiers mots qu'Ernesto apprit à balbutier?

«*Papito... injeccion!*» (Petit papa... injection!) Il était très courageux. Les piqûres étaient désagréables mais elles seules arrivaient à apaiser son mal.

Les parents du Che essayaient en vain tout ce qu'ils pouvaient pour trouver un soulagement pour leur enfant. Ils éloignèrent les animaux domestiques de la maison, changèrent le rembourrage des oreillers et celui de son matelas. Ils durent finalement se résigner à quitter Misiones, où le père possédait une exploitation de maté, pour aller vivre sous un climat plus favorable, à Alta Gracia, près de Cordoba, au pied des Sierras Chicas.

Le père du Che ne cachait pas que l'asthme de son fils a pesé lourd sur la vie de toute la famille. C'est l'asthme aussi qui aurait été à l'origine de la première prise de conscience d'Ernesto envers l'injustice. C'est du moins l'avis de son père, qui se souvient du jour où son fils vit sa paie réduite de moitié par le viticulteur pour lequel il travaillait parce qu'une crise d'asthme n'avait pas permis au Che de terminer son engagement.

— La décision injuste de cet homme avait rendu mon fils furieux, dit don Ernesto. Cette première interaction entre patron et ouvrier l'avait indigné.

Par ailleurs, comment ne pas s'étonner avec le père que, malgré le sérieux handicap qu'elles représentaient, les crises d'asthme du Che ne l'ont jamais empêché d'exceller dans les domaines sportifs, réservés habituellement aux bien-portants?

— Il avait une force de caractère exceptionnelle! affirmait son père. Elle lui a permis de faire face à son mal et de lui livrer une bataille victorieuse. Plutôt que de se désoler, il apprit à vivre avec son mal et comme il se donnait toujours à fond dans tout ce qu'il entreprenait il réussissait partout.

Sur ces mots, don Ernesto se versa un verre de bière, alluma son cigare et me demanda:

— Bon, alors. On va faire des affaires, oui ou non?

– *Si Senor! Como no?*

Mais plutôt que de parler affaires, il continua à parler de son fils:

– Mon fils pratiquait la natation, le plongeon, le golf, l'escrime, le patinage, l'équitation, le football, le rugby, le tennis, la balle au mur, le tir, le criquet, la marche à pied, l'alpinisme, le cyclisme, et je suis sûr que j'en oublie... Voilà pour les sports. Quant au reste, en plus de sa passion pour les échecs, la lecture, la philosophie et l'archéologie, il suivait des cours de dessin par correspondance et trouvait encore du temps pour s'intéresser à la graphologie. D'année en année, il utilisait la même phrase, écrite dans sa propre calligraphie, pour la comparer et s'autoanalyser. Cette phrase est sans doute révélatrice de sa personnalité. Je crois qu'elle est d'un personnage historique français qui finit ses jours au gibet et avec lequel le Che se trouvait une affinité de pensées. La voici:

«Je croyais posséder la force suffisante, je le sens en ce moment, pour monter au gibet la tête haute. Je ne suis pas une victime. Je suis un peu de ce sang qui fertilise la terre de France. Je meurs parce qu'il faut que je meure pour que le peuple vive!»

Le père du Che triomphait rétrospectivement des réussites passées de son fils. Il se haussait dans son fauteuil pour rappeler que le Che avait une volonté inébranlable.

– Tout ça n'est rien en comparaison avec ce qu'il réalisa plus tard! dit-il. Je veux parler de l'époque de ses études en médecine. Ernesto – qui porta longtemps les cheveux ras et avait une manière bien personnelle de se vêtir: jamais de cravate, souvent des chaussures de couleurs et de formes différentes – était très attiré par la médecine. Tout le monde pensait qu'il allait suivre mes traces et devenir ingénieur, mais il n'en était rien. Après avoir passé deux semaines au chevet de sa grand-mère agonisante, il fut marqué par l'impuissance des médecins à secourir cette femme qu'il adorait. À ce moment précis, il prit la décision de consacrer sa vie au soulagement des maux de l'humanité. Là encore, il dut s'imposer des sacrifices inouïs, des défis de taille. Juste avant la fin de ses études médicales, il partit en voyage. À son retour, il était à 7 jours des examens et n'avait pas moins de 15 sujets à étudier. Il fut recalé à 2 reprises mais réussit tout de même le tour de force de devenir médecin dans les délais qu'il s'était fixés. Le 11 mars 1953 – une date que je n'oublierai jamais – j'étais dans mon étude quand le téléphone sonna: «Ici le DOCTEUR Ernesto Guevara de la Serna!» me dit la voix au téléphone en appuyant très fortement sur le mot *docteur*...

Ce n'est que six ans plus tard que le père et le fils se sont revus. C'était à Cuba, en 1959, à la victoire de la Révolution.

– Que vas-tu faire de ta médecine? lui ai-je demandé.

– La médecine? Ça fait longtemps que je l'ai abandonnée, répondit mon fils vêtu de son uniforme de révolutionnaire. Maintenant, je suis un combattant qui travaille pour mettre sur pied un gouvernement révolutionnaire. Que va-t-il advenir de moi? Je ne le sais pas. C'est ça ma nouvelle vocation... et je ne sais même pas dans quelle terre je laisserai mes os!

Là-dessus, le père du Che se leva et reprit son leitmotiv:

– Bon, alors, on parle affaires?

– Quand vous voudrez!

Le vieux avait le sens de l'humour et celui du suspens.

– Bon, je vous accorde encore quelques minutes, dit-il, heureux de voir que sa narration m'intéressait. Je vais vous montrer les caisses de lettres que j'ai de mon fils. Venez, elles sont toutes là, dans la pièce à côté. Je vais même vous lire la plus importante, qu'il m'a envoyée de l'Inde. Tenez, écoutez:

> «*Papito*!
> J'ai découvert le vrai sens des valeurs. Je sais maintenant que la masse est plus importante que l'individu. Je possède le sens de mon devoir historique. Je n'ai ni femme, ni maison, ni enfant, ni père, ni mère, ni frère, ni sœur. Mes amis sont mes amis quand ils pensent politiquement comme moi. Je suis heureux. Je me sens quelqu'un dans la vie. Ce n'est pas seulement cette force qui m'a toujours habité qui m'avive, mais cette possibilité de l'injecter aux autres. La certitude de ma mission ne laisse pas de place pour la crainte...»

Tout ce que le père sait, tout ce qu'il a compris, ce que son fils au caractère de feu et d'acier lui a appris, grâce à son livre, il le dira au monde entier! Il me montre une photo du Che apprenant à marcher.

– Regardez. Il s'arrache déjà des bras de son père. Personne n'a jamais pu le retenir!

Toute personne s'étant un tant soit peu intéressée à la révolution de Cuba sait que, par la suite, convaincu d'avoir accompli sa mission auprès de Castro, le Che s'est arraché de son pays d'adoption pour aller continuer ailleurs sa guerre révolutionnaire. Le 1er avril 1965, il rédigeait cette lettre historique:

> «Adieu Fidel,
> (...) Je sens que j'ai accompli la part de mon devoir qui me liait à la révolution cubaine sur son territoire et je prends congé de toi, des camarades, de ton peuple qui est désormais le mien. Je renonce formellement à mes charges dans la direction du Parti, à

mon poste de ministre, à mon grade de commandant, à ma condition de Cubain. Rien d'égal ne me lie à Cuba, seulement des liens d'une autre nature que les nominations ne peuvent rompre. (...)

D'autres sierras du monde réclament la contribution de mes modestes efforts. Je peux faire ce qui t'est refusé par tes responsabilités à la tête de Cuba. L'heure est venue de nous séparer.

Il faut savoir que je le fais avec un mélange de joie et de douleur: ici, je laisse la part la plus pure de mes espérances de constructeur et ce que j'ai de plus cher parmi les êtres que j'aime et je laisse un peuple qui m'a accueilli comme un fils; cela continuera à constituer une partie de mon esprit. Je porterai sur les nouveaux champs de bataille la foi que tu m'as inculquée, l'esprit révolutionnaire de mon peuple, le sentiment d'accomplir le plus sacré des devoirs: lutter contre l'impérialisme partout où il est. Cela réconforte et adoucit n'importe quel déchirement. Je répète que... (...) je ne laisse aucun bien matériel à mes enfants et à ma femme et ne le regrette point: cela me fait plaisir qu'il en soit ainsi; je ne demande rien pour eux, puisque l'État leur donnera ce qui suffit pour vivre et s'éduquer...»

— Au fait, que sont devenus les enfants du Che? ai-je demandé.

— Hildita a épousé un Mexicain et vit au Mexique. Camilio vit en URSS et Aliucha est médecin à Cuba.

— Et ses frères et sœurs?

— Celia est architecte à La Havane; Roberto, l'avocat, qui était en Espagne, se trouve en Argentine; Anna-Maria, également architecte, vit à La Havane. Quant à Juan-Martin, qui est journaliste, après avoir passé neuf ans et demi en prison pour le simple crime d'être le frère du Che, il a retrouvé sa liberté et réside à Buenos Aires...

Cette fois, c'est moi qui ai pris les devants:

– Alors, on parle affaires, oui ou non, don Ernesto?

Le père parut surpris:

– Alors, l'histoire du Che vous intéresse?

– Bien sûr. Pourquoi croyez-vous que je sois venu jusqu'ici?

– D'accord, alors voici les conditions: c'est 20 000 $ américains. Vous repartez et vous revenez dans 15 jours avec l'argent *cash*, dans une valise... J'ai besoin de *cash*! dit-il, transparent de pureté.

(Holà, holà, on se calme... La valise, c'est une manie ou quoi? C'est pas vrai! Ils ont tous vu le même film?)

C'était à prendre ou à laisser! J'étais intéressé à prendre mais sans histoire de valise. Ramener une valise clandestinement à Cuba et repartir (vivant) avec un manuscrit sous le bras... c'était du délire!

– Rentrez chez vous paisiblement. Pensez-y calmement et téléphonez-moi pour me dire si on fait des affaires ou non. Parce que, pour une affaire, c'est une très bonne affaire!

C'était son mot de la fin. J'ai fait des efforts méritoires pour sourire jusqu'au moment de notre séparation. J'étais heureux de constater que la décision finale avait été remise à une date ultérieure. Je suis rentré à mon hôtel, où j'ai eu la chance de finir la soirée au bar avec Gabriel Marquez qui se préparait à aller en Angola. J'étais tellement content d'avoir quelqu'un à qui parler qu'avant de le quitter je lui ai demandé son autographe.

Le lendemain, je quittais Cuba, ravi d'avoir beaucoup appris sur le Che mais absolument pas convaincu que son père et moi nous allions... faire des affaires.

Ce n'est qu'au bout de plusieurs mois, d'une série de téléphones et d'une tonne de lettres que l'affaire fut finalement conclue. À cause de la gourmandise de don Ernesto, je n'ai acheté que les droits français de ses mémoires. L'ouvrage fut publié en 1985. Quant à l'avance (de 7 000 $), c'est bel et bien dans une valise que l'argent a transité (sous la forme d'un chèque bien officiel) mais dans une valise... diplomatique du gouvernement du Canada.

# GARRY DAVIS
*La révolte du citoyen du monde*

*Le soleil passe les frontières*
*sans que les soldats tirent dessus.*
*BALIM JABRAN*

Paris, 1948. La première Assemblée générale des Nations unies se tient au palais de Chaillot. Les yeux du monde entier ne sont pas tournés vers les délégués, mais plutôt vers Garry Davis. Ancien pilote de l'aviation américaine, il a installé une petite tente sur le terrain déclaré international pour la durée de la réunion historique.

Davis est venu à cet endroit espérant éveiller les consciences sur l'absurdité des guerres et des frontières et l'espoir de démarrer un mouvement mondialiste appelé Citoyens du monde.

Les délégués internationaux feignent d'ignorer ce trouble-fête mais autour de Davis un gigantesque mouvement de sympathie s'organise: Albert Camus, André Breton, François Mauriac, André Gide, Jean-Paul Sartre, Albert Einstein, le Dr Albert Schweitzer, l'abbé Pierre en font partie. Assistera-t-on à l'abolition des frontières, à l'unité mondiale, à une paix durable? J'ai 12 ans. Mon père, qui partage les idées de Davis, m'amène l'applaudir au palais de Chaillot. La foule est en délire. C'est un moment historique. La police française arrête Davis et veut le renvoyer chez lui... seulement il y a un défaut: il n'a plus de chez-lui, il a renoncé à sa nationalité. Son chez-lui, c'est... le monde entier.

Mon père qui, dans ses missions diplomatiques, a souffert de l'incommunicabilité, se met activement à l'étude de l'espéranto (celui qui espère), une langue internationale conventionnelle qui permettra de communiquer avec tout le monde. Il m'enseigne quelques mots pour me prouver la simplicité de cette langue qui me permettra, dit-il, d'être compris de tous.

Trente ans passèrent. J'étais au Salon du livre de Montréal. Je bavardais paisiblement devant mon kiosque lorsque je vis arriver un grand homme blond, à la silhouette fragile et au visage radieux. Élégant et désinvolte, il avait un charme unique, fait de naturel, et le sourire innocent d'un adolescent qui vous pousse à tout abandonner pour ne vous occuper que de lui. Il me salua poliment, en français, marmonna son nom, me serra la main et dans le même élan me tendit un livre. J'ai tout de suite cru qu'il s'agissait d'un auteur ou d'un éditeur désireux de traiter affaires. Comme je n'avais pas bien compris le nom du visiteur et que je ne voulais pas le lui faire répéter, je me suis mis aussitôt à examiner le titre du livre, puis... le nom de l'auteur. Je lus: Garry Davis.

– Garry Davis! lui dis-je, étonné. Je connais bien! Serait-ce LE fameux Garry Davis? Êtes-vous son éditeur?

– Oui, c'est LE Garry Davis, LE citoyen du monde... mais je ne suis pas son éditeur. Je suis Garry Davis!

Il n'y a pas de hasard dans la vie, paraît-il. Depuis ce jour, nous nous revoyons régulièrement. J'ai produit sur lui plusieurs documents pour la télévision et écrit de nombreux articles qui ont été diffusés dans plusieurs pays. Il existe entre nous une merveilleuse complicité. Garry m'écrit et me téléphone souvent de tous les coins du monde où ses fonctions l'amènent. Consciencieux, dévoué, visionnaire, c'est un homme pour qui j'ai la plus grande admiration. J'aime sa persévérance, qu'aucune déception (et il en a eu!), aucun déboire n'a réussi à altérer jusqu'ici. J'aime aussi sa confiance en l'humanité et son sens de l'humour, qui l'a souvent sauvé. Peut-être est-ce parce que dans son jeune temps il était comédien et a déjà joué avec Harpo Marx et Ray Bolger. Il m'arrive souvent de l'appeler Monsieur le Président (Président du monde, cela va de soi). Garry me gratifie alors d'un Monsieur le Vice-président. Et on arrose le tout d'un grand éclat de rire quand ce n'est pas d'un bon verre de vin. Nos conversations sont toujours un mélange d'actualité et d'éternité. C'est une merveille. J'admire sa modestie, son intelligence, sa faculté d'écoute et d'enthousiasme et la qualité de son argumentation.

Il y a quelques années, Peter Ustinov et Marcel Marceau avaient rêvé de tourner un long métrage sur Garry, mais le projet ne s'est malheureusement pas concrétisé.

Ayant renoncé à sa nationalité, Garry Davis vit toujours en apatride aux États-Unis en travaillant comme coordonnateur du World Government of World Citizens, et de la World Service Authority (WSA), organisations qu'il a fondées et dont les locaux sont situés à Washington, à quelques pas de la Maison-Blanche. La WSA* se spécialise dans l'émission de cartes d'identité, de certificats de naissance, de certificats de mariage et d'un passeport mondial convoité particulièrement par les apatrides.

Depuis sa fondation en 1954, la WSA a déjà émis près de 300 000 documents, dont 100 000 passeports à travers le monde.

– Il ne faut jamais oublier qu'un passeport n'est rien d'autre qu'un simple bout de papier. Mais il faut bien donner un bout de papier aux fonctionnaires qui disposent de tampons, sinon où apposeraient-ils leurs cachets? ironise Garry Davis qui a inventé ce document-secours après avoir pris connaissance de la Déclaration des droits de l'homme, proclamée par l'Assemblée générale des Nations unies en 1948, l'article 13 de la Déclaration stipulant que:

«a) Toute personne a le droit de circuler librement et de choisir sa résidence à l'intérieur d'un État;

b) Toute personne a le droit de quitter tout pays, y compris le sien, et de revenir dans son pays».

Depuis 1992, tout en restant en conformité avec ces articles des Droits de l'homme, et pour faciliter encore davantage la vie des citoyens persécutés, l'organisation de Davis offre désormais deux autres types de documents: un permis international de résidence et un permis de sortie.

Ces titres de voyage rendent surtout service aux apatrides en détresse, dont certains sont emprisonnés faute

---

*    World Service Authority
     1012, 14th Street NW
     Washington, DC 20005, USA
     Tél.: (202) 638-2662

d'avoir un passeport. D'autres qui adhèrent à la cause des Citoyens du monde, dont Isaac Asimov, Yehudi Menuhin, Joan Baez et le prix Nobel George Wald, les prisent pour le symbole qu'ils représentent.

Malheureusement, tous les pays ne reconnaissent pas encore le passeport des Citoyens du monde, mais certains sont plus compréhensifs que d'autres. C'est le cas de la Zambie, la Mauritanie, la Haute-Volta, l'Arabie saoudite, le Koweit, le Maroc, le Yémen, la Somalie et d'une bonne douzaine d'autres.

À cause de son passeport, dans de nombreux pays Garry Davis a vécu des aventures rocambolesques assorties de mesures d'expulsion. Pas moins de 30 pays l'ont carrément envoyé réfléchir en prison en cherchant à l'accuser de falsification de documents. Tel fut le cas en 1978 alors qu'il voyageait en France et où, pour sa défense, il dut faire appel à un témoin de renom: l'abbé Pierre. Le célèbre disciple d'Emmaüs, qui voue toujours une grande admiration à Garry Davis, n'a pas hésité un seul instant à voler au secours de son ami. Il s'est adressé en ces mots au tribunal:

– Monsieur le Président, je repense au jour où Garry Davis fut reçu avec tous les honneurs par le président Vincent Auriol. Aujourd'hui, en le voyant dans le box des accusés, j'ai honte pour la France!

Garry Davis fut aussitôt libéré.

Pour cet homme, l'idée des frontières et des passeports est à jamais dépassée.

– Où que nous soyons, d'où que nous venions, dit-il, nous sommes sous le soleil à la même distance des étoiles. Les astronautes emportent-ils un passeport avec eux quand ils vont dans l'espace? S'il leur arrivait de tomber dans un coin non prévu de la planète, je parie qu'il se trouverait encore un imbécile pour leur demander leur passeport. Il n'y a pas de frontières pour les ondes radio, le téléphone, le fax, les satellites de la télévision, les multinationales, les syndicats, l'Unesco, les banques, les découvertes médicales, les agences de presse. L'écologie ne connaît pas de frontières. Croyez-vous que les pluies acides ou le trou dans la couche d'ozone se préoccupent des frontières nationales?

Garry Davis est un visionnaire. Il y a 40 ans, il parlait déjà de pollution et de protection de l'environnement. Comment peut-on songer à préserver le climat et les forêts du monde si un gouvernement mondial ne se charge pas d'évaluer les dommages et d'appliquer les sanctions à l'échelle mondiale? Une même autorité à l'échelle de la planète est nécessaire pour régler la pollution, les pluies acides, les gaz toxiques, le gaspillage éhonté des ressources de la Terre, la pauvreté, la famine, les manipulations génétiques et la drogue. Sans parler d'armement. On s'accorde pourtant de plus en plus à reconnaître que les enjeux majeurs des années à venir sont planétaires. Nous vivons à une époque où une interdépendance existe en fait entre tous les pays. Seule une autorité supranationale, mondiale, planétaire pourra résoudre les problèmes qui sont à l'échelle mondiale. Ce n'est pas le rôle de l'Organisation des Nations unies, qui est née de la guerre et qui n'en a ni le mandat ni les moyens.

C'est l'avis, depuis fort longtemps, de Garry Davis qui, en outre, a toujours été opposé aux régimes politiques:

– Pour moi, les régimes politiques n'ont qu'un point commun entre eux: c'est la guerre. Pour précipiter une prise de conscience ici-bas, ce qu'il faudrait souhaiter maintenant sans doute, c'est une invasion de l'espace. Lorsqu'ils apprendront que les extraterrestres menacent de débarquer sur la Terre, Sadam Hussein, Mitterrand, Mulroney, Clinton et tous les autres se lanceront sûrement sur le téléphone rouge et décideront enfin de s'unir pour assurer la survie de la civilisation. Devant ce danger extérieur, ils oublieront enfin leurs nationalités et redécouvriront peut-être soudainement la solidarité humaine.

Ainsi parle mon ami Garry Davis qui croit, comme moi, que les différences de races et de nationalités ne sont rien et que l'homme ne pourra subsister qu'en vivant en paix avec l'homme.

# 5

# Bonheurs
# par méprise

*Qui n'aime pas l'absurde n'est pas raisonnable.*
LOUIS PAUWELS

## ERREUR SUR LA PERSONNE

*Quand on ne sait pas très bien*
*qui on est c'est facile*
*de se prendre pour un autre.*
ANONYME

Je n'ai jamais aimé les fats, les poseurs, les présomptueux, les hâbleurs, les vaniteux. Leur cas relève de tonton Freud.

Je suis résolument allergique à ceux qui se prennent pour des nombrils du monde, des privilégiés issus de la cuisse de Jupiter, aux gens dont les chevilles ont tendance à enfler. En d'autres termes, je ne supporte pas ceux qui se prennent pour d'autres. Ces êtres détestables qui, gonflés d'orgueil, se surestiment, s'imaginent plus grands, plus forts ou plus intelligents qu'ils ne le sont en réalité ne doivent pas être confondus toutefois avec les comédiens, qui utilisent leur talent pour nous faire croire qu'ils sont autres. Ces derniers – ces chers menteurs – ne sont pas des usurpateurs. Ils sont conscients de leur véritable identité et n'utilisent leurs dons que pour nous distraire ou nous faire rêver.

Ne pas confondre non plus avec ceux qui, pour sauver leur peau, doivent provisoirement emprunter une identité salvatrice.

Il y a enfin ceux qui, pour échapper à la monotonie de leur vie ou pour se donner l'illusion d'être importants, se montent (et nous montent) un bateau... Ceux-là, j'aime les appeler les allumés. Ce sont d'innocents excentriques, des originaux, des illuminés que l'on désigne parfois vulgairement sous le vocable de *crack pots* ou de fêlés.

Contrairement aux mégalomanes, ces allumés n'ont jamais cessé d'exercer sur moi une grande fascination. Je les trouve attachants et drôles. Ils sont généralement sensibles et susceptibles. Ils ne supportent pas d'être contredits. Lorsqu'on a compris que ces braves gens refusent notre univers rationnel, on est prêt à entrer dans celui qu'ils se sont tricoté. Et alors, on a intérêt à attacher sa ceinture.

Quant aux personnes qui sont privées de liberté, qui ont faim ou qui sont menacées de mort et ainsi sont forcées de se confectionner une nouvelle peau, elles ont toutes mon admiration. En fait, si on soumettait mon cas à une psy, celle-ci (j'ai une nette préférence pour les psys femmes) expliquerait sans nul doute que ma fascination pour ces personnes tient au fait que, tout jeune déjà, pour sauver ma peau, je me suis, moi aussi, maintes fois fait passer pour un autre. Les férus d'astrologie, quant à eux, expliqueraient ce penchant par le fait que je suis Gémeaux, donc pourvu d'une double personnalité. Et comme de surcroît je suis, paraîtrait-il, ascendant Gémeaux, on multiplie le gag encore par deux... Je ne serais pas double mais quadruple... Pour ma part, j'aime dire que je suis Gémeaux ascendant sceptique mais ça, c'est une autre histoire...

Quoi qu'il en soit, pour en revenir aux histoires de mon double, je dois remonter en Allemagne aux derniers jours de la guerre. Je me souviens que la surveillance du camp de concentration où je me trouvais alors avait été relâchée à cause de l'arrivée imminente de l'armée américaine. À cette époque pénible, tout le monde mourait littéralement de faim et en particulier les prisonniers. Tous les jours je me sauvais du camp et, déguisé, empruntant un fort accent berlinois, j'allais raconter aux gens (des Allemands) que j'avais été envoyé par des Allemands (bien sûr) pour trouver de la nourriture aux blessés allemands (bien entendu) cachés dans la montagne. Cela se passait à Würzburg, pas loin de Francfort. Je jouais tellement bien mon rôle du petit *Hitler jungen* qu'il s'en est fallu de peu pour qu'on me décore. Pensez donc, si jeune (11 ans) et déjà un héros... (de l'Allemagne!)

En annonçant que je venais de Berlin, je bernais tout le monde et éloignais les soupçons de ceux qui auraient pu avoir quelque doute sur ma véritable identité. De cette expérience, presque toujours réussie sauf une fois... qui fut la dernière et au cours de laquelle j'ai failli y laisser ma peau (la vraie), je garde une grande fierté.

Plus tard, en France, irrité de me faire traiter d'étranger, j'ai tenté de me faire passer pour français en teignant mes cheveux blonds en... brun et en m'exprimant avec un accent parisien.

Plus tard encore, au Québec, comme on m'a souvent pris pour un maudit Français, j'ai fait des efforts pour – à défaut de prendre l'accent joual – parler un français que l'on qualifie bizarrement d'international.

## CAMÉLÉONESQUE

*J'ai rencontré la célébrité sur un quiproquo: on m'a pris pour un autre – j'y ai sans doute mis du mien, à force de jouer les caméléons.*
MICHEL POLAC

Et puis, j'y pense: depuis plus de 40 ans, je vis sous un nom qui n'est pas le mien! Voilà donc bientôt un demi-siècle que je passe pour un autre... Au début, cela faisait drôle. Mais

Conducteur de tram, marin français, clown ou mineur... et toujours en compagnie de l'inénarrable Arthur Prévost.

avec les années, mon faux nom a fini par gangrener le vrai au point qu'aujourd'hui, lorsque quelqu'un m'appelle Aloyzas Stankevicius, j'ai l'impression qu'il s'adresse à quelqu'un d'autre.

C'est donc avec un prénom inventé (j'en ai essayé quatre avant celui-ci) et un nom de famille raccourci que j'ai fait mon entrée dans le journalisme. Quant à mes premières armes dans ce métier, c'est également avec une usurpation d'identité que je les ai faites. Je souhaitais ces débuts fracassants. L'occasion m'en fut donnée par mon premier employeur, *Le Petit Journal*.

Ce jour-là, un dénommé Sydney Short, un anglophone comme son... (faux) nom l'indique, vint faire une proposition à mon patron Jean-Charles Harvey. Sydney était narcomane. Pour la rondelette somme de 500 $ (on est au début des années 50!) il proposait de raconter sa vie – qui était un enfer – et d'exposer publiquement les rouages secrets du trafic de drogues à Montréal.

Le rôle de confesseur laïque ne me déplaisait pas mais en l'écoutant parler j'ai cru avoir une meilleure idée. Celle de lui demander de m'introduire dans le milieu de la pègre d'où, en empruntant une fausse identité, je croyais pouvoir rapporter du matériel de qualité supérieure parce que plus personnel.

Étonné de mon projet et surtout ravi de découvrir qu'il pourrait tirer davantage d'argent du journal, Sydney accepta mon offre en retour d'un paiement majoré. Il demandait... 1 500 $. C'était 3 fois plus qu'il n'avait demandé la première fois. Le contrat (verbal) stipulait qu'il s'engageait à m'introduire auprès des principaux *pushers* et à me faire connaître les usagers les plus intéressants. Tout le monde savait que si, par malheur, on devait découvrir notre simulacre, il y allait de sa vie et... accessoirement, de la mienne. Pour tout réconfort, j'eus droit à des compliments de mes confrères pour mon courage, à des conseils de prudence de la part de Jean-Charles

Harvey, ainsi qu'à une police d'assurance spéciale sur ma vie, généreusement offerte par le journal à mes descendants (que je n'avais pas encore).

– Bravo! Merci! Et prends bien soin de toi, le jeune!

J'entrepris cette expédition au pays de la *dope* sous le nom de Léo Leblanc. Tous les jours, Sydney mon cicérone et moi, nous passions notre temps à jouer au *Who's who?* Sydney m'indiquait scrupuleusement qui était qui dans le monde impénétrable de la pègre montréalaise que je découvrais avec horreur. Au bout d'un certain temps, quand les membres les plus méfiants et les plus soupçonneux se sont bien rassurés sur les intentions du jeune Léo (voleur de montres venu de Toronto), ils ont tous accepté de me vendre de la drogue. Il y avait alors trois principaux distributeurs d'héroïne dans la métropole. Mon intérêt était d'abord de me procurer de la drogue auprès des *pushers* de chacun d'eux et de la faire immédiatement analyser par le laboratoire médico-légal de la police de Montréal. Nous avons réussi à démontrer par ces analyses que la qualité de la drogue vendue ainsi était très différente d'un fournisseur à l'autre et que, pendant que certains offraient de l'héroïne presque pure (injectée dans les veines, elle aurait provoqué la mort instantanément), d'autres s'amusaient à la diluer artisanalement avec de la poudre de lait et d'autres mélanges maison – forçant ainsi leurs clients à en consommer davantage pour obtenir l'effet désiré.

Ma vie dans cet enfer de la drogue dura 30 jours et me fit découvrir quantité d'êtres malheureux. De véritables esclaves. Afin de pouvoir se procurer leur ration quotidienne, je les ai vus voler des systèmes de son, des bijoux et des manteaux de fourrure de grande valeur qu'ils revendaient pour des montants dérisoires. Les reportages et le livre* que j'ai tirés de

---

\* *Un mois chez les damnés*, Préface de Jean-Charles Harvey, Le Petit Journal, Montréal, 1956.

cette expérience ont eu beaucoup d'écho. Le journal augmenta son tirage et, par voie de conséquence, mon nom commença à être retenu. Pendant ce temps, la police, se sentant légèrement mise sur la sellette, décida d'apaiser l'opinion publique en organisant un gigantesque balayage dans le monde interlope qui se termina par l'arrestation d'une trentaine d'individus. *Manu militari*, ils furent tous envoyés en prison.

Quelques mois plus tard, lors de mes visites au pénitencier, j'ai eu l'occasion de rencontrer quelques-uns d'entre eux. Je craignais qu'ils me tiennent rigueur d'avoir fait paraître ma série d'articles qui avait mis fin à leur lucrative carrière. À ma grande surprise, il n'en était rien. Ils m'ont tous fait comprendre qu'à leurs yeux j'étais *legit*! Ils savaient que je possédais sur le compte de chacun d'eux des informations incriminantes mais ils avaient appris que j'avais refusé de livrer à la police le moindre renseignement les concernant. Je n'étais donc pas un informateur, un indicateur de la police. Je n'étais qu'un simple journaliste faisant son métier, rien de plus. Mon premier devoir était d'informer le public sur la vie de ce monde impénétrable et je n'avais pas dérogé à la règle. J'étais *legit*!

Vivre dans la peau d'un autre devint rapidement une forme de journalisme que je fis mienne. J'en fis ma spécialité.

Expérimenter la vie des gens en me faisant passer pour eux, puis revenir de ces aventures et les raconter se transformèrent en passion. C'est ainsi que, pour savoir si les mendiants de Montréal (dont on disait qu'ils étaient très riches) gagnaient réellement beaucoup d'argent, j'ai fait la quête, durant des heures, assis sur le trottoir de la rue Sainte-Catherine.

Pour apprendre comment les gens traitaient nos aveugles, j'aurais pu les questionner. J'ai préféré emprunter une canne blanche, mettre des lunettes noires et me faire passer pour aveugle.

Pour connaître combien de temps un prisonnier qui se serait évadé de Saint-Vincent-de-Paul en uniforme aurait pu se promener en liberté dans les rues de la ville avant d'être importuné par la police, j'ai endossé la défroque de détenu (n° matricule 6325) et j'ai déambulé dans plusieurs quartiers de Montréal au vu et au su des policiers. En plus d'être amusante, l'expérience démontra que nos policiers ignoraient quelle défroque portaient les détenus... Et dire que ceux qui réussissaient à s'évader du pénitencier se donnaient tant de mal pour se trouver des vêtements civils!

Mon compagnon de route dans une grande partie de ces reportages vécus fut Arthur Prévost. Avec lui, j'ai joué au quêteux, au robineux, au marin français, au conducteur de tramway, etc. Devenus spécialistes des déguisements, nous avons fini par en tirer un livre*.

Pendant que je vivais dans la peau de ces personnages, je me sentais vraiment un autre être. Pour tout dire, c'est ce *trip* qui m'a conduit à lancer l'émission *Les insolences d'une caméra*, dans le cadre de laquelle j'ai réalisé une série d'impostures dont les échos me poursuivent encore jusqu'à ce jour. Avant ce programme de télévision, j'avais repris, pour le petit écran, les reportages que j'avais préalablement faits pour *Le Petit Journal* sur les quêteux, les aveugles, les évadés de prison et plusieurs autres. Au lieu de raconter par écrit ce que j'avais vécu et observé, j'entrepris de le montrer au petit écran. Les expériences étaient édifiantes et souvent hilarantes. Ces petits reportages sans prétention me donnèrent l'idée d'en réaliser d'autres en y ajoutant une note provocatrice. Pour les produire, je me faisais encore passer... pour un autre. Devenu spécialiste de l'imposture, j'improvisais le personnage de mon mieux et provoquais des situations cocasses. *Les insolences d'une caméra* étaient nées, c'était au début des années 60.

---

* *Le journalisme mène à tout*, Préface de Pierre-Paul Lafortune, Éditions du Saint-Laurent, Montréal, 1957.

Mendiant, aveugle, évadé ou Fidel Castro lui-même... vivre dans la peau d'un autre est devenu ma spécialité.

Il y a quelque chose de troublant à se faire passer pour celui que l'on n'est pas. Pour avoir pratiqué ces usurpations d'identité durant de nombreuses années – au bénéfice de la presse écrite et à la télévision s'entend —, je peux mieux comprendre comment certains individus dont la vie est drabe arrivent à sombrer dans cette pratique en y trouvant l'échappatoire et l'enivrement rêvés. Après tout, c'est moins nocif pour la santé que de fumer, boire ou se droguer. À condition justement de ne pas se faire passer pour un autre afin d'obtenir... de la drogue.

Le journalisme mène à tout... même à jouer au père Noël pour rencontrer Pax Plante, l'insaisissable.

## ALPHONSE, L'INDÉSIRABLE

*La science du médecin est de*
*découvrir chez un patient*
*un mal dont tous les deux puissent vivre.*
ALBERT WILLEMETZ

C'est pourtant la voie qu'avait prise Alphonse Marleau, jeune homme brillant qui, après avoir interrompu ses études de médecine, devint esclave de la drogue. Alphonse avait un dossier judiciaire énorme. À cause de ses nombreuses condamnations, il pouvait se vanter d'avoir fait un séjour dans la majorité des prisons canadiennes et américaines, et même mexicaines. À cause de son lourd passé, on lui avait même trouvé le surnom peu flatteur d'Indésirable n° 1.

Après avoir abandonné ses études médicales, Alphonse s'engage dans l'aviation. Blessé en Europe, à la fin de la Deuxième Guerre mondiale il est ramené au Canada et hospitalisé à l'hôpital des Vétérans, à London, en Ontario. Pour calmer ses douleurs persistantes, on lui injecte du Demerol. Son calvaire commence.

À sa sortie de l'hôpital, on le pense guéri. Malheureusement, il est dorénavant atteint d'un autre mal, plus terrible celui-là. Il a contracté l'habitude des narcotiques.

Lorsque je l'ai rencontré, en 1955, Alphonse venait de quitter le groupe des Narcomanes Anonymes, qui l'avait aidé à s'éloigner de la drogue durant plusieurs mois. L'insatiable besoin l'avait repris. Connaissant parfaitement les symptômes de différentes maladies qui nécessitent l'injection de narcotiques à cause de ses connaissances médicales, il décide de se réclamer faussement du titre de médecin et parvient ainsi, en l'espace de 2 mois, à se faire hospitaliser dans 10 hôpitaux différents de la région de Québec.

Après avoir parfaitement bien simulé des douleurs qui auraient dû être causées par une grave maladie (fictive), Alphonse parvint, avec succès, à persuader ses confrères et à recevoir d'eux des piqûres sous-cutanées de narcotiques. C'est Byzance!

Parmi les institutions qu'il visite se trouvent l'hôpital de l'Enfant-Jésus, l'Hôtel-Dieu, l'hôpital de Sainte-Foy, l'Hôtel-Dieu de Lévis, ainsi que six autres institutions de la région. Il a trouvé une astuce infaillible. S'il est découvert, on ne peut pas l'accuser de possession illégale de narcotiques. Le seul risque qu'il encourt c'est d'être accusé de fausse représentation. Bagatelle!

Son subterfuge finit par être découvert et Alphonse Marleau est traduit en cour sous 10 chefs d'accusation.

Le Code criminel prévoit des peines pour trafic ou possession de narcotiques mais le fait d'être drogué ou de se faire administrer des narcotiques par un tiers ne peut pas, aux termes de la loi, être considéré comme un acte criminel. C'est ainsi que l'entend le juge Gérard Simard, qui acquitte Marleau. Aussitôt libéré, celui-ci reprend ses tournées à travers la province en continuant cette fois à visiter des petites cliniques et des médecins de campagne...

## LE MARQUIS ARGENTIN

> *Il est toujours avantageux*
> *de porter un titre nobiliaire.*
> *Être «de quelque chose» ça pose un homme,*
> *comme «être de garenne» ça pose un lapin.*
> ALPHONSE ALLAIS

Ceux qui se font passer pour d'autres empruntent rarement, comme Alphonse Marleau, la peau d'un personnage qui attire la pitié. Tant qu'à être quelqu'un d'autre, autant être quelqu'un de mieux que soi-même, quelqu'un qui épate, émerveille et fait des envieux autour de soi.

J'ai rencontré un superbe qui répondait à cette description. C'était en Argentine. Nous dînions, ma femme et moi, dans un grand restaurant de Buenos Aires, et nous avions un peu de difficulté à déchiffrer un menu complexe plus épais que la Bible.

Un voisin de table compatissant, et parlant un excellent français, propose de nous donner un coup de main pour traduire quelques noms de plats. Puis, il y va de quelques conseils personnels qui nous aident à faire un excellent choix. Le monsieur est très affable. Comme il dîne seul, nous l'invitons (délicatesse oblige) à se joindre à nous. Il se fait un peu prier. Quand on a de l'éducation...

– Je ne voudrais pas vous déranger!

On insiste un peu et il finit par tirer sa chaise et s'installer à nos côtés avec des manières légèrement ampoulées. Il fait un peu style ancienne noblesse. À partir de ce moment précis, cependant, le repas prend une allure de festin. Notre nouvel ami est un connaisseur. Il nous conseille les plats les plus rares du restaurant et les meilleurs crus de la cave – qui sont aussi, cela va de soi, les plus chers de ces lieux. Sa conversation est des plus intéressantes et nous nous réjouissons que le destin l'ait placé sur notre chemin. Les agapes durent trois bonnes heures, sans le moindre accroc. Mémorable! Juste avant l'arrivée de l'addition, l'homme sort sa carte de visite. Le bristol est de qualité. Comme lui. Son nom est redondant. Il n'est rien de moins que marquis. Quand le serveur atteint notre table, le marquis nous dit d'un ton très noble:

– Vous avez été tellement gentils avec moi que je ne veux pas être en reste. Je vous invite donc à dîner demain soir à mon château. Je demanderai au chef de nous préparer un grand repas gaucho. Vous trouverez mon numéro de téléphone sur la carte que voici. Téléphonez-moi quand vous serez prêts et je vous enverrai mon chauffeur avec la limousine pour vous prendre à votre hôtel. Si le cœur vous en dit, vous pourrez coucher au château. Le lendemain, je vous ferai visiter ma pampa!

Grandiose! On ne va tout de même pas lui demander de payer sa part...

Une invitation comme celle-là vous fait oublier le montant (astronomique) de l'addition. Avec les grands, faut savoir être grand.

J'avais hâte au lendemain. À l'heure convenue, j'ai téléphoné. Il n'y avait pas d'abonné au numéro que j'ai composé. Renseignements pris, le marquis était un faux.

Mais quelle classe pour un quêteux!

## LA TÊTE DE L'AUTRE...

> *Ambiguïté = Lorsqu'une femme me sourit*
> *ce n'est pas parce que je lui plais,*
> *c'est qu'elle me reconnaît.*
> *Il ne me reste qu'à me retourner*
> *pour regarder mon ombre derrière moi.*
> *Je peux dire: mon sosie me fait de l'ombre.*
> MICHEL POLAC

Je ne sais pas pourquoi, mais il y a des jours je dois avoir la tête de quelqu'un d'autre. Ma vie durant, il m'est arrivé très souvent d'être confondu avec quelqu'un que je connaissais ou – pire – dont je ne connaissais même pas l'existence.

M'apercevant au micro, à travers la vitre d'un studio de Radio-Canada, une charmante réalisatrice anglophone n'arrêtait pas de me faire de gros sourires, auxquels (je ne suis pas un mufle) je répondais sans retenue. Au bout de cinq minutes, la petite lumière rouge au-dessus de ma porte s'est éteinte. J'avais fini d'enregistrer. Je vis alors la réalisatrice, gracieuse demoiselle, se lever d'un trait. Elle avait décidé de venir me retrouver. Elle ouvrit la porte amoureusement, comme si elle poussait un nuage et, toujours aussi souriante, s'approcha de moi. Soudain, elle s'arrêta sec, plissa son front et dit en français – avec un accent très *british* – cette phrase inoubliable:

– Oh! je suis désolée. Je vous trompe avec... un autre!

– Déjà! ai-je eu le temps de constater.

Mais ça ne l'a pas fait rire.

UN JOUR, JE FUS PRIS POUR... *UNE* AUTRE!

> *Un écrivain qui reçoit un prix*
> *littéraire est déshonoré.*
> PAUL LÉAUTAUD

Gabrielle Roy n'aimait pas se montrer en public. Régulièrement, elle me demandait de refuser en son nom interviews,
conférences, présidences d'honneur et autres propositions.
Lorsque l'événement était trop important, elle me priait de
la représenter. C'est ainsi qu'entre autres cérémonies j'ai dû
présider à sa place à l'inauguration de l'école qui porte son
nom et aller recevoir des mains du gouverneur général, à
Ottawa, le grand prix qui couronna *Ces enfants de ma vie*.

– C'est bien normal que ce soit vous qui alliez là, m'avait-
elle dit, puisque non seulement vous êtes mon éditeur mais
c'est également vous qui avez trouvé ce beau titre pour mon
livre...

À la cérémonie officielle de la remise des prix (au cours de
laquelle M. René Dionne a lu un éloge tout à fait remarquable
à l'endroit de Gabrielle Roy), après la traditionnelle poignée
de main du gouverneur général aux récipiendaires (ou, comme
dans mon cas, à leur représentant) et les applaudissements des
invités d'honneur, M. Jules Léger offrit une réception grandiose. La soirée tirant à sa fin, les journalistes et les invités
commençaient à quitter la salle quand soudain un invité anglophone (ce détail est important) s'avança d'un pas décidé,
s'excusa d'interrompre le gouverneur général qui bavardait
avec moi, me tendit la main et dit d'une voix assurée:

– Je ne veux pas quitter cette réception sans vous avoir
serré la main et sans vous avoir dit toute l'admiration que j'ai
pour vous... *Gabriel! you are great and your books are simply
marvelous!*

«Voilà ce qui arrive aux auteurs reclus», pensai-je, sans avoir le temps de rectifier la méprise car l'admirateur avait déjà filé, sourire aux lèvres, heureux d'avoir enfin pu serrer (avec effusion) la main de son auteur favori. Le gouverneur général était écroulé.


IL SE PRENAIT POUR DIEU
*Quelle mise en Cène!*


*Si seulement Dieu voulait bien m'adresser
un signe de son existence!
S'il me déposait un gros paquet de fric
dans une banque suisse, par exemple!*
WOODY ALLEN

Je suis en voyage, en France, quand ce prospectus me tombe entre les mains:

«Comme hier Jésus de Nazareth, aujourd'hui Georges de Montfavet, LE CHRIST, est à nouveau parmi nous. Il nous rapporte les Lois de Dieu et comme au temps de Jésus, quiconque le suit est aussitôt doté du DON DE GUÉRISON!»

C'est une aubaine que je ne peux pas rater. À la fois curieux et plein de commisération, je brûle d'envie de rencontrer ce personnage...

Qu'il s'agisse d'un imposteur ou d'un illuminé, l'individu m'intrigue. Comment en vient-on à faire croire (ou se faire croire) qu'on est Dieu? Après une enquête sommaire dans la région d'Avignon, j'apprends que Dieu – que d'aucuns appellent «le Christ de Montfavet» (le nom de son village) – avait déjà fait beaucoup parler de lui dans la région plusieurs années auparavant. Dans son état civil (et banal) le Bon Dieu, c'est Georges Roux, un ancien employé des postes exclu des PTT pour ses activités de guérisseur. Il annonce qu'il est devenu Dieu en 1952 et comme les nouvelles de ce genre ne pleuvent pas, l'annonce crée un prévisible remue-ménage en France. Il se trouve aussitôt quantité de gens prêts à y croire et les réunions s'organisent à Paris, Strasbourg, Marseille et Toulon. Le nombre de crédules augmente tous les jours, de même que celui des détracteurs d'ailleurs. Après avoir connu la célébrité, la popularité du nouveau Bon Dieu tombe en chute libre en 1954 alors que l'opinion publique, d'abord curieuse puis sceptique, s'offense car on le tient en partie responsable de la mort de deux jeunes enfants à qui leurs parents (des adeptes) avaient refusé tous les soins médicaux. De Dieu qu'il était, Georges Roux devint un assassin. Depuis cet événement, Dieu s'est enfermé à double tour dans son château et se contente, paraît-il, de prier pour l'humanité souffrante. Puis, pour se distraire, il publie çà et là quelques livres et magazines dans les pages desquels, tout comme dans le prospectus qui m'a fait connaître son existence, il promet de doter du don de guérison toute personne qui accepte de devenir son apôtre bien-aimé.

Il fallait que je Le rencontre. Mais rencontre-t-on le Bon Dieu sans s'annoncer?

À l'hôtel du village, où je me renseigne sur la façon de procéder pour rencontrer Dieu, l'employé ne manifeste pas le moindre étonnement. Il me fournit le numéro de téléphone de Dieu (sur Terre!) – que je copie méticuleusement dans mon calepin d'adresses... à la lettre D.

Le progrès a beau ne plus avoir de limites et la nouvelle technologie ne plus surprendre grand-monde, quand vous téléphonez au Bon Dieu pour la première fois, ça surprend.

– Allô... À qui désirez-vous parler?

– Allô...

Réalisant soudain le ridicule de la scène (comment dire sans sourciller: Puis-je parler au Bon Dieu ou... à son fils? Quelle Cène!...) j'hésite.

– Allô.... insista la voix impatiente.

– Je... je... M. Roux, s'il vous plaît, dis-je, heureux d'avoir trouvé une solution pour contourner la difficulté.

Au bout du fil, l'homme paraît embarrassé.

– C'est pourquoi?

– J'aimerais le rencontrer à propos d'un reportage...

– Impossible, dit l'inconnu avec la douceur d'une planche de fakir.

– C'est que je viens du Canada, repris-je dignement. (On ne sait jamais, Dieu est peut-être sensible aux voyageurs...)

– Impossible quand même parce que M. Roux n'existe

plus. C'est Dieu qui s'est révélé en lui. C'est une chose extraordinaire qui est arrivée.

– Dans ce cas, pourrais-je rencontrer... Dieu?

– Impossible. Dieu ne reçoit jamais!

Œcuméniquement faible, mais pas vaincu, je poursuis:

– C'est réellement dommage parce que je viens de tellement loin et j'aurais voulu répandre la bonne nouvelle. (Quand tout semble perdu, il ne faut reculer devant aucune compromission.)

– Dans ce cas, venez quand même, je vous recevrai quelques instants car je suis bien occupé. Mon nom est René Van Gerdinge, je suis le gendre de l'ancien M. Roux et en tant que disciple de Dieu j'ai autorité à vous parler...

Je venais de causer en quelque sorte avec saint Pierre...

Montfavet est situé à huit kilomètres d'Avignon. Quelques tours de roues et j'y étais. Mais comment trouver le château de La Préfète, résidence de Dieu et compagnie?

– Pardon, monsieur, je cherche mon chemin pour... rencontrer Dieu. Il paraît qu'il...

L'interpellé n'est pas surpris. Il est du village. Ce n'est pas la première fois qu'il doit donner des indications aux curieux.

– Allez tout droit jusqu'à la croix. C'est à droite. Vous ne pouvez pas vous tromper, sur le mur c'est écrit *ASSASSIN*. C'est là!

La Préfète est une propriété divine. Arbres et arbustes en abondance. Fleurs multicolores dégageant des parfums paradisiaques... Bassins de pierres taillées, superbes allées impeccablement ratissées conduisant à une demeure imposante où réside Dieu en personne. Au premier étage, deux fenêtres condamnées. La lumière extérieure n'y entre pas. À bien y penser, ce sont sûrement là les appartements de Dieu. Quand on est la Lumière... Je reste quelques instants ébahi devant le royaume terrestre.

De la gentilhommière à noble façade m'arrive un air de violon. Musique céleste. Comme la grande porte est entrouverte, j'entre sans plus de cérémonie.

– Y a quelqu'un? dis-je discrètement.

L'instrument de musique se tait. C'est le silence. Je grimpe quelques marches et arrive face à face avec un homme au visage rond, aux cheveux blancs. D'après les descriptions qu'on m'en a fait, c'est Lui. Dieu en personne. Je suis nez à nez avec mon Créateur. Pourtant, j'ai la nette impression que le plus surpris des deux c'est Lui et non moi. Visiblement interloqué de me trouver planté devant Lui, Il sourit tout simplement, fait un geste dont je ne comprends pas très bien la signification et ne peux donc pas apprécier la portée. Mais d'après le plissement des yeux qui suit le geste je crois que ça peut bien vouloir dire que Dieu a beau être bon, tolérant et généreux, Il se promet quand même de faire payer cher à l'intrus que je suis l'impudence de mon irruption dans ses appartements privés... Je plisse mes yeux en signe de «J'aime mon prochain comme moi-même», mais ma contrition ne le touche pas: Dieu disparaît en marmonnant des mots qui me sont incompréhensibles.

Persuadé d'avoir transgressé une loi divine, je ressors gorgé de culpabilité dans l'espoir de retrouver le bon saint Pierre. C'est une jolie femme qui vient finalement à mon secours. J'ignore son statut, tout ce que je sais c'est qu'elle marche d'un pas rapide, devant moi, qu'elle est divinement roulée et qu'elle me fait la charité de me reconduire auprès de M. Van Gerdinge, qu'elle dit être son frère (ne le sommes-nous pas tous?) mais qui est aussi, d'après ce que je comprends, son mari.

Pour rompre le silence et créer un lien, je lance, doublement séduit:

– Tout ce que je vois ici est ravissant...

– C'est normal qu'il en soit ainsi, répond la divine, c'est le paradis... C'est ici que vit Dieu, ne l'oubliez pas!

René Van Gerdinge, lui, ressemble à un athlète ou à un jeune premier. Visage large, bien rasé, moustache fine, yeux perçants, épaules solides, forte poignée de main, bonne haleine, complet clair très élégant et souliers blancs. Faut admettre que le gendre de Dieu a bon genre.

Il me fait passer à l'étude. Une pièce froide et tristounette remplie de livres. L'homme donne l'impression de s'acquitter de sa tâche avec enthousiasme:

– Nous ne recevons jamais de journalistes, dit-il en guise d'introduction. La presse est généralement inconsciente, irresponsable, trop hâtive, toujours liée aux faux intérêts de la Terre ou superficielle! Vous avez demandé à voir Dieu. Ce n'est pas possible parce qu'on ne peut pas parler de Dieu sous la forme journalistique! Si je vous reçois c'est que je fais abstraction du journaliste que vous êtes et considère l'homme de bonne volonté que vous pouvez être: celui qui désire connaître la Vérité et venir à la Source!

Il me guette, l'air soupçonneux, puis demande:

– Vous voulez vraiment TOUT savoir?

– Oui... oui...

– La Vérité est trop énorme. Vous rendez-vous compte que Dieu est au-dessus de nos têtes en ce moment? Pourtant, c'est vrai. La Divine présence surgit sur Terre chaque fois que l'humanité est sur le point de sombrer. Souvenez-vous de Moïse et de Jésus. Il avait un autre nom... c'était une autre époque. Aujourd'hui c'est Georges, tout simplement. Je sais qu'il y a beaucoup d'incrédules mais n'y en avait-il pas dans le temps? Les Juifs ne voulaient pas reconnaître Jésus de Nazareth... Il y a autant d'incrédules de nos jours. C'est normal que les êtres contaminés par le mal ne veuillent pas admettre que leur Dieu est revenu...

– Pourriez-vous me dire comment tout cela est arrivé?

Le disciple René joint ses deux mains comme s'il allait prier, ferme ses yeux et, levant légèrement la tête au ciel, dit:

– Mon père, Ton enfant veut savoir. Veux-Tu lui répondre?

Un silence suit au cours duquel secrètement j'espère qu'un homme sortira de derrière les rideaux. Une sorte d'apparition. Rien. Hélas! Mon interlocuteur, après une brève méditation, enchaîne:

– Je sais que cet enfant veut savoir. Soit. Qu'il sache. Qu'il entende. J'étais Georges Roux, Je guérissais. J'ai rendu la vue à ceux qui ne voyaient pas et la parole à ceux qui ne parlaient point. J'ai même rendu la vie à ceux que les médecins considéraient comme morts. Je peux donner la vie et Je peux la retirer. Je suis la vie. Depuis 15 ans, j'ai transmis le don à mes disciples qui, à présent, peuvent guérir à ma place. Qu'il lise mon message et Je lui procurerai instantanément la foi.

L'homme, que d'aucuns appelleraient l'entité, se tait un court instant, puis poursuit:

– Ah bon. Merci, père!

Il ouvre ensuite les yeux et me regarde en souriant.

– Ainsi tout le monde peut avoir le don de guérison. C'est merveilleux.

– Tout le monde, reprend-il, à condition de lire *Le journal d'un guérisseur*, *Paroles du guérisseur* et *Mission divine*. Un guérisseur n'est qu'un homme parvenu à sa pureté originelle!

– Pourrais-je avoir ces volumes?

– Oui, à condition que vous les achetiez car nul n'apprécie un bienfait s'il ne lui coûte!

Puisque Dieu a besoin des... sommes, j'achète les trois livres. Après avoir payé mon dû je me lève, en assurant que je n'ai qu'une hâte, celle de me jeter au plus tôt dans la lecture de la bonne parole (qui pèse une tonne), et je serre la main de saint Pierre. Il me confie qu'il est heureux de m'avoir reçu, me dit *frère* pour la première (et la dernière) fois et m'invite à correspondre avec le paradis.

Promesse non tenue.

Avant de quitter Montfavet, je fis un saut chez le curé du village, qui m'accueillit avec un sourire un brin moqueur et un fort accent méridional:

– Lorsque Roux annonça qu'il était le Bon Dieu, quelques paroissiens, parmi les moins fidèles, ont abandonné l'Église pour le suivre. Par rapport à l'Église catholique, ils sont maintenant considérés comme hérétiques et tous les sacrements doivent leur être refusés. C'est très malheureux.

Le prétendu messie avait l'habitude d'envoyer ses enfants à l'école du village, mais il dut les retirer car les pauvres petits se faisaient trop taquiner par leurs camarades. De nos jours, c'est pas drôle d'avoir le Bon Dieu en personne comme papa, vaé!

Pour compléter ma connaissance de Dieu, je n'ai reculé devant aucun sacrifice, allant jusqu'à lire Ses trois ouvrages (1 000 pages en tout!). Le premier se présente sous forme de roman soporifique. Les deux autres, plus accessibles aux mortels, leur apprennent que l'homme doit se nourrir de salades, de légumes et de fruits crus. Ni tabac, ni café, ni alcool. L'auteur-Dieu affirme que l'alimentation est à l'origine de la plupart de nos maux et qu'elle exerce une action directe sur notre mentalité et notre organisme. En outre, Ses ouvrages promettent le miracle par lequel, après la lecture, tout lecteur se trouvera instantanément, et à son insu, totalement régénéré et... capable de guérir les autres!

«Lis ce livre lentement, y dit-on en guise d'introït, qu'il te rebute ou qu'il te plaise; accepte bêtement de tout cœur tous ses mots que tu pèseras. (...) Ayant lu, médité, relu et accepté, ferme les yeux, prie ardemment, aime le Père. Alors, si tu sais te libérer du doute, tu auras Dieu en toi, pour TOUJOURS. Et, devenu selon Son désir fils de Dieu, tu seras guérisseur!»

Cette expérience n'est sûrement pas neutre. Bien entendu elle ne m'a pas fait guérisseur.

Tout compte fait, je préfère mon Dieu. Je n'ai pas son numéro de téléphone mais... Il ne se prend pas pour un autre.

JOSEPH PAPP
*Il nous a monté un beau bateau (sous-marin).*

> *Il n'y a pas de menteurs,*
> *mais des gens avides d'illusions.*
> SERGE REZVANI

Connaissez-vous Joseph Papp? Ce n'est ni Einstein, ni Batman, ni James Bond. Pas de diplômes, pas de muscles, pas de profil exotique. En principe, il n'a rien pour révolutionner le monde. Et pourtant, dans les années 60, cet homme, qui s'était fait passer pour un génial inventeur, a réussi à accaparer les manchettes des journaux du monde entier, à déconcerter l'opinion publique et à faire jaunir d'envie les romanciers, dont l'imagination pourtant exercée n'aurait jamais inventé pareille aventure.

Joseph Papp a 33 ans. L'âge de la raison absolue et de la parfaite maîtrise de soi. Il est maigre et grand. Il est fait de plomb et de plumes. Il a le front dégarni comme un savant, les joues creuses, le nez à la tzigane (il est d'origine hongroise), une minuscule cicatrice sur la lèvre supérieure et un regard légèrement éberlué.

Son exploit? Pendant une semaine, il a réussi à faire croire à tout le monde qu'il avait traversé l'océan Atlantique grâce à un mini-sous-marin nucléaire de sa fabrication. Aujourd'hui, on se demande pourquoi. Par un beau soir d'été, M$^{me}$ Papp confie qu'elle est très inquiète. Elle n'a pas eu de nouvelles de son mari depuis plusieurs heures et craint qu'il ne se soit noyé avec son... sous-marin. Tout le monde sursaute. Un sous-marin? On rêve. Quelques jours plus tard, on souffle. Il est retrouvé! Il est vivant! On vient de repêcher un homme dans la mer, pas loin de Brest, en France. On croit que c'est lui. On le conduit à l'hôpital. Pour connaître son identité, on fouille ses poches. C'est bien Joseph Papp. Bravo! Il va parler. On fouille une autre poche et on découvre un billet de train Paris-Brest. Ouuups! ça se gâte. Et ça ne prend pas de temps. Les spécialistes en génie maritime lui décernent un beau titre: fumiste!

Mais le nom de Papp ne disparaît pas des journaux pour autant. Bien que, du jour au lendemain, sa réputation de héros du siècle ait atteint celle du professeur Tournesol, on ne peut pas nier qu'il est devenu célèbre. Il fait d'ailleurs la joie des caricaturistes. Quel beau cas. Écorché par les journaux, il continue à susciter néanmoins, comme à plaisir, les occasions de se faire ridiculiser. Décidément! il n'est pas de ceux qui abandonnent.

J'ai eu beaucoup de plaisir à le rencontrer. Lors de ma visite chez lui, le téléphone sonnait sans arrêt. Les propositions de paraître à la télévision, de parler à la radio, d'écrire ses mémoires (!) fusaient de partout. Contrairement à ce que j'aurais pu croire, encouragé par une poignée d'admirateurs qui lui sont restés fidèles et par son épouse qui lui avait préparé amoureusement quelques solides sandwichs pour sa traversée de l'Atlantique, Papp continuait à jouer les héros.

Dans la maison, on se rend compte que M$^{me}$ Papp est propre et que M. Papp est habile. Tous les meubles, c'est lui qui les a faits. On voit tout de suite qu'il aime bricoler les modèles réduits. Je compte quatre petits avions, six bateaux, trois autos, un moteur V8, un horrible squelette et neuf affreux monstres achetés en kit.

Il est des gens qui naissent pour rater leur vie. Mauvaise étoile. C'est connu. Mais ce n'est pas le cas de Joseph Papp, qui a vu le jour à Tatabanya, en Hongrie. Il touche à tout, il bricole. Son habileté surprend l'entourage, me dit-il, au point que le Gouvernement décide de lui faire don d'un modeste atelier, alors que le garçon n'a que 10 ans. Il s'amuse à y construire des petits avions qui volent. Un jour, un de ses

appareils fracasse les vitres d'une maison et y met le feu. La police est à ses trousses, mais dès que la victime apprend l'âge du responsable, elle retire sa plainte et encourage le précoce constructeur à persévérer.

Sortez vos mouchoirs. Versez votre larme.

Ayant trouvé à qui parler, Papp n'arrête pas de se raconter. Mes sourcils sont haussés au maximum, mes tympans sont en alerte. Il a trouvé un admirateur. Ça l'encourage à poursuivre.

À 13 ans, il se sauve de l'école pour effectuer son premier vol en aéroglisseur. L'aviation le hante. En 1950, il s'éloigne quelque peu du domaine pour étudier la direction cinématographique (rien n'est perdu, ça lui servira plus tard). Après un virage dans la mécanique aéronautique, il y a un tournant décisif dans sa carrière. Il entre à l'institut de l'Uranium. Il a une pièce d'identité. Il me la montre. Je l'examine attentivement. L'encre est verte et Papp paraît très jeune sur la photo. Je ne peux malheureusement pas apprécier le texte, je n'ai jamais appris le hongrois.

Trois mois plus tard, on le flanque à la porte. Les gens sont insensés. Le moment est tragique. Les communistes s'acharnent contre lui. Il est sensible. Il flaire le danger. Il se sauve du pays. Il a choisi la liberté. Mais comme un malheur n'arrive jamais seul, il rencontre une femme médecin qui s'amourache de lui et veut l'accompagner dans sa fuite. Il refuse. Elle insiste. Il résiste. Elle pleure. Elle a tout perdu. Il n'a rien à perdre. Il est homme, il cède. Ils partent tous les deux...

Attendez! Ne quittez pas. Pourquoi je raconte tout ça? C'est parce que ce qui suit est crucial pour la compréhension de l'histoire du sous-marin.

Donc, le couple est en fuite. Mais attention! en partant, Papp prend soin d'emporter avec lui, dans un briquet, six centimètres cubes du fluide nucléaire secret qu'il a inventé entre-temps! Ce fluide lui servira à faire mouvoir son sous-marin.

Je n'invente rien. C'est lui qui me l'a raconté.

Papp et sa compagne arrivent finalement à Montréal. Le premier emploi qu'il trouve, lui qui est pilote, c'est simple ouvrier dans une manufacture de néons. Salaire: 0,45 $/h. Elle, qui est médecin, travaille comme femme de ménage à 25 $ par semaine. Humiliation? Non. C'est ça l'immigration. Ils ne s'en sortent pas. Elle se décourage et retourne en Hongrie. Il rêve de travailler pour une compagnie d'aviation mais personne ne veut lui donner sa chance.

Il tombe amoureux d'une compatriote et l'épouse. Pour meubler ses loisirs, il construit un bateau qui fonctionne sur le principe du coussin d'air. Pas de chance: il perd son modèle. Peu de temps après, on voit apparaître, ailleurs, une invention révolutionnaire: l'aéroglisseur. Papp passe à autre chose: il dessine des plans d'un bateau-théâtre. Quelqu'un, sans scrupule, s'empare de son idée. Tant pis, il en a d'autres. Il entreprend la construction de skis aquatiques motorisés pour sa femme. On les lui vole. Lui, se décourager? Il se lance dans la construction d'un yacht assez grand pour que le couple puisse y vivre. C'est le succès mais, malheureusement, sa femme y met le feu accidentellement en faisant sauter des frites.

Et le sous-marin dans tout ça? Attendez! on y vient!

Nous sommes en 1960. Pas fou, Papp, qui garde toujours très précieusement son fluide secret dans le briquet, entreprend les plans d'un submersible de poche. Deux ans de travail ardu au bout desquels il se met à construire, dans le plus grand secret, un sous-marin. Il n'a plus confiance en personne. L'appareil aura 8,53 m de long. Monoplace. Six réacteurs secrets. Matériel protecteur spécial pour éviter l'irradiation. Ça rigole pas. Compas gyroscopique. Vitesse maximum: 965 km/h. L'heure de la mise à l'eau approche à grandes brasses. Le 20 septembre 1962, les plus âgés parmi vous l'ont peut-être remarqué, il fait passer une annonce dans le *Montreal Star*: «Cherche commanditaire pour expédition...» Il trouve des mécènes mais ne veut pas révéler la somme qu'ils consentent à verser au projet. Pour sa part, sans compter ses heures de travail, il engouffre près de 20 000 $ dans la construction.

Je l'écoute comme on lit un roman. Papp ajoute, d'un air dépité:

– Des journalistes indiscrets ont malheureusement découvert l'existence de mon appareil avant le temps. C'est pour cela que j'ai dû précipiter mon départ. Je ne voulais pas que les spécialistes du Gouvernement – toujours jaloux des découvertes des autres – viennent se fourrer le nez dedans avant que je n'aie fait la traversée et alerté moi-même la presse mondiale. Les inventions, ça se vole. C'est bien connu!

Quant à la suite, la voilà:

Après avoir consolé tant bien que mal son épouse éplorée, quand il faut y aller, faut y aller, il quitte sa maison en emportant pour tout bagage trois sandwichs, un saucisson (hongrois) et beaucoup de pilules pour combattre le sommeil.

C'est ici que les détails deviennent importants. Papp le sait très bien. La Gendarmerie royale du Canada affirme qu'il a pris l'avion à Dorval à destination de Paris. Un employé de la compagnie KLM est positif quant à son identité. Lorsqu'il fut découvert criant au secours dans la mer, avec son billet de train dans les goussets, la nouvelle n'a pas tardé à faire le tour du monde alors que le brave Papp reposait à l'aile psychiatrique de l'hôpital naval...

Mettant au compte des émotions subies lors de sa traversée (en avion ou en sous-marin) la série des contradictions et la remarquable insignifiance des propos décousus que Papp a tenus par la suite, je lui redemande de me donner SA version du périple.

Je dois avouer que je retire toujours un immense plaisir à interviewer des gens qui croient que... je les crois. Je ne résiste donc pas à la tentation de rapporter ici les propos tenus par Papp:

– Je ne peux pas vous donner tous les détails, me dit-il, le front brusquement rembruni. Il faut être prudent. Disons cependant que les tests terminés, j'ai mis mon submersible à l'eau.

– Où?

– Je ne peux pas le dire. Secret d'État. J'ai quitté la maison à cinq heures de l'après-midi.

– Vous m'avez dit quatre heures...

– Vous pensez bien que j'avais autre chose à penser qu'à l'heure... Quoi qu'il en soit, vers neuf heures du soir, je quittais Sorel en surface. Vers cinq heures, le lendemain matin, j'étais à Baie-Comeau. À cet endroit, le fleuve est plus large. J'avais envie de rebrousser chemin, mais fallait-il abandonner après tant d'efforts? Je pensais à ceux qui avaient mis leur confiance en moi.

– Aviez-vous pris une assurance-vie?

– On m'a demandé de payer 900 $ pour une police de 25 000 $. Je n'avais plus les moyens. Quant à l'appareil, les assureurs auraient exigé de l'examiner avant de l'assurer. Je ne voulais pas.

– Revenons au voyage.

– Très bien. Je me suis dit: «C'est maintenant ou jamais, vas-y Dodo» (c'est son surnom). J'ai pris une grande respiration, j'ai refermé la porte et je suis parti à toute vitesse vers l'Europe.

– À quelle vitesse?

– Quatre cents kilomètres à l'heure.

– Ça fait combien de nœuds?

– Quelle importance?

– C'est vrai... Alors, si nous parlions du coefficient de flottabilité qui est le rapport de volume émergé du navire navigant? Est-ce que vos réacteurs...

– À quoi cela vous servirait-il de le savoir puisque vous n'y connaissez rien à ce domaine?

– Très juste. Parlons alors de ce que je peux comprendre. Aviez-vous peur?

– Oui... mais j'étais trop absorbé pour penser à ma peur. Je prenais des notes, consultais mes cartes, mes appareils, dans la nacelle-bureau qui n'était pas éclairée. J'utilisais une lumière de poche. Et puis, il ne fallait pas oublier de tenir les commandes...

– Des ennuis avec le bathyscaphe en cours de route?

– Profondeur 15 m. Vitesse moyenne 380 à 480 km. Je me suis rendu compte que la carcasse était trop fragile pour filer à 960. Dommage! je serais arrivé plus tôt. Quant à mes 6 réacteurs, ils se comportaient bien. Il m'est arrivé d'accrocher 2 fois des récifs. La première fois, c'était à 1 280 km des côtes européennes, alors que j'étais à 21 m de la surface. Du coup, 2 réacteurs ont cessé de fonctionner. J'ai été contraint de ralentir la course.

– Pensiez-vous au danger?

– Qu'auriez-vous fait à ma place? En tout cas, je suis content d'être le premier à avoir découvert quelque chose que les autres ne connaissent pas: on n'a pas idée de la profondeur de l'océan. Par endroits, ce n'est pas profond du tout!

– J'ignorais ce détail, en effet.

– Mon deuxième accrochage eut lieu à 480 km des côtes de France. Le coup est venu de devant, sans prévenir, et endommagea sérieusement l'appareil. Le sous-marin plia sur le dessus. L'eau commença à pénétrer dans les chambres à oxygène. Le sous-marin prenait du poids à vue d'œil. Le danger était imminent... Je vous passe les détails. C'est lorsque j'ai voulu le conduire sur les côtes pour le réparer qu'il s'est mis à faire des siennes et a simplement cassé en deux. J'eus à peine le temps de me glisser en dehors. J'aurais pu y laisser ma peau. J'étais tellement près de mon but. Heureusement que j'avais pris le soin d'attacher mon petit bateau pneumatique à mon pied!

– Mais... puisqu'on se dit tout, le billet Paris-Brest qu'on a trouvé dans votre poche?

– C'est long à raconter. En vérité j'avais payé le voyage Montréal-Paris par Air Canada à un garçon que je ne connaissais pas très bien mais qui devait m'être utile après mon arrivée en France. Je me méfie des Français. J'espère que vous n'êtes pas français... Le jeune homme, un Canadien, voyagea avec mon passeport. Il insistait. Je l'ai rencontré sur la côte, à un endroit convenu, et il m'a donné son billet de train afin que je le rembourse. C'était normal puisqu'il avait fait ce voyage pour me donner un coup de main au cas où il y aurait eu des réparations à faire à mon sous-marin. Ensuite, je me suis rendu au sous-marin pour essayer de le remorquer. Malheureusement, c'est au cours de cette opération qu'il a sombré.

– Ça vous fait de la peine?

– C'est sûr. C'était toute ma vie. Mais l'essentiel, c'est que j'aie réussi!

– Mais il y a quelques petits détails qui ne sont pas clairs. Pourquoi on ne vous a pas vu partir? Et puis, cette vitesse sous l'eau, c'est physiquement impossible. Je n'y connais peut-être pas grand-chose, mais je pense au *Nautilus*. Et puis, tous ces gens qui prétendent vous avoir vu prendre l'avion?

– Il faut qu'il en soit ainsi! Il y a trop de secrets d'impliqués. Ce serait trop simple... N'importe qui prendrait mon invention et l'exploiterait.

Sur ces mots, Papp s'est mis debout, granitique, me signifiant ainsi qu'il n'ajouterait plus rien. Bombant belliqueusement ses pectoraux de génie nautique, il me dit:

– Au revoir et à un de ces jours peut-être, quand je lancerai mon deuxième submersible...

En refermant sa porte, je me suis dit que j'avais passé un merveilleux moment qui valait n'importe quel film. Et puis, je me suis mis à réfléchir aux motifs qui ont poussé cet homme, au demeurant bien sympathique, à nous monter ce bateau... (sous-marin) et à se lancer dans une aventure aussi abracadabrante.

Je crois le savoir. À bien y penser, Joseph Papp, comme beaucoup d'allumés, est un poète. Un de ces poètes qui n'ont pas besoin de rimer!

ABAGNALE
*Toujours un autre et toujours le même*

*On n'est imposteur que lorsqu'on l'est à demi.*
HELVÉTIUS

L'être le plus extraordinaire qu'il m'ait été donné de rencontrer dans le domaine de la personnification s'appelle

Frank W. Abagnale. Durant 5 longues années, cet homme se fit passer pour pilote de ligne, pédiatre, avocat et professeur d'université, et il réussit à s'approprier 2 500 000 $ qu'il dépensa intégralement avant ses... 21 ans!

Grâce à son imagination sans bornes, il s'est imposé successivement comme navigateur, copilote et commandant de bord pour la Pan Am.

Bien qu'ayant abandonné l'école à 16 ans, Abagnale passa l'examen du barreau et, à l'aide de la copie forgée d'une licence en droit de l'université Harvard, il pratiqua le métier d'avocat à Bâton Rouge, en Louisiane.

Sur la foi d'un faux diplôme de l'université Columbia – et non sans avoir digéré au préalable quelques ouvrages de médecine – cet homme devint pédiatre-conseil dans un hôpital d'Atlanta, en Georgie.

Finalement, en sa qualité de professeur de sociologie à l'université Brigham Young, Abagnale dépassa avec succès les attentes de ses étudiants les plus exigeants.

Ses hauts faits d'armes mériteraient peut-être qu'on les taise s'il ne s'était pas amendé. En effet, après avoir moisi quelque temps en prison, Abagnale s'est fait un devoir de rembourser intégralement les 2 500 000 $ qu'il avait extorqués à la compagnie Pan Am.

Mon surprenant auteur[*] – qui n'a jamais écrit d'autre livre (mais sur qui on prépare un film) – vit actuellement à Houston, au Texas, où il a fondé une entreprise florissante spécialisée dans... la prévention des crimes (qu'il connaît bien) de nature commerciale ou industrielle.

---

[*]   Je ne voudrais pas répéter ici sa croustillante histoire dans tous ses détails. Les personnes qu'elle intéresse pourront lire le récit de sa vie dans *J'avais des ailes mais je n'étais pas un ange...*, Éditions Stanké, Montréal, 1981.

Se basant sur son expérience personnelle, il donne annuellement plus de 150 conférences et conseille les sociétés sur la manière d'éviter les escroqueries.

Très recherché (pour ses précieux conseils) par les banquiers, il lui arrive souvent de venir au Canada. La dernière fois que je l'ai vu, il roulait dans une rutilante Jaguar de l'année (conduite par une femme en livrée).

Il est redevenu lui-même. Avec son chiffre d'affaires qui dépasse les 7 000 000 $ par année, il aurait les moyens de se prendre pour un autre.

DONALD GORDON
*«Papa est vraiment président du CN...?»*

*Quand j'étais petit garçon, on m'a dit que n'importe qui
pouvait devenir président! Je commence à le croire.*
C. DARROW

1966 n'était pas une bonne année pour Donald Gordon, président du Canadien National. Jugé comme ennemi des Canadiens français, fantôme des déceptions, Gordon le mange-Canayen fut brûlé en effigie. Le tout avait commencé à cause de l'hôtel *Reine Elizabeth* auquel on aurait voulu qu'il donne le nom de *Château Maisonneuve*...

Je l'ai connu en plein milieu de cette tourmente. Il avait accepté de m'accorder une interview au cours de laquelle il s'est livré sans retenue et m'a raconté les joies et (surtout) les soucis d'un homme qui dirigeait une société employant 90 000 personnes.

Originaire d'Écosse, Gordon se tapait son 40 onces de scotch tous les jours – beau temps mauvais temps. C'était un colosse. À le voir, on ne pouvait pas douter qu'il ait le physique de l'important emploi qu'il occupait. Pourtant, il lui est arrivé d'avoir eu de la difficulté à faire croire à certains qu'il était ce qu'il était, c'est-à-dire président du CN.

– Cette difficulté, je l'ai surtout ressentie le jour où j'effectuais une visite en Gaspésie, m'a-t-il raconté. J'avais profité de l'arrêt momentané du train dans une petite gare pour aller inspecter subrepticement des wagons spéciaux garés un peu plus loin. Je ne m'étais absenté que très brièvement mais à mon retour j'eus la surprise de voir que mon train avait quitté la gare. J'eus beau expliquer à l'employé de faction que je me nommais Donald Gordon, que j'étais son président... il n'a jamais voulu me croire.

– Le président, disait-il d'un ton ferme, est à bord du train qui vient de partir! Vous ne pouvez pas être ici puisque vous êtes dans le train!

– Pourtant si, je suis le président...

– Eh non!

– Si! Je vous dis que je suis...

– Mais oui, mais oui... vous êtes le président et moi je suis le fils du Pape! Allez, dégagez! J'ai du travail à faire...

Il faut croire que ce jour-là Donald Gordon ne ressemblait pas à l'image que son employé se faisait de lui...

Mais il y a eu un autre moment très embarrassant dans la vie de Donald Gordon. Lorsqu'il est devenu président du CN, son plus jeune fils n'avait que huit ans. Pour Noël, son père lui avait offert un petit train électrique. Le petit Campbell s'amusait avec ses copains quand soudain la locomotive diesel cessa de fonctionner. Campbell appela aussitôt son papa à la rescousse.

Donald Gordon, bon père, se mit aussitôt au travail. Il pesa la locomotive, l'ouvrit, fouilla dans les fils, tira des manettes, inspecta l'engrenage. Il y mit vraiment tout son cœur et ses (faibles) connaissances techniques, mais ce fut en vain. Au bout de 40 minutes d'efforts, abandonnant tout espoir de réparer l'engin il le remit à son fils en disant:

– Désolé, fils, je n'y arrive pas. Attends à demain, on fera venir un ingénieur qui s'y connaît et on lui demandera de réparer ta locomotive.

Déçus de ne pouvoir continuer à jouer au train, tous les amis du garçon quittèrent la maison. Quand Campbell se crut seul avec sa mère, il lui demanda, en prenant bien soin de ne pas être entendu par son père:

– Dis donc, maman, est-ce que papa est vraiment président du CN ou il nous le fait croire?

Le pauvre père – qui avait tout entendu – m'a affirmé s'être rarement senti aussi humilié de sa vie!

RAYMOND ROBIC
*Sont-ils devenus fous, ces savants?*

> *À quoi ça sert d'avoir*
> *la bombe atomique avant tout le monde*
> *si c'est pour attendre bêtement*
> *que tout le monde l'ait!*
> WOLINSKI

Raymond Robic est (je devrais dire était puisqu'il est malheureusement mort il y a quelques années) un procureur de brevets, c'est-à-dire quelqu'un dont le métier consiste à aider les inventeurs dans leur démarche en vue de l'obtention d'un brevet d'invention. Ses clients se recrutent parmi des personnes venant de milieux divers ayant en commun l'intelligence, l'honnêteté et une grande persévérance. Il arrive aussi que certains prétendent avoir découvert le mouvement perpétuel, le fil à couper le beurre ou l'automobile qui marche à l'eau.

De par ses fonctions, comme tous ses confrères (il y en a peu), le procureur de brevets vit au moins 15 ans en avance sur nous. Son métier frise la science-fiction. Il exige d'avoir un pied sur terre et l'autre quelque part dans l'espace. C'est en quelque sorte une situation où, si on ne fait pas attention, on court le danger de se prendre pour un autre ou de croire que, étant toujours à l'avant-garde des autres, on ne vit ni dans le même monde ni à la même époque que ses contemporains.

La preuve: quand j'ai rencontré Raymond Robic dans le but de lui faire écrire un livre\*, celui-ci m'a confié qu'il avait appris, 23 ans avant tout le monde, les incroyables possibilités de l'uranium. Il avait également expérimenté, 14 ans avant

---

\*    *Conseils aux inventeurs*, Éditions de l'Homme, Montréal, 1963.

nous (alors que nous n'avions même pas encore vu fonctionner la télévision en noir et blanc), la naissance de la télévision en couleurs.

Cet homme, qui était un véritable génie, vivait dans le futur. Mélomane, photographe, cinéaste, astronome, passionné de littérature et bricoleur, il n'a jamais fait les choses à moitié. Il avait aménagé, dans le sous-sol de sa maison à Outremont, un atelier à faire rêver les bricoleurs. Et il l'avait aménagé de telle sorte qu'il pouvait y travailler en habit de gala! Aussi incroyable que cela puisse paraître, il pouvait œuvrer sur n'importe laquelle de ses machines vêtu d'une chemise blanche, sans jamais craindre de recevoir ni goutte d'huile ni poussière. Quant aux travaux que son atelier et ses connaissances lui permettaient de réaliser, ils étaient illimités. Ainsi, il pouvait y refaire une partie de la carrosserie de son automobile, voire ses appareils photographiques. Inutile de préciser que son intérêt se trouvait à l'intérieur et non en plein air. Pourtant, Raymond Robic avait continuellement le teint propre à ceux qui ne manquent jamais de soleil. Son secret? Quand il avait été trop longtemps privé de soleil, M. Robic bricolait sous sa lampe à ultraviolets.

Un jour, alors qu'il avait terminé son travail plus tôt qu'à l'accoutumée, Raymond Robic décida de prendre connaissance des dernières demandes de brevets qui lui étaient arrivées de France et lut sur quelques-uns des dossiers les signatures de Joliot-Curie, Hans H. von Halban et Lew Kowarski. Il connaissait depuis longtemps ces noms prestigieux et le sérieux des travaux de ces chercheurs. C'est donc avec une vive curiosité qu'il parcourut le texte des savants. Ils y exposaient rien moins qu'une méthode de contrôle et d'utilisation de... l'énergie nucléaire!

La lecture terminée, M. Robic referma le dossier, haussa les épaules et murmura tristement: «Quel dommage... de si beaux esprits!»

Ce jour-là, il rentra chez lui persuadé que trop de science monte parfois à la tête des plus grands cerveaux... Malgré sa première impression, il envoya la demande de brevet à Ottawa. La réaction de la capitale fut beaucoup plus rapide que d'habitude et elle était sans équivoque. On sommait M. Robic de considérer les inventions en question comme des secrets d'État et d'en placer les dossiers sans délai, à l'abri, dans sa chambre forte en attendant la visite (qui ne s'est pas fait attendre, elle non plus) d'agents spéciaux de la Gendarmerie royale du Canada et de représentants de l'armée canadienne.

Nous étions alors aux tout premiers jours de la Seconde Guerre mondiale.

Cette invention était, à n'en point douter, la plus extraordinaire qui soit passée entre les mains de Raymond Robic. Elle marquait, dès 1939, l'avènement de l'ère atomique. Pour la majorité des gens, cette ère ne débuta que plusieurs années plus tard, avec la destruction d'Hiroshima.

Pour M. Robic, l'invraisemblable était devenu réalité!

Le jugement hâtif qu'il avait porté lors de la réception de cette incroyable demande de brevet lui servit sûrement de leçon. Après cette expérience, il s'est toujours gardé, m'a-t-il dit, d'émettre des opinions prématurées.

# 6
# Bonheurs par effraction

*Rien ne remplacera la séduction des hors-la-loi.*
JEAN GENET

## DERRIÈRE LES BARREAUX

*Si j'étais un tyran,*
*j'obligerais tous les jeunes gens*
*à faire un peu de prison.*
*On y apprend à être soi-même.*
JEAN GIONO

En faisant mes premières armes comme journaliste, je me suis très tôt intéressé aux prisonniers. Si le monde carcéral d'un monde libre me fascinait, c'est peut-être que d'expérience je savais qu'il n'y a pas plus grand malheur dans la vie que celui d'être privé de liberté.

Désir de sauvetage? Courant de fraternité? Les psys expliqueraient sans doute cet intérêt en affirmant que je faisais une sorte de projection. Quelle que soit l'explication, je sais que dès que j'en ai eu la chance, j'ai cherché à rencontrer ces êtres cassés et à produire des séries de reportages sur la condition des détenus.

La première visite que je fis au pénitencier Saint-Vincent-de-Paul restera à jamais gravée dans ma mémoire. Je revois encore le regard plein de méfiance de ces hommes inertes venus à ma rencontre. Je me souviens avoir été frappé par leur démarche lente et monotone, symbole d'une vie détruite, évaporée. Ils étaient dépouillés de tout, mornes, tristes, et mâchaient tous de la gomme comme des automates. On aurait dit que leurs mâchouillements avaient le pouvoir magique de leur permettre de faire passer le temps plus vite qu'à nous. Leurs regards étaient pleins de suspicion, mais je leur trouvai pourtant un air curieusement paisible. Dès que j'ai pu leur adresser la parole, j'ai senti monter en moi une volonté de porter secours, de guérir, de consoler. Un besoin inexplicable de leur signifier qu'ils n'étaient pas seuls ni abandonnés. Une impression bizarre de leur devoir quelque chose.

Dans le groupe, il y avait des bandits notoires, des assassins, mais, même si je le savais, cela ne m'empêchait pas de ressentir devant ces hommes une impression très inconfortable d'injustice. Était-ce parce que j'étais libre d'entrer et de sortir comme je le voulais et qu'eux avaient perdu droit à l'air pur, à la lumière et à la liberté?

Et puis, je me souvenais d'avoir appris, au cours de mes études, que des gens célèbres avaient, eux aussi, fait des séjours en prison. Paul Verlaine y fut pour avoir fait feu sur Rimbaud. Dostoïevski a séjourné au bagne pour ses pensées socialisantes. Oscar Wilde purgea 4 ans pour homosexualité. Céline, pourtant médaillé militaire, goûta à la prison au Danemark. Sade connut 30 années d'incarcération pour débauche outrée. Cervantes fut, lui aussi, détenu plusieurs années. La liste est longue. Ça me rassurait un peu.

Je me souviens que c'est au moment de quitter ces forteresses de chagrin que j'appréciais le plus ma liberté. Moi je sortais tandis qu'eux, en restant là, allaient être oubliés durant 2 ans, 5 ans, 10 ans, toute une vie. J'avais beau les visiter très souvent, chaque fois que les grilles se refermaient derrière moi, chaque fois que je me retrouvais dans la rue, mon cœur se serrait et mon corps se gonflait d'humanité. Je sentais que ces prisonniers que je visitais n'étaient ni vivants ni morts. Ils étaient en quelque sorte des personnes sur le point de se noyer... suspendues dans l'instant où l'on perd pied sans être encore au fond de l'eau... Je connais, j'ai été prisonnier et j'ai aussi failli me noyer.

J'eus l'occasion de visiter ainsi un grand nombre d'institutions pénitentiaires. Maisons de prévention, prisons sans barreaux et prisons à sécurité maximum. Toutes me donnaient la chair de poule.

Pour détendre un peu cette atmosphère insoutenable et y mettre un peu d'insolite, j'avais caressé le projet – complètement farfelu – de publier un jour une sorte de *Guide Michelin* des prisons du pays où les traditionnelles étoiles devaient être remplacées par des barreaux. Trois barreaux: bonne bouffe, bon matelas. Excellent. À recommander. Pas de barreaux: établissement à éviter. Demander un transfert au plus vite.

Sachant mon intérêt pour les détenus, les gens m'ont souvent demandé si je n'avais pas peur de me promener ainsi derrière les murs où l'on ne rencontrait que des criminels. Je n'ai jamais hésité à leur répondre qu'il m'arrivait de ressentir beaucoup plus fréquemment de la méfiance envers ceux qui étaient en liberté. Je le disais honnêtement parce que c'est exactement ce que je pense.

À ce propos, une anecdote me revient à l'esprit. Lors de la répétition d'une émission de télévision que j'avais organisée au pénitencier Saint-Vincent-de-Paul, une scripte assistante, qui travaillait avec moi, avait négligemment laissé traîner son sac à main dans la salle où nous préparions le programme. S'apercevant de son imprudence, un détenu empoigna le sac et courut derrière la jeune fille:

– Mademoiselle! mademoiselle! vous avez oublié votre sac. Vous ne semblez pas vous rendre compte de l'endroit où vous vous trouvez. Vous êtes en prison! Soyez bien prudente, il y a plein de gardiens ici!

## LE CURÉ DU BAGNE

*La société est composée de prisonniers.*
*Certains sont appelés gardiens.*
ROBERT SABATIER

Lors de mon premier reportage au pénitencier Saint-Vincent-de-Paul, je me suis lié avec l'aumônier de cette institution, l'abbé Rosaire Préville. Ce n'était pas un homme, c'était un arbre. Et pas un saule pleureur. Un chêne rieur! Il avait des amis partout. En dedans comme en dehors. Beaucoup. Il avait un beau regard sur la vie. Un regard qui dérangeait.

Un jour, un de ses protégés (ils l'étaient tous) fut surpris dans sa cellule, la main dans un alambic de sa fabrication, en train de distiller du varsol pour s'en faire de l'alcool. Plutôt que de boire son apéritif-prison à petites lampées, le brave distillateur l'a ingurgité d'un coup et fit ce que font tous ceux qui ont le vin gai: il s'est mis à chanter à tue-tête. Ce n'est pas passé inaperçu. On le jugea et on le condamna à faire sept jours dans le trou, au pain et à l'eau. Choqué, Préville intercéda auprès des autorités pour que sa peine soit commuée.

– On ne devrait jamais punir les gens qui font preuve d'une aussi grande imagination. Au contraire, on devrait les décorer ou leur faire une remise de peine.

Préville était le curé d'une paroisse très spéciale, composée en moyenne de 1 500 paroissiens. Sa feuille de route indique qu'en 18 années de cure il a connu plus de 9 000 gaillards, administré 50 extrêmes-onctions, célébré 12 mariages, donné 2 premières communions, mais fait aucun baptême.

Ses responsabilités l'amenaient à s'occuper autant des gens d'un côté du mur que de l'autre. Ses missions étaient aussi nombreuses que pénibles:

– Ma femme doit accoucher demain. Voulez-vous aller la voir pour moi, monsieur l'abbé?

– Pourriez-vous demander à ma mère pourquoi elle ne m'écrit plus?

Sa tâche la plus pénible était d'annoncer aux prisonniers le décès d'un de leurs proches. Quand cela survenait, Préville convoquait le détenu à son bureau et s'efforçait d'annoncer la nouvelle du mieux qu'il pouvait.

À ce propos, il m'a raconté un incident qui l'a marqué plus que d'autres. C'est l'histoire de Claude, un détenu d'une trentaine d'années, un dur à cuire. La mère de Claude venait de mourir.

Assis devant l'abbé, Claude attend que celui-ci lui révèle le but de sa convocation.

– Je crois que tu n'as pas eu de nouvelles de ta mère depuis un bon bout de temps? lui dit-il avec beaucoup de précautions, sachant d'expérience que le décès de leur mère émeut généralement les plus endurcis.

– Ouais, c'est juste...

– Bon. Alors voilà: la raison, mon pauvre gars, c'est qu'elle était malade...

– Ah?

– À dire vrai, elle était même très malade!

Pour Claude, ça ne fait toujours pas *tilt*.

– Elle avait d'ailleurs une santé fragile, ta mère...

– Ouais, ouais...

– Ta pauvre petite mère...

– Et puis?

– Et puis, il faut dire qu'elle n'était plus très jeune, tu sais, la pauvre...

Les mots précis ne viennent toujours pas. Finalement, devinant l'embarras du curé, Claude lance:

– Écoutez donc, l'abbé... aussi bien me dire qu'elle est morte!

– Eh oui! Elle est morte.

L'annonce ne soulage qu'à moitié l'abbé qui sait qu'il lui restera des larmes à essuyer, des paroles de consolation à prononcer. Quelle n'est pas sa surprise, cependant, quand, au lieu des larmes attendues, il voit un sourire illuminer le visage de... l'orphelin. Et, au comble de sa stupéfaction, l'abbé l'entend murmurer, les mâchoires serrées:

– J'suis bien content! Content en sacrament... Que le diable l'emporte, la maudite!

Puis, voyant que la réaction suffoque son interlocuteur, Claude s'empresse de le rassurer:

– Excusez-moi, l'abbé, mais je n'ai jamais connu ma vraie mère. Celle qui vient de mourir n'était que ma belle-mère. C'est d'ailleurs à cause de c'te maudite que je suis au pen!

Rideau.

Le jour de mon mariage, j'ai demandé à Préville d'officier à la cérémonie. Il accepta d'emblée en y allant d'un léger commentaire:

– Tout le monde sait qu'en se mariant les gens perdent leur liberté. C'est prouvé: le mariage est une prison! Je suis un aumônier de prison... ça fait donc partie de ma *job*!

On voit tout de suite le style de personnage qu'était le *padre*.

Ici, un petit aparté pour vous faire profiter d'un souvenir cocasse.

L'abbé Préville me conseilla un jour d'aller en vacances à l'île aux Coudres où une de ses amies tenait hôtel. En arrivant dans l'établissement, je me recommandai fièrement de lui et m'attendais donc à recevoir la meilleure chambre de l'hôtel (qui était désert). Erreur! la dame m'envoya plutôt coucher dans un petit motel perdu, situé beaucoup plus loin, à l'abri des regards (et chichement meublé). Ce n'est qu'en partant de l'île que j'ai compris où était l'os... Comme je venais de la part d'un aumônier de prison, l'aubergiste en avait déduit que j'étais un... ex. Alors, forcément, avec le taux de récidive, on ne sait jamais...

Fin de l'aparté.

À l'époque où j'ai connu Préville, le brave ecclésiastique avait un problème majeur sur les bras. Les distractions au pénitencier étant rares, tous les prisonniers se battaient pour... servir la messe. Tous ceux qui, au demeurant, n'étaient pas ce qu'on appelle communément des enfants de chœur voulaient précisément être... enfants de chœur. Ça distrait, ça passe le temps et puis on est près des burettes aussi... Dans la sacristie de Préville, du côté du vin de messe, ce n'est pas la modération qui avait meilleur goût mais plutôt l'excès et l'intempérance. La consommation battait curieusement tous les records... Le pauvre ne savait plus comment régler la question. Un jour, l'idée lui vint d'imposer un nouveau règlement: dorénavant, seuls seraient admissibles à la fonction d'enfant de chœur les hommes qui purgent une sentence à vie. Comme ils n'étaient que cinq, le débat fut vite résolu.

## IL EST MORT TROIS FOIS!

> *Pourquoi condamner à mort,*
> *puisque la nature a prévu cela.*
> ROBERT SABATIER

Un de ces cinq condamnés à vie, enfant de chœur modèle, était un dénommé Robert Laplante, dit Ti-Blanc. Un personnage des plus attachants dont l'histoire est à peine croyable. Lorsque je l'ai connu, il en était à sa huitième année de détention.

On ne s'étendra pas sur l'enfance de Ti-Blanc, qui n'avait pas été très heureuse. Solitude, haine, misère, faim, maladie... Sautons à l'essentiel: un jour, lors d'une de ses promenades en solitaire, Ti-Blanc rencontre Pierre, un jeune gaillard avec qui il boit de la bière jusqu'à plus soif. Après une première tournée, ils projettent de continuer leur soirée dans un autre établissement. Pour s'y rendre, ils hèlent un taxi. À peine le véhicule a-t-il démarré que le garçon le fait arrêter, sort un revolver et réclame l'argent du chauffeur. Constatant que le chauffeur n'avait que deux dollars sur lui, Pierre lui fait enlever ses souliers pour vérifier s'il n'y cachait pas de l'argent. Une altercation s'ensuit. Pour se défendre, le chauffeur attrape le poignet de son agresseur et les deux se retrouvent finalement sur le trottoir. En essayant de se dégager, Pierre donne un coup brusque et c'est le drame: la balle part. Le chauffeur est mortellemnet blessé. La détonation dégrise les deux comparses.

– On ne se lâche pas! ordonne le garçon à Ti-Blanc. On reste ensemble! Allons nous cacher...

Le lendemain matin, c'est en lisant le journal qu'ils apprennent que le chauffeur est mort.

«DEUX DURS À CUIRE ONT TUÉ UN CHAUF-FEUR DE TAXI POUR LA SOMME DE 15 $», titre le quotidien.

J'abrège. En gros, la police retrouve rapidement les deux comparses, qui sont accusés de meurtre. Le jeune garçon est défendu par un brillant avocat. Ce n'est pas le cas pour Ti-Blanc. Le blâme du meurtre retombe sur lui. Lui, c'est un adulte, il a 37 ans alors que l'autre, celui qui a eu l'idée du *hold-up*, celui qui avait l'arme du crime, celui-là même qui a tiré le coup fatal, lui était beaucoup plus jeune (donc, aux yeux de la justice, moins responsable et plus influençable...) Résultat: Pierre est jugé coupable d'homicide involontaire et écope de 7 ans de prison tandis que Ti-Blanc, lui, est condamné à mort! Oui, vous avez bien lu: condamné à être pendu!

Ce qui suit n'est pas moins consternant.

En attendant le jour de son exécution, Ti-Blanc est incarcéré dans une cellule de la section des condamnés à mort. Sa cause a été rejetée par la Cour d'appel. Il n'a que quelques jours à vivre avant son exécution. Il est pratiquement mort. Pendant ce temps, sans grand espoir de le sauver, des recours sont quand même présentés pour surseoir à son exécution.

La veille de la date prévue pour sa pendaison, à six heures du soir, Ti-Blanc apprend, en écoutant la radio, qu'un sursis de trois mois vient de lui être accordé afin de permettre à son nouvel avocat de préparer une autre défense.

Trois jours avant l'expiration de son sursis, Ti-Blanc apprend qu'on lui accorde un deuxième sursis de deux mois et demi.

Finalement, 15 jours avant la date de sa (troisième!) pendaison, sa sentence est commuée en emprisonnement à vie. Il est aussitôt transféré à sa nouvelle résidence pour le restant de sa vie: le pénitencier Saint-Vincent-de-Paul.

Dix ans plus tard, vu son excellente conduite (il n'aurait pas fait de mal à une mouche), son dossier a été révisé par le ministère de la Justice et Ti-Blanc fut libéré.

Au moment de notre rencontre, alors qu'il était toujours incarcéré, j'ai conseillé à Ti-Blanc d'écrire son autobiographie. Bien qu'il n'ait fait que sa quatrième année, il entreprit la rédaction d'un livre[*] qui lui demanda 18 mois de travail.

J'ai souligné sa sortie de prison et la sortie... de son livre par une émission spéciale de télévision. Le livre fut un succès et les redevances que Ti-Blanc en tira lui permirent de démarrer dans sa nouvelle vie.

Pendant qu'il était en prison, il avait trois rêves: recouvrer sa liberté, ouvrir un petit restaurant et... se marier. Après sa libération, il réussit à ouvrir son restaurant et à épouser une amie qui lui était restée fidèle durant toutes ses années d'absence.

Pour me remercier, Ti-Blanc m'a fait l'honneur d'être son témoin au mariage.

---

[*] *Ti-Blanc, mouton noir*, Robert Laplante, Éditions de l'Homme, Montréal, 1963.

RIEN QU'UN MATRICULE

*La vie est tout simplement*
*un mauvais quart d'heure*
*composé d'instants exquis.*
OSCAR WILDE

Germain Bernard, matricule n° 8107, n'a jamais connu ses parents et depuis l'âge de 15 ans il n'a jamais vu d'autres horizons que ceux des prisons. Tout compte fait, de toute sa vie il n'a goûté en tout qu'à 45 jours de pure liberté, hors les murs!

Dans la vie, il n'y avait eu qu'une seule personne pour s'intéresser à lui: le curé Jean Caron, qui l'avait connu lorsqu'il était aumônier au Mont-Saint-Antoine, une institution pour jeunes délinquants. Jean me demanda de l'aider à s'occuper de son protégé dont la seule distraction était de changer de prison. Il fit ainsi le tour de la majorité des institutions pénitentiaires du Canada. Lorsque les institutions étaient éloignées, on le transportait en avion (menottes aux pieds et aux mains). Ça lui faisait voir du pays. Ainsi, il prenait une bouffée d'oxygène... jusqu'au prochain déménagement.

Le ministère de la Justice m'accorda la permission de lui rendre visite, 3 jours durant, à Stony Mountain, une prison à sécurité maximum située sur un monticule rocailleux du Manitoba. Bernard avait reçu là le dixième matricule de sa vie de prisonnier perpétuel. Dans sa cellule, il élevait 80 poissons tropicaux. C'était sa passion. À mon arrivée, il me montra ses aquariums avec beaucoup de fierté:

– Mes poissons ne connaissent pas l'injustice. Les plus gros ne mangent jamais les plus petits. C'est pas comme dans la vie...

Après, il me parla, parla, parla sans arrêt, pendant toute la durée de ma visite. Il avait besoin de quelqu'un pour l'écouter. J'avais fait un long voyage – à mes frais – sans aucun autre intérêt que celui de lui montrer qu'il avait de l'importance pour moi. Il l'avait compris. Dès les premiers instants de notre rencontre, il a senti qu'à mes yeux il était quelqu'un. Moi, je me sentais utile. C'était un échange. Il m'apportait autant que je lui apportais.

Voici, dans ses propres mots, sa trajectoire:

– À cause de mon teint basané et de mes cheveux noirs, je crois que mon père devait être italien. Mon premier foyer était d'ailleurs un orphelinat italien de Montréal. J'y suis resté trop peu de temps pour en garder un quelconque souvenir. Cela n'a été que l'endroit où l'on s'est débarrassé de moi... Le service des enfants sans parents m'a inscrit aussitôt pour le prochain départ à destination de la crèche de la Côte-de-Liesse. C'est à cet endroit que les parents nourriciers venaient faire le choix du petit gars qu'ils désiraient prendre. Comme à la foire des animaux, les acquéreurs venaient sniffer le bétail. Il paraît qu'ils ne nous sortaient pas par charité mais pour l'argent qu'ils en tiraient... Quand même, les petits gars qui étaient choisis pouvaient se compter plus chanceux que ceux qui restaient là. Moi, j'étais de ceux qu'on ne choisissait jamais. Un jour, fatigué d'attendre mon tour, je me suis évadé avec Mathias, un petit copain dont personne ne voulait non plus... Notre liberté n'a pas été très longue. On a été vite retrouvés. Après une réprimande sévère, on nous a envoyés dans un orphelinat situé à l'extérieur de Montréal. Là, pour la moindre petite sottise, on mangeait des maudites volées. J'ai reçu des gifles et jusqu'à des coups de fouet. Il y en avait un qui nous pinçait les oreilles au sang. La spécialité d'un autre, c'était de mettre un pied sur celui de l'enfant et de lui pincer le nez jusqu'à ce qu'il devienne très rouge. À ce moment, il le relâchait et il lui fourrait un coup de poing sur la gueule. Il y en avait un autre qui nous battait jusqu'au sang avec un bâton de hockey ou avec des gants de boxe.

La pire punition était celle qu'on recevait au dortoir, devant tous les gars. On nous couchait tout nu, à plat ventre, on attachait nos mains à la tête du lit et nos pieds à l'autre bout. Pis là on nous fessait...

En hiver, j'avais toujours froid. Comme la plupart des autres, j'étais toujours en culottes courtes. Nous avions souvent aussi faim après les repas qu'avant. Ce qu'on mangeait c'était de la vraie marde qu'on n'aurait pas osé donner aux animaux. D'ailleurs, on mangeait comme des animaux. En partant de là je ne savais même pas comment tenir une fourchette!

Plusieurs fois, j'ai tenté de me sauver, mais ils connaissaient mieux les bois que moi et je me faisais toujours rattraper. Résultat: je me faisais fesser dessus. J'ai fini par me faire une carapace. Je ne pleurais plus. Juste pour les écœurer.

Un jour, on s'est tous mis ensemble pour mettre le feu au collège mais malheureusement on a été pris. La chance n'était pas avec nous.

Pour me punir, on m'a envoyé à la Cour juvénile. C'est là qu'on devait me juger. Pendant que le garde avait le dos tourné, j'en ai profité pour me glisser par la fenêtre. Pas chanceux. On m'a rattrapé et on m'a envoyé au Mont-Saint-Antoine. À cet endroit, ça allait un peu mieux. C'est là que j'ai rencontré Jean Caron, tout un prêtre! En général, ça allait au Mont. Je ne me souviens que d'un maudit dentiste qui s'amusait à me faire mal en réparant mes dents qui étaient pourtant toutes bonnes. Tout le monde savait que plus il plombait de dents, plus il gagnait d'argent. C'était son contrat avec le Gouvernement. Une enquête a été faite sur lui un peu plus tard et on a découvert sa combine...

Je m'en sacrais qu'il veuille gagner des sous sur notre dos mais je lui en voulais de me faire mal. Au cours d'une même séance, le même jour, il m'a réparé sept dents sans me geler! Pour me venger, je lui ai volé son veston et les clés de son automobile. Ce jour-là, qu'est-ce que j'ai ri quand je l'ai vu partir à pied...

J'ai fini par quitter cette institution à l'âge de 13 ans, pour aller travailler chez des cultivateurs. Pour la première fois de ma vie, j'allais vivre en homme, gagner ma vie comme un adulte.

J'aimais le travail de la ferme. Traire les vaches, conduire le troupeau aux champs. Je faisais de mon mieux pour plaire à mon patron... Le jour de la paie, à la fin de la semaine, le maudit refusa de me donner mes cinq dollars sous prétexte qu'il devait les garder «en garantie». J'avais donc travaillé pour rien. Je suis parti en voir un autre. Au bout de sept jours, il me chanta la même chanson. Je suis allé m'engager chez un troisième qui m'a fait boire. J'avais jamais bu de ma vie...

Là-dessus, je suis revenu à Montréal. Et là j'ai vu la plus belle chose de toute ma vie. Une chose que je n'oublierai jamais: la piscine de l'île Sainte-Hélène. Tu as déjà vu ça toi? L'eau où on se baignait était si propre, tu le croirais pas: on aurait pu la boire!

Après cela, Bernard meubla ses jours par une kyrielle de délits malheureux qui lui ont attiré une série de condamnations pour effraction, possession d'arme, vol avec effraction, assaut, tentative de vol qualifié à main armée, vol et recel, vol avec violence et à main armée. Toutes ses sentences auraient dû le garder en prison jusqu'à l'âge de 62 ans... Finalement, en 1960, ce fut l'apothéose: homicide involontaire d'un prisonnier et condamnation à vie! Bernard n'avait que 22 ans.

Le prisonnier en question avait été le compagnon de *hold-up* d'un célèbre bandit qui s'était déguisé en père Noël pour commettre un vol dans un centre commercial. Bernard l'avait insulté en prison en lui disant que personne n'avait le droit de jouer avec les habits du père Noël.

– C'est *cheap*! avait-il dit. Ça prend des hosties de lâches pour faire ça! On ne touche pas à ce qui est sacré pour les enfants!

L'autre n'a pas aimé la leçon et, un matin, à la sortie de la messe, il est monté dans la cellule de Bernard pour régler l'affaire.

La suite, c'est Bernard qui me l'a racontée:

– Il est arrivé sur moi comme un maudit chien enragé. J'ai à peine eu le temps de reculer au fond de ma cellule et de lui maudire un coup au ventre. Il s'est plié en deux. Là j'ai vu qu'il avait un couteau dans sa poche. Ça allait être lui ou moi. Heureusement que je m'étais fabriqué un couteau et que je l'avais tapé au manche de mon balai. Je l'ai pris en vitesse et je lui en ai maudit un coup dans le dos. Il n'a pas dit un mot. Il a fait un pas en arrière. Il était fait... Personne n'avait rien vu. Je suis sorti de ma cellule et je l'ai sacré en bas de la galerie... On a fouillé toutes les cellules pour trouver le coupable mais on n'avait pas de preuves, pas de témoins. Pas de sang, pas de couteau. Le meurtre parfait. Plusieurs jours se sont passés et puis on s'est mis à soupçonner un autre détenu. Le gars est venu me voir et m'a dit: «Ils croient que c'est moi. Si jamais ils décident de m'accuser de meurtre, je suis fini. Je ne dis pas que c'est toi mais si jamais c'était toi qui as fait le coup, me laisseras-tu être condamné à ta place?» Je ne pouvais pas faire pendre un autre à ma place. Je ne suis pas comme ça... Je suis *straight*! Je suis donc allé me livrer.

Des détails sur sa vie, j'en ai eu trois jours durant. Et puis, je suis reparti en lui promettant de lui écrire souvent.

Quatre jours plus tard, j'ai eu de ses nouvelles. Il avait réussi à s'évader de la prison (à sécurité maximum)! Il avait volé une auto pour... venir me voir! Quand on a un ami, ce serait dommage de se priver de son écoute et de sa présence. Pour son malheur, au bout de 70 km il tomba en panne d'essence et s'est fait cueillir par la police.

Lorsque j'ai pu lui reparler, je lui ai fait remarquer qu'il existait des moyens plus simples et parfaitement légaux de se rapprocher du domicile de ses amis. Il fit donc une demande aux autorités et réussit à obtenir son transfert à la prison de Sainte-Anne-des-Plaines, en banlieue de Montréal, institution où Jean Caron et moi-même avons pu aller le visiter avec plus de régularité.

Pendant des années, il m'écrivit des centaines de lettres racontant, dans les moindres détails, sa vie de détenu. J'étais au courant de toutes ses joies et de ses plus petits chagrins. Le dernier coup qui le faisait bouillir de rage était dû aux responsables des poids et haltères, dans la section des sports. Il m'expliqua son irritation dans une lettre de dénonciation:

«Faut que tu fasses quelque chose: les maudits ne veulent pas nous donner de gants. Comme c'est l'hiver et qu'on lève les poids dehors, c'est tellement froid que nos mains collent après le métal! Tu ne trouves pas que c'est écœurant? C'est des vrais chiens! Ils sont *cheap*! Faut absolument faire quelque chose!»

Quand la situation se dégradait, ou que ses codétenus commençaient à lui manquer de respect, il me demandait de venir le visiter:

«Comme les gars te connaissent par la télé et qu'ils te respectent, j'ai remarqué qu'après chacune de tes visites ils me sacraient la paix pendant une bonne secousse. Ils voient que j'ai des relations. Ils voudraient bien savoir de quoi on parle. Mais ce n'est pas de leurs maudites affaires. Ils ne le sauront jamais. Peuvent ben toutes aller chier...»

Alors voilà. Je l'aidais à faire c... les autres.

Par une froide journée d'hiver, le pauvre Bernard est mort d'une crise cardiaque, dans la cour de la prison... Sûrement près de ses poids et haltères.

J'étais en voyage.

Je n'ai pas pu assister à son dernier déménagement.

## LA LITTÉRATURE ENCAGÉE

*La prison est le seul endroit où le travail intellectuel est possible et même efficace. Les révolutions lui doivent le jour, d'après Lénine.*
JEAN GRENIER

Il m'est souvent arrivé de penser à cela. D'imaginer à quoi j'occuperais mon temps si je devais être emprisonné. Je crois que je ferais des recherches du style de celles que seuls les Bénédictins peuvent se permettre, c'est-à-dire des fouilles qui demandent beaucoup de patience et une retraite à toute épreuve loin des obligations, des visites et surtout des téléphones qui vous grugent le temps lorsqu'on se croit libre. J'ai cru que je ne devais pas être seul à penser à cela, et j'en ai parlé à quelques personnes à l'esprit ouvert au ministère de la Justice. À la suite d'une série de démarches, il a finalement été convenu que, pour la première fois, en prison, l'écriture serait encouragée au même titre que l'artisanat (cuir repoussé, petit point, construction de la tour Eiffel avec des cure-dents et autres loisirs d'un style encore plus débilitant). Plusieurs volontaires, encore très timides et craignant d'attirer la risée, se présentèrent sur-le-champ. Petit à petit, la bibliothèque s'est remplie. On découvrait le plaisir de lire et d'écrire derrière les barreaux. J'y allais de mes conseils d'éditeur pour encourager de mon mieux la littérature... encagée.

Il se trouva beaucoup de prisonniers désireux de s'évader... par l'écriture. Tout le monde voulait faire le récit de sa propre aventure. On avait trouvé une thérapie avant que les psys ne commencent à régner à l'intérieur des murs. Ce qui n'a d'ailleurs pas tardé.

L'expérience la plus intéressante de cet essai fut sans contredit celle qu'initia, dans les années 60, le trio Robert Piquette, Paul Lasnier et Claude Gauthier. Les trois détenus entreprirent la rédaction du premier *Dictionnaire des mots croisés** jamais réalisé. Lorsque le travail des trois titans fut terminé, ce qui prit plusieurs années, ils avaient réussi à colliger 40 000 noms propres couvrant aussi bien l'Antiquité que les temps présents, les pyramides d'Égypte, les acteurs de cinéma, l'histoire, la géographie, la littérature, la musique, etc. L'ouvrage de quelque 500 pages représentait en sorte, pour le dictionnaire habituel, ce que représentent les Pages jaunes pour l'annuaire du téléphone: un complément indispensable. La publication du livre fut un succès instantané et les redevances qu'il rapporta aidèrent grandement ses auteurs à se réinsérer dans la société après leur libération.

---

\*   Éditions de l'Homme, Montréal, 1966.

## QUARANTE-DEUX ANS DE PRISON

*Le plus long jour a une fin.*
PROVERBE

Il se passe rarement un mois – depuis plusieurs années – sans que je ne reçoive un appel téléphonique, une lettre ou une proposition de manuscrit en provenance d'un détenu incarcéré ou fraîchement sorti de prison. Parmi ces propositions, il me faut parler de Marie-Andrée Leclerc, avec qui j'ai entretenu une correspondance de 4 ans qui a abouti à la publication d'un livre[*] édité à son retour au Québec en 1983. Les 5 dernières propositions viennent d'un délateur, d'un membre des Hell's Angels, d'un transsexuel malheureux d'être enfermé dans une prison d'hommes, d'un détenu condamné à vie qui vient d'épouser son avocate et de la maîtresse de Jacques Mesrine, prête à rendre publiques 700 lettres d'amour que l'ennemi public n° 1 lui a envoyées pendant son incarcération...

Les projets n'aboutissent pas tous. Plus souvent qu'autrement, les auteurs se découragent en cours d'écriture. Mais il arrive que les démarches les plus invraisemblables donnent naissance à des livres qui méritent l'attention des lecteurs intéressés par les mystères du monde carcéral. Tel fut le cas de cette femme dont j'ai reçu un appel à l'automne 1989:

– Je vous téléphone de la part d'un monsieur qui se nomme Gilles Thibault. Vous ne le connaissez sûrement pas. Il vient de sortir de prison, où il a passé 42 ans. Il aimerait vous rencontrer si ça vous intéresse.

Le lendemain, je le rencontrais.

---

[*]    *Je reviens*, Éditions Stanké, Montréal, 1983.

D'après les archives judiciaires, il serait le seul homme qui ait séjourné aussi longtemps dans des institutions pénitentiaires à sécurité maximum en Amérique du Nord. On avait longtemps cru que ce triste record était détenu par le prisonnier le plus célèbre d'Alcatraz, Robert Strauss, mais il n'en est rien car ce dernier avait séjourné plusieurs années dans des institutions psychiatriques au cours de ses 45 ans de réclusion.

À sa sortie de prison, Gilles Thibault avait tout près de 60 ans. Sa vie avait tout d'un scénario de cinéma.

Sa mère, une prostituée, l'avait inscrit dans un des meilleurs collèges catholiques du Québec, celui de Rigaud, à 60 km à l'est de Montréal. Elle tenait à ce que son fils reçoive la meilleure éducation possible. Hélas, à l'âge de 13 ans, Gilles devint orphelin.

– Je m'en souviens comme si c'était hier, m'a-t-il raconté. C'était au mois de juin. Le directeur du collège me convoqua à son bureau pour m'annoncer sans ménagement que ma mère venait de mourir:

«C'est mieux pour toi et pour elle! Elle est beaucoup plus heureuse là où elle se trouve maintenant! Sa dépouille va être exposée pendant deux jours dans un salon funéraire situé au coin de Sainte-Catherine et Sanguinet. C'est très loin. Par ailleurs, nous sommes en période d'examens. Tu n'as pas de temps à perdre pour aller la voir à Montréal. Tu ne voudrais sûrement pas redoubler ta classe? D'ailleurs, on n'a personne pour te conduire en ville...»

Le petit Gilles n'écouta pas les conseils de son directeur. Il voulait revoir sa mère. Était-elle réellement morte? Si c'était vrai, il aurait aimé la voir une dernière fois. Il descendit donc dans le garage du collège, s'empara de la bicyclette du directeur et partit en direction de Montréal. Son périple dura plusieurs heures. Il n'atteignit le cœur de la ville que dans la nuit et là, il commit la première effraction de sa vie en forçant la porte de la maison funéraire, où il eut le dur chagrin de découvrir sa mère dans un cercueil.

— Je n'oublierai jamais le choc que j'ai ressenti en la voyant immobile, toute belle, toute blanche. Assis par terre, je lui ai parlé une partie de la nuit. Je ne suis reparti qu'au lever du jour. Je savais qu'à compter de ce moment précis je serais seul, absolument seul dans la vie. Je ne voulais pas retourner au collège. Je n'avais plus ma place là-bas. Il n'y avait plus personne pour payer mes études et puis je ne savais pas comment affronter le directeur à qui j'avais désobéi et dont j'avais volé la bicyclette. Désormais, il fallait que je me débrouille par mes propres moyens. Je me suis donc mis à chercher un acheteur pour le vélo volé. Ça n'a pas été très difficile. Je n'étais pas loin de la rue Saint-Laurent. Je l'ai vendu à un inconnu pour 5 $, ce qui était une grosse somme pour l'époque. Mais à peine ai-je empoché l'argent qu'un policier m'arrêta et je me suis retrouvé dans une maison pour délinquants. Je n'avais que 13 ans. J'ai protesté de toutes mes forces, mais c'était peine perdue. J'ai tenté de m'évader à 9 reprises au cours des 2 années qu'on m'a gardé au Mont-Saint-Antoine.

Lors de ma dernière tentative, j'avais 15 ans, l'âge de goûter à Bordeaux, la prison des adultes. Dans cette institution, mon premier travail fut de décrocher les pendus car c'est là qu'on exécutait les condamnés à mort dans ce temps-là. J'y ai connu l'enfer. Des détenus homosexuels ne cessaient pas de me harceler. J'ai dû imaginer toutes sortes de subterfuges pour leur échapper.

Un jour, après avoir communié, j'ai recraché l'hostie et je l'ai écrasée du pied. À l'époque, le Québec était très catholique et mon geste constituait une profanation des saintes espèces, un acte inimaginable, même en prison. La bande à

Jésus s'occupa de mon sort. L'aumônier de l'institution recommanda ma réclusion au pain et à l'eau dans le trou. Il croyait me punir mais en réalité il ne savait pas à quel point il me rendait service. J'ai croupi dans l'infect isoloir 16 mois durant sans jamais voir personne d'autre que le garde de service qui m'apportait mon eau et mon pain. Lorsque je suis sorti de là, j'avais 17 ans. Quelqu'un qui ne m'aimait pas trop avait écrit le mot *incorrigible* sur mon dossier. Ça m'a suivi toute la vie. J'étais libre. J'avais purgé ma peine, mais j'étais convaincu plus que jamais que j'avais été puni injustement.

On m'a reconduit à un autobus qui passait sur le boulevard Gouin, juste devant la prison. J'y ai grimpé avec tout ce que j'avais, c'est-à-dire un billet de transport. Pas un sou en poche, pas un parent, pas un ami pour m'héberger. À part cela, j'étais libre d'aller où je voulais et de faire ce que je voulais...

Je suis resté dans l'autobus jusqu'au bout de la ligne et là je suis descendu. J'ai un peu erré dans la rue et soudain, dans un groupe, j'ai entendu crier mon nom. C'étaient des ex-détenus qui m'avaient reconnu. Ils m'ont invité à venir fêter ma libération en me payant quelques verres de bière. Je n'avais jamais bu d'alcool de ma vie. Je suis devenu ivre en très peu de temps. Mes hôtes m'ont mis un vieux revolver dans la main et m'ont poussé à commettre un vol. C'était ridicule. Je tenais à peine debout. Le brave homme que j'essayais d'agresser m'a fourré un coup de poing sur la gueule et a appelé la police. Six heures après ma libération, j'étais de retour en prison.

La suite de la triste histoire de Gilles Thibault est une succession de maladresses, de tentatives stupides de faire rembourser à la société son manque à gagner. En totalité: 23 condamnations pour des larcins dépourvus de violence et d'imagination dont le moins minable lui a rapporté 48 $!

Mais les dés étaient pipés: la mention *incorrigible* dont on avait gratifié son dossier le suivait partout.

En 42 ans de pénitencier, Gilles Thibault, déclaré criminel d'habitude, n'a jamais reçu de lettre de qui que ce soit ni écrit à personne. Il n'a jamais non plus reçu de visite et n'a connu que quelques semaines de liberté:

– La prison, pour moi, ce n'est pas un endroit où trouver des amis et je n'ai vraiment sympathisé qu'avec un seul compagnon de cellule: l'ennemi public n° 1, Jacques Mesrine. Un être que j'ai trouvé cultivé et d'une rare intelligence. Pendant les 21 mois que nous avons passés ensemble, les conversations de cet homme étaient à ce point captivantes que je ne regardais jamais plus la télévision. Le jour où il s'est évadé, c'est moi qui l'ai aidé. J'ai distrait l'attention des gardes pendant qu'il se sauvait. Quant à moi, je n'ai tenté de m'évader qu'une seule fois et, naturellement, j'ai raté mon coup. Je n'étais pas doué. De toute façon, valait mieux que ça rate parce qu'une fois sorti je n'aurais pas su où aller...

Remis en liberté définitive, la veille de Noël, à la suite de l'intervention d'un juge ému par l'histoire de sa vie, Thibault a dû apprendre à vivre en ville comme le ferait un homme sortant de la jungle. Tout pour lui était une aventure: traverser la rue sans se faire écraser, commander un repas au restaurant, faire son marché, prendre le métro et fermer une porte à clé...

Je lui consacrai une émission spéciale d'une heure à la télévision. J'ai également édité son autobiographie[*]. En attendant la sortie de son livre, Gilles Thibault essaya de se trouver un travail mais sans succès.

Dans le passé, j'avais déjà fait une enquête pour le compte du magazine *Maclean's* qui démontrait qu'après sa libération un ex-détenu est toujours condamné à vivre en

---

[*]    *J'ai passé 42 ans en prison*, Éditions Stanké, Montréal, 1989.

marge de la société. Il demeure toujours un criminel aux yeux du public qui lui dénie le droit de se réhabiliter en lui refusant les moyens de le faire. L'enquête dura 20 jours au cours desquels j'avais rencontré 22 employeurs (à qui j'ai prétendu sortir de prison) et écrit 200 lettres à des sociétés en quête de main-d'œuvre. Trente ans plus tard, la situation n'avait pas changé. On n'engage pas un ex-bagnard. Encore moins en période de récession.

La liberté enfin! après 15 330 jours de prison (sans compter les années bissextiles).

Comme Gilles Thibault ne trouvait pas d'emploi, je suis devenu son premier employeur. Je l'ai logé et je lui ai confié les clés du bâtiment où sont installées mes entreprises de production de télévision et d'édition. Il fut mon factotum durant plusieurs mois. Il ouvrait la porte aux employés le matin et les refermait (mal) le soir, en quittant le dernier. Je lui en fis la remarque et me suis entendu répondre:

– Il faut que tu me comprennes: pendant 42 ans je n'ai jamais fermé de porte à clé! On la fermait toujours pour moi.

Ces affaires-là, je ne connais pas ça... Mais je vais apprendre. Il faut me donner le temps.

Il avait un sens de l'humour surprenant. Un jour, voulant lui confier la tâche d'expéditeur, nous lui avons aménagé un local indépendant où nous avons fait installer une grande baie vitrée afin qu'il ne se sente pas enfermé.

– Tu vas être bien ici pour travailler. Tu seras comme chez toi! lui dit l'ouvrier en lui faisant visiter le local.

Thibault inspecta les lieux, examina la fenêtre et déclara dans un grand éclat de rire:

- Si tu veux vraiment que je me sente chez moi, installe-moi des barreaux à la fenêtre!

Au bout de trois mois de travail, qu'il accomplissait au rythme des prisonniers, c'est-à-dire avec lenteur pour tuer le temps, il commença à montrer des signes de fatigue et de relâchement. La déprime s'empara de lui.

Un jour, il me dit:

– Je m'ennuie d'en dedans... Je crois que je vais aller frapper à la porte de la prison pour leur demander de me laisser revenir chez moi...

J'ai eu peur qu'il craque. Fort heureusement, son livre allait paraître quelques jours plus tard. Ça l'a fait patienter. Une fois l'ouvrage publié, Thibault l'auteur fut happé par les médias. Une nouvelle vie commençait pour lui. Pendant les deux années qui ont suivi la parution de son autobiographie, il fut continuellement demandé par la télévision, la radio, par des institutions scolaires et divers organismes pour lesquels il n'a cessé de donner des conférences. Ses menus cachets ajoutés à ses redevances d'auteur lui ont assuré un revenu lui permettant de se dire un des rares auteurs vivant de leur plume au Québec! Il acquit rapidement une notoriété et finit par rencontrer Marie-Andrée, une séduisante jeune femme de 27 ans qu'il épousa en 1990.

## LES CHEMINS DE LA LIBERTÉ

*Les libertés ne se donnent pas, elles se prennent!*
PIERRE KOPOTKINE

Je connais peu de prisonniers qui acceptent d'être enfermés. Je n'en connais pas non plus qui n'aient pas eu l'idée, au moins une fois, de s'évader. Ce qu'un homme ou une femme désire le plus dans sa vie, c'est d'être libre. Ne parlons pas des victimes d'erreurs judiciaires. Pour elles, l'incarcération doit être un supplice qui dépasse l'entendement. Hélas, il y a des innocents derrière les barreaux car, comme le dit Guy Bedos: «Rien ne rime mieux avec casier judiciaire qu'erreur judiciaire!»

Je ne connais pas non plus un seul prisonnier (coupable) qui accepte son incarcération. Ou plutôt si, j'en connais un. Je l'ai interviewé à la télévision. Cet homme, qui n'a rien d'un criminel, a tué une personne qu'il ne connaissait pas. Il ne sait pas pourquoi, il ne sait pas comment. Il ne se souvient que d'une chose: il était dans une taverne, au Lac-Saint-Jean. Il avait avec lui son fusil de chasse. Il a tiré sur un inconnu et s'est sauvé. Il n'y avait aucun témoin. Pas de soupçons puisqu'il n'avait aucune raison de tuer l'homme. Le crime parfait. Il a gardé son secret durant sept ans puis, un jour, ne tenant plus, il est allé se livrer à la police qui refusa de le croire. On a fini par le croire. L'homme finit par avoir un procès et fut condamné à la prison. Il m'a dit que ses sept années de liberté avaient été pour lui un véritable cauchemar.

– Ce n'est que le jour où je suis entré en prison que je me suis enfin senti libéré! m'a-t-il confié.

JACQUES MESRINE
*L'é... vade mecum*

*Le crime ne paie pas... sa victime.*
ALBERT BRIE

L'as de l'évasion le plus célèbre était mon auteur Jacques Mesrine. Celui qui fut surnommé l'ennemi public n° 1 avait confié un manuscrit à son avocat, Mᵉ Raymond Daoust, avec mission de me le remettre pour publication*. Il y raconte une tranche de sa vie passée au Québec.

Deux jours après la publication, les médias annonçaient l'évasion de Jacques Mesrine de la prison de la Santé, en France. On a prétendu, bien entendu, qu'il y avait une re-

---

* *Coupable d'être innocent*, Jacques Mesrine, Éditions Stanké, Paris, 1979.

lation entre les deux événements, que l'auteur et l'éditeur s'étaient concertés pour synchroniser le coup. À la Foire du livre de Nice, mon stand envahi de journalistes eut plus de succès que ceux abritant les écrivains les plus célèbres et la question la plus souvent posée par les journalistes fut on s'en doute: «À quelle heure l'auteur vient-il signer son livre?»

Mon brillant confrère feu Eric Losfeld eut la géniale idée de créer, à cette occasion, le Grand Prix de la littérature d'évasion. Le prix fut décerné par 12 voix sur 13 à Jacques Mesrine pour son... évasion de la prison de la Santé.

Pendant ce temps, certains scribes moralisateurs et donneurs de leçons insistaient pour obtenir mes commentaires. D'après eux, je me rendais complice d'un dangereux criminel en l'aidant à publier sa prose. Ces mêmes journalistes n'auraient pas hésité une seule seconde pour rencontrer Mesrine et auraient reproduit ses paroles dans leur journal sans se sentir coupables. L'un d'eux m'a même demandé si j'aurais publié le *Mein Kampf* d'Hitler!

Je n'ai pas hésité à répondre par l'affirmative. Pour moi, la liberté d'expression est sacrée pour tous. Je suis convaincu que la vérité est toujours mieux servie avec le texte original d'un auteur plutôt que par des paroles reproduites par un tiers. Les risques d'erreurs et de mauvaise interprétation ne sont-ils pas évidents? Dans le cas d'Hitler ou de Mesrine, il suffit de se référer à leur texte pour savoir ce qu'ils ont vraiment dit. Pas besoin d'être d'accord mais au moins il n'y a pas de doute possible quand un auteur signe lui-même son texte. J'ai toujours été conduit par cette logique.

Au moment de la publication du livre de Mesrine à Paris, toutes les polices de France, déguisées et en uniforme, rôdaient autour de mes bureaux parisiens et de mon appartement. Dans tous mes déplacements, il y avait une odeur persistante de poulet. Avec le recul du temps, je ne peux pas m'empêcher de penser en riant à toutes les filatures que j'ai dû initier auprès des braves limiers juste par d'anodins coups de fil que je donnais.

J'avais remarqué que la qualité sonore de mon appareil téléphonique avait nettement changé. On était branchés sur l'écoute téléphonique. J'avais pris le parti d'en rire. Chaque fois que je téléphonais, je commençais ma conversation en disant: «Un, deux, trois, est-ce que vous m'entendez bien... un deux trois...»

Cela dit, j'aurais bien aimé que Mesrine me téléphone. Ne serait-ce que pour me dire, comme l'aurait fait n'importe quel auteur, ce qu'il pensait du livre... Hélas, il ne l'a jamais fait. Ce sont plutôt ses ex-maîtresses qui l'ont fait à sa place. La première fut une coiffeuse parisienne. La seconde, Jocelyne Deraîche, une Québécoise dont j'ai d'ailleurs publié le récit*. Quant à la coiffeuse, nos relations furent beaucoup plus brèves et infiniment moins cordiales. N'ayant pas aimé être mentionnée dans les pages du livre de son ex, elle me le fit savoir par ses avocats. Contrariée d'avoir été clairement identifiée dans l'ouvrage, elle prétendait avoir droit à l'oubli. Elle décida de sortir de l'oubli pour me traîner devant les tribunaux, où elle finit par être déboutée:

– Quand on s'expose avec des gens aussi notoires que Mesrine, on risque que ça ne passe pas inaperçu! trancha le juge.

Celle qui disait souffrir de la mauvaise publicité apportée par mon livre, c'est dans la logique des choses, finit par écrire elle-même un ouvrage dont le titre ne pouvait pas être mieux trouvé: *Je n'ai pas le droit à l'oubli!*

Logique. Elle ne m'a pas choisi comme éditeur. Faut pas pousser!

---

\* *J'ai tant aimé Mesrine*, Éditions Stanké, Montréal, 1979.

PROFESSION: TUEUR À GAGES

*Un meurtrier dort au fond de nous-mêmes.*
JULIEN GREEN

Lorsque j'étais reporter au *Petit Journal,* en 1959, les Dubois défrayaient la chronique judiciaire. Les cinq frères de cette désormais célèbre famille du quartier Saint-Henri de Montréal faisaient la manchette de tous les journaux. Chaque semaine, mon confrère Pierre Léger (que je croyais en mal de logomachie hémoglobineuse) avait une nouvelle révélation accablante à faire sur leur compte.

Mû par un sentiment de samaritain et par la recherche de l'objectivité journalistique (à 25 ans j'étais plus fasciné par la vie des truands que par celle des prix Nobel), j'eus l'idée, non pas de jouer leur défenseur, mais de donner la chance aux 5 frères de dire publiquement qu'ils n'avaient pas fait que des faux pas dans la vie mais qu'il leur était arrivé aussi (fantasmais-je) de commettre des actions méritoires, eux à qui on reprochait diverses vilenies et des crimes crapuleux. Je partais du principe que personne ici-bas ne peut être entièrement mauvais, qu'il y a en chacun de nous un autre aspect, bon celui-là, hélas souvent méconnu, qui mérite d'être révélé.

Mon projet fit sourire le chef des nouvelles, mais fut très bien accueilli par la famille Dubois.

Le lendemain soir, au domicile des Dubois, tout le monde était au rendez-vous: le père et cinq de ses fils, que l'on soupçonnait d'être les responsables du meurtre d'un certain Gilles Petit.

Jean-Guy, Normand, Claude, René et Raymond, trop heureux d'avoir l'oreille d'un journaliste attentif, se sont livrés sans retenue. Ils ont gratté dans leurs souvenirs pour me raconter leurs meilleures actions. J'aurais souhaité qu'ils en

trouvent davantage. Eux aussi. J'ai rapporté fidèlement – comme l'aurait fait un avocat de la défense – tout ce qu'ils m'ont confié ce soir-là. Je me souviens notamment, jusqu'à ce jour, de la fierté avec laquelle Raymond m'avait raconté comment, ne sachant pas nager, il avait réussi à sauver une jeune fille de la noyade. Je me souviens aussi avec quelle tristesse ils m'avaient narré – une fois leur père sorti de la pièce – la misère de la vie quotidienne de leur famille nombreuse. Ils étaient 11 enfants: 10 garçons et 1 fille. J'avais l'impression d'assister à la projection d'un film italien en noir et blanc – surtout en noir.

Par la suite, je n'ai jamais pu m'empêcher de me demander ce que seraient devenus ces jeunes gens s'ils avaient été élevés dans un autre milieu. Question tardive, comme le disait l'avocat Vergès, mais qui a le mérite de nous rappeler qu'il suffit peut-être d'un mauvais virage, un jour, pour que tout bascule.

Avant de les quitter, je recueillis cette dernière phrase par laquelle je concluais mon reportage:

– On ne sait pas ce qui va nous arriver demain... on ne sait pas non plus ce que l'avenir nous réserve. Chose certaine, lorsque nous serons mariés, nous n'aurons pas plus d'enfants que nous serons capables d'en élever!

Le lendemain, mes confrères m'ont confraternellement fait remarquer que j'avais misé sur de mauvais poulains. En

effet, à 10 heures le même matin, à l'issue de leur compa-
rution devant un jury du coroner, les 5 frères Dubois étaient
tenus responsables du meurtre de Gilles Petit.

J'avais été le dernier à les voir en liberté.

J'ignorais à ce moment quel itinéraire troublant allait
leur réserver la vie. J'ignorais surtout que, 25 ans plus tard,
j'allais rencontrer Donald Lavoie, un employé très particulier
des frères Dubois.

Son nom devint connu, il y a quelques années, au
moment où Donald Lavoie, célèbre tueur à gages, décida de
se transformer en délateur pour le compte de la police de
Montréal.

Dans l'exercice de ses tristes fonctions, Lavoie a avoué avoir
tué de sang-froid 15 personnes, avoir participé à 34 meurtres et
posséder des preuves accablantes sur 76 assassinats.

La justice a décidé de passer l'éponge sur les crimes de
Lavoie en échange de l'aide apportée dans sa lutte contre la
criminalité. Aussitôt, sa tête fut mise à prix par la pègre.
Cible vivante permanente, Donald Lavoie ne tarda pas à
acquérir le titre de «l'homme le plus protégé du Canada».

Ce genre d'expérience étant très rare, nous avons ébauché
le projet de lui proposer d'écrire ses mémoires. La police lui
transmit mon offre de publication et Donald Lavoie accepta
de me rencontrer pour parler... affaires.

La première rencontre eut lieu dans les locaux de l'escoua-
de antigang. Il était escorté de son ange gardien-armoire à
glace permanent, le sergent-détective Richard McGinnis,
policier d'une grande compétence et extrêmement sympathique (mais oui, il y en a).

Je savais que j'allais rencontrer un spadassin, un homme qui avait donné la mort sans sursis ni pitié durant 12 ans. C'était suffisant pour me donner un certain trac, qui se dissipa instantanément, fort heureusement, dès sa première poignée de main.

Donald Lavoie a la carrure d'un athlète. Son corps de haute stature se déploie avec précision et souplesse. Il a les cheveux noirs, le menton impérieux et des yeux brillants qui convergent avec promptitude sur toute cible douteuse. Dans les moments de quiétude, son regard s'ouvre et s'intériorise à la fois. Il n'est là que pour lui.

De cette première rencontre, ce dont je me souviens le plus c'est de son regard qui emplit son visage. Tantôt extérieur, investigateur, méfiant, il ratisse l'espace. Pupille contractée, œil sombre, l'homme, on le sent, est continuellement aux aguets. Tantôt à l'écoute de lui-même, on assiste à ce regard implacable et lucide qui s'observe sans complaisance ni pitié. L'homme s'explique au meilleur de sa compréhension sans jamais chercher de justification.

Il veut savoir qui écrira le livre. Je lui soumets deux noms. Il fait la moue. Réfléchit. S'inquiète sur le succès que le récit de sa vie pourrait avoir auprès des lecteurs. Demande si son histoire est exportable aux États-Unis. Profite de l'occasion pour faire un peu d'humour noir:

– Tous ceux que j'ai tués sont canadiens. Pour que l'histoire ait de l'attrait pour les Américains, il faudrait peut-être que je me sauve et que j'aille faire un tour de l'autre bord de la frontière, juste le temps de descendre un Américain... Qu'est-ce que tu en penses, Alain?

Alain ne la trouvait pas très drôle mais il rit quand même.

D'autres rencontres ont suivi et, à chaque nouvelle réunion, nous nous sentions plus à l'aise, lui et moi. Il a fini par s'ouvrir à tel point qu'un jour j'acceptai de lui transmettre l'offre d'une productrice française désireuse de le faire participer au tournage d'un long métrage. Le film devait réunir des sujets-chocs cueillis aux quatre coins du monde. Il va sans dire que le clou du film devait être Donald Lavoie. Moyennant le paiement d'une rondelette somme d'argent en trois versements (avec reçus authentifiés par la police de Montréal), Donald allait devenir la vedette du long métrage *Carré blanc.*

C'est moi qui eus la tâche de faire son interview, unique condition imposée par Lavoie. Le tête-à-tête dura 2 heures. Selon l'entente, seulement 15 minutes, choisies parmi les plus cruciales, allaient être retenues pour le film.

L'entretien m'a beaucoup marqué. Un moment troublant d'authenticité véritable dont voici l'essentiel:

PHOTO: JEAN-MARIE BIOTEAU

– J'ai 42 ans, dit-il, en manière de préambule. Ma vie se divise en 3 étapes: mon enfance, mes 12 années de vie criminelle et ce que j'appelle ma nouvelle vie.

– Quel souvenir gardes-tu de ton enfance?

– Le seul souvenir que j'ai, c'est que j'étais un enfant comme les autres. Je vivais dans une famille normale. Un père, une mère, un frère, une sœur. Puis, à la séparation de mes parents, à l'âge de six ans, on m'a placé dans un orphelinat. C'est surtout ces souvenirs-là que je garde: la séparation de mes parents et l'orphelinat... Ça, je ne l'ai jamais accepté. Je ne veux pas dire qu'une enfance malheureuse destine forcément au crime. Mais je sais que ça a joué dans mon cas à moi. J'ai trouvé injuste que l'on me place dans une institution pour orphelins alors que moi, j'avais des parents. Ça m'a révolté. Je n'acceptais pas la situation. J'ai réagi en refusant l'autorité. Toute autorité. J'ai réagi en étant turbulent, indiscipliné. On m'a donc puni. Souvent démesurément. On m'a donné des bains froids pendant deux heures, trois heures parfois. On me faisait dormir de longues nuits d'hiver en maillot de corps sur du carrelage glacé dans le but de me corriger. Mes professeurs n'étaient pas tous comme ça, bien sûr, certains étaient plus humains.

– Ton frère et ta sœur ont-ils subi les mêmes traitements?

– Pas ma sœur. Mon frère, oui! Je me souviens qu'un jour on l'a obligé à lécher le lait qu'il avait renversé par terre. Une autre fois, on l'avait attaché à un arbre pour le fouetter. C'était dans la cour de l'école. Étant son aîné, j'ai pris sa défense. Je suis allé le détacher et je me suis battu... Je me souviens aussi avoir vu mon père battre ma mère. Je la revois encore avec ses yeux au beurre noir. Je devais avoir cinq ou six ans. C'était juste avant d'entrer à l'orphelinat.

– Étais-tu bon élève?

– Je n'avais pas besoin d'étudier très fort. Je pigeais tout de suite. J'ai souvent été premier de ma classe. J'étais tellement fort qu'on m'a même fait sauter une année. Mais mon problème, c'était l'autorité que je n'acceptais pas. Aussi, je n'arrêtais pas de jouer des tours pendables.

– Tu as été enfant de chœur?

– Oui, j'aimais servir la messe, côtoyer les prêtres. Je connaissais le déroulement de la messe par cœur. Je m'habillais souvent en prêtre et je jouais à dire la messe.

– Tu aurais voulu être prêtre?

– Oui. J'y ai pensé. J'aurais aimé ça.

– Tu croyais donc en Dieu?

– Oui. J'ai cru en Dieu et... j'y crois encore! Pour toujours!

– Quand tu étais enfant, faisais-tu des projets d'avenir?

– Le seul rêve que j'avais, c'était de sortir de l'orphelinat et de retrouver mes parents. Malheureusement, ça ne s'est jamais réalisé.

– Te rappelles-tu de la première fois où tu as eu à t'affirmer dans la vie?

– Je m'en souviens... J'étais avec mon petit cousin. Il était petit, chétif. Nous avions été cueillir des framboises derrière le séminaire. Un grand gaillard est arrivé et il a voulu piquer la cueillette de mon cousin. Fâché, je lui ai sauté dessus et je lui ai cassé un bras.

– Tu en étais fier ou tu avais des regrets?

– Des regrets? Non alors. J'étais plutôt fier d'avoir planté un plus grand que moi. Après cet incident, ma réputation a été vite établie. Tout le monde en parlait. Tout le monde me craignait. J'étais respecté de tous. Le soir venu, quand je jouais dans la rue, les policiers venaient me reconduire chez ma tante, chez qui il m'arrivait de passer des vacances. Ils avaient peur que je me batte et que je fasse d'autres dégâts...

– Te souviens-tu de ton premier vol?

– Ça c'est un peu plus sérieux. Ça s'est encore passé dans ma ville natale. J'avais réussi à pénétrer dans une épicerie en enlevant une fenêtre. J'y ai volé des cigarettes, des montres et vidé quelques caisses enregistreuses. Le lendemain, la nouvelle était en première page du journal. C'était la première fois de ma vie qu'on parlait de moi dans le journal... «Vol fait par des professionnels», pouvait-on lire. Moi ça m'a fait un petit velours.

– Tu as des enfants?

– Oui. J'en ai quatre. Deux avec une femme, deux avec une autre.

– Tu te souviens de la naissance de ton premier?

– Je me souviens de la naissance de tous mes enfants. J'ai assisté à l'accouchement de chacun d'entre eux.

Donald Lavoie fait une pause.

– Je préfère qu'on ne parle pas de mes enfants, demande-t-il d'une voix flétrie par l'émotion.

– Quel est le plus beau souvenir de ta vie?

– Ah mon Dieu! mais moi, je n'ai pas de beaux souvenirs. Je n'en ai aucun. Rien qui reste. J'ai passé mon enfance dans les institutions. Là, il n'y a rien d'heureux qui puisse arriver. Pourtant, une fois, quand j'avais 12 ans, un professeur m'a emmené en congé, chez lui à Montréal, où j'ai vu la télévision pour la première fois de ma vie... C'est tout ce qui me revient de beau. Quant à ma vie d'adulte, là, je n'y trouve absolument rien de beau!

– Quel est ton pire souvenir?

– Là, c'est plus facile. Ma vie est remplie des pires choses qui soient. Il n'y en a pas une qui soit plus terrible qu'une autre, je crois. Ce ne sont que des cauchemars, ou presque.

– Tu as participé à une trentaine de meurtres. Combien de personnes as-tu tuées de ta main?

– Je dirais environ... 15.

– ENVIRON?

Il rit.

– Oui... ENVIRON. Lorsque j'ai décidé de faire le grand ménage dans ma vie, en 1980, j'ai livré à la police des informations très précises sur 76 meurtres!

– Tu as été tueur à gages durant combien d'années?

– Douze ans.

– Comment es-tu entré dans le milieu?

– À la suite d'une déception, d'un découragement. Après avoir perdu mon emploi, j'ai fini par échouer dans une taverne située dans un quartier malfamé de Montréal. J'y ai rencontré un certain Claude et toute une faune de criminels. Rapidement, ils m'ont adopté. Nous sommes devenus amis. C'est comme ça que tout a commencé. J'avais besoin d'argent. J'en ai emprunté et, aussitôt, je suis entré dans le milieu des «intouchables» de l'époque. C'étaient tous des assassins. Tous des meurtriers. Pour faire partie de l'équipe, il fallait avoir fait ses preuves...

– C'est-à-dire?

– C'est-à-dire qu'il fallait avoir tué! Sans quoi on ne pouvait pas participer à la troupe de choc. Pour jouir de ce prestige, il a fallu que je fasse mes preuves.

Selon la Commission de police du Québec, «le gang des frères Dubois», dont faisait partie Donald Lavoie, était une des plus importantes organisations criminelles de l'île de Montréal:

> «Les méthodes impitoyables des Dubois, souligne le rapport officiel de la CECO (Commission d'enquête sur le crime organisé), le grand nombre de truands qui gravitent autour de chacun des neuf frères ainsi que la cruauté très redoutée de leurs hommes de main en font le groupe criminel le plus influent de l'heure actuelle.»

– Le premier but de notre groupe, m'explique Lavoie, était d'étendre le trafic de drogues, augmenter nos points de vente, éliminer ceux qui vendaient leur stock pour qu'on puisse vendre le nôtre. Ainsi, nous avions un pourcentage sur toute la drogue qui se vendait sur le territoire.

– Peux-tu m'expliquer comment fonctionnait le *racket* de la protection?

– Ça fonctionnait de diverses façons, mais je peux citer l'exemple le plus courant. Dans le cas d'un club de nuit de la ville de Laval, en banlieue de Montréal, nous avons envoyé un groupe de jeunes voyous faire de la casse dans un établissement préalablement choisi. Quand ils s'étaient bien bagarrés et qu'ils avaient fait beaucoup de dégâts, quelqu'un de notre bande se rendait au club pour offrir nos services au propriétaire. Pour commencer, on lui racontait qu'en retour d'un paiement hebdomadaire régulier on allait lui assurer la protection dont il avait besoin. Par la suite, on s'arrangeait pour placer un de nos hommes comme portier à l'entrée de la boîte, nos propres danseuses sur scène, nos serveuses, nos *pushers* et, finalement... notre caissier à la caisse. En peu de temps, le club nous appartenait même si officiellement il était toujours au nom de l'ancien propriétaire.

– Comment as-tu réagi la première fois qu'on t'a demandé de tuer quelqu'un?

– C'est un engrenage. Quand le grand patron me l'a dit, ça semblait logique. Il n'y avait pas d'autre issue. L'homme à abattre était, m'avait-il dit, très dangereux: «Si tu ne le tues pas, c'est lui qui va te tuer ou t'envoyer en prison.» Ce qui n'est pas plus réjouissant. Je ne crois pas avoir eu tellement le choix.

– Et toi, tu as avalé ce raisonnement sans discuter?

– D'abord j'étais convaincu qu'épargner la vie de l'individu en question aurait été très imprudent à cause des risques que cela comportait pour tout le monde et pour moi, et puis je n'avais pas véritablement le choix face au grand *boss* et à ses comparses. Dans ce monde-là, tu ne refuses pas les ordres. Jamais. Tu ne les discutes pas. Tu ne te distingues pas en faisant bande à part. Si tu le fais, sois assuré que tu ne le feras pas bien longtemps. Ce sont tes «amis» qui se chargeront de t'envoyer deux balles dans la tête...

– Ton premier meurtre, tu l'as commis seul ou tu n'as été qu'un assistant?

– Le premier, je ne l'ai pas fait personnellement. Je n'ai fait qu'assister. C'était cruel. Ça s'est fait à coups de pelle.

– Quelle impression en gardes-tu aujourd'hui?

– J'ai trouvé qu'ils s'y étaient pris de la manière la plus difficile pour tuer quelqu'un. J'avoue que j'avais trouvé ça plutôt raide ce soir-là.

– Mais pas assez raide pour te sauver et abandonner ce métier!

– Après ce meurtre, une fois que tout a été terminé, j'ai cherché à oublier... mais comme je suis resté dans le même milieu, alors j'ai continué.

– Revenons à ce début. Tuer pour la première fois, as-tu trouvé ça difficile?

– La première fois, j'ai trouvé ça difficile dans le sens que c'était nouveau pour moi.

– Avant de tuer une personne, prenais-tu la peine de réfléchir à la raison pour laquelle tu allais le faire?

– Non! Jamais! Je n'avais pas à y penser. Comme je l'ai dit, on pensait pour moi. Je n'avais pas le choix. La plupart des meurtres, je les ai commis parce qu'on m'en avait donné l'ordre. Et puis, quand tu as tué une première fois, la deuxième fois ce n'est rien, la troisième non plus...

– Tu commettais tes meurtres avec une arme?

– Oui, un pistolet. Souvent avec un Magnum .375, parfois autrement...

Une fois, alors qu'il était sous l'influence de la cocaïne, Lavoie a tué successivement un homme au pistolet et assassiné sa compagne en lui plantant un couteau dans le corps. C'était la première fois que Lavoie tuait une femme. Jamais n'est-il allé aussi loin dans le sadisme. Ses coups étaient d'une telle violence que la lame du couteau s'est brisée en trois. À la suite de ce carnage, il a été arrêté et accusé de ce double meurtre mais il fut acquitté par le jury.

– Comment te préparais-tu à tuer? Que faisais-tu avant? Tu buvais? Tu te droguais?

– L'alcool et la drogue dans ce milieu constituent une habitude quotidienne. Ce n'est donc pas seulement quand on fait la fête. On ne peut pas savoir si on est gelé ou si on est soûl. On plane sans arrêt.

– Quelles précautions prenais-tu avant de tuer?

– Tout d'abord, il fallait absolument se déguiser. J'étais passé maître dans l'art du déguisement. Perruques, fausses moustaches, lunettes, chapeaux... Et puis, il fallait surtout veiller à ne pas laisser de traces, pas de preuves, pas d'empreintes ou de pièces à conviction.

– Qu'est-ce que tu faisais du corps de la victime? Tu l'abandonnais ou tu prenais soin de le cacher?

– Ce n'est jamais pareil. Quand on voulait donner une leçon aux autres, on le laissait. Il y a des cas où on devait aller le cacher pour que personne ne le sache. Il arrive parfois qu'on doive abattre quelqu'un dans un club de nuit devant tout le monde.

– Et après? Qu'est-ce tu fais? Tu bois, peut-être?

– Bien sûr. Quand le coup est réussi on se réunit, on en parle et on boit! Quand le travail a été bien fait, réussi, on fête. Mais pas pour oublier! Le groupe dont je faisais partie n'était pas composé de tendres.

– Dans quel état d'esprit étais-tu avant de tirer?

– Toujours nerveux! Mais on se contrôle. Il faut se contrôler. Ce n'est pas trop difficile parce que ça ne dure qu'une question de secondes. Normalement, il y a toujours des *spoters*, des éclaireurs qui vont repérer la victime pour nous, les *hitmen*, afin de nous indiquer la position précise de chacun. Dans ce cas on entre, on tire et... on se tire.

Il rit.

– Où vises-tu de préférence?

– Mon patron m'a toujours enseigné à tirer d'abord dans le corps pour ralentir la victime et après dans la tête pour l'achever. Mais il y a des circonstances où tu n'as pas le choix.

– Peux-tu me dire ce qui se passe dans ta tête au moment de tirer, au moment précis où tu appuies sur la détente?

– Au moment de tirer, je ne pense qu'à une chose: me sauver au plus vite. On ne pense même pas. On voit la victime, on tire et on se sauve. Quand on arrive face à face avec la victime, dans notre tête, on a déjà tiré. Pour nous, elle est déjà morte. Quand on tire, on est déjà parti... Dans ces moments-là, on vit tous les gestes une étape avant qu'ils ne se produisent.

– Sais-tu à quoi pense un homme qui va mourir? Celui qui se trouve devant ton arme?

– Ah, mon Dieu! ceux qui m'ont vu arriver devant eux m'ont vu à la dernière seconde. Je ne crois pas qu'ils aient eu le temps de penser...

– Ils n'ont pas eu le temps d'avoir peur?

– Il y en a peut-être qui ont eu peur... mais sûrement pas pendant bien longtemps!

– Et toi, juste après avoir tué, à quoi pensais-tu?

– Juste après, j'avais l'habitude de revoir exactement tous les gestes que j'avais faits pour savoir si je n'avais pas commis d'erreur, si par hasard il n'y aurait pas eu de témoin, si je n'avais pas oublié un objet sur les lieux, si j'avais vu quelqu'un rôder dans les alentours... Le travail n'était pas fini avec le meurtre. Il faut aller chercher ce témoin, lui aussi, pour l'éliminer. Il ne faut rien négliger. C'est trop grave.

– Rater un coup, ce n'est pas acceptable professionnellement?

– Quand tu es un pro dans ce milieu-là, tu ne peux pas te permettre de manquer ton coup!

– Tu en as raté?

– Non, jamais! Je crois que si tu rates une fois, toi, on ne te rate pas! Si jamais tu fais une petite erreur, c'est à ton tour d'être achevé.

– Le lendemain, lis-tu les journaux?

– Oui, pour voir comment s'amorce l'enquête policière, ce que les journalistes en disent, et pour voir aussi si on n'aurait pas trouvé des indices ou un quelconque témoin. Dans ce cas, il faut le descendre. On ne doit jamais laisser traîner une preuve vivante.

– Tu avais un surnom dans le milieu?

– On m'appelait «le grand», mais c'est seulement à cause de ma taille.

– Tu gagnais beaucoup d'argent?

– Oui, j'en ai gagné beaucoup et j'en ai dépensé beaucoup.

– Étais-tu payé à la pièce ou étais-tu salarié?

– Nous n'étions pas à salaire fixe et on n'avait pas de primes non plus. On avait tous des cotes sur les ventes de drogues qui s'effectuaient sur le territoire. J'avais toujours de l'argent. Quand j'en manquais, il me suffisait juste d'en demander.

– Quelle somme d'argent avais-tu en poche régulièrement?

– Cinq ou six mille dollars. Continuellement. Franchement, je pense n'avoir jamais connu la vraie valeur de l'argent. La seule façon pour moi de calculer, c'était de mettre la main sur le dessus de la poche de mon pantalon au travers du tissu et de constater simplement au toucher l'épaisseur que cela faisait. Si la bosse baissait, le moment était venu d'aller demander des sous.

– À quoi dépensais-tu ton argent?

– Je passais mon temps dans les clubs de nuit. Je dépensais tout pour la boisson, la drogue, les autos, les femmes, les beaux appartements meublés avec un luxe excessif... Quand j'y pense...

– Que te reste-t-il de tout ça?

– Rien! Zéro! Il ne reste plus rien. C'est parti très vite!

– Avais-tu fait des projets de te retirer du milieu?

– J'ai toujours pensé me retirer un jour de cet engrenage. J'attendais le gros coup... comme tous les criminels, d'ailleurs. On attend tous le gros coup. Un million de dollars en poche...

– Supposons que tu l'aurais réussi, ce gros coup...

– À vrai dire, si j'avais réussi à avoir 1 000 000 $ en poche, je crois que je l'aurais risqué sur quelque chose qui aurait pu m'en rapporter 2 000 000 $. On veut toujours plus et, en fin de compte, on finit par tout perdre.

– Tu ne t'es jamais lassé d'une telle vie?

– C'est une vie très épuisante. On est toujours sur les nerfs. Toujours sur le qui-vive. Quand tu ne crains pas la police, tu crains une bande rivale. Tu vis avec le danger et tu te méfies de tout le monde. Si tu te relâches le moindrement, tu meurs vite. D'ailleurs, dans ce milieu-là, l'espérance de vie n'est pas haute. On meurt jeune ou, au mieux, on aboutit en prison!

– Pendant que tu étais tueur à gages, est-ce que quelqu'un t'a déjà conseillé de quitter le milieu?

– Non. Personne ne m'a jamais donné un tel conseil. Mais j'avoue que si cela s'était présenté, j'aurais bien apprécié. Comme je ne fréquentais pas le genre d'individus qui auraient été capables de me donner de tels conseils, ça ne risquait pas de m'arriver. Quand tu es dans le milieu, tu ne fréquentes que des gens du milieu! Les autres, ce sont tous des niaiseux. Alors, tu ne leur parles jamais. Tu ne parles qu'aux tiens. Si la bonne vie est l'antichambre d'une vie de bien, le contraire est aussi vrai.

– Et la police?

– Pour moi, c'était comme une autre bande rivale. Il fallait absolument l'éviter. C'étaient des bœufs ou des chiens. Ils étaient en dehors de ma vie. Il ne fallait pas s'en approcher. Si jamais quelqu'un de notre entourage s'aventurait à parler à la police, du même coup il venait de signer son arrêt de mort. Même s'il n'avait parlé que de la pluie et du beau temps. C'était de toute façon toujours très mal vu.

– Il faut des dispositions bien particulières pour pouvoir tuer quelqu'un de sang-froid?

– Je crois qu'il faut être totalement désespéré, et ça peut arriver à n'importe qui. N'importe qui peut tuer. J'en suis convaincu. N'importe qui peut faire ce que j'ai fait. Dans mon cas, avant l'âge de 26 ou 27 ans je n'avais jamais pensé qu'un jour j'allais tuer. Si on me l'avait dit, je ne m'en serais jamais cru capable. Mais une fois qu'on tombe dans l'engrenage on ne peut plus en sortir!

– Si on t'avait demandé de tuer un bon ami pendant que tu étais tueur à gages, qu'aurais-tu fait?

– C'est déjà arrivé une fois. J'ai refusé. C'est d'ailleurs pour cette raison qu'on a décidé de me descendre! La loi du milieu exige que tu lui sois fidèle, que tu lui sois loyal, que tu lui obéisses avant tout. Tu ne peux pas rompre la chaîne, casser l'engrenage. Si tu le fais, tu mets tout en péril. Si tu débarques, tu brises l'association. Tu deviens un homme dangereux. On ne peut plus avoir confiance en toi. Ton tour est venu d'être supprimé. C'est comme ça que ça marche.

Voilà comment, à l'occasion d'un refus de collaborer, Donald Lavoie est devenu un mort en sursis et soudainement a réalisé que son sursis était venu à échéance. L'événement décisif est survenu dans un grand hôtel de Montréal, au cours d'un mariage auquel assistaient de nombreux membres de la pègre.

– Je m'en souviens parfaitement. C'était le 22 novembre 1980. Au cours de la réception, un curieux malaise s'était installé dans la salle. J'avais le pressentiment que quelque chose allait arriver. J'étais méfiant, comme d'habitude. Ne jamais relâcher la vigilance était ma commande. C'est ainsi que j'ai entendu Claude dire à Alain, un compagnon d'armes, qu'il devait se débarrasser de moi. Tout de suite après, je les ai vus commencer à me cerner. Pendant ce temps, discrètement, on demandait aux femmes de sortir de la salle. À ce moment-là, quelqu'un est venu me demander de me rendre au vestiaire sous prétexte qu'on y avait volé mon manteau. Ils avaient fait une erreur: ils ignoraient que mon manteau je ne l'avais pas laissé au vestiaire mais dans une chambre. J'avais déjà la puce à l'oreille, mais ce dernier incident me prouvait qu'il n'y avait plus de temps à perdre. J'avais compris que, à moins que je ne réussisse à fuir, ma dernière heure était venue. Sans perdre une seconde, je me suis mis à courir. Toute la bande était à mes trousses. Par bonheur, dans ma fuite, j'ai découvert une large trappe donnant accès à une chute à linge sale. Je n'ai pas hésité. Sans savoir ce qui m'attendait en bas, j'ai sauté pour retomber miraculeusement dans une buanderie, trois étages plus bas. Plus tard, j'ai pu prendre la fuite en passant par le garage.

À partir de cet instant, Donald Lavoie savait qu'il était devenu, pour toujours, un homme traqué. Fiché par la police, recherché par les bandes rivales et condamné à mort par ses propres compagnons d'armes, il n'avait plus que deux solutions: se terrer ou quitter le pays. Deux solutions qui requièrent de l'argent. Pour s'en procurer, il organise une opération d'extorsion auprès d'une banque au cours de laquelle trois personnes sont prises en otage. L'opération rapporte 120 000 $, de quoi vivre à l'abri pendant un certain temps. Aidé d'une amie, il loue une villa discrète dans un endroit de villégiature où il décide de prendre un peu de recul. Malheureusement (ou heureusement) pour lui, la police découvre sa cachette la première. Sa réclusion n'aura duré qu'un mois. Le 23 décembre, à 11 h 40, pendant que Donald Lavoie prend l'air dehors avec Sultan, son chien qui ne le quitte jamais, l'assaut final est donné. Les auto-patrouilles encerclent la maison. D'un hélicoptère descendu du ciel, on lui crie au porte-voix la directive de se rendre sans résistance. Un véritable bataillon de policiers armés de mitraillettes bloque dorénavant toutes les issues. Lavoie n'a plus aucun choix. Il se rend. Reconduit sous bonne escorte au quartier général de la police, on le laisse réfléchir aux 10 années d'emprisonnement qu'il risque d'écoper pour enlèvement et extorsion et... à la mort certaine qui l'attend si ses compagnons le retrouvent.

Le lendemain, veille de Noël, le sergent-détective Jocelyn Dextraze vient lui rendre visite. Le policier lui lance à tout hasard: «Tu n'es pas tanné de vivre comme ça?» Lavoie ne lui répond pas. Il est perdu dans ses pensées. Il ne cesse de ressasser son passé de criminel.

Le jour de Noël arrive. Au fond de sa cellule, il vient de prendre la décision la plus importante de sa vie. Le lendemain, il annoncera à la police qu'il a décidé de se mettre à table. Il acceptera de collaborer complètement avec la justice, de dévoiler les mécanismes de l'organisation, de décrire les meurtres, de citer beaucoup de noms, d'apporter des preuves irréfutables et incriminantes sur une série de crimes commis au cours des 12 années passées. En échange de sa collaboration, il demandera l'immunité et la protection constante de la police car, du même coup, il va devenir l'ennemi n° 1 du monde interlope. Un homme à abattre à tout prix.

Le ministère de la Justice, pour qui le témoignage de Lavoie a une valeur inestimable dans la lutte contre le crime organisé, accepte le marché pour ce qui a trait à son passé au sein de la bande des Dubois. Quant à son délit d'extorsion, Lavoie sera condamné à 8 années de détention. Étant dans l'impossibilité de les purger dans un pénitencier qui regorge d'assassins (la police sait trop bien que le délateur n'y survivrait pas plus de 24 heures), Donald Lavoie purgera donc sa sentence dans une cellule spécialement aménagée pour lui au quatrième étage du quartier général de la Sûreté du Québec, à Montréal. La cellule comprend cuisinette, salle de bains, téléviseur et téléphone privés. Quand il n'y travaille pas à la préparation des nombreux dossiers avec la police, Lavoie se plonge dans ses études en philosophie et en sciences politiques, ses nouvelles passions.

– Le fameux 22 novembre 1980, à l'hôtel, as-tu eu peur de mourir?

– Oui, je l'avoue, j'ai eu peur. C'était la première fois que je voyais la mort de si près... Cette fois, c'était ma propre mort. C'est à partir de cet instant que je me suis mis à réfléchir sérieusement sur mon passé.

– Depuis que tu t'es engagé dans une nouvelle vie, as-tu eu de l'aide de quelqu'un?

– Ce sont les policiers de l'antigang qui m'ont le plus aidé. Paradoxalement, c'est dans ce groupe que j'ai trouvé de vrais amis. Ils ont été très humains et compréhensifs. En particulier Richard McGinnis. Il m'a procuré non seulement la protection physique mais le soutien moral dont j'ai eu besoin.

– Tu n'aimes pas qu'on te qualifie de délateur.

– Non, parce que je ne me considère pas comme un mouchard mais plutôt comme un transfuge. Nuance! J'ai déserté un camp pour passer à un autre afin de refaire ma vie. Un délateur c'est quelqu'un qui dénonce pour des motifs méprisables. Je n'aurais pas pu moucharder mes amis pendant que j'étais avec eux. Je ne l'ai jamais fait. Qui ai-je trahi? Mon ex-patron qui a ordonné ma mort? Mon drôle d'ami qui a voulu me tuer?

– Qu'est-ce que tu as trouvé de plus difficile dans toute cette aventure?

– C'est d'avouer mes crimes à la police. C'est pénible et ça dure longtemps. Il faut se souvenir des moindres détails. C'est long. Ça n'en finit plus. C'est un véritable supplice. C'est à peine croyable mais je trouve que cela est beaucoup plus difficile que de tuer parce que tuer, comme je l'ai dit, c'est une question de secondes...

– Avec le recul, trouves-tu encore que toutes ces tueries étaient justifiables?

– Absolument inutiles!

– T'arrive-t-il d'imaginer que le passé n'a jamais eu lieu, que tout ça n'était qu'un mauvais rêve?

– Je ne peux pas penser de cette façon-là parce que je suis trop près de la réalité. C'est ma responsabilité. Je ne la fuis pas. Bien au contraire. Je fais des cauchemars sans arrêt. J'y pense sans cesse.

– Que vois-tu dans tes cauchemars?

– Toutes sortes de choses. En pleine nuit, je me réveille en sursaut. Je fais des efforts pour ne pas sombrer à nouveau dans le même cauchemar. Je lis deux ou trois heures pour chasser mes pensées. Je ne veux pas me retrouver sur la scène des meurtres qui reviennent constamment dans le sommeil.

– Dans ces moments-là, revois-tu les gens que tu as tués?

– Ça n'est arrivé qu'une fois... Une fois. J'espère que ça ne m'arrivera pas trop souvent. Ce n'est pas drôle! J'essaie de fermer cette porte derrière moi... mais je sais que ça va toujours traîner sur ma conscience. De toute façon, on ne peut pas oublier ces choses monstrueuses.

– Tu crois qu'il y a une vie après la mort?

– Parfois, je me le demande. Je suis croyant. Je crois au Jugement dernier.

– S'il y a un Jugement dernier, tu risques d'être jugé!

– Oui, je vais être jugé, mais ça ne sera pas par mes victimes, ce sera par l'Être suprême. Ça sera par la vraie justice. Pas celle des hommes! Ce sera la justice divine. Elle sera juste!

Selon les policiers de l'antigang chargés de la sécurité de Donald Lavoie, les ennemis de celui-ci ont tôt fait d'offrir une récompense de 1 000 000 $ à quiconque arriverait à le tuer. Pour parer aux menaces du monde interlope, dont la détermination ne faisait aucun doute, les policiers assuraient à leur nouvel ami une protection permanente sans pareille dans les annales judiciaires du pays. Dans ses moindres déplacements, entre sa cellule et le palais de justice ou lors de ses sorties dites humanitaires, Lavoie était escorté d'une douzaine de policiers armés de mitraillettes. Lorsqu'il devait être véhiculé, l'auto dans laquelle il prenait place, allongé sur la banquette arrière, était toujours escortée de deux ou trois véhicules non identifiés. Les itinéraires eux-mêmes étaient constamment modifiés.

– Tu es devenu une véritable cible vivante. Comment vis-tu cela?

– Une cible vivante, moi? Bien sûr. J'en suis très conscient, mais si je devais y penser à tous les moments de ma vie je ne pourrais plus vivre. Je ferais mieux de me tuer tout de suite! Moi-même. J'ai décidé que ça ne servait à rien de gâcher ma vie en pensant sans arrêt à ma mort. Je suis conscient du danger et je prends les précautions nécessaires pour ne pas que ça m'arrive.

– Ça t'arrive d'imaginer la façon dont tu pourrais mourir?

– Il y a tellement de façons de mourir... Oui, ça m'est déjà arrivé. J'ai vu tellement de gens mourir que je ne crois pas que ce soit très difficile. Ça vient tellement vite, la mort. La vie est fragile. La mienne doit l'être aussi! Mais ma priorité en ce moment c'est de rester en vie. C'est de vivre!

– Sens-tu le besoin d'être pardonné?

– Je ne sais pas si quelqu'un peut me pardonner. Je n'ose même pas y penser.

– Si le parent d'une victime venait te voir et s'il te disait qu'il te pardonne comme l'a fait le pape Jean-Paul II avec son propre agresseur...

– Le Pape est un être extraordinaire. J'ai une très grande vénération pour lui. Si ça m'arrivait, je ne sais pas comment je réagirais. Probablement que ça me toucherait profondément. Mais allez donc pardonner à l'assassin de votre fille ou de votre garçon! C'est inimaginable, inconcevable. Est-ce que ce serait facile pour quelqu'un d'agir ainsi? Je ne sais pas si moi-même je serais capable d'un tel geste. Je ne me sens pas assez bon, assez généreux pour faire ça. Il faut être très bon et très généreux pour pouvoir pardonner. Sincèrement, j'ai peur de demander pardon pour le mal que j'ai fait. J'ai peur que l'on refuse de me pardonner.

Donald parut troublé. Il avait détourné son regard. Le soleil et la mort ne peuvent se regarder fixement, disait La Rochefoucauld...

Lorsqu'il témoignait au tribunal, Donald Lavoie devait faire face à une batterie de brillants avocats engagés par ceux qu'il incriminait. Lors de ces comparutions, il lui est souvent arrivé d'être l'objet de violentes attaques verbales de la part des procureurs de la défense, qui l'ont désigné, à maintes reprises, comme «l'être le plus abject qui ait foulé le sol montréalais, le monstre qui se cache sous des apparences sympathiques», ou encore, à cause de ses témoignages accablants, comme «l'homme dont la parole est devenue aussi redoutable que son Magnum .375». Mais devant toutes ces descriptions, Donald Lavoie, témoin-vedette de la police, est toujours resté imperturbable. Il ne sourcillait pas. À une seule occasion pourtant, un jour, il a craqué. L'avocat de la défense avait réussi à le piquer au vif.

– Vous considérez-vous comme un traître, monsieur Lavoie? lui a-t-il demandé. Il vous est facile de tuer les autres, mais quand il s'agit de vous c'est moins facile, n'est-ce pas? Pensez-vous qu'il vous reste encore de vrais amis? Croyez-vous en Dieu, monsieur Lavoie?

L'avocat faisait allusion aux deux tentatives de suicide de Donald Lavoie. Par la même occasion, il en a profité pour parler de ses enfants. Lavoie n'a pas pu résister. Sa voix s'est étranglée et les larmes ont inondé ses yeux.

– Pourquoi as-tu pleuré au tribunal? lui ai-je demandé.

– Il m'a parlé de suicide. Cette tentative m'est arrivée dans un moment de faiblesse... et je n'aime pas avoir de faiblesses. Ça n'arrivera plus! Aujourd'hui, je suis plus fort qu'avant!

– Pourquoi as-tu tenté de te suicider?

– Je ne voyais plus aucun avenir. Je ne voyais plus le bout du tunnel. Je n'étais plus capable de me regarder dans le miroir. Je me détestais. Je détestais mon passé. Tout ce que j'avais fait. Je me détestais d'avoir tout dit. J'étais complètement désemparé. J'étais seul. Très seul. Personne à qui parler. Personne n'aurait voulu m'écouter. J'avais perdu ma dignité. J'étais irrémédiablement malheureux.

– S'il fallait que tu replonges dans le même désespoir et si tu décidais de recommencer, te raterais-tu encore?

– Si j'avais à le refaire, probablement que je ne me raterais plus. Mais ce n'est plus dans mes projets. Je tiens à vivre maintenant!

– Te sens-tu utile?

– Oui, je me sens utile par mes révélations, par mes témoignages. Dernièrement, j'ai apporté ma connaissance du milieu à un cours dispensé à un groupe de policiers. Je leur ai donné mes idées sur les façons d'infiltrer le milieu. Je leur ai enseigné comment détecter un trafiquant de drogues, comment réussir la filature d'un criminel, etc. Je me sens utile, oui.

– Tu étais très violent dans le passé. Est-ce que tu as encore des élans de violence aujourd'hui?

– À mon âge, je commence à me calmer. Je me sens plus calme. Même si le danger plane autour de moi, j'essaie de prendre ça calmement.

– Es-tu pour ou contre la peine de mort?

– Je suis contre. Je sais que pour plusieurs personnes je fais partie de la lie de la société, alors mon opinion ne vaut pas grand-chose. Néanmoins, je pense que la société doit respecter le précepte *Tu ne tueras point*. Elle n'a pas à venger un meurtre par un autre meurtre. Il ne faut pas oublier que très souvent on peut tuer involontairement. Il y a aussi le danger de l'erreur judiciaire. Quant aux exécutions publiques, comme elles se faisaient à l'époque, je n'y crois pas non plus. Je ne crois pas que la peine de mort soit dissuasive. Par contre, si on examine les faits attentivement, on se rend compte que la plupart des meurtres sont commis avec des armes à feu parce qu'il est facile de se les procurer. Alors, pour freiner sérieusement la criminalité, il faudrait imposer des peines beaucoup plus sévères aux individus trouvés en possession d'une arme. Ce serait déjà un grand service à rendre à la société.

– Tu crois que la vie peut encore être belle pour toi?

– Oui, je le crois sincèrement. Je suis encore sur la corde raide mais je commence à voir la lumière dans le tunnel. La vie, je commence à la trouver agréable.

– J'ai appris que tu étais amoureux. C'est vrai?

– Oui.

– Elle compte beaucoup pour toi?

– Oui. Énormément. Je n'aurais jamais cru que ça pouvait m'arriver.

– Pourquoi?

– Puisque je ne m'aime pas, je ne pouvais pas croire que quelqu'un puisse m'aimer. Tomber amoureux à 42 ans... Aimer un gaillard comme moi. Un numéro comme moi...

– Est-elle au courant de tout?

– Absolument. Je ne lui cache rien. C'est le secret d'une vraie réussite. Je ne veux rien cacher. Je ne veux pas commencer une relation basée sur le mensonge et l'hypocrisie.

– Vous faites des projets d'avenir tous les deux?

– Oui. On en fait beaucoup.

– Elle a confiance en toi?

– Oui. J'en suis sûr. Je ne veux pas la décevoir... et me décevoir.

– Tu penses qu'elle va t'aider à refaire ta vie?

– C'est tout un tonique. Ça aide beaucoup. Mais c'est à moi seul qu'il incombe de réussir ma nouvelle vie.

– Bientôt, tu seras entièrement libre. On te fournira une nouvelle identité, peut-être même un nouveau visage, et tu partiras sans doute refaire ta vie dans une banlieue ou dans un pays étranger.

– Tout ça, ce sont des projets d'avenir. L'avenir m'appartient. Cela ne regarde qu'elle et moi. Je tiens à garder le secret le plus total. Tout ce que je peux dire, c'est qu'en ce moment je découvre la vie sous un autre angle et que je la trouve vraiment belle. Le tout petit bout ou le grand bout qui me reste à vivre, je pense qu'il vaut la peine d'être vécu. J'ai la ferme intention de le vivre honnêtement et pleinement.

Et après? Donald s'est marié. Il est devenu père, une cinquième fois, et libre de vivre en dehors des murs de la prison. Il continua à me donner de ses nouvelles, sans détails sur sa nouvelle vie. Un jour pourtant, au moment où je m'y attendais le moins, il se présenta à mon bureau sans s'être annoncé au préalable:

– Il n'y a pas d'heure pour les amis, n'est-ce pas? dit-il en guise de préambule. Et à quoi serviraient les amis si on ne pouvait pas leur demander un service quand on en a besoin?

Il était visiblement en position de demande, mais je n'avais pas la moindre idée du service dont il allait me parler.

– Tu devais t'en douter, me dit-il d'un air très préoccupé, mais tu ne sais peut-être pas tout. Tu vois, à l'heure qu'il est, j'ai déjà plusieurs bouteilles dans le corps. En t'attendant, je suis passé par la taverne. Mon grand problème, c'est la boisson. Je suis alcoolique. Je sais que si je ne fais rien pour ça, ma vie va finir là. Je vais perdre ma femme et mon bébé. J'ai atteint la limite. Il faut absolument que je me fasse désintoxiquer et ça presse! Me comprends-tu?

C'était très clair. Il y avait dans son regard le désespoir, la détermination et un tragique appel au secours.

– Connais-tu un endroit où je pourrais aller? Vite. Ça presse!

Le nom d'un ami auteur d'un ouvrage sur l'alcoolisme me vint en tête. Je promis à Donald de lui téléphoner dans la journée.

– Non! Tout de suite! m'ordonna-t-il.

Je pris le téléphone et rejoignis l'ami en question. L'institution qu'il dirigeait avait une place libre dans la quinzaine. Donald Lavoie secouait sa tête:

– Dis-lui que je viens tout de suite! C'est un gars qui doit savoir garder des secrets... dis-lui mon identité.

Autorisé par mon visiteur à révéler sa troublante identité, j'en informai mon ami. Il y eut un long silence au téléphone, puis le spécialiste parla:

– Je comprends, murmura-t-il. Je comprends. Dis-lui de venir immédiatement. Je m'en occupe.

Donald Lavoie me donna une longue poignée de main et sortit en disant:

– Merci beaucoup. Tu ne peux pas savoir ce que ça représente pour moi.

Trois semaines plus tard, il était de retour à Montréal et me téléphona pour me remercier une fois de plus et m'annoncer que sa cure avait été un succès.

Depuis ce jour, je n'ai jamais plus entendu parler de lui. Si mon intuition est juste – elle me trompe rarement –, je publierai un jour le récit complet de sa vie.

En 1991, soit 32 ans après ma mémorable rencontre avec les frères Dubois à Saint-Henri, je suis tombé par hasard face à face avec... Claude Dubois (l'ex-patron de Donald). L'incident eut lieu à l'établissement Leclerc, à Laval, où je présidais un concours littéraire réservé aux détenus des pénitenciers fédéraux du Québec. Dubois, qui y purge une sentence à vie, avait participé au concours en soumettant un court essai intitulé *Mourir à petit feu* traitant de sa triste condition de détenu incapable de bénéficier d'une libération avant 25 ans.

En me serrant la main, il dit:

– Je ne t'ai pas oublié. Je me souviens que tu avais été le seul à essayer de montrer que mes frères et moi on n'avait pas fait que des conneries...

Il fit une pause, hésita un peu et reprit:

– Dans le passé, on a fait des choses pas toujours très jolies, c'est vrai... Maintenant, on paie pour... Par contre, au pénitencier, je passe tout mon temps à m'occuper d'organisations charitables comme SOS prisonniers, etc. pour aider les autres... Je ne pense plus qu'à ça... Ça me fait plaisir de t'en parler, d'autant plus que j'en aurais plus à te dire – sur mes bons coups – qu'à notre première rencontre, il y a une trentaine d'années...

# 7
# Bonheurs
# à la russe

*De quelle nationalité étaient Adam et Ève?*
*Ils étaient soviétiques. Parce qu'ils vivaient nus,*
*n'avaient qu'une pomme à partager,*
*et qu'ils se croyaient au paradis.*
VILORIC MELOR

*Est-ce parce que, au cours de mon enfance, j'ai été confronté à des Russes (des Soviétiques, devrais-je dire) du genre méchant qu'une fois devenu journaliste j'ai cherché désespérément à en trouver des bons? Je ne saurais le dire. Si tel fut le cas, cette recherche a été inconsciente. Mais elle m'a permis de rencontrer une brochette de personnages, d'origine russe, hors du commun. Ils n'étaient pas de la prime jeunesse mais du plus grand intérêt.*

*Les voici.* Priatnavo apetita! *(Bon appétit!)*

## LE ROI DE L'AIR

*Tout aventurier est né d'un mythomane.*
ANDRÉ MALRAUX

Boris Sergievsky est indiscutablement l'un des hommes les plus extraordinaires qu'il m'ait été donné de croiser dans ma vie.

Lors de ma rencontre, à New York, avec ce roi de l'aviation (18 décorations et le plus grand nombre de records d'aviation au monde), l'homme avait déjà 72 ans. Il pilotait toujours son propre avion.

Le capitaine Sergievsky eut son premier appareil en 1919. En 1934, la Fédération aéronautique internationale lui décerna un diplôme pour le transport de la plus grande

charge (7 533 kg) avec un avion volant à 2 000 m d'altitude.
Quelques années plus tard, en pilotant l'explorateur Martin
Johnson, il réussit un autre exploit: le transport d'un premier
éléphant dans un avion. Un peu plus tard encore, il abattait
quatre nouveaux records mondiaux de vitesse et d'altitude
avec nul autre que Charles Lindbergh. Lors de la Deuxième
Guerre mondiale, sa réputation n'étant pas restée inaperçue,
il fut engagé par l'aviation américaine qui, reconnaissant sa
grande compétence, lui attribua le titre de général.

Sa mission consistait à se rendre au front, en Allemagne,
afin de scruter à la loupe les usines et les aéroports sitôt que
l'armée américaine les avaient envahis, histoire de vérifier si
l'ennemi ne possédait pas une nouvelle invention technique
pouvant se révéler de quelque utilité aux forces alliées.

Il est arrivé à Boris Sergievsky de passer à un cheveu de la
mort plus d'une fois. Bien qu'il m'ait avoué avoir toujours
eu peur, il m'a assuré qu'il n'avait jamais paniqué de sa vie.
Une fois pourtant, en Allemagne, sur les derniers jours de la
guerre, il s'en est fallu de peu. Ce jour-là, l'état-major lui fit
savoir que l'armée américaine allait envahir un important
aéroport allemand à 14 h précises et que l'on s'attendait à y
découvrir plusieurs nouveaux appareils d'un type très intéressant. Le général avertit donc ses deux assistants qu'ils devaient
atteindre l'aéroport, tous les trois, cinq minutes après l'invasion des troupes américaines, soit à 14 h 05. On ajusta les
montres et l'attente commença. Au loin, le feu crépitait.
Mitraillettes, grenades, fusées, canons, explosions et fumée...
Vers 13 h 30, le bruit cessa. On entendit une clameur bizarre,
puis le silence envahit toute la région.

Il était clair que les combats venaient de prendre fin. Le
général sauta donc dans sa jeep, comme prévu, à 13 h 45.
Direction: l'aéroport ennemi. Malheureusement, l'armée américaine, elle, n'était pas au rendez-vous et les trois hommes (en
uniforme mais sans armes) se retrouvèrent face à face avec

trois sentinelles allemandes armées jusqu'aux dents. On ne saura jamais qui du clan allemand ou américain fut le plus surpris. Mais il ne fallait surtout pas le montrer, ne pas perdre son sang-froid...

– Je me souviendrai de la scène tant que je vivrai, m'a raconté le général.

Les Allemands étaient ébahis. Devaient-ils tirer, crier, s'enfuir? Ils étaient complètement abasourdis. J'en profitai pour leur demander d'un ton très péremptoire où était la *kommandantur*. On nous indiqua une baraque située à l'autre extrémité de la piste. Juste assez loin pour qu'on puisse faire une longue prière. Sans perdre contenance, nous avons démarré en direction de la *kommandantur*, persuadés que notre dernière heure était arrivée. À l'entrée de la baraque, nous avons été accueillis par le commandant allemand et une poignée d'assistants. Ils avaient  tous un fusil à la main. Le commandant, lui, avait un sabre. Il s'avança, d'un air décidé, le sabre pointé vers moi. Dans ma tête, je finissais de réciter ma dernière prière. Je me demandais si j'aurais le courage de mourir debout, les yeux ouverts ou fermés. Toujours rester grand dans l'épreuve! Je savais que j'allais mourir le premier. J'enviais un peu mes assistants, qui se tenaient un peu en retrait. Soudain, surprise: l'officier fit un salut militaire puis, retournant le sabre, il me le tendit en disant: «Nous nous rendons. Nous sommes à vos ordres. Dites-nous ce que nous devons faire...»

Très sûr de moi, j'ordonnai au commandant de désarmer tous ses hommes et d'attendre d'autres ordres qui viendraient sous peu. Puis, sans attendre mon reste, je sautai dans la jeep. Je n'ai pas eu un mot à dire au chauffeur, qui démarra comme une fusée. Direction: l'état-major américain où, avons-nous appris, ils avaient eu... «un léger contretemps».

J'avais réussi à faire 200 prisonniers... sans aucune arme! C'était exceptionnel. On a voulu me décorer pour cet acte de bravoure. Vous pensez bien que j'ai refusé. Je n'ai jamais vu où était le mérite.

### L'INVENTEUR DE L'HÉLICOPTÈRE

*L'aviation c'est une idée en l'air.*
JEAN CAYROL

C'est le général Sergievsky qui me présenta à Igor Sikorsky, l'inventeur de l'hélicoptère. Quand je l'ai rencontré, en 1959, «Monsieur Hélicoptère» avait 72 ans mais il était plus actif qu'un jeune homme. Il dirigeait la plus importante usine d'hélicoptères au monde (5 000 employés), à Stratford, au Connecticut. M. Sikorsky parlait un français impeccable. Lorsqu'il se trouvait avec des hommes de confiance – comme son ami le général Sergievsky –, il conversait en russe. Doux et mystique, il s'exprimait avec tant de simplicité qu'il m'était difficile de croire que j'étais devant l'inventeur d'un engin aussi révolutionnaire. Sous sa petite casquette à 50 sous, il détenait tous les secrets de la science aéronautique, mais cela ne l'empêchait pas de perdre son temps et de s'intéresser à un petit journaliste de 25 ans. Je dis bien s'intéresser car je crois qu'il m'a posé, à ma grande honte, beaucoup plus de questions sur moi que je n'en ai posé sur lui. Il voulait tout savoir, connaître mes impressions sur ses modèles, sur ses projets, comme si j'avais été un expert. Mon ego n'avait jamais été autant papouillé de sa vie.

– À 11 ans, m'expliqua Igor Sikorsky, j'avais lu et relu Jules Verne. Si vous vous en souvenez, il parlait déjà d'une sorte d'hélicoptère. Cette idée me trotta dans la tête. Je me mis au travail, persuadé qu'il y avait un moyen de faire tenir dans l'air cette sorte d'appareil. Il faut dire que j'ai beaucoup observé les libellules. Au fond, voyez-vous, je n'ai rien inventé: les libellules et Jules Verne y avaient pensé avant moi! Quelques années plus tard, j'avais réussi à  construire un petit hélicoptère qui s'élevait au-dessus du sol, puis se tenait un bref moment dans l'air. Il ne restait plus qu'à perfectionner le modèle... Je n'ai réussi à le mettre définitivement au point qu'à l'âge de 20 ans...

À l'âge de 22 ans, à Kiev, dans sa ville natale, Igor Sikorsky battait déjà le record du monde sur un avion de sa conception construit par lui-même et quelques-uns de ses camarades de l'Institut polytechnique.

Lors de la révolution bolchevique, il s'enfuit aux États-Unis où, associant ses maigres ressources à celles d'autres réfugiés russes (aussi pauvres que lui), il réussit à monter un modeste atelier dans une ferme, non loin d'un terrain d'aviation.

Par la suite, il entreprit de vendre les actions de sa nouvelle compagnie aux passants, dans les rues de New York. Ses actions ne coûtaient alors que 5 $ mais personne n'en voulait... Mais rien ne réussit à le décourager. Ses employés, tous des réfugiés russes, travaillent pour lui durant de nombreuses semaines sans jamais en retirer aucun salaire. Plus tard, lorsque la compagnie a finalement réussi à construire des avions, que l'affaire s'est mise à marcher rondement (70 % de ses effectifs étaient toujours composés d'employés russes), logiquement, le personnel aurait dû être réduit, mais par reconnaissance pour services rendus sans doute, Sikorsky s'est toujours refusé à mettre à pied un seul de ses compatriotes.

À 20 ans, en Russie, cet homme avait essayé de lancer l'hélicoptère. À 30 ans, aux États-Unis, il connaissait le succès. En 1930, la United Aircraft faisait l'acquisition de l'usine de Sikorsky et, au cours des années qui suivirent, dans le ciel on vit se promener d'innombrables «libellules» portant une gigantesque lettre *S*.

Lors de ma rencontre avec Sikorsky, dans la plus importante héligare du monde, celui-ci venait de mettre au point son immense hélicoptère-grue, dont il me fit faire l'essai comme si j'avais été un acheteur potentiel.

– L'hélicoptère n'a pas encore montré au monde tout ce qu'il pouvait faire, m'a-t-il dit en partant. Attendez! Vous verrez, l'avenir est à lui.

Pendant qu'il me serrait la main, je m'abandonnai douillettement à la gracieuse anticipation d'un ciel rempli de libellules mécaniques.

L'HOMME QUE TOUT LE MONDE HAÏSSAIT

> *Il se pourrait que l'on jugeât mieux*
> *un homme d'après ses ennemis que d'après ses amis.*
> GILBERT CESBRON

Lorsque j'ai rencontré pour la première fois Alexandre Feodorovitch Kerensky, il avait 82 ans. C'était à New York, en 1963.

Kerensky avait connu son heure de gloire en 1917 après avoir pris la tête du Gouvernement à la suite de l'abdication du Tsar. En termes plus crus, disons que si, à cette époque, Kerensky avait été plus fort, nous n'aurions jamais entendu parler ni de Lénine, ni de Staline, ni de Gorbatchev... Rien ne nous garantit bien sûr que c'eût été mieux.

À la fin de notre premier entretien, Alexandre Feodorovitch fut atteint d'une toux inextinguible. On avait cru sa dernière heure venue. On le sauva de justesse.

Cet homme au visage ravagé, que Lénine a poursuivi de sa haine implacable durant de nombreuses années – et dont le nom est aujourd'hui presque oublié –, n'avait pas beaucoup d'amis. Exilé aux États-Unis depuis la dernière Guerre mondiale, il vivait à New York en ermite, détesté par les communistes, boudé par les Russes blancs, et fut victime de deux ou trois tentatives d'assassinat.

En rencontrant cet homme (comme beaucoup de politiciens majeurs qu'il m'a été donné de croiser et notamment Nixon), j'ai eu l'impression qu'un grand événement dans sa vie avait réussi à le figer à une date bien précise du passé. Hors de cet événement crucial de la carrière, la conversation ne décolle pas, mais dès qu'on pénètre dans le cœur de ce qui a marqué sa vie d'homme politique, tout s'illumine. Les

détails les plus menus refont surface, la mémoire n'a plus de trous, les yeux se mettent à briller, le monologue commence. Mettez vos questions de côté, on y reviendra une autre fois, si on a le temps... Sur ce point, Kerensky ne faisait pas exception. Il se souvenait avec acuité de l'époque qui a bouleversé toute la suite de son existence:

– Avocat à Saratov, je devins député travailliste en 1912, puis socialiste révolutionnaire, à la Douma, me dit-il. Ensuite, tout s'est passé très rapidement. La Révolution a renversé le régime tsariste et la dynastie des Romanov. Je reçus le portefeuille de la Justice dans le gouvernement provisoire, présidé par le prince Lvov. Le 10 mai, à l'occasion d'un remaniement du cabinet, on me nomma ministre de la Guerre et de la Marine. Le 20 juillet 1917, je remplaçais le prince Lvov à la présidence du Conseil...

L'histoire a raconté la suite des événements. En effet, incapable de contrôler une situation qu'il avait lui-même contribué à aggraver, il démissionna le 4 août, acceptant cependant de conserver le pouvoir. Généralissime et dictateur le

10 septembre, il fut placé à la tête du Gouvernement le 14. Deux mois plus tard, les bolcheviks le renversèrent et il dut s'enfuir en laissant la Russie tomber en pleine anarchie entre les mains de Lénine et de Trotski qui instituaient la dictature du prolétariat.

Cet embrouillamini politique, Kerensky le connaissait par cœur. À cette évocation, il lui restait à ajouter:

– À ce moment-là, ma tête fut mise à prix. Lénine réclama qu'on me retrouve mort ou vif et pendant huit mois il ne ménagea pas ses injures au rival que j'étais encore. Nul ne se doutait que cette victoire bolchéviste et la constitution d'un gouvernement soviétique auraient une incidence sur la politique mondiale d'aujourd'hui!

Pendant ce temps-là, Lénine écrivait dans ses souvenirs:

«Ce hâbleur imbécile de Kerensky a laissé en héritage à la classe ouvrière un pays ruiné de fond en comble par la guerre impérialiste, criminelle et accablante, un pays pillé par les impérialistes russes et étrangers.

... Kerensky et les *mencheviks* avaient gardé des traités secrets, conclus par l'ex-tsar, au profit des capitalistes de l'Angleterre et de la France...

... La France voulait faire tuer tous les soldats polonais jusqu'au dernier pour ses intérêts, pour ses créances. Elle espérait que nous payerions les 20 milliards de dettes que le Tsar avait faites et que le gouvernement de Kerensky avait confirmées...»

Pour tout commentaire, Kerensky se contenta de me faire un sourire. J'ai risqué alors une question directe, non ouatée:

– Comment se fait-il que vous n'ayez pas réussi à dominer la situation, monsieur Kerensky?

– On a oublié partout que la Révolution, la vraie, a eu lieu en février 1917. J'y étais du début jusqu'à la fin! C'était la révolution démocratique, celle qui devait libérer le peuple russe, lui donner tous les droits au point de vue social, politique et économique. Un jour, les cosaques de Staline ont envahi la Douma et expulsé les parlementaires, mettant ainsi fin à la démocratie naissante. Lénine, lui, supporté par les Allemands, a organisé une révolte secrète, armée, contre la Russie démocratique en mettant de l'avant de larges réformes sociales et politiques ainsi qu'une réforme agraire. S'il a eu du succès, c'est à cause du puissant support financier qu'il recevait et aussi parce que, en luttant contre mon gouvernement, il a présenté un mouvement – la dictature terroriste communiste – comme un mouvement capable de stabiliser la liberté du peuple qui, disait-il, était menacée par mon gouvernement.

– Et après?

– Après... durant huit mois j'ai vécu dans la clandestinité, hébergé par de petites gens, fuyant de village en village. J'ai eu des moments extrêmement difficiles, avec la peur d'être trahi, vendu. J'ai finalement réussi à quitter la Russie. Quand on m'a retrouvé, on a tenté de me liquider à plusieurs reprises. Je me déplaçais sans cesse entre la France et l'Angleterre. Par la suite, j'ai échoué aux États-Unis. Partout, j'ai tenté de lutter pour la démocratie, les droits spirituels, politiques et sociaux de l'individu. J'ai lutté pour la libération du peuple russe. J'ai essayé de démontrer de mon mieux que la Russie a été la première victime de cette forme de gouvernement de dictature totalitaire. On ne m'a pas écouté. L'expérience de cette forme de gouvernement a été faite en Allemagne, en Italie et dans plusieurs autres pays d'Europe. À une époque, il ne restait plus que la France, l'Angleterre, la Belgique, la Scandinavie et quelques rares pays avec un gouvernement sain. Toute l'Europe, de l'Oural jusqu'en Espagne, était entre les mains de dicta-teurs terroristes. Quelle tristesse! Au crépuscule de ma vie, je peux dire que je reste profondément convaincu que le régime qui est né dans mon pays en février 1917 reviendra naturel-lement, sous une forme différente. Il ne peut en être autre-ment: l'homme doit vivre libre dans un État libre. Tel est le but du développement politique et psychologique du monde entier. Non, vous verrez... le communisme ne durera pas!

Quelques années plus tard, lors d'un voyage à Paris, j'appris que Kerensky venait d'être hospitalisé dans une petite clinique privée de Londres. Le pauvre homme n'en avait plus pour bien longtemps. J'ai tenu à le revoir une dernière fois. Je voulais voir comment un homme qui se savait haï de tous – et qui, toute sa vie durant, avait lui-même haï beaucoup de ses semblables – vivait sa dernière heure. Je voulais voir si une certaine paix n'aurait pas pu faire place au remords et à la haine. J'ai donc pris l'avion pour Londres. À la clinique, on me confia qu'il n'avait jamais reçu de visite de personne et que son état empirait de jour en jour.

À mon arrivée, le vieil homme me reconnut sans peine. Il resta immobile sur son lit pendant un long moment, sans le moindre contact avec ma curiosité ou ma chaleur. Il était toujours imperméable. Sa peau d'une couleur terne donnait à son visage l'allure d'un masque funèbre. Réfugié derrière une paire de lunettes qui devaient avoir un quadruple foyer, Kerensky m'offrait un regard d'inquiétude.

Je lui dis que j'étais heureux de le revoir. Il se contenta de hausser les épaules. Il n'était pas touché. Soudain, il se rappela que je venais du Canada.

– Tiens, j'y pense, me dit-il. Ma fille vit au Canada. Vous pourriez peut-être la contacter à votre retour et lui donner des nouvelles de son père. Voilà longtemps que je ne l'ai pas vue. Je n'ai malheureusement pas son adresse. Je vais vous donner son nom de femme mariée. Ainsi, vous n'aurez pas de difficulté à la trouver. Elle a épousé un ex-officier bulgare qui s'appelle... qui s'appelle... Comment s'appelle-t-il? Mais diable, comment peut-il bien s'appeler celui-là?

Je suis resté une heure de plus pour lui donner la chance de retrouver le nom de sa fille. Ce fut en vain, car il ne lui est jamais revenu en mémoire...

Kerensky est mort quelques jours après, dans la plus grande solitude. Le communisme avait eu la peau plus dure que lui.

LE PLUS GRAND PIANISTE DU MONDE

*Sans musique la vie serait une erreur.*
NIETZSCHE

Il se nomme Sviatoslav Richter. On l'a surnommé, à juste titre, le plus grand pianiste du monde. J'ai une très grande admiration pour lui qu'égale la joie que j'ai à l'entendre jouer du piano, chez moi... sur disque!

Il ne pourrait pas en être autrement puisque Sviatoslav vit à Moscou (et parfois aussi en France) et moi à Montréal et qu'il n'est venu au Canada que deux fois au cours de sa vie.

Il refuse d'admettre qu'il joue bien... Son talent ne tient pas du génie, il pratique 16 heures par jour!

Né en 1915, Richter est de descendance allemande, russe, polonaise et suédoise. Son père, pianiste et compositeur de

talent, lui inculqua ses premières notions musicales.
Richter étudia beaucoup par
lui-même. Lorsque ses pa-
rents l'inscrivirent au Conser-
vatoire, Slava fut tellement
irrité par les méthodes d'enseignement qu'il se sauva au
bout de la troisième leçon
pour ne plus jamais y retourner.

À 10 ans, il s'amusait à apprendre des opéras par cœur.
Ainsi devint-il le directeur des
représentations qui se donnaient dans... la cour de la maison paternelle, avec les enfants
du voisinage. À 16 ans, il devint l'un des chefs d'orchestre
de l'opéra d'Odessa; à 18 ans,

deuxième chef d'orchestre du même opéra; 3 ans plus tard, il
changeait de carrière pour devenir pianiste. À 21 ans, il fut
présenté à Neuhaus, grâce à qui, 4 ans plus tard, il se révélait
avec la *6ᵉ Sonate* de Prokofiev.

Son premier récital lui valut l'amitié de Prokofiev, qui lui
accorda par la suite le privilège d'exécuter ses œuvres en
premier. Voilà donc comment est né le fameux Richter
qu'admirent tant de mélomanes sur tous les continents.

Le répertoire de Richter est très varié. Il sait interpréter
avec une technique qui lui est personnelle Schubert, Liszt,
Mozart, Beethoven, Bach, Schumann, Chopin, Debussy,
Ravel, Shimanovsky, Tchaïkovski, Rimsky-Korsakov et
Glazaunov. En un mot, son répertoire s'étend de Bach à
Bartok.

À part ces détail techniques – qu'il est difficile de lui arracher –, il m'a confié qu'à la mort de Pasternak il a exécuté du Chopin devant le cercueil ouvert du célèbre défunt.

Pourquoi ne connaît-on pas mieux Sviatoslav? Parce qu'il a horreur que l'on parle de lui. Il n'accorde pour ainsi dire jamais d'interviews, déteste être photographié, fuit les journalistes, les curieux et les importuns.

Lorsque je me suis lié d'amitié avec lui, à Montréal, dans les années 60, il m'a confié qu'il envisageait d'abandonner le piano pour se consacrer à une autre passion: la peinture, où il espérait, m'a-t-il dit, mieux réussir!

Lorsqu'il voyage, Richter a une manie. Il s'amuse à apprendre par cœur les noms de toutes les petites villes que son train traverse. À ma grande stupéfaction, il m'a récité, dans l'ordre, les noms de toutes les plus petites gares situées entre Toronto et Montréal. Pour voyager, il n'utilise jamais l'avion, qui lui donne le vertige. Voilà pourquoi on ne l'a plus jamais revu à Montréal.

Richter m'a avoué qu'il était très tourmenté par l'idée de la vieillesse et de la mort:

– Les gens qui ont atteint un certain âge devraient avoir le courage de se retirer de la vie d'une façon élégante, tout comme il leur arrive de le faire pour dormir! L'heure venue, quand l'homme sent qu'il a fait ce qu'il avait à faire sur Terre, il devrait grouper sa famille, la saluer et, gaiement, avaler un comprimé ou se tailler les veines devant tout le monde!

– Croyez-vous que l'homme puisse dire à un moment de sa vie qu'il a tout réalisé et qu'il est pleinement satisfait de lui? ai-je objecté.

– Naturellement, c'est une sérieuse objection... mais pourquoi doit-on absolument tout réaliser, avoir fait tout ce qu'on s'est proposé de faire?

Le lendemain de son premier récital à Montréal, les critiques musicaux qui l'acclamaient à grands cris eurent, à l'endroit de Richter, des termes tels que *phénoménal, extraordinaire, inimaginable.* Le virtuose me fit traduire les critiques par deux fois, après quoi il me dit:

– Ils n'ont rien compris à Beethoven!

Il me demanda ensuite de l'emmener dans un cinéma de quartier pour voir *Psycho* de Hitchcock. L'aventure n'était pas aussi facile à réaliser qu'on pourrait le penser car Richter était continuellement suivi dans ses déplacements par un ange gardien soviétique chargé de sa sécurité. En réalité, sa mission était tout autre: il devait s'assurer que Richter ne choisisse pas la liberté...

Nous avons donc attendu que le camarade soit endormi dans sa chambre pour quitter discrètement l'hôtel.

Au cinéma, pour lui être agréable, au grand désespoir de nos voisins, j'ai fait de l'interprétation simultanée durant deux heures.

Mais la scène la plus émouvante à laquelle il m'ait été donné d'assister, lors de son passage parmi nous, fut le moment où Alexandre Lieven, un de nos amis communs russes, annonça au pianiste qu'il pourrait rencontrer, dans la banlieue de New York, sa mère, qu'il n'avait pas vue depuis près de 20 ans, celle-ci vivant en Allemagne.

La rencontre se déroula dans la plus stricte intimité, à l'abri des indiscrets, dans une petite maison de Flushing, où demeurait une parente de la famille. Par la suite, Richter donna sept récitals au *Carnegie Hall*. Tous les soirs, sa mère était dans la salle. Slava joua comme un dieu. C'est la dernière fois qu'il jouait pour elle. La pauvre femme mourut peu de temps après, à Berlin.

## ALEXANDRA TOLSTOÏ

*La vraie noblesse s'acquiert en vivant,*
*et non pas en naissant.*
GUILLAUME BOUCHET

En 1910, à la mort de son illustre père Léon Tolstoï (plus de 100 000 000 de livres imprimés en 82 langues), sa fille Alexandra n'avait que 26 ans. Elle devint sa secrétaire à l'âge de 18 ans et lui demeura fidèle jusqu'à la fin de sa vie.

Léon Tolstoï demeure, indiscutablement, le plus grand romancier du monde. Il était aussi un épistolier infatigable. Ses archives comptent 50 000 lettres et témoignent de ses relations et de son immense popularité à travers le monde. Ce grand écrivain voyait la vraie liberté dans la vie sans oppression ni violence, sans exploitation de l'homme par l'homme. Il était opposé aux guerres et recherchait cette liberté dans la paix, l'amitié et la fraternité des peuples. Par ses écrits, il devint le guide et l'exemple que suivaient tous ceux qui, animés par une générosité de cœur, désiraient la liberté pour leurs semblables.

Tolstoï a eu 13 enfants, dont 8 ont survécu. Parmi eux: Alexandra.

Durant la Révolution russe, Alexandra fut arrêtée cinq fois et même emprisonnée pour avoir protesté contre la ty-

Alexandra Tolstoï devant le portrait de son père... Le même regard.

rannie communiste et influencé les jeunes durant son travail pédagogique. Elle réussit à quitter son pays en 1931 pour aller vivre au Japon, puis finit par s'établir aux États-Unis.

Lorsque je l'ai rencontrée, en 1959, à Nyak, dans l'État de New York, elle avait 74 ans, conduisait (très vite) sa propre voiture et dirigeait la Fondation Tolstoï (17 bureaux répartis dans 10 pays différents). Grâce à son organisation de bienfaisance, en 24 ans, Alexandra Tolstoï avait réussi à faire entrer 20 000 réfugiés russes aux États-Unis.

– Toute cette histoire a commencé, me dit-elle, quand une de mes bonnes amies, Tatiana Schaufuss, me mit dans l'idée de fonder cette œuvre de bienfaisance pour les réfugiés. On a réuni un comité, dont le compositeur Rachmaninov faisait partie, et on a tendu nos mains pour faire la quête. La première contribution reçue fut astronomique: 3 $! Petit à petit, on a eu une secrétaire, un bureau, puis 33 000 $. Peu de temps après, on nous fit don d'une ferme, la Reed Farm.

La ferme de 75 acres, où a résidé Alexandra jusqu'à sa mort (en 1979), ressemble étrangement à Iasnaïa Poliana, le village natal de son père. Elle comporte une chapelle ortho-doxe, un hospice pour vieillards et une bibliothèque com-prenant près de 20 000 volumes.

Alexandra Tolstoï était une personne fascinante. Je l'ai ren-contrée à de multiples occasions. Chaque fois, elle me faisait don d'un nouveau souvenir, d'une nouvelle confidence con-cernant son père.

– Je me souviens, me dit-elle un jour, mon père, avant de se mettre au lit, me fit venir auprès de lui et m'annonça:

«Je te fais mon héritière! En publiant mes œuvres, tu gagneras suffisamment d'argent pour racheter les terres de ta mère, de tes sœurs et de tes frères (vous savez, nous étions 13 et je suis la seule qui reste, j'étais la ca-dette). Une fois que tu en seras la propriétaire, tu dis-tribueras ces terres aux paysans de Iasnaïa Poliana!»

Et c'est exactement ce que j'ai fait! Ensuite, mon père me demanda de renoncer aux redevances que rapporteraient ses œuvres. Telle était sa volonté. Je m'y suis conformée. On a publié ses livres dans toutes les langues du monde, on en a même fait des films sur lesquels je n'ai jamais perçu aucun droit.

Lorsqu'elle parlait de son père, Alexandra (qui renonça à son titre de comtesse en devenant citoyenne américaine, en 1941) était intarissable:

– J'adorais mon père. Tout comme lui, je suis très religieuse et antimilitariste. Je déteste la guerre. Mon père ne m'a pas permis de lire *Guerre et paix* avant l'âge de 20 ans et, lorsque j'ai atteint cet âge, je n'ai eu le droit tout d'abord de lire que la section *paix*... J'ai souvent passé une partie de la nuit à taper les manuscrits de mon père sur une machine à écrire Remington. Quelle vie c'était! Une fois, lorsque nous nous promenions à cheval, mon père et moi, il tourna sa tête vers la forêt et me dit:

«Quand j'étais jeune, je jouais ici avec mes frères. Nous y avons découvert un bâton vert sur lequel, croyions-nous, étaient inscrites toutes les règles de la vie. Faire le bien et pas le mal. En mémoire de ce jeu avec mes frères, quand je mourrai, enterrez-moi à cet endroit.»

Ça, il ne l'a écrit nulle part. Il me l'a dit une seule fois et je ne l'ai jamais oublié. Quand il est mort, il avait 82 ans. C'était en 1910. C'est à cet endroit que je l'ai fait enterrer! Son vœu fut exaucé!

Alexandra avait une admiration sans bornes pour son père qui, se plaisait-elle à dire, était un visionnaire.

– On parle beaucoup ces temps-ci de la répression du terrorisme, me dit-elle pour prouver que Léon Tolstoï était en avance sur son temps. On fait sans cesse l'éloge de la peine de mort... Voulez-vous savoir ce que le grand Tolstoï écrivit au jeune empereur Alexandre III, après l'assassinat par les nihilistes du tsar libérateur Alexandre II? C'est une lettre prophétique. Écoutez et jugez par vous-même:

«Ces jeunes gens sont pleins de haine pour l'ordre existant. Ils ont en vue je ne sais quel ordre nouveau; par le feu, le pillage et l'assassinat, ils détruisent les structures actuelles de la société. Au nom de la raison d'État et du bien du peuple, on voudrait les exterminer. Mais la peine de mort ne sert à rien contre les révolutionnaires. Pour les combattre, il faut leur opposer un autre idéal, plus élevé que le leur. Si vous ne graciez pas les meurtriers de votre père, le mal engendrera le mal, et, à la place des trois ou quatre individus que vous aurez supprimés, il en surgira trente ou quarante. Je suis, au contraire, certain qu'à la suite d'une mesure de clémence le bien et l'amour se répandraient sur la Russie avec la force d'un torrent!»

Anticommuniste acharnée, Alexandra Tolstoï a souvent été oubliée par les biographes soviétiques. Dans une des plus importantes biographies publiées à Moscou sur Tolstoï, son nom n'apparaît même pas.

— Ça me fait de la peine et ça me fait bien rire à la fois, m'a-t-elle confié à ce propos. Je pense à Pasternak, que j'ai connu petit, lui non plus on ne l'aimait pas là-bas. Moi, le livre que j'ai écrit sur mon père est vendu partout dans le monde, sauf en Union soviétique – comme Pasternak!

Léon Tolstoï a toujours pris la défense de la secte des Doukhobors, qui étaient persécutés en Russie parce que, étant pacifistes, ils refusaient de porter des armes et donc le service militaire. Profondément croyants et végétariens, les Doukhobors se cherchaient un pays. Des invitations leur sont venues de Chypre, du Texas, d'Hawaï, de Chine et du Canada. C'est Tolstoï qui leur conseilla de s'installer au Canada. Les profits qu'il réalisa avec son œuvre *Résurrection* servirent à financer le voyage de quelque 20 000 Doukhobors en Saskatchewan, dans le district d'Assiniboia, à quelque 40 km de Yorktown.

Avec les Doukhobors... et Arthur Prévost (qui n'en est pas un... quoique...).

Son propre fils, Serge, leur servit même de guide. Quelques années après l'installation des «lutteurs de l'esprit» au Canada (et déçu de voir les remous qu'ils ont créés auprès de leurs hôtes), leur protecteur leur écrivit une lettre qu'Alexandra Tolstoï me fit lire. Elle disait, entre autres:

> «Au lieu de provoquer autour de vous l'envie et l'hostilité, faites naître en ceux qui vous entourent des sentiments de respect et de bienveillance à votre égard...»

La merveilleuse Alexandra Tolstoï était d'une grandeur d'âme et d'une générosité sans pareilles. Chaque fois que je m'apprêtais à la quitter, elle me rappelait qu'il faut toujours penser aux autres:

– Oubliez-vous! Pensez aux autres! Il n'y a que comme ça qu'on arrive à être heureux. Et si jamais dans vos déplacements il vous arrive de rencontrer une personne d'origine russe, signalez-moi son existence. Je pourrais peut-être lui être utile. Chose certaine, je serais ravie de lui envoyer quelques bons livres écrits en russe qui ne comportent certes pas de propagande communiste. Les gens ne doivent jamais oublier leurs origines, leur langue, leurs traditions.

Un jour, alors que je faisais un reportage sur la léproserie de Tracadie, au Nouveau-Brunswick, les caprices du hasard ont fait que j'y ai rencontré une pauvre lépreuse d'origine russe. Elle avait été confinée dans sa chambre pareille à une cellule de prison, sans contact avec personne depuis de nombreux mois. Je voulus faire plaisir à la malheureuse et... à Alexandra. Je signalai donc, sans retard, l'existence de cette dame et priai M^me Tolstoï de m'envoyer quelques livres russes que je m'engageais à acheminer à bon port.

Trois jours plus tard (les postes marchaient bien à l'époque), je recevais trois caisses de livres mais on refusa de me les remettre. Il fallait que le Gouvernement les examine (la poste était peut-être rapide mais la littérature était contrôlée à l'entrée...) Les livres furent examinés à la loupe. En ce temps-là, il n'était pas question de laisser entrer de la littérature communiste au Canada! On finit par me les remettre au bout d'une semaine. Je réexpédiai les caisses aussitôt à la léproserie. Un long mois se passa sans que je reçoive le moindre accusé de réception. M^me Tolstoï s'inquiéta, elle aussi. Je me mis donc en contact avec la direction de la léproserie afin de m'assurer que l'envoi s'était rendu à bon port.

– Ah! la boîte de livres russes? Bien sûr qu'elle est arrivée... m'a-t-on répondu.

– Bon. Tant mieux. Parce que je m'inquiétais...

– Il n'y a pas d'inquiétude à avoir. Les boîtes sont là, toutes les trois... La dame les a rangées sous son lit...

– C'est parce que... comme elle ne nous a pas écrit, on se demandait si...

– Elle ne vous a pas écrit? Mais la pauvre Russe, elle n'aurait pas pu vous écrire! Elle ne sait même pas lire...

Lorsque je suis allé rendre visite à Alexandra Tolstoï une dernière fois, en 1979, c'était à l'occasion du cent cinquantième anniversaire de la naissance de son père. Alexandra fêtait elle-même ses 94 ans. Dire *fêtait* est exagéré car la grande dame, malade et très affaiblie, était alitée.

Vu son état de santé et les soins médicaux constants qu'elle devait recevoir, on avait dû lui procurer un lit d'hôpital et la déménager dans une pièce spéciale, plus grande, où s'affairait constamment une infirmière indienne. C'est là que je l'ai revue pour la dernière fois – sans savoir bien sûr que je serais un des derniers amis à la visiter avant que la mort ne l'emporte. Elle était couchée entre une montagne de médicaments, une bonbonne d'oxygène et une série impressionnante de portraits-souvenirs accrochés aux murs.

Alexandra dormait d'un sommeil très profond, un peu comme dorment les enfants. Voulant m'être agréable, son amie Tatiana tenta de la réveiller en lui lançant un vigoureux *Zdrastvitie* qui résonna comme la sonnerie d'un réveille-matin. Rien à faire. Alexandra dormait dur.

– Tant pis! lança Tatiana, je vous laisse là à la regarder dormir.

Et sur ces mots elle quitta la pièce.

Les premiers instants passés seul dans la chambre à coucher d'une vénérable dame de 94 ans, endormie, me parurent plutôt inconfortables. À la limite, je souhaitais qu'elle ne se réveille pas... Pourtant, elle se réveilla et, aussitôt ses yeux ouverts, elle laissa glisser, de biais sur son visage, l'ombre d'un sourire. Puis, sans attendre mes formules de politesse ni mes explications, Alexandra me dit, comme pour s'excuser:

— Vous savez, monsieur, mon cœur s'est usé à force de battre trop fort!

Elle avait toujours sa voix forte, très masculine, parlait en serrant légèrement les dents et donnait une image de détachement qui pour moi reste inoubliable.

Elle mourut quelques jours plus tard.

Une rare occasion de bonheur: Alexandra avec Soljenitsyne.

## Un Russe peut en cacher un autre

*Je ne fais confiance à personne,*
*pas même à moi.*
*Joseph Staline*

Il m'est arrivé un jour d'être présenté à un correspondant d'Isvestia qui œuvrait à Ottawa. Les articles que le malheureux envoyait sporadiquement en Union soviétique étaient étrangement dénués d'intérêt. Le pire de l'histoire, c'est qu'il y présentait le Canada comme un pays triste et banal caractérisé par son haut taux de chômage, sa criminalité et son manque d'imagination. Je me suis donc proposé de rencontrer Vasily Tarasov lors de son passage à Montréal et de démontrer au camarade journaliste qu'un correspondant consciencieux pouvait trouver quantité de reportages emballants à présenter à ses lecteurs d'outre-frontière.

Il consentit de bonne grâce à se faire payer un copieux déjeuner mais ne sembla pas très disposé à recevoir de conseils d'un confrère canadien. Nous avons passé en revue l'actualité québécoise, canadienne et mondiale, mais lorsque nous nous mîmes à parler de journalisme, le camarade Tarasov sembla complètement indifférent.

J'ai essayé de lui trouver des angles russes en lui faisant remarquer qu'il serait sans doute intéressant, pour Isvestia, de relever le nombre impressionnant de pièces de théâtre et de films d'auteurs russes qui étaient présentés à Montréal en l'espace de quelques jours. Il y avait notamment *La cerisaie*, de Tchekhov, par la troupe Barrault-Renaud; *Le jubilée*, de Tchekhov, par le Théâtre de l'École; *Les bas-fonds*, de Gorky, par le Théâtre de la Boulangerie; *Yvan le Terrible*, par le Théâtre dramatique russe, etc... N'importe quel journaliste étranger à sa place aurait sauté sur l'occasion pour prendre des notes. Pas Tarasov.

En le quittant, j'espérais qu'il finirait quand même par prendre l'affaire en main. J'ignorais que ses mains étaient prises dans d'autres affaires.

Deux jours après cette mémorable rencontre, Tarasov se faisait expulser du Canada, avec pertes et fracas, pour... espionnage.

J'avais donné des leçons de journalisme à un espion. Il pourra toujours se recycler!

# 8
# Bonheurs intemporels

*L'homme est plus dur que la pierre,*
*plus solide que la pierre,*
*et plus fragile que la rose.*
PROVERBE

ÉDITH PIAF
*Soudain... la vie en rose*


*Je me dis que tout sert à quelque chose*
*– qu'il y a une raison –*
*et qu'il faut passer par où l'on passe*
*pour faire quelque chose d'important.*
ÉDITH PIAF

Il arrive parfois qu'un petit événement, banal aux yeux des autres, vous marque d'une manière indélébile. J'ai précisément souvenir d'une telle rencontre qui, bien qu'elle eût été très brève, n'a cessé de hanter ma mémoire.

L'affaire remonte presque au déluge. Je venais tout juste d'avoir 21 ans. Je débutais dans le journalisme. Je rêvais d'être le reporter globe-trotter, le Jack London du Nouveau Monde. Après m'être inventé une première mission à Cuba, où régnait encore le dictateur Batista, je débarquai à La Havane.

Tout ce que je découvris avait un goût amer. La grande pauvreté des Cubains et le vice omniprésent partout me déprimèrent. J'étais au royaume de la prostitution et de la mafia. C'était insupportable. Au bout de deux jours, je n'avais qu'un souhait: abréger mon séjour, fuir l'île au plus tôt, l'effacer de ma mémoire après avoir publié mes tristes découvertes.

J'ignorais que d'autres surprises m'attendaient au tournant. En effet, arrivant à l'aéroport, j'eus à affronter un groupe d'officiers corrompus qui, après avoir feuilleté mon passeport, trouvèrent un fallacieux prétexte pour m'empêcher de quitter Cuba:

– Votre passeport expire dans six mois! Le règlement veut qu'il soit valide au moins un an le jour du départ! clamaient les bandits en uniforme.

Bien que la raison fût totalement farfelue, j'étais contraint de demeurer à Cuba pour un temps indéterminé. En fait, à force de négociations, j'appris que ce qui était encore indéterminé pouvait facilement se transformer en permission de quitter le sol cubain sur-le-champ à condition (bonjour la corruption) que je consente à verser une rondelette somme d'argent à mes gardiens. Je n'avais pas l'intention de me soumettre à leur chantage pas plus que je n'avais le montant qu'ils me réclamaient. Accommodants, ils trouvèrent une solution:

– Donnez-nous l'appareil de photo que vous avez au cou et on vous laisse partir immédiatement!

Il n'en était pas question. Je préférais moisir à l'aéroport (et trouver matière à reportage pour le jour où je reviendrais au Canada) que de me séparer de mon Rolleiflex tout neuf.

Les officiers étaient intraitables. Comprenant que je ne céderais pas, ils menacèrent de me mettre en état d'arrestation pour... flânerie à l'aérogare. Désespéré, je suis allé m'asseoir près d'une baie vitrée d'où je voyais les avions s'envoler comme s'envolait graduellement tout espoir pour moi de retourner au Canada.

Soudain, je vis apparaître tout près de moi, tel un ange venu d'ailleurs, une toute petite bonne femme avec un sourire apaisant. Elle m'observait probablement depuis un bon moment déjà. Elle me regardait fixement avec une telle compassion que j'en fus bouleversé. Je n'étais pas sûr, mais j'avais l'impression de la connaître. En s'approchant de moi, elle dit:

– Vous semblez avoir des ennuis. Que se passe-t-il? Est-ce que je peux vous être utile?

Miracle! Était-ce possible qu'il se trouve quelqu'un d'humain dans ce monde si hostile? En la regardant de près, je finis par reconnaître sans peine mon rayon de soleil. C'était elle. Je n'en croyais pas mes yeux. C'était la petite Édith Giovanna Gassion, c'est-à-dire... la môme Piaf en personne! Elle était radieuse et respirait la générosité. Après avoir donné un récital triomphal à La Havane, elle retournait à Paris. Elle ne me connaissait pas, mais était prête à voler à mon secours.

Je lui expliquai la situation comme je l'aurais fait avec une amie:

– Je crois qu'il va falloir que je cède. Après tout, j'aime mieux perdre mon appareil de photo que de perdre ma chance de retourner au Canada...

Piaf secoua sa tête vigoureusement:

– Non, surtout pas! Ne cédez pas! Je le sais, ça s'arrangera!

Elle était calme, sereine et souriait tendrement. Elle savait. J'ignore comment, mais elle était sûre. Au bout d'un moment, elle prit mon bras et me dit cette phrase qui résonna longtemps dans ma tête:

– S'ils ne vous laissent pas partir, je resterai avec vous! Je ne vous laisserai pas seul! En attendant, laissez-moi faire un petit travail.

Elle ferma ses yeux et sembla sombrer dans un moment d'intense réflexion. Quand elle les ouvrit à nouveau, elle me dit:

– Allez les voir maintenant...

Je lui obéis. Au poste de contrôle, l'équipe de voyous venait d'être relevée par de nouveaux officiers qui ne me firent aucun obstacle. Avec la marque du tampon de ma délivrance encore toute ruisselante dans mon passeport, je retournai aussitôt annoncer la bonne nouvelle à Piaf.

– Il n'y a plus de problème. Je peux partir!

Elle me regarda sans le moindre étonnement:

– Vous voyez bien... Je le savais. C'était arrangé d'avance avec... là-haut!

Je l'ai prise dans mes bras et lui ai dit tout bas que grâce à elle... je voyais la vie en rose.

UNE JEUNE FILLE DE... 100 ANS

> *Sous la couche épaisse de nos actes,*
> *notre âme d'enfant demeure inchangée,*
> *l'âme échappe au temps.*
> FRANÇOIS MAURIAC

Lorsque je l'ai rencontrée pour la première fois, en 1966, elle venait d'avoir 99 ans. L'année suivante, le Canada célébrait son centenaire. Christine Henderson aussi!

Avant de frapper à sa porte, à cause de son grand âge, je me suis promis de ne pas l'importuner trop longtemps. C'est que je ne la connaissais pas encore, car une heure plus tard, j'étais toujours à ses côtés. Intarissable, elle ne me laissait plus repartir. Avec son visage si frais, ses gestes nobles et ses reparties, elle ne ressemblait en rien aux autres centenaires dont on voit parfois la photo dans les journaux.

Craignant de la fatiguer, je me souviens m'être finalement levé pour la quitter. Elle me pointa gaillardement du doigt et me somma de me rasseoir:

– Reprenez place, dit-elle, vous n'êtes pas si pressé? Prenez le temps de vivre, que diable!

Dès cet instant, je fus séduit et tombai littéralement amoureux d'elle. Une jeune femme... de 100 ans!

Christine avait des cheveux d'un blanc soyeux. Sa peau était délicate et douce. Ses yeux étaient pétillants de malice et une éternelle jubilation burinée de rose illuminait ses pommettes. Elle était ravissante et appétissante à regarder. Bon pied, bon œil, ma neuve copine semblait faite pour durer éternellement.

Ébloui par son étonnante jeunesse et sa lucidité, je la visitai souvent. Des heures durant, je l'écoutais me parler de sa vie, commenter le passé et discourir sur l'actualité avec un humour sans égal.

Sur Pierre Elliott Trudeau, elle disait:

— Cet homme a un côté semeur de caresses qui plaît aux jeunes femmes. On verra ce qu'il va réussir à faire à Ottawa. Si jamais il rate son coup en politique, il pourra toujours s'engager aux *Folies-Bergère*, à Paris.

Sur Robert Stanfield:

— Chaque fois que je vois cet homme à la télévision ou dans le journal, j'ai l'impression qu'il est tombé de la Lune et qu'il cherche une échelle pour y remonter. Il est sinistre comme la forêt après un incendie. Il est cerné jusqu'au menton. Il porte des bottines de l'ancien temps. Il doit sûrement porter des bas de laine et des caleçons longs en été.

Sur Jean Drapeau:

— C'est un brave homme qui se dépense beaucoup pour sa ville. Il est partout à la fois. Je me demande souvent si en réalité il n'y aurait pas deux Jean Drapeau? Un qui travaille et l'autre, son sosie, qui va discourir à la télévision. Celui qu'on voit et qu'on entend me donne l'impression de téléphoner au Bon Dieu tous les matins pour lui prodiguer ses conseils. Dommage qu'il soit comme Buster Keaton: il ne rit jamais, le petit Drapeau!

Sur le Pape:

— Je suis allée au Vatican. Je me suis même rendue à la résidence d'été du Pape, à Castel Gandolfo. J'étais avec un groupe de religieuses. Nous nous sommes perdues dans les

corridors. En essayant de trouver la sortie, j'ai débouché sur les appartements privés du Saint-Père (Pie XI). Et savez-vous ce que j'ai vu sur sa table de travail? Une balle de laine et des aiguilles à tricoter. Je suppose qu'il s'ennuyait tout seul le pauvre homme. Fallait bien qu'il s'occupe à quelque chose. Être pape dans ce temps-là, ce n'était pas drôle tous les jours.

Sur l'encyclique de «la pilule»:

– C'est fait par de vieux hommes célibataires. Comment voulez-vous qu'ils comprennent quelque chose à la femme?

Sur les voyages:

– Aujourd'hui, c'est merveilleux. C'est pas comme dans mon temps. Ça va tellement vite que le café que vous buvez à Dorval vous l'évacuez à Orly ou à Londres.

Un jour que je m'étais attardé plus que de coutume, Christine Henderson (elle me demandait de l'appeler

Christine) me regarda d'une prunelle égrillarde et dit, jouant les jeunes filles:

– Vous n'avez pas peur que votre femme ait des doutes sur nous?

Christine était inépuisable. Vu à travers ses yeux, le monde avait une autre couleur. Elle parlait couramment l'anglais, le français (qu'elle avait enseigné) et l'italien. Poète, auteur et conférencière, elle avait étudié à Harvard, présidé de nombreuses associations culturelles et s'était beaucoup dépensée pour la protection des oiseaux. Elle avait des goûts très éclectiques. Elle se passionnait à la fois pour Madeleine de Verchères et le frère Marie-Victorin.

À l'occasion du centenaire du Canada, je l'ai persuadée de m'accorder une interview pour la télévision de Radio-Canada. Nous avons intitulé le document *Cent ans déjà!* J'en fis aussitôt un second en langue anglaise, *It's my birthday too!* L'émission fit même l'objet d'un livre[*].

Christine séduisit à tel point les téléspectateurs qu'au cours de la même année l'émission fut diffusée à trois reprises. J'ai rarement reçu autant d'éloges des critiques. Tous s'accordaient à dire que, grâce à cette dame exceptionnelle, on avait vécu «un des moments les plus délicieux de la télévision». On finit par m'offrir un trophée, le *Wilderness Award 1967*, pour le «meilleur film humain de l'année 1967». Tout le mérite revenant à ma vedette, j'empochai la médaille de bronze et me rendis aussitôt chez Christine.

– C'est ça qu'ils vous ont donné? me dit-elle. Quel dommage qu'elle ne soit pas en chocolat. Nous aurions pu la manger!

---

[*]    *Cent ans déjà*, Christine Henderson, Éditions de l'Homme, Montréal, 1967.

Toujours brillante, rapide et drôle, Christine Henderson ne s'attardait que sur l'essentiel. Elle m'a montré la voie de la raison en ralentissant mon pas. Elle m'aurait appris, si j'avais été prêt, à ne jamais vivre, ni penser, ni aimer à court terme. À ne pas raconter mes problèmes de santé à moins qu'ils soient alarmants. Elle m'a fait sentir la force de la vie. Elle avait du panache. En l'observant de près, j'ai ressenti qu'on pouvait rester jeune à tout âge et apprécié de son entourage à condition qu'en vieillissant on sache se faire léger. Par son exemple, elle m'a donné de l'espoir pour mes vieux jours.

Avant de s'éteindre à l'hôpital, elle eut ce mot:

– Comme ils ne veulent plus voir mes rides, ils m'ont installé une boîte métallique dans laquelle je suis obligée de parler si je veux m'exprimer. Ils appellent ça le progrès!

Je l'aimais beaucoup Christine, ma vieille dame digne.

Elle ne s'est jamais éteinte pour moi.


MANCHOT ET CUL-DE-JATTE,
MAIS... EXCELLENT BRAS DROIT

> *Le bonheur: c'est d'en donner.*
> DE MAISTRE

Le jour où j'ai rencontré Raymond Lagloire, je l'ai surnommé «mon bras droit».

Raymond était un homme étonnant. Atteint d'une maladie incurable, il vivait en permanence à l'hôpital Notre-

Dame-de-la-Merci. Dès son arrivée dans cette institution, on commença par lui amputer une jambe, puis l'autre. Quelques mois plus tard, la maladie progressant, on lui coupa le bras gauche. Cette troisième amputation arrêta miraculeusement la progression du mal. Raymond continua donc à vivre avec, pour unique membre, son bras droit.

Après avoir fait sa connaissance, je sentis un irrésistible besoin de le revoir le plus souvent possible. Toujours alerte, souriant et de bonne humeur, cet homme devint rapidement pour moi un exemple de courage, d'optimisme et de joie de vivre. Une dynamo!

J'aimais sa façon de voir les choses. Toujours le bon côté. Il riait de tout et particulièrement de son état qui, selon lui, avait des avantages que nul ne pouvait soupçonner:

– Le matin, je peux être prêt plus vite que vous! J'en ai moins à laver! disait-il en riant.

Il se prétendait «l'homme le plus riche du monde». Celui qui possédait la plus grande collection de boutons de manchettes à exemplaire unique. Dès que quelqu'un avait perdu un bouton, il lui faisait parvenir le second, devenu inutilisable.

Mon bras droit était le résidant le plus occupé de l'hôpital. Il s'était créé un emploi qui devint rapidement essentiel au bon fonctionnement de l'institution. Raymond passait son temps à visiter ses compagnons d'infortune, des laissés-pour-compte souffrant de solitude. En un temps où l'on répétait à l'envi que rien n'allait plus, patient, il écoutait les plaintes et remontait le cadran des malades déprimés en leur racontant de merveilleuses histoires qu'il inventait à leur intention. Ses visites étaient toujours empreintes de magie. D'ailleurs, comment aurait-on osé s'apitoyer sur son sort devant un homme – assis dans une chaise roulante – qui était tout sourire et qui n'avait pourtant qu'un bras? Imparable, non?

Raymond était un être séduisant qui semblait venir d'un autre monde, peut-être celui du Petit Prince. Il avait constamment un air rigolard et une lueur de malice dans les yeux. On ne pouvait pas ne pas l'aimer. D'ailleurs, une jeune femme en tomba amoureuse et l'épousa. Bien entendu, ce fut un mariage symbolique car Raymond continua à vivre seul à l'hôpital jusqu'au jour où, malheureusement, sa maladie finit par avoir raison de lui.

Chaque fois que mon regard s'embrouille et qu'il m'arrive de ne plus voir le sens de la vie, je repense à Raymond. Je regarde mes bras et mes jambes et les nuages se dissipent comme par miracle. Raymond, mon inoubliable bras droit, restera mon perpétuel tonique.

## LA VENGEANCE? CONNAIS PAS!

*Se venger d'un tort qu'on vous a fait,*
*c'est se priver du réconfort de crier à l'injustice.*
CÉSAR PAVESE

Nijole Sadunaite est une femme d'une soixantaine d'années. C'est peut-être ce qu'il convient d'appeler une sainte femme. À l'époque toute récente où la Lituanie était encore occupée par les Soviétiques, tout le pays la considérait comme un symbole de la dissidence lituanienne. À ce titre, elle a souvent été interrogée par le KGB et longtemps emprisonnée.

Au lendemain de la proclamation de l'indépendance de son pays, cette femme accorda une interview à un journal au cours de laquelle elle raconta comment un certain major Vidmantas Baumila l'avait persécutée et menacée de mort lors d'un interrogatoire qu'il lui fit subir en 1988.

L'ex-agent de la défunte KGB n'appréciant pas le récit rapporté par le journal s'empressa de porter plainte. C'est ainsi que l'on vit le tortionnaire poursuivre sa victime pour diffamation devant les tribunaux de Vilnius. Pour compenser le préjudice que les propos de la dame lui auraient causé, l'homme lui réclamait 20 000 roubles (environ 500 $ de notre argent!) en dommages et intérêts.

Au moment de l'audition de cette cause unique, je me trouvais dans la capitale lituanienne. Les locaux du KGB, vidés de leurs agents et bouclés à double tour, attendaient la levée du secret qui pesait sur les archives de l'ineffable organisation. Les autorités décidèrent de télédiffuser le procès dans son intégrité tant il passionnait le pays. Cet événement m'a tellement bouleversé que je ne résiste pas à la tentation d'en résumer ici le déroulement.

Dès l'ouverture de l'audience, l'ex-major Baumila, tombé forcément en chômage depuis l'écroulement de l'Empire communiste, a déclaré qu'il s'est senti obligé de s'adresser aux tribunaux car son épouse, institutrice et «femme très sensible», était devenue, depuis la parution de l'article, la cible de moqueries proférées par ses consœurs. Elle aurait été importunée sans arrêt par des inconnus lui demandant comment elle pouvait vivre avec pareil bandit.

Prié par le juge d'expliquer par quels calculs le demandeur était arrivé à chiffrer ses dommages à 20 000 roubles, celui-ci s'est contenté de répondre que si cette somme lui était accordée, magnanime il en donnerait la moitié à... sa moitié et que l'autre servirait à la création d'un fonds spécial destiné à parfaire la formation professionnelle des journalistes de la publication, délinquante à ses yeux, qui avaient commis l'impudence de véhiculer des mensonges à son propos:

– De cette manière, annonça-t-il, à l'avenir ils seront mieux qualifiés et ne feront plus l'erreur de publier de fausses informations...

Le major ajoutait l'injure à l'insulte. N'ayant pas cru bon se faire représenter par un avocat – qu'il aurait eu de la difficulté à se trouver – l'ex-agent a entrepris d'interroger lui-même la défenderesse, sa victime. Expert en la matière (il avait pratiqué l'art de l'interrogation durant neuf ans), Baumila a rapidement oublié qu'il n'était plus au KGB mais devant le tribunal d'une république qui, en devenant indépendante, a condamné au bannissement la tristement célèbre institution de sécurité. Chassez le naturel, il revient au galop. Rappel à l'ordre du juge. L'assistance est médusée. On croirait rêver. Le KGB a-t-il vraiment été dissous? J'ai moi-même un instant de doute.

Durant la séance, qui relève plus d'un film de fiction que de la réalité, M<sup>me</sup> Sadunaite raconte au tribunal qu'elle fut arrêtée, la dernière fois, au début de 1988. Escortée par des miliciens comme une dangereuse criminelle, elle fut aussitôt conduite aux quartiers généraux du KGB et remise entre les mains expertes du major Baumila:

– Comme je n'étais pas très coopérante, a-t-elle déclaré au juge, l'enquêteur m'a dit: «Si tu continues comme ça tu pourrais finir sous les roues d'une automobile comme l'abbé Lauranavicius!»

Le prêtre en question, un nationaliste, avait eu maille à partir avec le KGB. Il est mort écrasé par un véhicule. Deux individus fortement soupçonnés d'être à la solde du KGB ont été vus poussant le religieux sous les roues d'une automobile.

– Que lui avez-vous répondu? demanda le juge en poursuivant l'enquête. Vous en souvenez-vous?

– Oui, je m'en souviens parfaitement. Je lui ai dit qu'il n'arriverait pas à éliminer tous les dissidents lituaniens en les poussant sous les roues des autos. On était beaucoup trop nombreux! Il manquerait d'autos!

Baumila nia catégoriquement avoir proféré de telles menaces et suggéra au tribunal que le témoin mentait:

– Lors de mes interrogatoires, je me suis toujours comporté en homme civilisé, avec dignité et respect. De plus, j'affirme qu'elle ment puisque je n'ai jamais tutoyé personne dans l'exercice de mes fonctions.

Malheureusement, l'agent du KGB n'était pas très convaincant. D'autres témoins furent appelés à la barre et contredirent unanimement ses affirmations. Il semble que le major tutoyait tout le monde. Pire: il se comportait rigoureusement selon la tradition de l'organisme où, comme il a souvent été rapporté, les rapports entre les agents tout-puissants et les personnes arrêtées étaient toujours viciés à la source.

À mesure que le procès avançait, les rôles commençaient à s'inverser. De l'accusateur qu'il voulait être, l'ex-major Baumila est progressivement devenu l'accusé. Pressé de questions sur le travail qu'il accomplissait au sein du KGB, l'homme a fini par se défendre (on avait déjà entendu des défenses identiques de la bouche des nazis) en affirmant qu'il n'a jamais fait autre chose qu'exécuter les ordres de ses supérieurs...

Le major était-il naïf au point de penser qu'il pouvait entreprendre pareilles procédures sans qu'elles ne fassent de vagues? Pourtant, M^me Sadunaite, une pacifiste convaincue (que l'État a d'ailleurs réhabilitée en 1989 en lui présentant des excuses pour les dommages qu'elle a subis injustement), n'a rien fait d'autre que de narrer sa malheureuse expérience. Ainsi a-t-on appris par son témoignage que quelques jours avant son arrestation une personne lui avait conseillé d'être très prudente car si elle devait être arrêtée à nouveau, elle risquait de sortir du KGB (si jamais elle avait assez de chance pour en sortir vivante) atteinte d'un mal qui pouvait lui causer de gros et longs soucis de santé...

Or, la brave dame se souvint que, vers la fin de son pénible interrogatoire, elle avait été installée sur une chaise dont on lui a strictement interdit de se lever. Pendant ce temps, assez curieusement, les agents qui avaient à lui parler ont pris le soin de se tenir très à l'écart. Tout le reste du temps, elle demeura seule, clouée sur sa chaise comme une pestiférée, sans que personne ne l'approche.

Quelques jours après son retour à la maison, elle tomba gravement malade, atteinte d'un mal mystérieux. Terrassée par une fièvre inexplicable, elle a dû subir d'innombrables examens médicaux. L'analyse de son sang démontra finalement un taux anormalement élevé de leucites. On en vint à la conclusion qu'à la suite d'une longue irradiation elle souffrait de radionécrose.

La rumeur selon laquelle le KGB possédait dans ses locaux une mystérieuse arme silencieuse destinée à l'élimination discrète des ennemis du régime se trouva confirmée et, au procès, l'accusateur devint lentement l'accusé.

Accablé de toutes parts, l'agent Baumila demanda à la dame, si elle avait subi pareils traitements, pourquoi elle n'avait pas porté plainte contre lui.

La réponse ne se fit pas attendre. Elle était aussi surprenante qu'inattendue:

– Parce que, honorable monsieur, ma religion m'a appris à pardonner plutôt qu'à porter plainte contre vous. J'ai préféré consacrer mon temps à prier pour vous afin que vous réalisiez vous-même combien vous avez erré!

Malaise. Le major accuse le coup. Il baisse les yeux et reprend:

– Et aujourd'hui, allez-vous porter plainte contre moi?

– Que Dieu me préserve de pareilles intentions. Ce genre de sentiments me sont étrangers. Je ne vous déteste pas, mon pauvre monsieur! Mieux: je vous aime! Voyez-vous, je préférerais de beaucoup aller en prison à votre place, si c'était possible et si j'avais l'assurance que cela puisse vous aider à revenir sur le droit chemin...

La cause fut renvoyée. L'expérience aura peut-être servi de leçon au major qui, par les temps qui courent, se demande peut-être s'il n'aurait pas mieux fait de rester dans l'ombre comme ses confrères. Quant à l'accusée, la télédiffusion du procès n'a en rien diminué sa popularité déjà très grande dans son pays. Il faut dire que ses activités l'avaient déjà rendue célèbre avant ce procès. En 1975, elle avait été condamnée à trois ans de prison suivis de trois années d'exil à Mordovskaya, pour s'être rendue coupable d'avoir reproduit et fait circuler un bulletin clandestin appelé *Chroniques de l'Église lituanienne.*

Le jour de sa condamnation, la dame avait fait cette déclaration, qui, une fois de plus, bouleversa ses concitoyens:

«Aujourd'hui est le plus beau jour de ma vie! J'ai toujours lutté pour les droits de l'homme et la justice et j'ai été punie. Ma sentence sera donc mon triomphe. Je n'ai qu'un seul regret, celui de n'avoir pu faire davantage.»

VINGT-SEPT ANS DANS UN CELLIER

*Il vaut mieux ne pas faire*
*de voyage que s'arrêter en chemin.*
MICHEL POLAC

L'homme qui me fit comprendre les méfaits de la peur, je l'ai découvert tout récemment en Lituanie. Il se nomme Benediktas Mikulinas. C'est un homme d'une patience minérale. En passant 27 ans de sa vie dans un cellier, sans lumière et sans chaleur, il s'est littéralement vitrifié dans l'attente de la réalisation de son désir le plus cher: éviter la mort et, paradoxalement, vivre dans sa prison volontaire mais libre.

– Tout le monde a peur, même les hommes les plus courageux. Celui qui prétend ne pas avoir peur est un menteur ou un être anormal, affirma Benediktas.

L'homme sait ce dont il parle. La peur lui est familière. Terrorisé par la crainte d'être capturé et fusillé par les Soviétiques qui occupaient son pays, il a vécu caché durant un quart de siècle.

Je l'ai rencontré à Prazariskis, au creux de la Lituanie profonde, où, bien que délivré, il vit encore en reclus dans la ferme familiale.

Benediktas est étudiant lorsque, en compagnie de son frère, il commet l'imprudence de s'aventurer dans une forêt où se cachent des résistants du régime déterminés à lutter contre l'occupant communiste. Nous sommes en 1947.

Soupçonnés de collaboration avec les partisans, les deux frères sont pris en chasse par la milice. L'un des deux est capturé tandis que Benediktas, qui n'est âgé que de 24 ans, réussit à s'enfuir et se terre dans la ferme de ses parents.

Bien que parfaitement innocent, le captif est condamné sans autre forme de procès puis fusillé à titre d'exemple. Ses restes sont sauvagement étalés sur la place publique. Quant au fugitif, une chasse à l'homme est organisée pour le retrouver. Terrorisés à la crainte que leur deuxième fils subisse le sort du premier, les parents décident de le cacher dans un cellier contigu à leur maison. Exiguë, humide, froide et sans le moindre rai de lumière, la remise servait habituellement à entreposer des légumes.

Après avoir fouillé la maison sans succès, les miliciens, persuadés que le jeune homme va finir par revenir chez lui, postent des gardes armés à l'extérieur de la demeure. La vigie dure quatre mois. Pour comble de malheur, au départ des gardes, alors que les parents de Benediktas s'apprêtent à faire quitter sa cachette à leur fils, un kolkhose s'installe aux abords de la ferme. Le danger d'être découvert ou dénoncé est constant. Deux solutions s'offrent au fuyard: sortir au grand jour, se livrer et être fusillé ou continuer à se terrer. Il préfère la seconde.

À bout de patience, deux ans plus tard, Benediktas veut de toutes ses forces quitter l'humidité et la noirceur de sa tanière. Prêt à risquer sa vie, il en parle à ses parents qui l'en dissuadent. Ils sont convaincus qu'une disparition longue ne ferait que confirmer les soupçons de la milice. Se cache-t-on aussi longtemps lorsqu'on n'a rien à se reprocher?

C'est ainsi que Benediktas vit comme une bête traquée, hivernant dans son terrier durant 27 interminables années, et émerge en 1974, à la mort de ses parents, seuls à connaître sa survivance et à lui fournir sa plus que maigre pitance. À partir de cet instant, même si le régime stalinien s'est relâché, l'homme continue à vivre en ermite, toujours habité par la peur d'être découvert et exécuté. Ce n'est qu'à la déclaration de l'indépendance de son pays qu'il ose sortir enfin au grand jour et raconte son incroyable histoire à quelques voisins qui le croyaient disparu pour toujours.

J'ai rencontré cet homme chez lui. Je l'ai trouvé très grand et étonnamment lucide. Ses yeux, longtemps éteints par la noirceur, le guet et la peur, sont d'un bleu franc. Lorsque, dans des phrases courtes, il me raconta son invraisemblable aventure, je lui ai demandé la question essentielle:

– Où avez-vous puisé cette force qui vous a permis de tenir aussi longtemps?

– J'avais trop peur de mourir! me répondit-il avec une tranquille assurance de terrien. Pour certains, ce que j'ai fait relève de la lâcheté. Pour d'autres, cela tient du courage, de l'héroïsme. Pour moi, je n'ai fait qu'obéir à une décision suprême de Dieu. Il ne voulait pas que je meure et, afin que je vive, il a fallu que je me cache. Tel devait être mon destin.

Interdit devant cette vie de trappiste si austère qu'elle en est presque inimaginable, je demande à Benediktas si, au cours de ces 27 années, il lui est arrivé de sombrer dans le désespoir.

– Oui, très souvent.

– Vous n'avez jamais songé à vous enlever la vie?

– Non, jamais cela, jamais!

Et comme il voit que je m'étonne de son étonnement, il ajoute:

– Tout comme on n'a pas le droit d'enlever la vie aux autres, on n'a pas non plus le droit de s'enlever celle que Dieu nous a donnée. Chaque être humain a une ou plusieurs épreuves à traverser au cours de sa vie. Mon épreuve à moi était de continuer à vivre avec ma peur, caché, durant toutes ces années.

J'ai vu l'antre de Benediktas. Il est minuscule, sombre et humide. Pour y accéder, on doit passer par une petite ouverture située à l'intérieur de la maison. C'est par cette issue cachée que ses parents lui apportaient secrètement sa nourriture quotidienne. Quand le danger semblait être plus pressant, Benediktas devait jeûner durant plusieurs jours.

L'homme passait la majeure partie de son temps dans la position qu'il appelle lui-même «de l'homme dans le cercueil». Une fois par jour, il se levait pour se délier les jambes dans le seul coin du cellier où le plafond lui permettait d'adopter la position verticale. Il n'avait pas de montre et de toute manière n'aurait pas pu y déchiffrer l'heure puisqu'il ne distinguait jamais le jour de la nuit. N'ayant aucune fenêtre et pas d'électricité, il ne pouvait ni lire, ni écrire, ni écouter la radio.

– Mais que faisiez-vous pour passer le temps? Je ne comprends pas comment on puisse ne rien faire... Que de temps gaspillé!

– Rien. Je ne faisais rien. Strictement rien. Jamais rien. Au début, je me remémorais des souvenirs d'enfance. Je revoyais des visages d'amis, des choses que j'avais apprises puis,

442

avec les années, j'ai fini par ne plus penser à rien! Le vide! Il n'y avait rien pour me distraire. Aucun bruit ne me parvenait. Aucun son d'aucune sorte. Rien que le silence et la nuit.

– Vous n'aviez aucune nouvelle de l'extérieur? Vous ignoriez ce qui se passait?

– En m'apportant ma nourriture, parfois ma mère me chuchotait des bribes de nouvelles. Cela me donnait de la matière à réfléchir pendant des mois.

Depuis que son extraordinaire aventure a été rendue publique, Benediktas est devenu un véritable phénomène qui passionne particulièrement la science médicale.

– Tout le monde veut m'examiner, m'explorer physiquement, constater ce qui est visible et ce qui ne l'est pas. Ce qui est visible, ce sont mes doigts d'arthritique, tordus par les années d'humidité. Ils n'ont pas d'autre exemple que moi, semble-t-il. Ils se demandent tous comment j'ai pu survivre aussi longtemps dans de telles conditions en ne mangeant presque rien. Je vais finir par les aider à démontrer que les hommes peuvent arriver à hiberner aussi bien que les ours. Je suis un phénomène aussi sur un autre plan: je suis un des rares hommes à s'être constitué prisonnier de son propre gré, à avoir été son propre garde, son propre juge et son propre libérateur... Il ne me reste plus qu'à me réhabiliter. Seul!

Une des premières choses que Benediktas a tenu à faire dès sa sortie à l'air libre, c'est de se rendre à l'église. Cette expérience non plus il n'est pas près de l'oublier:

– On m'y a conduit en auto. Drôle d'invention. Très bruyante. À l'église, j'ai trouvé que les gens ne s'habillaient plus comme autrefois. Un peu débraillés. Surtout les femmes. On dirait qu'elles s'habillent maintenant comme en Afrique.

Benediktas a aussi découvert la télévision:

– Je n'aime pas ça. Ça bouge tout le temps, ça sautille et on n'y montre que des stupidités.

Depuis que ses parents sont décédés, il vit seul à la maison.

– Pour passer le temps, j'écoute la radio. C'est pas mal. Sauf pour la musique. C'est une musique de sauvages. Je préfère les beaux chants, les chorales. Ici, je ne vois jamais personne. Je peux vivre seul, j'ai l'habitude. Je me tiens au courant en lisant le journal.

Histoire de vérifier sa lucidité et son intérêt pour l'actualité, je me suis risqué à demander à Benediktas de me commenter la situation politique de l'Europe de l'Est:

– Les choses doivent se faire dans un certain ordre, autrement elles ne se feront pas! Ainsi, si la démocratie parvient à s'installer réellement en Russie, tout ira bien. Si ça rate, vous verrez, on aura de nouveau des problèmes partout!

– Supposons un instant que le communisme revienne et qu'on vous menace à nouveau. Retourneriez-vous vous cacher?

– Jamais! Jamais plus! Maintenant j'ai une hache et je me battrai jusqu'à la mort! dit-il en riant aux éclats. Je me battrai pour défendre ma vie et ma liberté. Je n'ai pas à me battre pour mes possessions. Je n'ai rien. Juste un petit appareil de radio, une vieille table, deux chaises, un banc, un poêle à bois et une pile de vieux journaux. Ce n'est peut-être pas beaucoup, mais je me sens quand même très heureux et riche parce que je suis un homme libre! Ma plus grande richesse, c'est de m'être débarrassé de la peur!

LA BELLE HISTOIRE D'UNE SALE GUERRE

> *Grande victoire est celle qui*
> *se gagne sans répandre de sang.*
> PROVERBE

Personne n'aime la guerre. Elle est synonyme de violence, de destruction et de haine. À ceux qui l'ont faite ou qui l'ont subie, elle ne rappelle que de mauvais souvenirs. Pourtant, un jour, j'ai eu le bonheur de rencontrer un homme pour qui la dernière guerre a été à l'origine d'une rare amitié qui dure depuis bientôt 50 ans. Il s'agit de M. Stanislas Déry, ex-lieutenant de vaisseau et coroner à la retraite.

L'aventure qu'a vécue M. Déry sort de l'ordinaire et me prouve que dans les moments les plus inattendus le mot *ennemi* peut se transformer parfois en son contraire.

L'histoire pourrait se résumer ainsi: il coule son bateau, lui sauve la vie, le fait prisonnier et s'en fait un ami pour la vie.

Le tout a débuté le 27 décembre 1944. Ce jour-là, Stanislas Déry se trouvait à bord de la corvette *HMCS Saint-Thomas*, au large des côtes du Groenland. Il était environ six heures du matin. En sa qualité de premier lieutenant – c'est-à-dire de commandant en second – il se trouvait sur la passerelle, où régnait un silence de mort. Le jour se levait et il faisait froid. Soudain, le sonar du navire émit un son signalant une présence insolite dans le secteur. Sans perdre un instant, l'officier sonna l'alarme.

– En un éclair, mes hommes ont pris leurs positions de combat et ont tiré les premiers, raconte M. Déry. Les charges ont fait jaillir trois immenses colonnes d'eau. Elles étaient d'une telle force que tout ce qui se trouvait emprisonné dans ce triangle fatal aurait dû être pulvérisé. Quelques instants après l'explosion, le sonar perdit le contact avec la masse de métal. Nous ne savions pas si l'ennemi nous avait échappé ou si nous l'avions touché. Vous pouvez imaginer l'angoisse. On a tourné ainsi au-dessus de notre cible pendant une bonne demi-heure avant que le sonar ne repère sa présence à nouveau à 80 m de profondeur. On a aussitôt lancé 3 nouvelles grenades et on a atten-du... Soudain, à quelques mètres de notre navire, venant des profondeurs de la mer glacée, est apparue une immense masse noire. C'était le sous-marin. Il ruisselait d'eau de mer. L'écoutille s'est ouverte et on a vu un marin ennemi se faire littéralement projeter à la mer à cause de l'intense pression qui s'était accumulée à l'intérieur du sous-marin blessé. À la vue de ce projectile humain, les marins du *Saint-Thomas* ont ouvert le feu. L'équipage de l'*U-877* a aussitôt refermé son écoutille et on a vu le sous-marin donner de la

Stanislas Déry et la dague de sous-marinier du D$^r$ Peter Heisig.

bande, pencher vers l'arrière et dans un tourbillon d'écume disparaître de l'horizon sans laisser d'autre trace que son pauvre marin éjecté, toujours vivant. L'angoisse était à son comble. On a cessé de tirer. Tout le monde scrutait la mer avec appréhension. On craignait le pire. Soudain, dans le clapotis des vagues et des remous, on a vu des têtes d'homme émerger comme des bouchons de liège sur la mer noire et glacée du Groenland. Ils étaient tout près de nous et pataugeaient désespérément. On les entendait crier. On sentait leur détresse. Ce sont des moments qu'on n'oublie pas. Devant l'imminence de la mort, on ne voit plus l'ennemi. On ne pense plus qu'à l'homme qui est là, devant nous, qui désespère et dont on a providentiellement le sort entre ses mains. À ce moment précis, la fureur de la guerre devait donc, le plus naturellement du monde, faire place à la compassion. Oubliant la guerre, nous avons tenté aussitôt de rescaper le plus de survivants possible...

Le sauvetage des marins allemands tient d'un vrai miracle. En effet, l'équipage complet du sous-marin, soit 55 hommes, a été sauvé par le *Saint-Thomas.*

– Ils étaient transis de froid, se souvient M. Déry. Après une bonne douche chaude, on leur a donné du rhum et un bon bouillon. Tout le monde a dû se serrer un peu pour faire place aux nouveaux passagers. On a partagé les vivres, les vêtements et les couchettes. Pour ma part, comme le prévoit la Convention internationale, j'ai dû partager la cabine avec mon vis-à-vis, le lieutenant du sous-marin, mon prisonnier, le D$^r$ Peter Heisig. Petit à petit, pendant les huit jours qu'a duré notre expédition jusqu'aux côtes de l'Écosse, en devisant sur la dérision de la guerre, nous nous sommes liés d'amitié. Finalement, au moment de nous séparer, nous nous sommes promis de nous revoir une fois la guerre terminée.

Pendant que son nouvel ami était prisonnier en Écosse, M. Déry lui envoya des colis. Une fois la guerre terminée, il continua à s'occuper de lui en lui faisant parvenir de la confiture et du sirop d'érable. Puis, un jour, tel que promis, les deux marins – le geôlier et son prisonnier –, qui avaient tous deux abandonné la marine, se sont revus.

En guise de reconnaissance pour lui avoir sauvé la vie, dans un geste aussi chevaleresque que symbolique, Peter Heisig, qui est médecin à Munich, a remis à Stanislas Déry sa dague de sous-marinier. Et, depuis ce temps, les deux amis se visitent régulièrement, tantôt en Allemagne tantôt au Québec.

## VIVRE OU MOURIR?

*Dans une grande âme tout est grand.*
BLAISE PASCAL

Vasile, qui n'apprécierait pas que je révèle son nom de famille, est originaire de Roumanie. Il a un accent grandiose et une culture encyclopédique qui s'étend de la musique à la graphologie. J'admire chez lui sa grande humilité et son heureuse convivialité qu'enrichit une élégante discrétion. Il a le souffle court et la voix voilée. À la suite d'abominables sévices, dont il a été victime sous le régime Ceausescu, Vasile a perdu un poumon, mais il s'estime heureux car il faillit perdre la vie.

Il a été l'invité le plus populaire de l'émission *Musique des nations*, que j'ai eu le plaisir de présenter durant de nombreuses années à l'antenne de Radio-Canada. Converser avec cet homme était délectable. Je sortais toujours de l'émission grandi et émerveillé par sa connaissance et son enthousiasme communicatif. Au cours des 17 années que vécut la série, grâce à son immense collection de disques, Vasile m'aida à produire 57 heures passionnantes de musique roumaine. Exploit inimitable: tout au long de ces années, jamais nous n'avons fait tourner le même disque 2 fois! Entre autres merveilleuses découvertes, il fut le premier à nous faire entendre au Canada Georges Zamfir, le dieu de la flûte de pan. Le surprenant virtuose ne tarda pas à devenir la coqueluche des Québécois. Après avoir vendu plusieurs millions d'albums au Québec, il finit par acquérir une demeure en banlieue de Montréal et y venir se reposer sporadiquement entre ses engagements internationaux.

Aujourd'hui, Vasile est veuf. Après de longues années de souffrance, sa femme a été fauchée par le cancer. Ses deux enfants, à qui il a su inculquer le respect des autres et du travail bien fait, sont de véritables génies. Dans la famille, on connaît la valeur et la fragilité de la vie.

Comme tous les grands, Vasile est un homme humble. Il ne parle jamais des douloureuses expériences qu'il a vécues dans son pays. Pas plus qu'il ne fait état de la manière dont il s'y est pris pour survivre à l'horreur. On découvre son passé presque par hasard. Avec le temps. Ce n'est qu'à ce moment-là que l'on comprend d'où proviennent sa philosophie de la vie, l'originalité de son esprit, la profondeur de ses connaissances et la richesse de son imagination.

Bien qu'il fût un homme intègre et profondément honnête (probablement même à cause de cela), Vasile fut arrêté un jour par des tortionnaires paranoïaques convaincus qu'il faisait partie d'un complot totalement imaginaire. Décidés à lui arracher des aveux à n'importe quel prix concernant des crimes dont il n'était absolument pas coupable, ils commencèrent par l'enfermer non pas dans la cellule d'une prison mais dans la sombre voûte d'une banque. Pour commencer et dans le but très évident de le faire craquer plus vite, ils tentèrent de lui faire perdre la notion du temps. Dans son minuscule réduit, privé de montre et de lumière du jour, Vasile fut réveillé à intervalles irréguliers afin qu'il confonde le jour et la nuit. À ce régime, il n'avait plus aucune référence et ignorait s'il avait été prisonnier quelques jours ou plusieurs semaines. Il n'avait ni lit pour s'allonger ni chaise pour s'asseoir. Ses besoins, il dut les faire dans une boîte de conserve. La boîte avait un double emploi. Une fois vidée, elle servait d'auge pour une potée infecte dont on le nourrissait afin qu'il reste au moins en vie jusqu'aux aveux. La réclusion dura huit interminables semaines au cours desquelles Vasile continua à clamer son innocence. Furieux, les tortionnaires lui firent alors subir l'atroce supplice chinois consistant à faire tomber des gouttes d'eau sur son front durant des nuits entières. Manquant d'air et privé de sommeil, le pauvre était sur le point de défaillir. Il en vint à espérer que dans un élan de générosité ses geôliers abrègent ses souffrances en lui tirant une balle dans la tête, menace qu'ils proféraient depuis le jour de son arrestation. Il n'en fut rien. Ils avaient décidé que leur victime mourrait de sa propre mort, épuisée. Ils le firent donc transporter dans un mouroir en lui assignant une petite chambre meublée d'un seul lit déjà occupé par un vieil homme. Trop faible pour se lever, le malheureux souillait son grabat depuis plusieurs jours. Le matelas était infesté de vers. Une odeur insoutenable régnait dans la pièce envahie par des millions de mouches. On força Vasile à partager la couche du vieillard. Devant une situation aussi répulsive, Vasile comprit qu'il ne tiendrait plus. C'en était trop.

– Cet homme baignant dans les immondices me rendait malade, raconte Vasile. Comment allais-je faire pour supporter une situation aussi avilissante qui me levait le cœur? C'était intenable. J'étais à bout de force. J'en voulais aux barbares qui nous faisaient vivre comme des bêtes cette horrible expérience. Je les détestais et je détestais d'avance ce moribond inconnu en état de putréfaction. Soudain, plutôt que de continuer à rejeter cet homme sur le point de mourir, j'eus l'idée de... l'aimer comme s'il était... mon père. Le miracle fut instantané. Je ressentis immédiatement pour lui une grande pitié et une infinie tendresse. Aussitôt, une véritable révolution s'opéra en moi. Je n'aurais jamais supporté de voir mon propre père mourir comme une bête dans un état aussi dégradant. Je lui souhaitais une mort propre, noble, digne d'un être humain. Avec le peu de force qu'il me restait, je réussis à lever l'homme de son lit et à le traîner à l'extérieur de la chambre. Je sortis d'abord le matelas et le lavai à l'aide d'un boyau d'arrosage qui traînait dans le corridor. Ensuite, je pris l'homme dans mes bras et l'adossai contre le mur. Il fallut que je déploie toute mon énergie pour le retenir dans cette délicate position, car le pauvre était trop affaibli pour se tenir sur ses jambes. J'ai lavé son corps avec soin. À cet instant, il ouvrit ses yeux pour la première fois et me regarda avec une telle affection et une telle reconnaissance que j'en fus bouleversé. Retrouvant mystérieusement de la vigueur, je réussis à le remettre sur le lit. Son regard avait retrouvé sa chaleur. Il était devenu tout beau. Il me souriait avec amour. Je le serrai dans mes bras pour le réchauffer. Peu de temps après, mon «père» mourut, serré contre moi. Dans la dignité. Il est mort, mais je lui dois la vie. Ce qui s'est passé entre nous me donna le courage et la force de continuer à vivre.

Il m'arrive quelquefois, comme à tout le monde, d'avoir des conflits. Lorsque la situation paraît sans issue et qu'elle se complique par un sentiment d'antipathie envers mon adversaire, je tente d'appliquer la technique de Vasile.

Je peux témoigner qu'elle est magique. Dans mon cas, où il n'est pas question de vie ou de mort, elle fait des miracles.

LE CURÉ QUI N'EN AVAIT CURE...

*La plus belle musique de l'âme c'est la bonté.*
*ROMAIN ROLLAND*

J'ai le grand bonheur de connaître un homme totalement tourné vers les autres. Un homme exceptionnel qui, à lui seul, représente la bonté, la charité et l'amour. C'est un prêtre. Il est issu de la même cellule que l'abbé Pierre (que, hélas, je n'ai fait que croiser). Cet ami – car je m'en suis fait un ami – se nomme Jean Caron. Il a plus de 50 ans de prêtrise. Il a œuvré auprès des orphelins, des délinquants, des drogués, des alcooliques et des sans-abri. La force de sa foi n'a jamais cessé de me remuer.

J'ai connu Jean Caron lorsque j'habitais Duvernay, en banlieue de Montréal. Je me souviens parfaitement comment il est entré dans ma vie. C'était un dimanche matin. Arrivé à la messe en retard, je me tenais debout, à l'arrière, lorsque j'ai aperçu la femme d'un ami entrer derrière moi tout essoufflée. On en était déjà presque au beau milieu de la messe. Le curé, qui circulait tout près de l'entrée de l'église, passa près de nous. Se sentant coupable d'être arrivée en retard, la femme voulut s'expliquer:

– Excusez-moi, murmura-t-elle à voix basse, je n'ai pas pu venir avant.

– Je ne vous comprends pas! lui dit le curé.

– Oui, je suis désolée. Je n'arrivais pas à trouver de gardienne pour mes enfants. J'ai failli rater la messe...

C'est là que Jean Caron eut cette étonnante remarque qui m'a donné l'envie de le connaître:

– Mais ce n'est pas ici que vous devriez être, c'est à la maison! Avec vos petits! C'est là-bas qu'elle se dit, votre messe. Rentrez vite chez vous!

Il lui avait dit ces mots avec tant de compréhension et d'amour que, soulagée, elle quitta l'église sur-le-champ.

Je venais de découvrir un curé pas comme les autres. Un homme qui s'efforçait de redonner à l'office dominical une fonction sociale.

Sa grande foi le rend solide et gouailleur. Son intelligence l'ouvre à l'écoute de tout ce qui est humain. Son courage tranquille et son humour sont apaisants. Jean Caron est un bon vivant. Épicurien, il a la panse gourmande. Il aime le poisson, le steak au charbon et les homards frais. Il dévore avec un égal appétit les ouvrages de théologie et... les westerns, fait de l'ébénisterie et cultive les fleurs. En approchant sereinement le crépuscule de sa vie, il est toujours actif. Un jour, alors qu'il avait 70 ans, il est tombé du haut d'un toit qu'il essayait de réparer. Miracle: il n'a eu aucune égratignure. Aujourd'hui, à 80 ans, il continue à clamer bien haut: «Que votre volonté soit... fête!»

Dans les années 60, en construisant la nouvelle église Saint-Maurice-de-Duvernay, Jean Caron entreprit de mettre la hache dans les pratiques qui lui paraissaient pour le moins démodées. Dès ce moment, il initia une série de transformations qui créèrent un énorme remous et lui valurent le titre de curé révolutionnaire.

Pour commencer, il s'occupa de l'appellation de sa nouvelle paroisse. Du même coup, Saint-Maurice-de-Duvernay devint non pas une paroisse parmi tant d'autres, mais une communauté paroissiale.

Pour ceux qui n'en faisaient pas partie, le changement de nom paraissait rien d'autre qu'une simple fantaisie. Fantaisie ou pas, ce n'était que le premier d'une série d'événements porteurs de surprises. En effet, vers la même époque, en compagnie de ses deux vicaires, Caron publia un livre sous le titre choquant et pour le moins provocateur duquel se cachait un ouvrage prophétique[*]. La démarche des trois auteurs sabrait à grands coups de hache dans les infantilismes religieux et annonçait sans ambages, plusieurs années d'avance, le sort qu'allait subir l'Église traditionnelle au Québec. De plus, afin de mieux attirer l'attention sur leurs propos, les auteurs osèrent clamer publiquement:

---

[*] *L'Église s'en va chez le diable*, Guy Bourgeault, Jean Duclos et Jean Caron, Éditions de l'Homme, Montréal, 1968.

«On est en train de tout lâcher.
Plus de péché, plus d'enfer.
Plus d'abstinence, plus de carême.
On manque la messe sans raison,
Plus de religion dans les écoles.
L'avortement devient légal
On ira bientôt se marier devant le maire.
Les prêtres veulent se marier.
Les prêtres défroquent quand ça leur plaît.
Les laïcs veulent prendre la place des curés.
On est en train de démolir l'Église.
Ça craque de partout.
On s'en vient comme en France.
Attention: l'Église s'en va chez le diable!»

On invita Caron à s'expliquer à la télévision. Horreur: il y est allé. Double horreur: il portait un élégant complet gris et n'avait pas de collet romain. Certaines âmes ringardes (on n'en manquait pas) ont cru démasquer sous cet accoutrement un dangereux défroqué.

Caron s'appliqua à expliquer que l'Église traditionnelle, avec ses oripeaux solennels, sa structure séculaire, ses peurs salutaires et ses sécurités bien tranquilles, était devenue semblable aux temples birmans, dont les murs se sont disloqués sous la poussée végétale.

Pour Caron, le révolutionnaire, les pierres de cette Église représentaient un passé glorieux mais révolu. Ce que voulait défendre le prêtre, c'était avant tout la foi. La vraie. Celle qu'il se plaisait à comparer à une sève ayant la force de la vie et une puissance capable de forcer les vieux murs.

Pour joindre le geste à la parole (et bien avant que le Vatican n'en fasse une règle), il retourna l'autel de son église afin que l'officiant ne tourne plus le dos à ses paroissiens. Une fois cette étape franchie, il s'attaqua au confessionnal:

– Le confessionnal est une boîte où les gens parlent le moins fort possible pour que le prêtre comprenne le moins possible. Ils sont à genoux. C'est humiliant et inconfortable.

Il supprima donc l'inhospitalière boîte à supplices pour la remplacer par une accueillante petite pièce bien aérée et munie de deux confortables fauteuils. Dorénavant, c'est à cet endroit que se déroulèrent les confessions, jusqu'au jour où elles finirent par aboutir le plus naturellement du monde au presbytère. Dans le confort de ce bureau, le confesseur et le confessé pouvaient enfin se dire ce qu'ils avaient à se confier autour... d'une bonne tasse de café.

En l'observant, je ne pouvais m'empêcher de penser à Archimède: «Donnez-moi un point d'appui et je soulèverai le monde», disait le savant. Et c'est ainsi que, d'innovations en transformations, l'Archimède de Saint-Maurice-de-Duvernay finit par instituer des confessions publiques. Bienvenue les audacieux!

Pour apaiser des critiques venues de ceux qui trouvaient que Caron n'y allait pas de main morte, il montra que ses transformations lui étaient inspirées par les Saintes Écritures. Elles statuent clairement que tous ceux qui sont présents à l'église, à commencer par le prêtre, ont un rôle particulier à jouer:

– Le premier, c'est celui de demander pardon à la communauté et à Dieu pour tous nos manques de charité. Pour toutes les fois qu'on a fait de la peine à quelqu'un. Et sur ce plan, le prêtre doit être au même niveau que les autres. N'est-il pas fait de la même pâte qu'eux?

Avec Caron, les instructions pour la confession publique – une véritable révolution – étaient simples à suivre:

– Tous ceux qui veulent participer n'auront qu'à faire trois pas en avant en direction de la balustrade. Les pas que vous ferez seront le signe concret que vous vous reconnaissez comme pécheurs. Nous, les prêtres, nous ferons les mêmes pas. Dans une confession, il convient d'abord de se reconnaître comme pécheur. Ceux qui se sentiront parfaits n'auront qu'à rester à leur place. À ce moment précis, les prêtres diront: «Au nom de Dieu je te pardonne». Tous les membres de l'assemblée répondront: «Moi aussi je te pardonne». Dans ce pardon, nous envelopperons tous ceux avec qui nous sommes en relation. Nos proches et nos amis. Si, dans votre cœur, vous n'êtes pas capable de dire en toute sincérité les mots *Je te pardonne*, alors ne venez pas! Vous n'avez pas le droit de faire les trois pas. C'est ça l'esprit de l'Évangile!

Et l'examen de conscience dans tout cela, que lui arrive-t-il? Caron y avait pensé, évidemment:

– Le Seigneur a dit qu'il y avait un commandement qui comprenait tous les autres sans exception. En pratique, il est très simple. Si vous pouvez dire: «J'aime mieux mourir que de faire volontairement de la peine à quelqu'un», vous avez la contrition parfaite.

La cérémonie prenait fin par un geste symbolique: on embrassait les femmes sur la joue et on demandait à tous les hommes ayant participé à la confession de se serrer la main car, selon Caron:

– Pour des gens honnêtes, une poignée de main équivaut aux meilleures signatures. Dans les circonstances, le geste signifie «Tu es pardonné! Tu es aimé!»

Tant que je vivrai, je n'oublierai jamais ces confessions. Je me souviens que les hommes serraient tellement fort ma main que, parole d'honneur, j'en avais mal!

Ce n'est pas tout. À Saint-Maurice-de-Duvernay, on avait supprimé les quêtes humiliantes durant les offices et les cérémonies de funérailles étaient gratuites. Plus encore, Caron avait permis à une communauté anglicane de célébrer ses offices, le dimanche, dans une salle attenante à l'église.

Avant de procéder à cette autre première, il en avisa ses ouailles de la manière suivante:

– Je voudrais vous parler d'une question que j'aurai à présenter lorsque j'irai au ciel – car j'espère bien pouvoir y aller un jour – au moment où je rencontrerai mon Grand *Boss*: celle de permettre aux anglicans de s'installer sous notre toit. Croyez-vous que le Bon Dieu me fera des reproches d'avoir accueilli ses enfants anglicans? Car, entre vous et moi, ce sont aussi les enfants de Dieu! Si vous pensez qu'il ne me fera pas de remontrances, dans ce cas on ouvre la porte aux anglicans et vous ne m'en reparlez plus!

Personne ne lui en a jamais reparlé et la cohabitation devint possible. L'œcuménisme prenait son envol avant l'heure.

Parce qu'il était à l'écoute des membres de sa communauté paroissiale, Jean Caron réalisa rapidement que les jeunes couples, débordés par leurs nouvelles responsabilités familiales et professionnelles, marchaient tous sur la corde raide. Les jeunes mères étaient épuisées par les corvées du foyer et les pères écrasés sous le poids de leur travail. Pendant que l'Église s'en allait chez le diable, les jeunes ménages risquaient de suivre la même voie. Il fallait leur venir en aide. Le bon pasteur imagina donc de fonder une garderie. Il engagea à cette fin deux puéricultrices de métier et offrit une journée de congé par semaine aux mamans intéressées à aller s'oxygéner à l'extérieur («s'épivarder», disait-il). Il avait interdit aux mères de préparer un *lunch* à leurs petits, leur demandant de les munir plutôt d'un dollar. À l'heure du déjeuner, tous les marmots se rendaient joyeusement à l'épicerie du coin s'offrir leurs caprices, qui apaisaient leur faim et leur soif d'indépendance.

– Vous vous gaverez comme vous le voudrez. Après tout, une fois la semaine n'est pas coutume!

L'expérience, on s'en doute, fut couronnée de succès.

Peu de temps après la fondation de la petite garderie, Jean Caron, toujours à l'avant-garde, réussit à faire construire un coquet petit chalet dans les Laurentides. En ayant toujours ses couples en tête, il mit la thébaïde à la disposition de ceux d'entre eux qui n'avaient pas le privilège d'en posséder une ou même d'en louer une pour leurs évasions romantiques.

Il innovait sans cesse. Un jour, il rêva de relier les maisons du quartier par un réseau privé de vidéo-câble afin que tous les foyers du quartier puissent être informés en tout temps sur la vie de la communauté paroissiale.

La communauté qui, à ses débuts, était formée de quelque 300 personnes passa soudainement à plus de 2 000. Les nouveaux venus, quoique bons catholiques, n'étaient pas nécessairement tous préparés à des changements aussi radicaux. Les confessions publiques, la garderie, les anglicans, passe encore, mais la dernière innovation que fit Jean Caron déclencha un mouvement de recul:

– Chers amis! bonne nouvelle: en devenant de moins en moins curé, je peux vous dire que je me sens devenir de plus en plus prêtre. Maintenant que nous sommes soulagés des charges administratives, confiées dorénavant aux laïcs, mieux préparés que nous pour ce genre d'affaires, mes vicaires et moi disposerons de beaucoup de temps libre. Nous n'avons plus l'intention de jouer aux paratonnerres 24 heures sur 24. Nous allons plutôt nous mettre sur le marché du travail, nous aussi. Comme la plupart d'entre vous, nous irons donc gagner notre vie à l'extérieur durant la semaine et, lorsque viendra le weekend, nous nous remettrons à votre entière disposition pour tout ce qui concerne la pratique de la foi.

Ayant étudié le service social, Caron ne tarda pas à se trouver un emploi dans son domaine. Quant à ses compagnons de route, ils s'engagèrent dans l'enseignement. Pour arrondir ses fins de mois, l'un d'eux, Jean Duclos, brillant linguiste, entreprit des traductions. Il traduisit entre autres un des premiers romans de la célèbre Danielle Steel[*].

Malheureusement, pendant ce temps, discrètement, des pressions s'exerçaient en haut lieu afin de remettre ce curé par trop révolutionnaire dans le chemin de la raison. Entendez par là: dans les bonnes vieilles habitudes. Ces gens étaient sûrement bien intentionnés et convaincus d'être de bons catholiques. Ils ne se rendaient pas compte, hélas, qu'en pratiquant leur religion ils avaient perdu Dieu en route.

M$^{gr}$ Lafontaine, le supérieur de Caron, finit par le convoquer pour le raisonner et le sommer de faire marche arrière.

Profondément déçu, Caron mit fin au pénible entretien par une demande:

– Si je ne peux pas continuer à faire ce que nous avons entrepris, nommez-moi aumônier chez les religieuses!

Et, vous l'avez deviné, c'est exactement ce qui arriva.

En écrivant ces lignes, me revient un autre moment intense vécu avec Jean Caron. Je venais de publier *Un prêtre et son péché*[**], la vie de l'abbé J. Arthur Taillefer, vicaire de Sainte-Madeleine-d'Outremont, condamné à la prison, en 1949, pour trafic de narcotiques. Je résume les faits. Pendant que ce prêtre exerce son ministère, un pseudo-pauvre, Henri-Paul Papillon, vient lui demander de l'aide. L'abbé est

---

[*]    *Leur promesse*, Éditions Stanké, Montréal, 1978.
[**]  *Un prêtre et son péché*, Éditions de l'Homme, Montréal, 1961.

troublé par l'histoire que celui-ci lui raconte mais se dit incapable de l'aider comme il le souhaiterait. Papillon lui suggère alors un moyen de gagner de l'argent pour venir à son secours et à celui d'autres nécessiteux. Son moyen, c'est le trafic des narcotiques. Naïf, Taillefer accepte de rencontrer un certain Frank Martin qui lui promet des gains substantiels. Le prêtre succombe à la tentation. Son rôle n'est pas compliqué: il devra faire la navette entre un dénommé Sisco, distributeur d'héroïne, et Martin. Des scrupules le hantent lorsqu'il réalise l'ampleur des ravages qu'exerce la drogue. Il décide de tout arrêter. Malheureusement pour lui, il est trop tard. Martin se charge de supprimer ses réticences en menaçant de dévoiler l'activité du prêtre et de provoquer un énorme scandale. Taillefer est pris au piège. La police finit par mettre la main sur le réseau et saisit un colis d'héroïne d'une valeur de 80 000 $. Sisco est arrêté. L'abbé, qui est pris sur le fait au moment où il empoche sa commission, est écroué lui aussi.

Dans toute cette affaire, l'approche employée par les policiers n'est pas très claire et soulève des questions. En effet, on apprendra plus tard que le fameux Martin, celui-là même qui a entraîné le vicaire dans ce négoce, était vraisemblablement un agent provocateur. Il accompagnait les agents au moment de l'arrestation de Taillefer. La police aurait imaginé ce stratagème efficace mais discutable afin de pénétrer le réseau.

Jugeant que sa faute était d'autant plus grave que son instruction d'homme privilégié ne lui donnait aucune excuse pour ignorer la vraie portée de ses actes, le tribunal condamna Taillefer à deux ans de prison.

À sa sortie, Taillefer est un homme brisé. Il a un casier judiciaire. Toutes les portes lui sont fermées. Il ne sait plus vers qui se tourner. Sa mère est morte des suites d'un irrépressible chagrin causé par le déshonneur de son fils. Il est condamné au bannissement général.

C'est à ce moment que le hasard le place sur ma route. Il a 64 ans. Il a besoin de parler. Il ne nie rien. Il ne souhaite qu'une chose: raconter sa triste expérience pour être réhabilité. Sa sincérité m'émeut. Je ne peux lui refuser mon aide. Je lui offre donc de publier sa confession.

Le public accueille la publication du livre avec réserve. Nous sommes en 1961. À cette époque, au Québec, personne n'ose encore imaginer que les prêtres sont des hommes comme les autres et qu'il leur arrive de fauter, eux aussi.

Le 21 octobre 1961, le critique de *La Presse* Gilles Marcotte[*] publie un article intitulé «Un livre à proscrire». Du coup, l'affaire prend un tournant imprévu. Le cheminement de sa pensée est clairement résumé dans les dernières lignes de sa critique: «*Un prêtre et son péché* – je ne transcris pas ce titre sans honte (...)»

Les lecteurs se ruent aussitôt dans les librairies (preuve qu'une critique négative peut parfois se révéler... positive) et, huit jours plus tard, *Un prêtre et son péché* se retrouve premier sur la liste des best-sellers, où Gabrielle Roy et Félix Leclerc occupent respectivement les quatrième et cinquième places.

Trente mille exemplaires s'envolent dans un temps record. Un éditeur américain acquiert les droits et fait traduire le livre en anglais par un prêtre d'Ottawa.

Trois jours après la publication de la critique de *La Presse*, les Chevaliers de Colomb du district n° 54 se réunissent à Montréal. Outrés de constater que l'on ait accolé ensemble les mots *prêtre* et *péché*, ils partent en guerre contre le livre et

---

[*]	Pas le chroniqueur sportif du *Devoir* – qui a une belle plume soit dit en passant – mais l'auteur de *Le poids de Dieu!*

*La Presse 2'octb-61*

# UN LIVRE A PROSCRIRE

Ce livre est bête, mesquin, écrit dans un style de feuille jaune. Il ne mériterait pas dix lignes, si son titre et le sujet qu'il traite ne risquaient de lui attirer un certain nombre de lecteurs.

"Un prêtre et son péché" : il y a de quoi faire saliver les amateurs de scandale. En sous-titre : "Confession de l'abbé J.-Arthur Taillefer". Je me souviens de l'abbé Taillefer. J'étais affecté à la chronique judiciaire, quand il subit son procès sous une accusation de trafic de narcotiques. Ce fut une douloureuse affaire, non seulement parce qu'à la barre paraissait un homme prostré, profondément humilié, mais aussi parce que nous vîmes un certain nombre de tartuffes jouir intensément du spectacle.

Ce spectacle, Alain Stanké — qui ne manque pas de flair en certaines matières — le réédi-te, l'enjolive, avec un art digne en tous points d'"'Aurore, l'enfant martyre". Admirez comme il joue le jeu : citations de François Mauriac et du Père Legault, déclaration de respect à l'égard de l'Eglise et de ses ministres, après cela on peut s'en donner à coeur joie. Un essai de réhabilitation, ça ? Allons donc ! Un mélodrame roublard, où les réalités les plus graves sont mises à la sauce du scandale, dans une confusion soigneusement entretenue. On sort de ce livre avec l'impression, intolérable, d'avoir vu diminuer un homme.

L'abbé Taillefer ne méritait pas cela. Un homme ne mérite pas cela.

"Un prêtre et son péché" — je ne transcris pas ce titre sans honte — paraît aux Editions de l'Homme, dont M. Stanké est le directeur littéraire. ... .....

**Gilles MARCOTTE**

réclament une vigoureuse action de censure au Gouvernement. Adoptée à l'unanimité, leur proposition se lit comme suit:

«Considérant que l'ordre des Chevaliers de Colomb constitue une société des gentilshommes catholiques aux intérêts de l'Église;

Considérant que ces jours derniers, il a été publié un livre intitulé: *Un prêtre et son péché*;

Considérant qu'il ne s'agit pas d'une œuvre littéraire mais plutôt d'un reportage de très mauvais goût

*Petit Journal 2 oct. 61*

## les "best-sellers"

Cette semaine : **24 grandes nouveautés canadiennes** lancées au "Salon du Livre de Québec" : "le Vertige du dégoût" (Pallascio-Morin), "le Mercenaire" (Duval), "Il ne faut pas sauver les hommes" (Suzanne Paradis), "Au seuil de l'enfer" (Yolande Chéné), "Drôle d'automne" (Paule Daveluy), "la Pêche à l'horizon" (Cécile Gagnon), "l'Art et la Spiritualité" (Bergeron), "Votre enfant et ses soins" (Dr Hould), "Traité de formation sociale" (Clément), "Laure Clouet" (Adrienne Choquette), "les Commettants du Caridad" et "le Vendeur d'étoiles" (Thériault), "Mémoires de Chapais" (Barnard), "Témoignage d'hier" (Bruchési), "Mémoires intimes" (L. Fréchette), "Oeuvres poétiques" (Morin), "le Colibri" (Lucille Leboeuf), "l'Ile aux espions" (J.-Y. Savoie), "Marabout-Université" (Editions Marabout-Kasan), "le Tour du monde des animaux" (Marcelle Vérité), "Récits indiscrets" (Anne-Marie de Launière-Dufresne), "Amour au goût amer" (Thériault), "Quelques arpents de neige" (Michaud) et "Mémoires de Louis Lécrevisse" (Landry).

**10 livres populaires :** "Les fous crient au secours" (Pagé), "Pourquoi je suis séparatiste" (Chaput), "Rescapée de l'enfer nazi" (Reine Charrier), "Montréal, Paris d'Amérique" (Album de photos), "l'Echec d'une chrétienté" (Père Henry), "Qu'est-ce qu'une femme ?" (Dr Gendron), "les Merveilleux Nuages" (Sagan), "Prodigieuses victoires de la psychologie moderne" (Daco), "Camillien Houde" (La Roque) et "les Petits Enfants du siècle" (Christiane Rochefort).

**5 "best-sellers" :**
1—**Un prêtre et son péché,** d'Alain Stanké.
2—**Psychologie de la vie quotidienne,** de Chentrier.
3—**Le Temps des jeux** (Prix du Cercle du Livre), de Diane Giguère.
4—**La Montagne secrète,** de Gabrielle Roy.
5—**Le Calepin d'un flâneur,** de Félix Leclerc.

offensant la religion catholique et ses dévoués représentants ecclésiastiques, les représentants de Dieu;

Considérant qu'un tel livre constitue un affront direct à nos croyances et à celles de la multitude de gens bien-pensants de notre province;

Considérant que ce livre n'a rien de constructif et ne doit pas être placé entre les mains des adultes, encore moins des jeunes gens et des adolescents qui pourraient se fausser l'esprit en le lisant;

Considérant que les autorités religieuses ne sont pas en mesure de le censurer, vu que c'est une question qui les touche directement et qu'elles pourraient être accusées «de vouloir porter atteinte à la liberté d'expression»;

Il est proposé par André Lagarde, député du district n° 54, et résolu à l'unanimité de condamner le livre, de prier les Chevaliers de Colomb de s'abstenir de le lire, de le diffuser; de demander aux autorités provinciales de prendre les mesures législatives nécessaires et adéquates pour empêcher la répercussion de tels abus.

Et que copie de cette proposition soit envoyée au procureur général de notre province et au conseil d'État des Chevaliers de Colomb.»

On croirait rêver. Pourtant, le meilleur reste à venir.

Dans leur nouvelle bataille, les Chevaliers de Colomb préconisent la même censure pour le livre que pour le film:

«... de façon à ce qu'on ne puisse pas publier ou laisser lire quoi que ce soit par les enfants, soit par ceux qui n'ont pas les facultés nécessaires pour bien digérer, bien interpréter tout ce qui est écrit».

(Ces paroles, proférées à la radio, sont citées mot à mot!)

Pour sa part, le chevalier bien-pensant André Lagarde (organisateur de l'Union nationale de l'île Jésus) ajoute à tout cela quelques commentaires personnels désobligeants à mon propos dans une lettre ouverte au *Devoir* qu'il répète sur les ondes de Radio-Canada. La limite est atteinte. Je suis forcé de réagir en intentant une poursuite en diffamation.

Voyant que l'affaire commence à se corser, le député André Lagarde décide... de lire le livre!

Il ne l'avait jusque-là JAMAIS LU!

Personne de son groupe ne l'avait lu, mais ils en avaient tous entendu causer!

Il aurait souhaité que la lecture du livre corresponde au contenu qu'il avait imaginé. Malheureusement, la réalité est tout autre. Lagarde est catastrophé. Il ne tient pas à se ridiculiser davantage et décide de me rencontrer au plus tôt en terrain neutre et discret. J'accepte d'assister à une réunion qui se déroule dans le sous-sol de la maison de mon voisin et ami Mario Verdon. La situation commence à changer. André Lagarde m'avoue avoir été pris aux tripes par la lecture du livre. Bouleversé et désireux de réparer les dégâts, il offre de venir au secours de Taillefer. Je n'ai jamais pu résister à la sincérité. Je le sens vrai. Nous rions ensemble de l'énormité de sa bourde, nous nous serrons la main et nous finissons par nous lier d'amitié.

La bataille avortée des Chevaliers ayant tourné au ridicule, l'humoriste Carl Dubuc se régale dans le *Nouveau Journal*:

«Il faut brûler le livre en place publique en attendant les pouvoirs de brûler l'auteur.»

Voulant sauver la face de ses compagnons, le juge Eugène Marquis enfonce le clou et finit par prouver que le ridicule ne tue pas. Le 30 octobre, soit exactement neuf jours après la publication dans *La Presse* de la critique-phare instigatrice de tout ce cirque, l'honorable juge de la Cour supérieure et député d'État des Chevaliers de Colomb de la province fait paraître cette mise au point:

«La résolution du congrès du district n° 54 des Chevaliers de Colomb du Québec (...) ne devait pas être communiquée aux journaux pour fins de publication, puisqu'il ne s'agit que d'un projet de résolution adopté, suivant la Constitution de l'Ordre et la procédure ordinaire, pour être soumis au prochain congrès d'État des Chevaliers de Colomb qui sera tenu à Québec en mai 1962.»

En mai 1962? Huit mois plus tard? À défaut de trouver mieux, le juge (et partie) avait trouvé pire. L'hilarité est à son comble.

Pourquoi ai-je tenu à ouvrir cette longue parenthèse sur l'*affaire Taillefer* dans un chapitre consacré au curé Caron? La diversion se justifie par le fait que, lors de la parution de la critique du livre, qui entraîna la dénonciation des Chevaliers, j'étais un fervent paroissien de Saint-Maurice-de-Duvernay. J'avais 27 ans. J'étais père de famille. Dans mon métier de journaliste, que je prenais très à cœur, je me spécialisais particulièrement dans la défense des cas sociaux désespérés. Mon côté protecteur de la veuve et de l'orphelin.

Ce type de blessure ne pouvait pas tomber plus mal. Taillefer perdit tout espoir. Pour ma part, je me sentis touché au plus profond. Le désespoir se mêlait à la rage. Je ne comprenais pas que l'on ait pu interpréter aussi injustement mes intentions. J'avais besoin de trouver une oreille attentive, de comprendre ce qui arrivait. Espérant trouver auprès de quelqu'un le réconfort dont j'avais grand besoin, j'allai consulter Caron, curé. Sa compassion m'arriva sous une forme plutôt inattendue. En m'entendant raconter le but de ma visite, Jean Caron éclata de rire:

– Formidable! Formidable! répéta-t-il.

J'étais consterné.

– Tu ne vois pas que ce qui arrive est magnifique? Retiens ceci: si elle dérange à ce point, c'est que la publication de ton livre était réellement nécessaire! C'est magnifique! Tu n'aurais pas pu espérer mieux.

Sur le coup, je ne l'ai pas cru. Le temps finit par lui donner raison.

La critique de *La Presse* et la condamnation des Chevaliers n'empêchèrent nullement les gens de réagir positivement. Non! ceux qui avaient lu le livre ne l'avaient pas fait en recherchant le plaisir malsain d'un quelconque scandale. J'en veux pour preuve les centaines de lettres de sympathie accompagnées de chèques substantiels que reçut Taillefer. Elles lui permirent de renouer avec ses anciens paroissiens. L'homme était sauvé. Cinq mois plus tard, ma consœur Lysiane Gagnon fut la première journaliste à qui l'abbé accepta d'ouvrir sa porte et de raconter le dernier chapitre de sa vie. Elle put constater *de visu* toute l'aide matérielle que les gens lui avaient apportée. Elle remarqua surtout l'essentiel: dorénavant Taillefer n'était plus seul.

> «Et je me demande, écrivait-elle très justement, si ce n'est pas davantage par besoin de chaleur humaine que par besoin d'argent que l'abbé Taillefer a consenti à publier ses mémoires.»

Jean Caron n'était pas étranger à cette marée de mansuétude. Dès que je lui eus présenté Taillefer (c'était au creux de la vague), Jean se chargea aussitôt de créer auprès de ses paroissiens les plus dévoués une véritable chaîne humaine. Il leur demanda d'ouvrir les portes de leur demeure et celles de leur cœur. Taillefer put manger à une table familiale différente durant plusieurs semaines. Cela ne lui était pas arrivé depuis 12 ans.

Pendant quelques années, Jean Caron œuvra au sein d'une communauté religieuse. Il occupe maintenant le poste d'aumônier dans un hôpital de Montréal. Il demeure toujours à Duvernay, dans la maison de Raymond et Berthe Meloche, des amis avec lesquels il a les meilleures occasions de marier ses enthousiasmes. Tous trois m'invitent très souvent pour partager avec eux des soupers tardifs et des heures de grand humour. Ensemble, nous avons créé une tradition: en période électorale, nous nous rencontrons pour regarder les résultats des élections au petit écran. Nos opinions politiques, municipales, provinciales ou fédérales, ne sont pas nécessairement les mêmes mais le prétexte que nous avons imaginé pour nous

retrouver aux dates décidées par les besoins de la politique est imbattable.

J'oubliais un détail: Jean Caron est un des rares Québécois à parler le polonais!

Ce n'est pas une blague. Il a appris cette langue au lendemain de la Deuxième Guerre mondiale, afin de mieux s'occuper de 250 jeunes orphelins polonais rescapés d'Europe dont le Pape lui avait confié la charge. Il protégea ces enfants jusqu'au jour où ils furent capables de voler, avec dignité, de leurs propres ailes. Pour y parvenir, Caron dut lutter farouchement contre certaines belles âmes catholiques en apparence bien intentionnées qui espéraient pouvoir employer les jeunes orphelins étrangers comme domestiques ou à d'autres tâches relevant du *cheap labor*.

L'estime que j'ai pour cet homme est sans bornes. Je ne suis pas le seul. Tous ceux qui connaissent sa vie lui vouent la même révérence. Son œuvre a débordé nos frontières. Louis Pauwels lui-même est venu rencontrer Jean Caron et s'entretenir avec lui. Aujourd'hui, tout comme moi, il respecte en ce prêtre ce qui manque le plus de nos jours: l'humanisme.

## UN HOMME LIBRE

*Cet homme sera pendu mais la corde cassera!*
SOPHIE ARNOULD

Je l'ai rencontré à Saint-François, en Guadeloupe, un petit village qu'il a lui-même créé. Il a une tête de grand vivant érigée au haut d'un corps de colosse, des épaules carrées et une voix d'orgue. Il se nomme Jean-François Rozan.

La première fois que je l'ai aperçu, il me fit penser à Jean Gabin. Le même air de force boudeuse, le même détachement style «Tu prends ou tu laisses! Tu fais pas chier!» La même façon de parler à voix basse comme s'il parlait continuellement dans un micro.

Ce jour-là, il portait une chemise bleue et me donna l'impression de s'être arrêté là, dans le plus bel hôtel de l'île, *Le Hamak*, dont il est d'ailleurs le propriétaire, comme l'aurait fait un ancien combattant, pour faire une halte afin de se reposer du drapeau. Les drapeaux, ça le connaît. Mais ses souvenirs, il faut les lui arracher presque avec des forceps. Jean-François Rozan vit trop intensément pour perdre son temps à se raconter.

Quelques années avant notre rencontre, l'avion qu'il pilotait eut une malheureuse rupture d'alimentation d'essence et s'écrasa en pleine mer à une dizaine de kilomètres des côtes. Bravant des eaux infestées de requins, JFR réussit à revenir indemne à la nage et devint ainsi un véritable héros pour les habitants de l'île. Il me paraissait évident que seul un homme pourvu d'une énorme volonté de survie était capable d'un tel exploit. Lorsqu'on me raconta son incroyable odyssée, j'eus donc une irrésistible envie de le connaître. Maintenant, je rêve de pouvoir faire un film sur sa vie.

Au bout de ma quatrième rencontre (ça a pris tout ce temps-là!) j'ai vu que je ne m'étais pas trompé. Jean-François Rozan n'était pas un homme comme les autres. C'était un bâtisseur mû par l'audace des forts. Un survivant. Un homme qui avait parcouru la Terre entière et déjoué la mort un nombre incalculable de fois.

Au moment où éclate la guerre, il est comédien et interprète déjà les rôles du répertoire avec les grands de la Comédie-Française. Bien que ses parents soient convertis et qu'ils élèvent leurs enfants dans la religion catholique, dans un geste de provocation, Jean-François fait inscrire sur sa carte d'identité qu'il est juif. Il est arrêté et jeté dans les cellules de la prison des Beaumettes, puis livré aux S.S. Il a 15 ans. Son frère, son père et tous ses amis seront fusillés ou gazés. Jean-François est placé à bord du train 052, appelé le train de la mort, et envoyé sans pitié à Sobibor avec 1 100 compagnons d'infortune. Les passagers du train seront tous tués avant que le funeste convoi n'ait eu le temps d'atteindre le terminus. Jean-François réussit à s'évader. Il est le seul survivant du train de la mort. Plutôt que de se terrer, il choisit de s'engager dans le mouvement de la Résistance française, où il se dépasse. La guerre terminée, ses actions dans le maquis lui ont valu le grade de chevalier de la Légion d'honneur (le plus jeune Français à la recevoir), la croix de guerre avec palme et étoiles, la médaille de la Résistance. Le 23 mai 1947, le *Journal officiel* publie ce qui suit à son propos:

«Jean-François Rozan, jeune officier qui a déployé dans la Résistance et au cours de la campagne 1944-

1945 les plus magnifiques qualités de courage. Entré dans la Résistance en juillet 1942, n'a cessé de harceler l'ennemi, payant toujours de sa personne. Organisateur des premiers maquis des Alpes, a effectué de nombreux coups de main, tant pour se procurer des armes que pour délivrer des camarades ou des chefs incarcérés. Évadé du camp de Compiègne, condamné à mort par contumace par l'ennemi, a été deux fois blessé au cours des durs combats du Vercors (contre-attaques de Valchevrière et d'Herbouilly). À peine remis, porté volontaire pour guider le 645$^e$ Bataillon de T.D. (45$^e$ Division U.S.), a été grièvement blessé une troisième fois au cours de l'attaque de Beaume les Dames alors qu'après avoir sauté de son char il neutralisait deux ennemis qui s'apprêtaient à le faire sauter, abattant l'un d'eux avec sa propre mitrailleuse et faisant l'autre prisonnier.»

Tarzan, Rambo et Schwarzenegger à la fois.

En l'écoutant me raconter sa vie, j'ai l'impression qu'il en a vécu deux dans une.

Qu'on en juge: engagé par les Nations unies à 20 ans, il parcourt le monde durant 10 années et assiste aux conférences les plus importantes du moment. À titre d'interprète, il œuvre auprès de Marshall, Truman, Chou En-lai, Eden, Mendès France, Gromyko, Pham Van Dong et de nombreux autres. Il connaît tous les secrets des dieux. Toujours très engagé, il en profite pour fonder la Fédération des fonctionnaires internationaux et le Staff Commitee of the United Nations. Il est présent aux négociations secrètes sur l'Indochine. Il a 22 ans. La guerre éclate à Java. Il est envoyé en mission dans ce pays à titre de secrétaire général adjoint des Nations unies et, président de la commission de sécurité, participe activement à la révolution et prend part à la création de l'État indonésien.

Pendant la chasse aux sorcières de McCarthy, il prend la défense des fonctionnaires et devient indésirable aux États-Unis.

Interprète de grande renommée, à 24 ans JFR devient professeur d'interprétation consécutive à l'Université de Genève. Lui qui a quitté l'école à 14 ans! il travaille sans relâche sur plusieurs continents et dérobe des heures précieuses à son sommeil pour écrire un manuel technique qui devient un grand best-seller. Toujours en circulation aujourd'hui, l'ouvrage, qui fait autorité, en est à sa trentième édition.

Dans le même temps, il retourne vers ses premières amours, le théâtre, et signe plusieurs créations. Son écriture plaît au public et comme il est parfait bilingue il devient le traducteur du grand dramaturge Arthur Miller. Il traduit et adapte également les ouvrages de Steinbeck.

En atteignant la trentaine, il entreprend une nouvelle carrière. JFR devient bâtisseur et construit trois villes ouvrières, à Abadan en Iran, à Eilath en Israël, et dans le Rio de Turbio en Patagonie. En même temps qu'il s'enrichit de nouvelles expériences, il découvre la corruption, les *bakchichs* (qu'il refuse de payer), ainsi que les magouilles des policiers de la Savak, et il se retrouve finalement, par excès d'honnêteté, au centre de nombreux imbroglios politico-économiques. L'audace des purs et des forts ennoblit. Il ne perdra pas sa haute réputation d'intelligence et d'intégrité.

Rozan devient alors directeur général de la plus importante société française de promotion-construction et simultanément il cogite et finit par inventer une technique révolutionnaire ayant trait à la réaction physico-chimique de la craie. Grâce à son brevet, le président de l'Académie des sciences de Moscou l'invite en URSS pour y créer une nouvelle industrie et construire une usine derrière le rideau de fer.

En 1968, Jean-François Rozan survole la Guadeloupe et se découvre une nouvelle passion: le soleil des Antilles. Raison de plus pour devenir promoteur et se lancer aussitôt dans la création d'une nouvelle cité. N'écoutant que ses rêves, il réussit avec succès à faire surgir d'un terrain marécageux et inhospitalier Saint-François, véritable perle touristique qui sera pourvue d'un casino, d'un golf et d'un petit aéroport. Pourquoi ces commodités uniques sur l'île? Tout simplement parce que JFR aime le jeu, qu'il pratique le golf et que son carnet de pilote totalise quelque 2 000 heures de vol. Vaut mieux faire envie que pitié.

Une dizaine d'années plus tard, JFR se trouve mêlé à l'un des plus grands scandales politico-financiers de la 5e République. On le met à l'ombre durant quelque temps à la prison de la Santé, à Paris, d'où il finit par sortir innocenté. Comme toujours, il a la tête haute.

Rozan est un grand joueur. Pour tout dire, il n'aime pas gagner son argent en travaillant. Lorsqu'il avait besoin de sous, il préférait se tourner vers le casino et les chevaux de course. C'est lui qui me l'a avoué avec une loyauté surprenante qui le pare d'un charme supplémentaire. Du même coup, il m'a narré ses plus brillantes chevauchées, qui l'ont rendu plusieurs fois millionnaire en une nuit et, deux nuits plus tard, l'homme le plus endetté de la Terre.

– Pour commencer, il faut savoir que la roulette, contrairement à ce qu'on pense, n'est pas un jeu de hasard, prétend-il. C'est un jeu de mémoire. Personnellement, j'aime tous les jeux. J'adore aussi les courses. C'est d'ailleurs beaucoup grâce aux courses de chevaux que j'ai réussi à rester en vie lors de mon crash en mer! Pour nager aussi longtemps par une mer démontée, ne pas perdre patience ni l'espoir, éviter la paralysie par la peur, il a fallu que je m'accroche à quelque chose. Cette bouée de sauvetage, je l'ai trouvée dans la reconstitution d'une course bien particulière, celle de l'Arc de triomphe, dans laquelle j'avais misé gros. J'étais tombé à l'eau à l'heure exacte où la course se déroulait. Des heures durant, en nageant je me suis imaginé tous les instants de cette superbe compétition que j'avais l'impression de voir devant mes yeux, comme sur un écran.

Quand il habitait Paris, c'est au casino de Deauville qu'il trouvait son bonheur. Mais il ne s'y rendait pas comme tout le monde. Il y allait en ambulance!

– Pourquoi en ambulance? Parce que si on veut bien jouer, il faut être bien reposé. Comment voulez-vous arriver reposé si vous conduisez vous-même deux heures durant de Paris à Deauville? Par contre, si vous êtes confortablement allongé dans une ambulance, vous êtes assuré d'arriver à bon port frais et dangereusement dispos. Et puis, n'y a-t-il pas quelque chose de symbolique à arriver par ce moyen? Ne dit-on pas assez justement que tous les joueurs sont des malades? Alors, quand on est malade, quoi de plus indiqué qu'une ambulance?

– Repartiez-vous par le même moyen?

– Naturellement! répond Rozan avec un rengorgement magnifique de fierté. Jouer, c'est très épuisant! Et si jamais on a tout perdu au jeu, le lendemain, il faut affronter les banquiers. Là encore, vaut mieux être reposé et en pleine forme.

Son meilleur coup de joueur, il l'a vécu à Deauville le jour où il a décidé de miser simultanément l'enjeu maximum sur les 3 tables et à la dernière boule 3 numéros: le 5, le 16 et le 29. Résultat: les 3 numéros qu'il a choisis sont sortis sur la table. Une chance sur 30 millions! Il a gagné une fortune.

JFR m'avoue qu'il a le plus profond mépris pour les joueurs qui ne font rien de constructif avec l'argent qu'ils gagnent de cette manière. Son registre personnel n'est pas l'opulence:

– Un chauffeur, un majordome, le champagne à tire-larigot, j'en ai rien à secouer! avoue-t-il dans un rare sourire, un de ces sourires touchants qui ressemblent à des fumées de l'âme. Je vis sobrement. Mes besoins personnels sont très limités. Je ne suis jamais esclave de rien ni de personne. Je sais choisir et je sais me contenter.

En s'installant en Guadeloupe, il abandonne graduellement sa passion pour le jeu et se refait en quelque sorte une virginité. En devenant hôtelier, il prend la défense des intérêts de ses pairs. Vice-président de l'Union patronale, coprésident du Directoire de l'économie, président fédéral des Métiers de l'hôtellerie et incorrigible bagarreur, il entame d'autres luttes. Il goûte à la politique et ne garde plus ses opinions pour lui. Il parle à la radio et écrit dans diverses publications. On retrouve sa signature dans *Le Monde*. Comme il reste égal à lui-même, c'est-à-dire qu'il se distingue toujours par son franc-parler, ses chroniques déclenchent invectives et polémiques.

Les Antilles traversent une époque trouble. Les terroristes font éclater des bombes. Un air d'indépendance est dans l'air. Au pire moment de la crise, ses farouches adversaires tentent de l'éliminer. Il échappe à la mort... une fois de plus. JFR sert finalement de médiateur aux deux parties et négocie avec succès la paix sociale, revenue depuis. En 1989, les lecteurs de l'influente publication guadeloupéenne *Magazine 7* lui attribuent le titre de l'homme de l'année en soulignant que Rozan a «une grande gueule et qu'il est prompt à saisir chaque occasion de ne pas se taire», qualités que tous semblent apprécier chez ce Blanc noir de cœur. Le magazine précise:

«Un Blanc qui comme Rimbaud voudrait se faire
nègre, un pourfendeur des archaïsmes, un bâtisseur,
un visionnaire, un original.»

Un visionnaire? Comment en douter, surtout si on a lu quelques-unes de ses chroniques? Dans l'une d'elles, il a annoncé un an avant que la nouvelle ne devienne officielle que Gorbatchev aurait «le triste destin d'être le prix Nobel de la paix» et que dans la foulée il passerait au tribunal de l'histoire «pour démembrement de son grand pays et reniement de lui-même».

Dans un autre billet, publié il y a fort longtemps, JFR écrit que Bush perdra ses élections et qu'un certain Bill Clinton (dont personne n'a encore entendu parler) deviendra président des États-Unis à sa place.

Prédictions pour le moins étonnantes. Autant que celle qu'il fit, début 1987, bien avant tout le monde, concernant le démantelement du mur de Berlin qu'il prévoyait pour la fin de 1989. En ce qui concerne l'avenir de la Guadeloupe, il prédit qu'un jour elle deviendra un pays indépendant et librement fédéré ou associé à la France.

Rozan l'intrépide est un homme qui me surprend autant qu'il me fascine. Il est médaillé mais n'a jamais porté ses médailles, qui lui ont été données sans que jamais il les demande.

– On ne récompense pas l'idéal! On ne paie pas le prix du sang!

– Vous êtes tout de même un héros, lui ai-je dit, un jour qu'il me racontait ses exploits.

– Non! Je ne suis pas un héros! Je suis un homme libre! précisa-t-il, imperturbable, sans le moindre signe de fierté.

– Comment vous décririez-vous?

– Je suis avant tout un grand solitaire. Mélange d'animal et d'intellectuel. Je contiens la pulsion animale en moi et j'élimine l'intellectualisme.

J'ai rarement rencontré dans ma vie un homme qui m'ait donné l'impression d'être plus libre, détaché, indépendant, parfaitement à l'aise dans sa peau, sûr de lui et vivant aussi intensément le moment présent que Jean-François Rozan.

S'il ne porte jamais de décorations, ne garde ni archives ni souvenirs et n'aime pas se faire photographier, c'est parce que sa devise personnelle se résume en un seul mot: *Continuer!*

– Si je continue... je n'ai pas à m'accrocher au passé!

S'il se contente de modestes besoins, c'est pour ne pas donner de prise à l'angoisse. Il possède peu. Juste le strict nécessaire. Le golf de Saint-François, il l'a vendu pour... un franc symbolique.

– Je ne suis pas accessible. Je ne suis pas vulnérable. Je n'ai aucune angoisse de survie matérielle, avoue-t-il dans un calme olympien.

Il en est à son troisième ou quatrième mariage et avoue candidement qu'il est un excellent divorcé mais un très mauvais mari. Pour vivre le quotidien conjugal sans se sentir emprisonné, il impose toujours une salle de bains et une chambre à coucher séparées pour chacun.

– Remarquez que, sur le plan de la solitude, je vis dans la même contradiction que bien des hommes: quand tu n'es pas seul tu te fais chier et quand tu es seul... tu te fais chier!

Il affirme n'avoir ni de grandes joies ni de grandes peines, pas plus qu'il ne connaît de petites envies:

– Je ne fais pas porter mes soucis par mon entourage et ne partage mes bonheurs avec personne. De cette manière, personne n'a de prise sur moi. Vous ne saurez jamais, en me regardant, si j'ai 5 000 000 $ de dettes ou 5 000 000 $ en banque. Vous ne devinerez jamais ma situation financière du moment par mon air ou par mon attitude. Je suis toujours le même. L'avantage que je trouve dans ma façon de vivre c'est: que je sois riche ou pauvre, mon quotidien ne change jamais.

Il a beaucoup de respect pour les grands du monde de l'après-guerre et en particulier pour ceux qui ont su quitter à temps les activités qui les ont fait connaître, les gens qui ont fait preuve de plus de noblesse encore dans leur retrait que dans leur action:

– À l'évidence, Gorbatchev n'est pas un vrai grand. Cet homme n'a pas compris que la vraie grandeur de l'*homo politicus* est de savoir conserver son image en se retirant avec fierté avant qu'il ne soit trop tard.

Ainsi, les plus belles images pour Jean-François Rozan sont celles de:

– De Gaulle, puissant et solitaire sur les grèves d'Irlande battues par le vent. De Churchill, autre géant, à son chevalet après la bataille d'Angleterre, El Alamein et la victoire, brossant sous son grand chapeau sa mauvaise aquarelle, cigare coincé dans son sourire. Truman, après Hiroshima, la Corée et McCarthy, frappant comme un sourd sur son vieux piano, accompagné de Margaret entonnant la ritournelle. Ben Gourion enfin, autant concerné, le jour venu, par l'éclosion des melons dans le sol aride de son kibboutz qu'il l'avait été par l'éclosion de son État, après Irgun et Hagannah. Il faut savoir partir!

Jean-François ne nie pas qu'il fait partie des privilégiés qu'on appelle les survivants:

– J'ai frôlé la mort tellement souvent que je ne la crains plus. Subconsciemment, je crois que je suis tellement en sursis que j'en ai rien à foutre. Pourtant, quand j'y pense, ça me fait chier. La mort me dégoûte. Ce dont j'ai le plus peur, c'est de la dégénérescence. Je ne me vois pas réduit à n'être qu'un tube digestif assis sur une chaise roulante.

Et si jamais l'insupportable survenait, que ferait-il?

– Avant que ça n'arrive, je ferais le plein et, aux commandes de mon avion, je m'envolerais au-dessus de la mer. Lorsqu'il n'y aurait plus de carburant, je m'écraserais là où le destin aura décidé de me laisser tomber.

– Et une fois dans l'eau, vous ne serez pas tenté de refaire l'expérience de revenir à la nage?

Rozan répond, sûr de lui comme d'habitude:

– Jamais plus! Dans ce temps-là, je n'avais que 49 ans. C'était trop tôt. J'avais encore des choses à faire!

Il faut savoir partir! L'homme n'est jamais autant lui-même que lorsqu'il assume, le temps venu, sa disparition...

# Et les autres alors?

L'absence dans ces pages de beaucoup d'autres personnes que mon double métier m'a donné la chance de rencontrer ne signifie nullement que je les exclus de mes bonheurs. Loin de là. Aux yeux de l'éditeur, les contraintes d'espace en sont les seules responsables. À ceux de l'auteur, c'est la faute à Boileau! Ne dit-il pas justement: «Qui ne sut se borner ne sut jamais écrire»?

À toute chose, il doit y avoir une fin.

Les auteurs savent, hélas, que leur travail ne finit pas le jour où leur manuscrit est terminé. Il leur reste encore à trouver un éditeur. Dans mon cas, cette seconde étape ne présentant pas, comme à d'autres, une difficulté majeure, il n'y a pas de raison que je ne songe déjà à une suite à donner à ce premier volume.

Si jamais il y en a une, j'aimerais me ressouvenir de:

Michèle Brûlé et André Vincent, deux êtres exceptionnels. Depuis que j'ai eu la chance de travailler avec eux à la bibliothèque Jeanne-Cipyhot (pour aveugles) de l'Institut Nazareth-Louis Braille et que je me suis mis au braille, je saisis mieux qu'on ne voit bien qu'avec le cœur. Leur cécité n'empêche pas Michèle et André de dévorer la vie. «On fait sa vie, disent-ils, avec ce que l'on possède et non pas avec ce que l'on n'a pas!»

J'aimerais parler de:

la dernière exploration du D<sup>r</sup> Alain Bombard;
l'amitié intègre de Louis Pauwels;
la passion de Han Suyin;
l'attachante Juliette Gréco, qui a loué un avion pour participer à mon *talk-show* à Québec;
mon mentor Jean-Charles Harvey, qui accompagna mes premiers pas dans le journalisme;
Isaac Asimov, le père de la littérature de science-fiction, qui souffrait de vertige dans son gratte-ciel new-yorkais;
Léon Uris, un complice sans pareil;
Pierre Dudan, anxieux partout et toujours;
Pax Plante, qui souffrait du complexe de persécution et que j'ai découvert terré au Mexique;
Yves Beauchemin, dont j'ai publié le premier livre grâce à Henri Tranquille;
Roch Carrier, Albertine Sarrazin, Jean Narrache, Jean Cournoyer, Marc Favreau, Pierre Bourgault, le D<sup>r</sup> Penfield, Claude Jasmin, Antoine Dumas (quel génie!), Marie-Claire Blais et beaucoup d'autres encore auxquels j'ai eu le bonheur de servir d'éditeur.

J'aimerais parler aussi de:

Simon Wiesenthal, qui a consacré sa vie à chasser les nazis. Je l'ai rencontré en cachette à Vienne au moment où sa vie était menacée;
Alain Grandbois qui échouait, comme moi, à l'île de Port-Cros pour ses vacances et qui malgré sa frêle constitution a osé casser la figure au colosse Ernest Hemingway;
Raymond Peynet, à l'image des célèbres amoureux qu'il dessinait;
Jean Marais qui a fait de l'auto-stop de Montréal à Québec pour participer à mon émission; sa mère était une voleuse professionnelle et il n'a jamais réellement su qui était son père.

Georges Brassens, qui ne supportait ni l'auto, ni l'avion, ni le bateau;

Jean Drapeau, dont j'ai failli être l'éditeur;

Art Buchwald, avec qui j'ai eu le bonheur de déjeuner à Washington, à la *Maison-Blanche*... (C'était le nom du restaurant.)

J'aimerais parler de:

Raymond Devos, avec qui je partage l'amour du *smoked-meat*;

Jacques Tati, qui avait testé sur moi les gags de son film *Playtime*;

Henri Troyat, à qui j'ai offert un érable. Il l'a planté dans son jardin en souvenir de son voyage au Québec. Aujourd'hui, l'arbre doit être assez robuste pour produire du sirop...

Jacques Languirand (qui m'a poussé à écrire ce livre).

J'aimerais parler de:

Catherine Deneuve, Pierre Brasseur, Charles Aznavour, Yves Montand, François Perier, Pierre Cardin, Paco Rabane, Tino Rossi, Marlène Jobert, Gérard Depardieu, Jacques Brel, Fernandel, Jean Carmet (quel ami!), Jean Rochefort, Jean-Claude Brialy, Alexandre Lagoya, Michèle Morgan et beaucoup d'autres que j'ai eu le bonheur de rencontrer, soit chez moi ou dans l'intimité de leur propre demeure, au moment des tournages de la série télévisée *Venez donc chez moi.*

J'aurai toujours plus de bonheur à rencontrer des êtres qu'à les ignorer.

# Index des noms cités

# Table des matières

# 4
## BONHEURS DES RÉVOLTÉS

# 5
## BONHEURS PAR MÉPRISE